KB273812

러시아의 對韓半島政策 起源과 展開 1

러시아의 동북아 진출과 한반도 정책(1860-1905)

송금영

국학자료원

러시아의 동북아 진출과 한반도 정책(1860-1905)

러시아의 동북아 진출과 한반도 정책(1860-1905)

목 차

책머리에

러시아는 한반도에 인접한 주변 강대국으로서 19세기 말부터 한반도 정세에 주도적인 영향력을 행사해 왔다. 1860년 러시아는 청국과 체결한 북경조약으로 연해주를 확보하고 한반도에 인접하게 되자 동북아 및 한반도 문제에 본격적인 관심을 갖게 되었다.

19세기 말 제국주의적인 세계체제에서 러시아의 동북아 정책은 현상유지정책(1860 – 1894)과 개입정책(1895 – 1904)으로 대별해 볼 수 있다. 1860년부터 1894년까지 러시아는 극동지역에서의 열세를 감안하여 가능한 한 라·청간의 우호관계를 유지하고 열강과의 협조를 통해 동북아에서 현상을 견지해 나가고자 하였다.

1891년 러시아는 시베리아 횡단철도 건설을 시작함으로써 동북아에 대한 적극적인 관심을 표명하였다. 러시아는 1895년 대일 삼국간섭과 1896년 라·청 동맹조약의 체결을 통해 북만주를 통과하는 동청철도 부설권을 확보하였다. 그리고 1898년 부동항인 청국의 여순을 조차함으로써 동북아에서 영향력을 행사할 수 있는 발판을 확고히 하였다. 이로써 일단 러시아는 동북아에서 주도권을 장악하면서 개입하게 되었다. 그 이후 러시아는 러·청동맹조약을 근간으로 시베리아 횡단철도와 동청철도 건설 등 만주경영에 주력하였다.

이에 대해 일본은 한반도에서 경제적 침투를 강화하여 자국의 입지를 확고히 하는 한편 군사력을 증강하고 1902년 영·일동맹을 체결하여 러시아와 일전에 대비하였다. 결국 만주와 한반도 지배에 대한 라일간의 협상은 실패하고 1904년 러·일전쟁이 발발하였다. 러시아는 러·일전쟁에서 패배함으로써 만주와 한반도에서 영향력을 상실하였다.

19세기 말 러시아는 한반도를 연해주 방어벽으로서 그리고 청국의 측면을 공격할 수 있는 중요한 지역으로서 전략적인 가치를 높이 평가하였다. 그리고 영국과 일본 등 해양세력의 대륙 진출을 방지하기 위해 한반도 연안에 부동항과 대한해협에서의 자유항해를 확보하는 데 주안점을 두었다.

러시아의 한반도 정책은 동북아 정책의 기조하에 결정되었다. 1860년부터 1904년 러·일전쟁 전까지 러시아는 한반도의 영토보전과 조선의 독립유지를 주장하였다. 러시아는 열강들의 한반도 지배를 방지하기 위해 우선 조선의 독립유지를 강조하였다. 러시아는 시베리아 횡단철도가 완공되는 등 국제적인 여건이 성숙되면 여타 제국주의 열강들처럼 한반도를 장악하는데 종국적인 목적을 두었음은 물론이었다.

1896년 러시아는 청국은 물론 한반도까지 적용되는 러·청동맹조약을 체결함으로써 일본의 침입에 대해 한반도까지 개입할 수 있는 기반을 확보하였다. 이를 토대로 1895 - 1898년 동안 러시아는 조선에 군사교관 파견 등 한반도에 개입하였다. 그러나 1898년 러시아가 여순을 부동항으로 확보하자 만주경영에 주력하면서 일본에게 한반도를 양보하는 조선퇴거정책으로 나아갔다.

한편 러시아 정부내에서는 강경파가 등장하여 조선퇴거정책이 일본에 대한 양보라고 비판하면서 만주와 북한지역의 강화를 통해 일본과의 전쟁에 대비해야 한다고 주장하였다. 강경파는 1903년부터 득세하기 시작하였다.

본서는 러시아가 만주와 한반도에 진출한 목적이 무엇이며, 러시아의 동북아 및 한반도 정책이 어떤 과정을 거쳐 결정되고 집행되었는가에 초점을 두었다. 러시아의 동북아 정책은 자국의 대내정세와 국력, 제국주의 열강들의 동북아 정책, 청국과 조선의 국내 사정, 일본의 반응 등에 의해 규정되었다.

러시아의 동북아 진출에 관여한 외무장관은 고르챠코프(1856 – 1882), 기어스(1882 – 1895), 로바노프(1895 – 1896), 무라비예프(1897 – 1900), 람스도르프(1900 – 1906) 등이었다. 고르챠코프 외무장관은 크리미아 전쟁 이후 실추된 러시아의 위상을 회복하고 대외적인 위상을 강화하기 위해 실용주의적인 외교노선을 주창하였다. 이어서 기어스 외무장관도 실용주의 노선을 토대로 조심스러운 외교노선을 추진하였다. 고르챠코프와 기어스 외무장관은 청국과의 우호유지에 역점을 두고 동북아 현상유지를 고수하였다. 로바노프 장관은 유럽 열강들과 우호관계를 유지하면서 동북아 개입정책을 추진하였다. 로바노프 장관은 러·청 군사동맹을 통해 만주와 한반도에 개입하였다. 무라비예프 외무장관은 니콜라이 2세의 두터운 신망을 받았으며, 유럽보다는 동북아에 주안점을 두었다. 그는 여순을 조차한 후 만주중심의 동북아 정책을 추진하였다. 그리고 일본과 니쉬 – 로젠협정 체결이후 한반도에서 퇴거하였다. 람스도르프 외무장관은 일본에 근무한 이후 외무장관에 임명된 동북아 지역 전문가였다. 그는 조선의 중립화를 추진하였으며 러·일 전쟁과 전후처리 외교에 치중하였다.

19세기 러시아는 각료회의를 통해 동북아 및 한반도에 관련된 주요사안을 협의하고 결정하였다. 러시아의 동북아 정책 결정에 있어서 주요 부서는 외무부, 재무부, 국방부, 해군부, 시베리아 총독, 황실 측근들이었다. 재무부가 시베리아 철도건설과 만주경영을 관할하게 됨에 따라 위테 재무장관이 큰 영향력을 행사하였다. 국방부는 의화단 사건 등 동북아에서 위기가 고조됨에 따라 발언권이 강화되었다. 러시아 해군은 대한해협에서의 자유항해 확보와 부동항 확보에 주력하였다. 그리고 러시아 황실과 귀족들이 해군제독 자리를 거의 독점하였다. 따라서 러시아 황제의 해군에 대한 신뢰가 각별했으며, 러시아 해군은 러시아 대외정책 결정에 있어서 큰 영향력을 행사하였다. 러시아는 전제 군주국가로서 황제가 외교적인 사안에 대해 최종 결정권을 가지고 있었다. 러시아에는 수상이 없었으며, 황제가 각료들이 상신한 의견이나 제안들을 조정했다. 국무비서들은 일반적으로 장관들이 상신한 보고서에 자신의 의견을 첨가하여 황제에게 보고하였다. 결국 황제의 능력이 러시아 대외정책에 결정적인 변수였다.

본서는 러시아 외교문서와 러시아에서 출간된 서적들을 많이 참고하였다. 19세기 조러관계에 대한 국내 연구는 냉전체제와 남, 북한간 이념적인 대립으로 러시아의 사료 접근이 제한되어 서방과 일본의 출판물에 많이 의존하였다. 1990년대 초 구소련의 붕괴와 함께 러시아 대외문서 보관소가 외부에 개방되기 시작하였다. 구한말 한반도 지배를 둘러싼 대외관계와 조·러관계의 명확한 이해를 위해서는 영국, 미국, 일본, 중국측 사료는 물론 러시아의 사료를 확인하는 것이 필수적이다.

지난 1994년－1995년간 러시아어 연수를 위해 모스크바에 체류하는 동안 러시아 대외문서 보관소를 방문하여 19세기 러시아의 동북아 진출과 한반도 정책에 대한 외교문서를 열람할 수 있었다. 러시아 시만스키 (P. N. Simanski) 육군 소장이 저술한 "극동지역의 주요사건(1891－1903)"이라는 대작은 러시아의 만주 진출과 한반도 정책을 이해하는 데 많은 도움을 주었다. "극동지역의 주요사건"은 1910년에 5부가 출간되었으며 표지에는 '비밀' 등급이 표시되어 있었다. 5부는 니콜라이 2세 황제, 러시아 외무부, 청국주재 러시아 공관, 일본주재 러시아 공관, 러시아 군참모부에 1부씩 배포되었다. "극동지역의 주요사건"은 '조선에서의 러·일 대립', '청국에서의 러·일 대립', '러·일전쟁 전의 마지막 해', 3부로 구성되어 있다. 그 이후 이 책을 1994년 러시아 군사 연구소의 육군 소장 졸로타예바(V. A. Zolotareva)가 "20세기 초 러·일관계"라는 제목으로 다시 편집하여 출간하였다.

러시아의 대일(對日) 교섭에 있어서 강경파였던 해군 제독 아바자(A.

Abaza)가 작성한 "조선에서의 러시아 사업 - 극동에서의 러시아 정책과 연계하여(1898 - 1904)"라는 보고서는 러시아의 강경노선을 이해하는데 큰 도움을 받았다. 그리고 19세기 러시아 외교 문서를 국문으로 요약하여 출간한 박종효 교수의 "러시아 국립문서보관소 소장 한국관련 문서 요약집"(한국국제교류재단, 2002)을 러시아 1차 자료로 많이 인용하였다.

19세기말에서 20세기 초 조선은 세계 제국주의 체제에 잘 대처하지 못함으로써 한반도가 청·일전쟁과 러·일전쟁의 주 전쟁터가 되었다. 앞으로 한반도가 19세기처럼 주변 4강의 틈바구니에서 호두까기(nutcracker)사이에 놓인 호두가 되지 않기를 염원하면서 본서가 19세기 러시아의 대한반도 정책에 대한 이해를 높이는 데 도움이 되길 기대한다.

본서가 출판되기까지 많은 분들의 도움을 받았다. 항상 염려해 주시는 어머님에게 감사드린다. 그 동안 어려움에도 불구하고 헌신해 온 아내와 그리고 아들 승윤, 딸 지윤에게 고마움을 전한다. 끝으로 바쁜 일정에도 불구하고 본서가 출간될 수 있도록 교정과 조언을 해 주신 수원대 사학과 박 환 교수님, 고려대 노어연구소 허승철 소장님, 그리고 외교부 임배진 외무관에게 감사를 드린다.

2004년 12월

송 금 영

서론

　러시아는 연해주 확보, 시베리아 횡단철도 건설 , 부동항 확보, 청·일전쟁과 삼국간섭, 러·청동맹, 여순 조차, 마산포 토지 매수, 의화단 사건과 만주 점령, 영·일동맹, 압록강 벌목사업 등 주요 사안에 대한 입장 정립을 통해 동북아 진출의 방향과 한반도 정책을 결정하였다. 당시 러시아가 동북아 및 한반도 정책을 추진하는 데 있어서 직면했던 주요 현안을 아래와 같이 대별해 볼 수 있다.

　첫째, 극동진출과 연해주 확보였다. 19세기 중엽 청국의 쇠퇴와 제국주의 열강들의 아시아 진출에 대처하기 위해 러시아는 극동지역으로 진출하였다. 특히 20세기에는 태평양이 중요하게 될 것이라고 전망하고 대양으로의 출구를 확보하기 위해 연해주의 확보에 주력하였다.

　둘째는 시베리아 횡단철도 건설이었다. 러시아는 시베리아철도 건설을 통해 극동지역을 통합하고 동북아에서 위상을 강화해 나가고자 하였다. 시베리아 철도건설은 러시아의 국내 발전은 물론 영국에 대항하기 위한 러시아의 세계전략과도 연계되어 있었다. 따라서 모스크바에서 블라디보스톡으로 이어지는 시베리아 철도 노선의 향방은 러시아는 물론 열강들에게도 초미의 관심사였다. 결국 북만주를 통과하는 동청철도 부설권과 남만주의 여순을 잇는 남만주지선 부설권을 확보함으로써 러시아는 만주진출의 기반을 확고히 하였다. 이에 일본은 한반도에서 경부선 부설권을 확보함으로써 러시아에 대항해 나아갔다. 그리고 일본은 시베리아 횡단철도가 완공되기 전에 러시아와의 일전(一戰)을 위해 군사력 증강에 주력하였다.

셋째, 동북아 연안에 부동항 확보 문제였다. 러시아 해군은 당시 러시아가 인접한 대양의 출구인 흑해와 발틱해로 진출하는 것이 영국과 프랑스의 간섭으로 어렵게 되자 태평양 진출을 적극 추진하였다. 러시아 해군은 태평양 함대를 증강하고 동북아 연안에서 부동항과 대한해협에서의 자유항해를 확보하여 일본과 영국에 대항코자 하였다. 1894년 청·일전쟁이후 러시아는 부동항의 확보를 주요현안으로 보고 한반도 연안에 부동항 확보를 적극 모색하였다. 마침내 러시아는 1898년 부동항인 여순을 조차하였다. 그리고 1900년 러시아 해군은 여순과 블라디보스톡을 연결하는 중간 거점인 마산포에서 토지를 매수하였다. 일단 러시아는 블라디보스톡 - 마산포 - 여순을 잇는 해상로를 확보하였다. 이에 대해 일본은 해군력을 증강하고 영·일동맹으로 대항하였다.

넷째, 친청론과 친일론의 선택 문제였다. 러시아는 시베리아철도 건설을 위한 시간을 확보하고 청·일전쟁에 승리한 일본의 국력신장에 대응하기 위해 청국과 일본 양국 중 한 나라와 동맹을 체결코자 하였다. 결국 러시아는 북만주를 관통하는 동청철도의 부설권 확보를 위해 청국과 방위적인 군사동맹을 맺었다. 러·청동맹조약은 일본이 러시아, 청국, 한반도에 침입 할 경우 체약국은 서로 협력한다고 규정하고 있었다. 이로써 동북아에서 러시아의 주요 적국은 영국대신 일본이 되었다.

다섯째, 한반도 영토 보전과 독립유지 문제였다. 러시아는 1904년 러·일전쟁 전까지 한반도의 영토와 독립을 주장하였다. 러시아는 당시 극동주둔 자국

군대가 열세임을 감안하여 열강들의 한반도 지배를 방지하기 위한 목적이었으며, 때가 되면 한반도를 장악하는데 종국적인 목적을 두었다. 러시아는 1869 −1894년 동안 열강들과의 협조를 통해 한반도의 현상유지와 영토 보전을 도모하였다. 러시아는 조선의 개항에 반대하였으며, 가능한 청국이 한반도에 대한 열강들의 침입을 방지해 줄 것을 기대하였다. 그리고 러·청간의 우호 유지를 위해 러시아는 한반도 개입을 자제하였다. 1885년 영국이 거문도를 점령하자 러시아는 조선영토 불점령이라는 러·청간 구두 언약을 맺음으로써 영국의 거문도 점령을 종결 짓고 한반도 현상유지를 확보하였다. 그 이후 러시아는 일본이 청·일전쟁 중에 청국 요동반도를 점령하자 한반도의 독립을 허울로 만들었다고 하면서 삼국간섭을 주도하였다. 삼국간섭의 성공으로 일본은 요동반도와 한반도에서 일단 퇴거하였다. 그 이후에도 러시아는 러청 동맹조약의 체결을 통해 일본의 공격시 한반도에 개입할 수 있는 권리를 확보하였다. 그리고 일본과는 로바노프−야마가다 의정서, 니쉬−로젠 협정 등을 체결하여 한반도에서의 독립과 현상을 유지하였다. 1900년 의화단 사건을 계기로 러시아가 만주를 점령하였다. 이에 일본 등 열강들의 만주 철병 압력에 대해 러시아는 만주의 안전 확보와 한반도 현상유지를 위해 조선 중립화를 일본에 제의하였다. 이에 대해 한반도 병합에 목적을 둔 일본은 반대하였다.

여섯째, 한반도와 만주간의 상호 연계성이었다. 소위 한만 문제였다. 러시아는 만주문제는 청국과 협의할 사안이며, 한반도 문제는 일본과 협의한다는 한만분리론에 입각하여 일본과 협상하였다. 따라서 러일간에 체결된 1896년 고무라−웨베르 각서 및 로바노프−야마가다 의정서, 1898년 니쉬−로젠 협정에는 한반도 문제만 규정되어 있고 만주 문제에 대한 규정은 없다. 이에 대해 일본은 한만 교환론을 주장하였다. 즉 러시아는 만주를, 일본은 한반도를 세력권으로 하자는 것이었다. 이에 러시아는 한반도를 완전히 일본에 양보할 수 없다는 이유로 거절하였다. 1900년 의화단 사건으로 러시아 군대가 만주를 점령하자 일본은 러시아군의 만주철병을 주장하면서 만주문제에 개입하기 시작하였다. 특히 일본은 1902년 영·일동맹 체결후 한반도와 만주 문제의 상호 연계성을 강조하였다. 일본은 러시아가 만주를 장악하고 있는 한 한반도를 장악하더라도 불안하다고 보았다. 러시아가 1903년 러·일협상안으로 북한의 중립 지대화를 제안하자 일본은 대신 한·만 국경선에 중립지대를 설정하자고 제안하였다. 그리고 일본은 청국과 조선의 영토 보전을 러시아에게 요구하였다. 결국 한만 문제에 대한 러·일간의 입장 차이로 타협은 실패하고 러·일 전쟁이 발발하였다.

일곱째는 러시아 내부의 온건노선과 강경노선의 대립이었다. 만주경영, 한반도 문제, 일본과의 관계 개선 여부를 두고 온건파와 강경파가 대립되었다. 온건파는 무라비예프 외무장관, 위테 재무장관, 크로파트킨 전쟁장관 등 관료들이 주축을 이루었다. 온건파들은 러·청동맹조약을 근간으로 1898년 여순을 조차한 후 시베리아 횡단철도와 연결된 동청철도 및 남만주지선의 건설을 통해 만주를 평화적으로 침투하는데 주안점을 두었다. 그리고 러시아는 만주경영에 중점을 두고 한반도는 일본에게 가능한 양보함으로써 러·일간에 우호적인 관계를 유지해 나갈 것을 주장하였다. 그러나 의화단 사건과 영·일동맹의 체결, 일본의 군사력 증강 등을 계기로 러시아 강경파가 등장하였다. 강경파는 아바자 해군 소장, 베조브라조프 국무비서 등 비관료파로 구성되었으며, 황실 측근인 알렉세에프 해군 제독이 강경파를 지지하였다. 강경파들은 러시아의 동맹국인 청국을 믿을 수가 없다고 지적하고 온건파들이 일본에게 양보하고 있다고 비판하였다. 강경파들은 만주에 군사력을 증강하고 압록강―두만강―블라디보스톡을 잇는 반월형 지역을 강화하여 일본의 공격에 대항할 것을 강조하였다. 결국 1903년 4월 강경파가 득세함으로써 러·일간의 대립이 악화되었다.

한편 러시아는 한반도보다는 만주지역 진출에 중점을 둠으로써 조선정부와의 직접적인 접촉보다는 사전에 청·일 등 주요 이해 당사국들과의 협의를 통해 한반도 문제를 해결코자 하였다. 러시아는 러시아의 동북아 정책에 있어서 한반도를 독립변수보다는 종속변수로 취급하였다.

그리고 러시아는 일본과 양국간의 협의를 통해 한반도 문제를 해결코자 하였다. 러시아는 한반도 문제에 대한 다자적인 국제회의를 개최할 경우 불리하다고 보고 가능한 열강들의 사전 개입을 배제하면서 양자적인 차원에서 조선문제를 해결코자하였다.

결국 러시아의 동북아 진출과 한반도 정책은 러·일전쟁에서 패배함으로써 실패로 끝났다. 러시아가 러·일전쟁에서 참패한 주된 이유는 러·청동맹조약이 무용한데 기인하였다. 일본 함대가 1904년 조선의 제물포와 청국의 여순에 정박한 러시아 함대를 공격했을 때 청국은 러·청동맹조약에 따라 러시아와 함께 일본과의 전쟁에 참전해야만 했다. 그러나 청국은 러·일전쟁시 중립을 선언하였다. 그리고 러·일전쟁에 있어서 러시아가 국제적으로 고립된 반면 일본은 영·일동맹과 미국 등 해양세력의 호의적인 지원하에 러·일전쟁을 일으킴으로써 외교적으로 유리하였다. 미국 제26대 루즈벨트(T. Roosevelt, 1901－1906) 대통령은 러·일간의 평화를 중재하여 포오츠머드 강화조약을 성사시킴으로써 1906년 노벨 평화상을 받았다.

일러두기

1. 19세기 러시아 일력(日曆)은 1900년 이전까지 서력(西曆)에서 12일을
   제하며, 1900년부터는 서력에서 13일을 제한다. 이 책에서는 서력을 쓰
   도록 했으며 러시아 일력을 사용할 경우 ( )속에 표시하였다.

   예) 1898년 4월 20일(노력)

2. 본문은 한글 쓰기를 원칙으로 하였으며, 필요한 경우 한문이나 외국어로
   표기하였다.

3. 시기에 따라 변화된 국명이나, 군주의 존호, 관부의 명칭 등은 편의상
   하나로 통일하였다.

   예) 조선외무(1894), 외부(1895)→외부

제1장

러시아의 극동진출과
청, 일, 조선 3국 접촉

1. 러시아의 극동 진출과 연해주 확보

　러시아는 이미 17세기 중반 발틱해나 흑해 연안에 도착하기 전에 소프트 골드(soft gold)로 알려진 모피와 밍크 등을 획득하기 위해 시베리아[1] 및 극동지역[2]을 거쳐 태평양 연안까지 진출하였다.

　시베리아 및 극동지역에 수집된 모피는 대부분 유럽으로 수출되었으며, 이같은 모피 수출이 한때는 러시아 정부 예산의 3분의 1을 차지하는 등 러시아 정부의 주요한 재원이 되기도 하였다. 또한 당시 모피는 러시아인들에게 방한복의 옷감으로 사용되었으며, 화폐의 대용으로 상용되는 등 러시아 국민들에게 주요한 필수품이었다[3].

---

1) 시베리아는 러시아 우랄산맥 동쪽 사면에서 태평양 사면의 하천 분수령까지의 지역을 지칭하며 동서 7000㎞, 남북 3, 500㎞, 면적 650만 ㎢이다.

2) 러시아 극동(Far East)지역은 지리적으로 프리아무르(Priamur), 연해주(Primorye), 오오크츠크(Okhotsk)연안, 캄챠크, 츄코타, 사할린, 쿠릴열도 등을 의미하며, 면적은 약 백2십만 평방마일에 달한다. J. J. Stephan, The Russian Far East (Stanford: Stanford University Press, 1994), p. 7.
　이책에서는 러시아의 극동지역과 구별되게 청국, 조선, 일본은 동북아지역을 지칭한다.

러시아가 광대한 시베리아 지역으로 진출하게 된 동기는 모피 획득 등 자원 공급지로서 시베리아 개척이외에도 러시아의 전통적인 영토팽창정책에도 기인한다. 러시아는 역사적으로 군사적인 강국을 추구하면서 외적의 침입에 대해 방어적인 팽창을 추구하였다.[4]

러시아가 광활한 시베리아 지역을 별 어려움 없이 장악할 수 있었던 것은 러시아인들의 줄기찬 영토 팽창 야욕에도 기인하지만 당시 세계정세 및 동북아 정세가 러시아의 아무르강 유역 진출에 유리하게 작용하였다. 러시아의 이 같은 시베리아 진출은 서양세력의 아시아 침투와 병행하여 추진되었다.

16세기에 포루투갈 등 서구 유럽국가들은 아시아에 대한 식민지 진출을 시작하였다. 포루투갈은 인도의 고아를 점령하고 실론섬과 말라카 제도를 장악하였다. 그리고 1557년에 명나라부터 마카오를 획득하였다. 스페인도 1571년 마닐라를 점령하고 동양무역의 근거지로 삼았다. 네델란드는 자카르타와 타이완을 점령하였으며, 영국도 인도와 말레이반도에 진출하였다.

또한 16세기 후반과 17세기 초는 한반도에서 임진왜란과 병자호란이 잇달아 발생하는 등 동북아 지역은 혼란을 겪고 있었다. 청국, 일본, 조선은 시베리아 먼 지역에 대해 관심을 가질 여유가 없었다.

러시아는 16세기에서 18세기동안 남쪽과 북쪽을 통해 시베리아 지역으로 진출하였다. 1581년 러시아는 우랄산맥을 넘어 시베리아를 거쳐 1640년에 태평양의 오호츠크해에 도달하였다. 코사크[5] 대장 예르마크(T. Ermak)가 시베리아 원정을 위해 1581년 우랄산맥을 넘어 오오츠크해에 도달하는데 소요된 기간은 60년이었다.

러시아의 시베리아 진출은 대부분 수로를 따라 전개되었다. 시베리아는 심한 혹한과 잦은 폭설 등으로 육로가 개발되기 어려운 여건이었다. 시베리아

---

3) A. 말로제모프, 석화정 옮김, 러시아의 동아시아 정책(서울:지식산업사, 2002), p. 19.
4) 심헌용, 러시아의 한반도 군사관계사(서울:국방부 군사편찬연구소, 2002), pp. 20−21.
5) 코사크은 터어키어로 자유인, 독립인을 뜻하며, 유러시아 초원지대에 거주해 온 러시아의 한 종족을 지칭한다.

지역에는 오비강, 예니세이강, 레나강 등의 지류가 풍부하였으며, 강줄기가 주요 교통로 활용되었다. 러·청국간 자연스러운 경계선을 이루고 있는 아무르강(Amur)의 수로가 러시아의 극동진출에 주요한 역할을 하였다. 그리고 아무르강[6] 유역은 교통로 이외에 시베리아 지역에 대한 식량보급기지로서 주목을 받았다. 러시아는 환경이 열악하고 식량확보가 어려운 시베리아로 진출함에 따라 채소와 곡물이 자라는 아무르강 유역을 확보하는 것이 필요하였다.

러시아는 레나강변에 따라 1632년에는 이르쿠츠크에, 1651년에는 알바진(Alabazin)에, 그리고 1654년에는 네르친스크(Nerchinsk)[7]에 성채(Ostrog)를 구축하여 아무르강 하구에 진출 할 수 있는 발판을 확보하였다. 러시아인들은 주요 하천의 요지에 건설한 성채를 발판으로 시베리아 지역으로 진출하였으며 이같은 거점지배 전략은 원주민을 정복하고 방어하는 데 유용하였다 [8].

한편 명나라를 멸망시킨 청국은 건국된 지 얼마 되지 않아 먼 아무르강 유역까지 신경을 쓸 여유가 없었다. 청국은 1630년대 아무르강 유역에 살고 있던 이민족들을 정복하고 이들을 숭가리강(송화강, 아무르강의 최대 지류로서 약 1,960km) 유역으로 재배치하였다. 따라서 17세기 중엽에는 아무르강 지역에 대한 청국의 방비가 허술해지고 러시아의 진출이 용이하게 되었다.[9]

러시아가 시베리아와 연해주 지역으로 진출을 하게 되자 예부터 이 지역에 살고 있던 청국인들과 대립을 초래하였다. 청국은 러시아에게 국경무역의 허용조건으로 러시아가 동북지역에서 철수하기를 주장하였으나 별효과가 없었

---

6) 아무르강은 중국에서는 헤이룽강(흑룡강)으로 지칭되며, 미국의 미시시피강에 버금된다. 그 길이는 약 4천km(세계 제8위)이다. 러시아 극동지역의 대부분 강들이 북극해로 흘러들어 가는 반면 아무르강은 북태평양으로 흘러간다. 러시아의 시베리아 남동부에서 발원하여 중국 만주의 국경을 따라 동류하고 하바로프스크 부근에서 태평양으로 흘러간다. 러·청간의 국경선을 따라 흐르는 길이는 약 3,400km에 달한다.

7) 네르친스크는 해발 고도 600m인 오크마 고원위에 있으며 네르차강과 실카강이 합류하는 지점에서 7km 상류에 있다. 1654년에 요새로 건설되었으며, 1689년 이후 청국과 러시아간 무역 중계지로 번영하였다.

8) 심헌용, 러시아의 한반도 군사관계사(서울:국방부 군사편찬연구소, 2002), p. 24

9) J. J. Stephan, The Russian Far East (Stanford, Stanford University Press, 1994), pp. 26−28.

다. 마침내 러시아군이 1652년 아무르강 상류 지역까지 진출하자 청군과 군사적인 충돌이 발발하였다. 청군은 아무르 지역으로 동진하는 러시아군을 공격하였으나 실패하자 조선에 원군을 요청하였다. 청군은 조선군과 함께 1654년(조선 효종 5년)과 1658년 두 차례의 전투를 통해 러시아군을 격퇴하고 러시아군이 한때 점령했던 알바진 지역을 수복하였다.

러시아는 금번 사태를 수습하기 위해 골로빈(F. A. Golvin) 백작을 네르친스크 지역에 파견하면서 청국정부와 국경을 획정하고 라·청국간의 국경 무역 문제에 대해 협의할 것을 지시하였다.10)

마침내 라·청간 협상이 타결되어 네르친스크에서 1689년 9월 6일 네르친스크 조약(Treaty of Nerchinsk)이 노어, 만주어, 라틴어로 체결되었다.

네르친스크 조약에 따라 라·청간의 국경선이 케르베치(Kerbechi)강과 아르군(Argun)강으로 획정되었으며, 러시아는 아르군강과 아무르강 이북으로 퇴각하였다. 당시 러·청협상에서 러시아는 아무르강을 양측의 국경선으로 획정하자고 주장하였으며, 청국측은 바이칼 호수를 경계선으로 주장하기도 하였다.

네르친스크 조약은 청국이 유럽국가인 러시아와 대등하게 최초로 체결한 조약으로서 동아시아와 유럽의 공식적인 접촉의 계기가 된 점에서 중요한 조약이었다.11) 러시아는 이 조약을 통해 동진 할 수 있는 법적인 발판을 확보하였다.

---

10) 모스크바 정부는 골로빈 백작에게 외교적인 협상권한과 함께 남. 동 시베리아지역에 대한 행정적인 책임도 위임하였다. 이같은 권한 위임은 시베리아 총독이 시베리아 지역에 대한 행정적인 통치권 이외에도 타국과 협상할 수 있는 외교권한도 갖게되는 선례가 되었다.
11) 19세기 러시아인들은 골로빈 백작이 네르친스크 협상에서 아무르강 유역을 상실하였 다고 비난하였으며, 1960년대 구소련과 중국사이에 국경문제를 두고 중—소관계가 악 화 될 때 구소련 학자들은 네르친스크 조약이 청국의 위협 하에 체결된 냉전의 산물 이라고 비판하였다. 그리고 청국이 '시베리아의 우크라이'(비옥한 땅을 의미)라고 불 리는 아무르강 유역을 지배하기 위한 목적이었다고 비난하였다.
   J. J. Stephan, op. cit., p. 32.

러시아 정부는 네르친스크 조약으로 아무르(Amur)강 이북으로 후퇴하였
지만 국경무역을 재개 할 수 있게 되었다. 러시아는 국경무역이 아무르강
유역의 영토적인 손실을 상계하고도 남는다고 보고 대체로 만족하였다. 당시
러시아는 모스크바에서 수천 킬로 떨어져 있는 아무르강 유역의 영토를 점령
하더라도 이를 방어하기가 어려웠다.

청국은 러시아군의 남진을 격퇴함으로써 아무르강 이남지역의 영토를 고수
하였으나, 조선군의 도움으로 러시아군을 패퇴시킴으로써 국력의 한계를 노정
하였다. 그 이후 청국은 러시아의 동진을 방지하기 위해 아무르강 유역에
국경초소만 세우는 것 이외 적극적인 조치를 취하지 않았다.

네르친스크 조약이 체결된지 40년 만에 1727년 10월 21일 러·청관계를
규정하는 캬흐타 조약(Treaty of Kiakhta)이 체결되었다. 캬흐타 조약은 러
·청간에 통상을 규정하고, 북경에 러시아 대표의 상주를 허용함으로써 러시
아가 북경에 공관을 개설할 수가 있게 되었다.

한편 러시아는 네르친스크 조약의 체결로 아무르 지역의 진출이 어렵게
되자 오오츠크해, 캄차크, 쿠릴 지역 등 북동 시베리아 지역으로 경략을 시작
하였다. 피터 대제가 이같은 진출에 선도적인 역할을 하였다.

피터 대제(Peter, 1682 – 1725)는 등극하면서 강력한 중앙집권화와 영토적
인 팽창을 추진하였다. 그는 앞으로 태평양이 부와 권력의 근원이 될 것으로
전망하고 러시아의 태평양 진출을 적극 추진하였다.[12] 그는 상트 페테르부르
그를 서구의 관문으로 보고 적극 개발한 것처럼 오호츠크를 태평양의 창문으
로 발전시켜 나가고자 하였다. 1711년에 캄챠크로 향하는 수로를 개발할 것을
지시하였다. 그리고 그는 1725 – 1730년간 제1차 캄챠크 탐험대를 구성하였
다. 이어서 피터 1세 황제가 조직한 제2차 캄챠크 탐험대가 1733 – 1743년간
북극해안과 북미대륙의 북서 해안을 탐험하였다. 이와 같이 러시아는 영국이
나 프랑스보다 반세기 일찍 북태평양 진출에 성공함으로써 1745년 남쿠릴

---

12) J. J. Stephan, op. cit., p. 34.

열도를 통제하고 일본에 대해 영향력을 행사할 수 있는 전략적인 우위를 확보
하게 되었다.[13]

러시아 정부가 오오츠크해로 진출하자 아무르강이 수송로로서 중요하게
되었다. 즉 바이칼 인근 지역에서 산출된 밀 등 곡식들을 식량사정이 어려운
오호츠크해 및 캄찹크 지역으로 운송하기 위해서는 아무르강의 수로를 이용해
야 했기 때문이었다.

러시아는 아무르강의 확보에 주안점을 두면서 행정제도의 정비와 함께 시
베리아 경략을 추진해 나갔다. 러시아는 1708년부터 유럽식 행정방식을 시베
리아에 도입하였다. 러시아는 1719년에는 시베리아를 토볼스크, 예니세이스
크와 이르쿠츠크의 3성으로 나누어 개발에 착수하였다.

1732년 오오츠크 행정부가 오오츠크에 건립되었으며, 1775년 야쿠츠크
주(州)가 창설되었다. 1740년에 옴스크에 사관학교를 신설하여 시베리아 근
무장교들을 양성하였으며, 1799년 태평양 연안을 방어하는 러시아 해군이
창설되었다. 그리고 지방에 대한 통제도 강화하였다. 1763년 러시아는 시베리
아 정청을 폐지하고 황제의 결정에 따라 임무를 수행하는 총독을 파견하여
황제의 권한을 강화하였다. 1822년에는 시베리아를 동. 서 양부로 분할하여
이르쿠츠크에 동부 시베리아 총독을, 토볼스크에 서부 시베리아 총독을 설치
하는 등 행정제도를 정비하였다. 러시아는 영토가 확대됨에 따라 군대도 정비
하였다. 1699년 칙령을 통해 러시아는 근대적인 의미의 군대를 창설하였다.
그리고 1715년 75가구 마다 1명의 장정을 징발하는 징병제를 실시하였다.
러시아는 해군력도 강화하였다. 1689년 러시아는 해군함대를 창설하였다. 그
리고 흑해함대와 발틱함대를 1705년 창설하였다. 1717년 러시아는 해군위원
회를 조직하였다 이 위원회는 해군업무를 총괄하였다.[14]

러시아는 태평양 연안의 자원도 개발코자 하였다. 1799년에는 러-미회사

---

13) J. J. Stephan, op. cit., p. 35.
14) 심헌용, 러시아의 한반도 군사관계사(서울:국방부 군사편찬연구소, 2002), pp. 74-85.

(Russian−American Company)를 설립하는 법령을 반포하고 북태평양 연안의 자원을 독점하게 하였다. 그러나 식량공급이 여의치 않게 되자 시베리아 총독은 일본, 청국, 미국과의 교역을 통해 식량 문제를 해결코자 하였다.

19세기 중엽부터 청국에 대한 제국주의 열강들의 침략이 본격화되자 러시아 니콜라이 1세 황제는 극동 진출을 적극 추진하였다. 니콜라이 1세(NikolailⅠ, 1825−1855) 황제는 1846년 먼저 아무르강에 탐험대를 파견하였으며, 1847년에는 무라비예브(N. N. Muraviev−Amurskii)15)를 동부 시베리아 총독으로 임명하여 아무르강 유역의 확보에 주력케 하였다.

무라비예브(N. N. Muraviev) 총독은 아무르강을 러시아가 태평양을 향해 러시아의 힘을 분출할 수 있는 차량이라고 비유하였다. 그는 태평양 연안에 도달하기 위해서는 우선 시베리아에서 태평양으로 흘러들어 가는 아무르강에서의 항해를 확보하는 것이 필수적이라고 강조하였다. 그는 1848년 아무르강 유역에 대한 탐험을 적극 추진하였다. 1850년 무라비예브 총독의 지시에 따라 네벨스코이(G.I. Nevelskoi)는 아무르강의 하류지역을 탐험하고 아무르강 하구에 위치한 니콜라예프스키(Nikolaevsky)에 외곽 포스트를 설치하였으며, 지역 토착민들에게 조선 국경선까지의 전영토가 러시아 영토라고 선언하기도 하였다.16)

또한 무라비예브 총독은 청국 정부가 내우외환으로 극동지역에 대한 관심을 등한시하는 틈을 이용하여 아무르강 전지역을 세밀히 조사하였다. 러시아는 차후에 라청국간 국경획정에 관한 협상시 이같은 조사자료들을 적극 활용하였다.

무라비예브 총독은 당시 유럽과 청국의 주변 국제정세를 잘 파악하여 시베리아와 태평양 연안지역의 방어에도 많은 노력을 기울렀다. 19세기 중엽 러시

---

15) 무라비예프는 동부시베리아 총독(1847−1861)을 역임하였으며 1858년 청국과 아이훈 조약을 체결하였다. 1862년 프랑스로 이민하여 1881년에 파리에서 사망하였다. 그의 유해가 1991년 블라디보스톡으로 이장되었다.

16) J. J. Stephan, op. cit., p. 45.

아가 극동지역으로 진출하던 시기에 발발한 영-청 아편전쟁(1839-1842)
과 러영 크리미아 전쟁(1854-1856)은 아무르강 유역이 러시아 극동지역의
방위에 전략적으로 중요하다는 사실을 일깨워 주었다. 당시 러시아와 대립하
고 있던 영국은 1842년 4월 아편전쟁에 승리하자 청국과 난징조약(Treaty
of Nanjing)을 체결하여 청국 연안에 발판을 확보하였다.

러시아는 영국, 프랑스 등 제국주의 열강들이 아편전쟁에서 승리한 기세를
이용하여 북태평양 및 러시아 연안에서 적극적인 활동을 전개할 것을 우려하
였다.[17] 당시 러시아 극동주둔 군사력은 보잘 것 없어 서구 열강들에 대항하
기에는 어려운 처지였다.

아편전쟁에 이어 근동에서 터어키 문제로 크리미아 전쟁[18]이 발발하였다.
영국과 프랑스 연합군이 터어키와 함께 러시아에 전쟁을 선언하고 이어서
영국과 프랑스 함대가 흑해에 진입하여 흑해의 출구인 보스포러스 해협을[19]
봉쇄하였다. 이로써 러시아 흑해함대가 지중해와 태평양을 거쳐 연해주로 항
해할 수 없게 되었다. 이틈을 타 영국 및 프랑스 함대가 태평양 연안을 지나
아무르강을 항해하여 시베리아 연안일대를 내습할 위험이 생겨났다. 마침
1855년 5월 2회에 걸쳐 영국과 프랑스 함대가 아무르강의 하구를 습격하자
러시아는 아무르강과 태평양 연안 지역에 대한 방어를 강화할 필요성을 절감
하였다.

우선 러시아 정부는 아무르강을 확보하는 것이 극동지역의 안전에 긴요하
다고 보고 청국정부와 미해결로 남아 있던 아무르강의 자유항해 및 국경획정
문제를 타결하고자 하였다. 무라비예브 총독은 1858년 5월 아이훈에 도착하

---

17) J. J. Stephan, op. cit., p. 43.
18) 크리미아 전쟁은 1854년 3월 27일 영국과 프랑스가 러시아에 전쟁을 선포함으로써
발발하였으며, 쇠퇴하는 오스만 터어키의 분할을 둘러싼 열강들의 이해충돌에서 발
생하였다.
19) 보스포러스 해협은 아시아와 유럽의 경계선이다. 이 해협의 길이는 31km에 달하며,
넓은 폭은 4km, 좁은 폭은 800m이다. 러시아 흑해 함대가 지중해로 진출하기 위해서
는 이 해협을 통과해야 하는 중요한 해협이었다.

여 청국 대표와 만나 협상을 개시하였다. 무라비예브는 아무르강이 라·청간의 자연적인 경계이므로 아무르강을 국경선으로 획정할 것을 주장하였다. 그리고 그는 청국과 전쟁 중인 영국함대가 아무르강 유역에 나타나 위협할 가능성이 있다고 지적하고 이를 저지하기 위해 러시아와 청국이 조약을 체결하여 공동으로 대응하여야 한다고 강조하였다. 청국측은 이미 네르친스크 조약이 체결되어 있다고 대응하면서 소극적인 태도를 보였다. 이에 무라비예브는 청국이 당초의 약속을 어기고 군대를 동원한 상태에서 네르친스크 조약이 부당하게 체결되었다고 지적하고 영국함대가 아무르강을 항해하여 내습할 가능성을 거듭 경고하였다.[20)]

마침내 러시아는 1858년 5월 28일 아이훈 조약(Treaty of Aigun)을 체결하여 아무르강, 우수리강의 항해권을 확보하고, 아무르강 좌안의 광대한 영토를 획득하였다.[21)] 그리고 연해주 지역은 라·청 양국간의 공동관리구역으로 남겨 놓았다.

러시아 정부는 아이훈 조약의 공로를 인정하여 고루챠코프 외무장관에게 성엔드류 훈장을 수여하였다. 무라비예브 총독에게는 무라비예브 – 아무르스키 백작(N. N. Muraviev – Amurskii) 이라는 칭호를 수여하였다.

아이훈 조약은 협상과정에 있어서 네르친스크 조약보다 진일보하였다. 네르친스크 조약은 예수회 선교사들의 도움으로 러시아어, 만주어, 라틴어로 체결되었다. 그러나 아이훈 조약은 러시아와 청국간 직접 통역으로 협상이 진행되었으며, 러시아어와 한문으로 조약문이 체결되었다. 아이훈 조약을 체결한 후 러시아 정부는 청국 정부에 조총 1만정과 대포 50문, 그리고 50만루불의 선물을 청국 황제에게 보냈다. 당시 서구국가들의 침입에 시달리고 있던 청국 정부는 조총 등 신무기가 필요하였다.[22)]

---

20) Juri Semjonow, 김우현 옮김, 시베리아정복사(대구: 경북대학교출판부, 1992), p. 538
21) 엥겔스(F. Engels)는 러시아가 아이훈 조약으로 피 한방울도 안 흘리고 프랑스와 독일
    을 합한 영토를 청국으로부터 획득하였다 지적하였다. J. J. Stephan, op. cit., p. 49.
22) Juri Semjonow, 김우현 옮김, 시베리아정복사(대구: 경북대학교출판부, 1992), p. 544.

　한편 아이훈 조약에 대한 교섭이 진행되는 동안 아무르강의 국경선 문제를 협의하기 위해 푸티아틴(E. V. Putiatin) 제독이 천진에 도착하여 청국과 교섭을 진행하고 있었다.

　그러나 당시 청국은 애로우호 사건(1856) 등으로 제국주의 열강들의 침입을 받고 있다는 이유로 러시아측과의 협상을 거절하였다. 애로우호 사건의 처리 결과로서 영국과 프랑스가 1857년 11월 청국과 천진조약을 각각 체결하자 러시아도 이 기회를 이용하여 청국과 천진조약을 1858년 6월 13일 체결하였다. 이로써 러시아는 오랜 숙망이었던 해상 무역권을 획득하였다. 러시아가 1689년 네르친스크 조약을 통해 국경 무역권을 확보한 이래 170년 만에 해상 무역권도 확보하게 되었다.

　청국과의 아이훈 조약 체결로 러시아가 연해주로 진출하게 되자 무라비예브 총독은 연해주를 장악하기 위해 인접한 청국 및 한반도와의 경계선 획정 등을 검토하였다. 그는 러시아가 청국이 동해로 진출할 수 있는 유일한 출구인 포시에트(Posyet)를 확보하지 못하도록 러시아와 조선간의 육로 국경선이 서로 인접하여 획정되도록 노력하였다. 또한 그는 1859년 청국과 국경선 획정 협상에서 러시아에게 유리한 분위기를 조성하기 위해 블라디보스톡에 대해 영국이 부여한 영국식 지명들을 러시아 이름으로 다시 개명하였다. 그는 블라디보스톡을 콘스탄티노플과 같이 지정학적으로 중요하다고 보고 콘스탄티노플의 지명들을 본따서 이름을 고쳤다. 그는 빅토리아만은 피터대제만으로, 알베르트 왕자의 반도는 무라비예브의 반도로 각각 개명하였다.23) 영국이 블라디보스톡의 메이(May)항구라고 불렀던 곳을 금각만(gold horn), 남쪽 해협을 동보스포르스라고 명명하였다. 마침내 1860년에 블라디보스톡이 공식 지명이 되었다. 블라디보스톡은 러시아어로 동방을 지배하라는 의미이며, 청국은 블라디보스톡를 해삼위라고 불렀다. 러시아는 1860년 블라디보스톡에 항구를 설치하고 인근 포시에트에 노브고르드 경비대를 설치하여 조선과

---

23) J. J. Stephan, op. cit., p. 49.

청국의 국경선에 대한 경계를 강화하였다. 그리고 1872년에 니콜라예프스끼에 있던 극동함대를 블라디보스톡에 이동시켜 태평양 진출에 대비하였다.

청국이 서구 제국주의 열강들과 체결한 조약들을 이행하지 않자 영국과 프랑스 연합군은 청국을 재차 공격하였다. 전쟁이 발발하자 러시아는 열강과 청국간 중재하는 기회를 활용하여 1860년 11월 14일 청국과 북경조약을 체결하였다.[24] 러시아는 북경조약의 체결을 통해 그간 숙원이었던 연해주 지역을 획득하였다. 이로써 러시아는 청국의 곡창지대인 북만주와 태평양으로 진출할 수 있는 유리한 기반을 확보하였다. 그리고 러시아는 유럽과 아시아에 걸친 유라시아 국가[25]로 변모하게 되었으며, 세계최대의 대륙국가가 되었다.

마침내 태평양 연안을 확보하게 된 러시아의 극동진출은 아래와 같이 몇 가지 특징을 확인할 수 있다.[26]

(1) 러시아는 1689년-1860년간 약 170년에 걸쳐 청국과 큰 전쟁 없이 평화적으로 광대한 영토를 점령함으로써 외교적인 성과를 크게 거양하였다. 러시아의 평화적인 극동 진출은 영국과 프랑스가 청국과의 전쟁을 통해 홍콩과 안남을 장악한 것과 대비되었다. 영국은 1842년 아편전쟁과 애로우호 사건 등을 통해 청국과 조약을 체결한 반면, 러시아는 네르친스크 조약이 체결된 1689년부터 1860년까지 청국과 거의 군사적인 대립이 없이 조약을 체결하였다.

이같은 러시아의 평화적인 연해주 확보는 무엇보다도 당시 청국이 태평천

---

24) 당시 27세의 이그나티예프(N. P. Ignatiev) 러시아 공사는 청국 정부와 북경조약을 체결하여 광범위한 연해주지역을 장악하였다. 이그나티에프는 1864-1877 터어키 주재 러시아 대사를 지냈다. 그는 1878년 베를린 회의결과가 러시아측에 불리하게 되자 책임을 지고 외교관직을 떠났다. 알렉산더 2세 암살 후 1881-1882년 내무장관이 되어 반동정책을 추진하면서 혁명운동을 탄압하였다. 1908년 사회혁명단원에 의하여 암살당하였다.
25) 러시아의 유럽부분이 전 영토의 3분의 1이며, 나머지 3분의 2가 아시아 지역이다. 우랄산맥을 중심으로 동쪽이 러시아의 아시아 지역이다.
26) 러시아의 연해주와 아무르 지역 장악은 러시아의 계속된 침투와 외교 역량, 그리고 운에 기인하였다고 분석하는 학자도 있다. J. J. Stephan, op. cit., p. 47.

국의 난과 애로우호 사건 등 서구열강들의 침입을 받아 내우외환에 처해 있어 러시아에 적극적으로 대항할 여력이 없었다는 데 주로 기인한다. 그리고 러시아 정부는 일찍이 청국과 캬흐타 조약의 체결을 통해 유럽열강들보다 1세기 앞선 18세기 후반부터 북경에 외교관을 상주시켰다. 이에 청국주재 러시아 외교관들은 청국의 내부 사정에 정통하였으며, 청국과의 교섭에 있어서 유럽의 열강들보다 뛰어난 수완을 발휘하였다.[27]

(2) 러시아의 극동진출은 영토팽창정책과 17세기 시베리아 지역에서의 모피 확보 등 경제적인 동기에서 촉발되었으나, 19세기 중엽부터는 태평양 연안에서의 부동항 획득과 제국주의 서구 열강들의 러시아 극동지역 및 태평양연안에 대한 위협 대처방안으로 추진되었다. 19세기 중엽 러시아는 영국, 프랑스, 이태리 등 열강들의 반대로 인접한 발틱해와 지중해로 진출할 수 없었다. 따라서 러시아는 태평양으로의 진출이 불가피하였다.

(3) 러시아 니콜라이 2세 황제와 해군이 극동 및 태평양 진출에 적극적이었다. 아편전쟁이후 제국주의 열강들의 청국에 대한 침투가 강화되자 러시아는 동북아 정세를 평가하는 회의를 개최하였다. 이때 러시아 네셀로드(K. R. Nessolrode)[28]외무장관은 가능한 라·청간의 관계를 손상시키지 않도록 조심할 것을 주장하였다. 그는 러시아와 청국간의 모호한 국경선을 명확히 획정할 필요는 있으나 청국의 희생하에 러시아가 극동으로 영토를 확장해 나가는 데 반대하였다.[29] 러시아 재무부 장관도 러시아가 아무르 강을 따라 계속

---

27) 러시아는 1727년 카흐타 조약의 체결로 북경에 외교관을 상주시킬 수 있었으며, 프랑스와 영국은 1861년 3월에 비로소 북경에 공사관을 설치하였다. , 미국은 공관을 1862년 7월에 설치하였다.

28) 네셀로드 외무장관은 포르투갈 리스본에서 태어났다. 그는 16세에 러시아 해군에 입대하였으며, 1801년 러시아 외무부에 들어갔다. 1816년 보수 정치가로서 러시아 외무장관이 되었다. 그는 신성동맹의 중심인물로 활약하였으며, 니콜라이 1세 황제때 총리를 역임하였다.

29) 네셀로드 외무장관은 시베리아의 개방과 러시아의 아무르강 장악에 반대하였다. 그는 시베리아가 불량자들이 완전하게 보호될 수 있는 깊은 망(deep net)으로서 계속 남아 있기를 기대하였다. 그는 러시아가 아무르강을 정복할 경우 이같은 깊은 연결 망이

진출하는 것이 재정적으로 엄청난 비용이 소요된다는 이유로 반대하였다. 그러나 태평양 진출과 극동에서의 부동항의 획득을 강조해 온 러시아 해군은 러시아의 태평양 진출을 적극 지지하였다. 알렉산더 2세 황제는 러시아가 크리미아 전쟁에서 패배로 잃어버린 명예를 극동 지역의 영토확장을 통해 보상받기를 갈구하였다.

(4) 시베리아 총독들이 극동과 태평양 진출에 주요한 역할을 하였다. 특히 무라비예브 시베리아 초대 총독은 연해주의 광범위한 영토를 확보하는데 크게 기여함으로써 '시베리아의 짜르'라는 별명을 얻었다.30)

(5) 당시 러시아가 긴 국경선을 맞대고 있던 청국과 협상을 하는 데 있어서 주요 현안은 아래의 3가지로 볼 수 있다. 러시아는 이같은 3가지 사안을 장기적으로 그리고 점진적으로 획득해 나아갔다.

− 러·청국간 국경선을 명확히 획정하여 앞으로 러·청간에 국경충돌의 재발을 방지할 것

− 양국 국경선을 따라 흐르는 주요 수로에서의 자유 항해권을 획득하여 러시아 유럽지역과 극동지역간의 교통로를 구축할 것.

− 청국과의 자유로운 국경무역을 통하여 식량의 자급자족이 어려운 극동지역에서 생필품을 확보할 것

(6) 1860년 라·청간 북경조약의 체결로 러시아, 청국, 조선 3국이 국경선에 인접함으로써 3국간 근대적인 국제관계가 형성되었다.31)

해체되어 위험한 인물들이 시베리아에 들어와 불순한 이념을 유포시킬 가능성에 대해 우려하였다.

30) 그러나 무라비예브에 대한 평가는 시대마다 달랐다. 니콜라이 2세 황제는 그의 업적을 높이 평가하여 그의 동상을 하바롭스크에 건립하였다. 그러나 1920년대 구소련 작가들은 무라비예브가 러시아 제국주의의 첨병이라고 하면서 러시아의 아무르 지역과 연해주 병합을 비난하였다. 구소련 시대에는 그의 동상이 철거되어 파괴되는 등 수난을 겪었다. 한편 1990년 구소련 멸망과 함께 맑스주의 역사관이 퇴보하고 러시아 제국의 역사가 재평가됨으로써 그의 동상은 다시 하바롭스크 소재 아무르 강변에 복원되었다.

J. J. Stephan, op. cit., p. 50.

당시 유럽열강들의 세력균형 하에 제국주의적인 세계체제가 태동되던 불안한 시기인데 반해 동북아에서는 유교주의적 중화주의 체제하에 청국과 인접국 가간에는 불평등한 국제질서가 유지되고 있었다. 19세기 서세동점으로 조선 및 청국은 대륙으로는 러시아의 슬라브 문화가 그리고 해상으로는 서구 기독교 문화의 유입을 경험하였다. 기독교 문화와 유교문화간의 대립은 청국의 의화단 사건과 조선의 동학운동의 발발을 초래함으로써 동북아 질서 변혁에 주요한 요인이 되었다.

한편 러시아의 극동장악이 유리한 것만은 아니었다. 수천 km에 달하는 러·청국간의 국경선을 효과적으로 방어할 수가 없었으며 유럽과 아시아에 걸친 광범위한 영토가 러시아의 국력신장에 장애 요소가 되기도 하였다. 러·청간에 인접한 광활한 국경선(약 4, 500km) 문제는 1960년대 구소련-중국 간의 국경선 분쟁으로 비화되었다. 1964년 러시아가 특히 연해주와 아무르 지역에 너무 많은 땅을 소유하고 하고 있다는 중국 모택동의 지적을 시작으로 1969년 우수리강32)에서 구소련-중국간 국경선에서 군사 충돌이 발발하였다. 당시 중국은 연해주와 아무르 지역이 역사적으로 중국 땅이라고 주장하였으며, 이에 대해 구소련은 모택동이 러시아의 영토를 탐내고 있다고 비난하였다.33)

또한 유라시아에 걸친 러시아는 여러 방면에서 동시에 공격을 당할 경우 위기에 처할 수도 있어 러시아는 유럽과 아시아중 어느 한쪽의 희생을 감수해야 하는 지정학적인 한계를 가지고 있었다. 결국 러시아는 지리적인 광대함과 동시에 전략적인 허약성을 가지게 되는 모순에(the paradox of physical magnitude and strategic vulnerability)처함으로써 신중한 외교정책이 요구되었

---

31) Золотарев В. А., Россия и Япония на заре XX столетия(М. АРБИЗО, 1994), p. 22.
32) 우수리강은 러시아와 중국간의 경계를 이루는 강으로서 길이는 909 km이다. 항가호에서 발원하여 하바롭스크에서 아무르강과 합류한다
33) J. J. Stephan, op. cit., p. 18.

다.34) 청국 이홍장은 러시아가 청국과 수천 마일의 긴 국경선을 가지고 있어 러시아는 허약하며, 러시아를 두려할 이유가 없다고 주장하기도 하였다.

러시아는 연해주를 확보하여 세계 최대의 대륙국이 되었으나 이를 방어할 수 있는 충분한 군사력을 보유하지 못함으로써 극동지역의 허약성이 노출되었다. 이를 보완하기 위해 러시아는 시베리아 횡단철도의 건설과 연해주 개발의 시급성을 절감하게 되었다. 또한 러시아는 연중 결빙하지 않는 부동항을 태평양 연안에 확보하지 못함으로써 해군력에 있어서도 동북아 해역에서 공세적인 위치를 확보할 수 없었으며, 부동항 확보를 위해 만주와 한반도로의 진출을 적극 추진하였다.

----

34) **Золотарев** В. А., op. cit., p. 8.

2. 러시아의 아무르강 유역 개발과 러·청 대립

    러시아는 1860년 북경조약으로 연해주를 장악함으로써 태평양으로 진출할 수 있는 교두보를 확보하였다. 그러나 러시아가 연해주 지역을 획득하였다고 해서 이것이 곧 바로 시베리아와 극동지역을 완전히 장악한 것은 아니었다. 러시아가 동북아에서 유럽 열강들과 대등하게 영향력을 행사하기 위해서는 무엇보다도 러시아의 유럽지역과 극동지역을 연결하는 교통로와 식량 공급지를 확보해야만 했다.

    시베리아 진출과 극동개발에 주도적인 역할을 한 인물이 무라비예브 총독이었다. 그는 일찍이 니콜라이 1세 황제의 재임중에 코가스 전투에서 명성을 얻었으며, 그가 동부 시베리아 총독으로 임명되었을 때는 38세의 혈기왕성한 나이였다.

    무라비예브(M. N. Muraviev) 총독은 "아무르강의 하구를 지배하는 자가 시베리아를 지배하게 될 것"이라고 주장하면서 야심찬 아무르강 유역 개발을 추진하였다. 우선 무라비예브 총독은 강우량이 풍부한 아무르 강 유역에 러시아 주민들을 이주시켜 극동지역의 식량보급기지로 만들 것을 구상하였다. 그는 1857년 바이칼 지역에 살고 있는 코사크족을 아무르 강 유역으로 강제 이주시켜 평시에는 농사에 종사케 하고 전시에는 지역방어를 담당케 하는 병농일치 정책을 도입하였다.[1] 이같은 강제이주 정책으로 1861년에 약 11, 850명의 러시아인들이 이주하여 아무르강 수송망을 따라 60개 마을에 정착하였다.[2]

그러나 이들 정착주민들은 생활의 절반을 군사방어 및 우편 배달 등 행정업무에 종사하여 농사개간에 전념 할 수 없었다. 결국 이들의 대부분은 다시 바이칼 지역으로 돌아갔으며, 강제이주 정책은 실패로 끝났다.

러시아 정부는 강제이주정책이 실패하자 혜택을 부여하는 장려적인 이주정책을 실시하였다. 1861년 3월 알렉산더 2세 황제의 농노해방은 토지를 소유하지 못한 수백만의 농노를 탄생시켰다. 1861년 4월 러시아 정부는 농노들의 극동지역으로 이주를 장려하기 위해 정주법을 제정하였다. 금번 정주법에 따르면 농노들은 러시아 정부에게 3루불을 지불하면 극동지역에서 270 에이크를 무상분배 받을 수 있었다. 또한 농노들은 10년간 징집면제와 20년간 세금면제의 혜택을 누릴 수 있었다. 이에 따라 1860년 약 150,000 − 200,000명의 농노들이 극동지역으로 이주하였다. 그러나 러시아 정부의 후속조치 부족으로 장려적인 이주정책도 큰 실효를 거두지 못하였다.[3]

아무르강 지역을 극동의 식량기지로 만들겠다는 무라비예브(M. N. Muraviev) 총독의 계획도 별 성과를 거두지 못하였다. 아무르강 지역의 강우량이 여름에 집중되어 곡물재배에 부적당하였다. 곡물은 잘 자랐지만 열매를 잘 맺지 못하는 등 작황이 부실하였다. 특히 아무르강 지역에서 추수한 곡물로 만든 빵을 먹을 경우 중독증세를 일으키기도 하였다. 그리고 아무르강 지역에서는 다양한 식물들이 자라고 있었음에도 불구하고 가축들도 잘 성장하지

---

1) 코사크족이 시베리아 개척에 기여한 공로에 대해서는 심헌용, 러시아의 한반도 군사관계사(서울:국방부 군사편찬연구소, 2002), p. 90.
2) A. 말로제모프, 석화정 옮김, 러시아의 동아시아 정책(서울:지식산업사, 2002), p. 20.
3) Ibid., op. pp. 30 − 32.

못하였다.[4]

아무르강의 수로를 개발하여 극동지역의 주요 교통로로 이용하겠다는 무라비예브의 계획도 성공을 거두지 못했다. 아무르강은 연중 173일이 결빙되었으며 해빙기에도 얼음이 떠있어 항해가 불가능 하였다. 사실상 아무르강의 항해가 가능한 시기는 연간 약 140일 정도로서 연중 물동량 운송이 불가능하여 아무르강이 인근지역의 경제발전에 크게 기여하지 못했다.[5]

아무르강 지역의 식량부족이 심각해지자 아무르강 유역에 주둔하고 있던 러시아 국경수비대의 규모도 감축되었다. 1865년 니콜라예스키 지역 등 아무르강 전 지역에 주둔하고 있던 러시아 해군은 약 740명에 불과하였다. 극동지역의 혹독한 기후, 식량 기지화의 실패로 해군의 활동은 거의 없었다.

당시 러시아 해군은 발틱해와 흑해, 그리고 지중해에 집중 배치되어 있었으며, 극동지역에서의 해군력은 보잘 것 없었다. 러시아 극동해군의 주된 임무는 극동지역의 방어보다는 인근해역의 순찰과 주요 도서 지역에 주둔하고 있는 국경 수비대에게 생필품을 보급하는 업무를 주로 수행하였다.

무라비예브 총독은 1854년 캄챠크의 페트로파블로프스크(Petropavlovsk) 대신 아무르강의 니콜라예프스크를 제1의 해군항으로 삼았다. 니콜라예프스크 항구는 잘 얼지 않았으나, 연중 6개월간 얼음에 갇혀 있었다. 따라서 러시아 해군의 기동성은 큰 제약을 받았다. 러시아 정부는 태평양상의 군항을 1872년 블라디보스톡 항구로 이전하였으나 상황은 별로 개선되지 않았다. 블라디보스톡은 1886년까지 선박을 수리할 수 있는 도크시설이 구비되지 않아 함대 기항이 어려웠다. 동북아 해역에 있는 러시아 함대들은 석탄, 생수등 필수품의 보급을 받기 위한 중간기항지로서 일본, 홍콩, 상하이 등 당시에 도크시설이 구비된 현대적인 양항을 이용하였다.[6]

한편 무라비예브 총독은 이같은 식량부족의 어려움을 극복하고 극동지역의

---

4) Ibid., p. 22.
5) Ibid., p. 21.
6) Ibid., p. 25.

개발 방안으로서 청국 및 조선과 대외교역을 추진하였으나 별 성과가 없었다. 무엇보다도 아무르강 지역으로의 이주정책이 실패함으로써 무역의 수요가 감소하였기 때문이었다.

무라비예브 총독은 영국의 상품이 청국 내륙까지 침투하지 못하고 있는 사실에 착안하여 청국과 대외무역을 통해 극동지역의 개발을 꾀하기도 하였다. 그러나 교통수단의 부족으로 러시아의 유럽지역에서 생산된 산업제품을 극동지역으로 빠른 시일내 수송하여 청국의 내륙지역으로 운송할 수가 없었다.

또한 무라비예브 총독은 당시 인기가 있었던 청국산 차를 극동지역에서 수입하여 러시아의 유럽지역에 판매하거나 유럽국가들에게 수출하는 육상무역을 시행하였으나 별 성과가 없었다.

러시아 정부는 극동지역으로부터의 청국산 차 수입을 증가시키기 위한 조치로서 아무르 지역을 통해 청국산 차를 구입 할 경우 저렴한 관세를 부여하였다. 러시아 정부는 오데사(Odessa)[7]를 통해 청국 및 인도산 차를 수입 할 경우 1파운드 당 30－35 카페이카의 관세를 부여한 반면, 아무르 지역을 통해 청국산 차를 수입 할 경우 15 카페이카의 낮은 관세를 부여하였다. 그럼에도 불구하고 러시아의 유럽지역에서 소비된 대부분의 동양산 차는 인접한 오데사 항구를 통해 수입되었으며, 아무르 지역을 통한 차 수입은 점점 감소하였다. 러시아 정부는 이미 1862년 흑해연안의 오데사를 개항하여 중국 및 인도산 차를 수입할 수 있도록 허용함으로써 러시아의 유럽지역에 소비되는 대부분의 차가 극동보다는 오데사를 통해 수입되었다.

특히 영국이 해상으로 청국의 차를 수입하여 유럽으로 수출하는 운송비가 청국의 북동부 지역－아무르 극동지역－유럽간 육로상의 수송비보다 저렴하였다. 1869년 수에즈 운하가 개통됨으로써 영국상선에 의한 청국산 차의 운송료가 더욱 저렴하여 러시아의 청국산 차 수입은 경쟁력을 상실하였다.

---

7) 오데사는 흑해 북해안에 위치한 항구 도시이다. 1792년 러시아가 요새로 오데사를 건설하였으며, 1794년 군항이 되었다. 19세기 후반에는 밀의 수출항으로서 크게 번영하였다.

이같은 육상 무역외 해상을 통한 러시아와 청국간의 무역도 미미하였다. 러시아 상품의 대부분은 러시아 자국 상선보다는 외국 상선을 통해 청국에 수출되었다. 1860−1871년간 청국 천진 항구에 142척의 외국 상선이 기항하였으나 러시아 국적의 상선은 한 척도 없었다. 1877년에 가서야 러시아 국적 화물선이 천진에 기항하였다.8)

결국 1854년−1880년간 러시아의 아무르강 지역 개발정책은 실패로 끝났다. 러시아 정부는 극동지역에서 실시한 여러 가지 정책의 실패로 약 5천 5백만 루불의 재정적자를 보았다.

그리고 1892년 러시아 지질학자 코르진스킨(S. I Korzhinskii)는 아무르강 지역에 대한 정밀한 현장 탐사를 끝낸 이후 아무르강 지역이 주민들의 정착지역으로서 부적당하다는 판정을 내렸다.9)

러시아는 아무르강의 교통로 이용이 별 실효를 거두지 못하자 이를 보완하기 위해 자발함대(Volunteer Fleet)를 조직하여 흑해와 극동지역간을 정기적으로 운항하였다. 러시아는 1879년 터어키와 전쟁 위기가 고조되자 영국함대에 대항하기 위해 독일로부터 상선 5척을 구입하여 자발함대를 조직하였다. 러−터간 전쟁이 끝나자 자발함대는 국고 보조하에 러시아 정부의 화물과 이민자들을 흑해의 오데사에서 극동지역으로 운송하였다. 자발함대는 러시아의 극동지역 개발에 기여하였으나 오히려 그 폐해도 있었다. 러시아 정부는 자발함대를 통해 유럽지역에서 극동지역으로 이민을 수송함으로써 시베리아의 육로 개발이 오히려 저해되었기 때문이었다. 그리고 자발함대는 태평양 연안 및 연해주 지역에 위치한 항구에 정박함으로써 그간 러시아가 주력해온 아무르강 지역의 개발정책에 배치되기도 하였다. 당시 아무르강 지역에 거주하는 인구가 극동지역 총인구의 35%를 차지하고 있었으며, 여타 극동지역에는 인구가 광범위하게 산재하고 있어 실질적인 개발 효과를 거두기 어려웠다.10)

---

8) Ibid., p. 28.
9) Ibid., p. 23.
10) Ibid., pp. 35−37.

3. 러·일 접촉과 수호통상조약 체결

러시아 정부는 태평양 연안에 진출함으로써 타국보다 적극적으로 일본과 접촉하여 통상코자 하였다. 1775-1780간 러시아의 탐험대가 일본을 방문하였으며 일본측은 나가사키에 러시아 상선의 입항을 허가 하였다. 그러나 19세기 초 러시아는 일본과 무역을 수차례 시도하였으나 일본측의 거절로 무산되었다.[1]

마침 1852년 3월 미국이 일본과의 통상 교섭을 위해 페리 제독을 파견한다는 사실을 알게 되었다. 이에 러시아 정부는 미국의 행동을 견제하고 먼저 일본을 개항시키고자 하였다. 러시아 정부는 니콜라이 1세 황제의 시종무관이었던 푸티아틴(E. V. Putiatin) 해군중장을 일본과 개항교섭을 하도록 지시하였다. 1853년 8월 22일 푸티아틴은 일본의 나가사키에 도착하여 라일간 교역개시, 그리고 라일간의 국경을 이트룹(Iturup) 도서 이북의 쿠릴열도와 아니와만(Aniwa Bay) 이북의 사할린을 러시아 영토로 할 것을 제의하였다.[2]

---

1) Золотарев В. А., op. cit., pp. 21-22.
2) 김경창, op. cit., p. 83

그러나 일본막부의 대표가 나가사키에 늦게 도착하여 교섭이 진행되지 않았으며, 마침 크리미아 전쟁(1854 – 1856)으로 푸티아틴은 대일교섭에 전력할 수가 없었다. 그 후 미·일 화친 조약이 체결되자 러시아는 1855년 2월 7일 러·일화친조약을 체결하였다.

러·일화친조약은 그 내용에 있어서 미 – 일화친조약과 별 차이가 없다. 그 주요 내용을 보면 (1) 러·일 국경획정에 있어서 쿠릴열도의 Iturup섬을 일본령으로 하고 Urup섬 이북을 러시아령으로 하며, 사할린(Sakhalin)은 분계하지 않고 양국 통치로 한다(제2약조). (2) 일본은 나가사키, 시모다, 하코다테 등 3항을 러시아 선박을 위해 개방하고 난파선의 수리와 식료를 공급하며, 석탄이 있는 곳에서는 이를 공급한다(제3조). (3) 일본이 향후 타국에 허여하는 것은 동시에 러시아인에게도 허여할 것(제9조)이라 하여 최혜국 대우를 규정하였으며, 상호 영사 재판권을 인정했다.(제8조)

러·일화친조약을 체결한 후 한동안 러시아 대표가 일본을 방문한 적이 없었으나 1857년 8월 또다시 푸티아틴이 기선 아메리카호(the America)로 나가사키에 입항했다. 당시 나가사키에서는 일본 – 네델란드 추가조약 체결을 위한 교섭이 진행 중이었다. 푸티아틴은 일본측에 통상교섭의 희망을 제의하고 다시 올 것을 약속한 후 일단 청국으로 갔다가 8월 하순 나가사키로 다시 돌아와서 일본 막부정권과 교섭을 개시했다.

마침내 1857년 10월 12일 러·일추가조약이 조인되었다. 금번 추가 조약의 내용은 동년 6월 17일 조인된 미·일 약정 및 동년 10월 16일 나가사키에서 조인된 일본·네델란드간 추가조약에 준거하고 있다. 주요 내용은 나가사키에 입항하는 러시아 선박에 물품공급에 관한 규정을 설정한 것인데 무역 자유의 범위를 약간 확대하였다. 이것은 러시아가 일본의 인접국인 관계상 이미 미국과 네델란드에 허용한 이상으로 교역 범위를 확대하여 일본이 승인한 것으로 보인다.

푸티아틴은 러·일추가조약의 비준 교환을 위해 1858년 7월 26일 시모다에 입항하였다. 이때 미국 해리스 제독이 함대를 이끌고 일본 막부에 통상조약 조인을 강경히 요구하고 있었다.

마침내 1858년 7월 29일 미-일수호통상조약이 체결되었다. 이 기회를 활용하여 푸티아틴도 7월 31일부터 일본막부와 교섭하여 1858년 8월 19일 러·일수호통상조약을 체결하였다.3)

러·일수호통상조약은 17개조로 되어 있다. 주요 내용은 미·일통상조약과 대동소이하나 약간의 차이가 있다. 제14조 제1항에서 「체약국인의 쟁론이 있을 때는 양국 관리는 조사하여 일본인이 유죄일 때는 일본에서 이를 처벌하고 러시아인이 유죄일 때는 러시아 영사가 이를 처벌함은 나가사키 조약에 정함과 같다」고 하여 형사 사건에 관해 피고국적주의를 명확히 규정하고 있다. 또 제16조에서는 「차후 타국인에게 허용한 사항은 지체 없이 러시아에도 허용할 것이다. 러시아에서의 일본인도 동일하다」고 하여 상호적으로 최혜국 대우를 규정한 것은 여타 국가들과 체결한 조약에는 발견할 수 없는 점이다. 당시 일본 막부당국는 러시아는 미국이나 네델란드와는 달리 인접국이며 특히 러시아 영토 내에 일본인이 적지 않게 거주하고 있어 이같은 상호적인 최혜국 대우 규정을 삽입할 필요가 있다고 판단한 것으로 보인다.

한편 러·일간의 무역규모는 크지 않았다. 양국 모두가 산업화에 낙후되어 있어 거래할 교역 상품이 없었다. 1877년 러시아에 대한 일본의 수출은 49, 177엔이었다. 러시아로부터 수입은 10, 280엔이었다. 1875년 러·일간 상트 페테르부르그 조약 체결로 러시아는 사할린 전부를 통제하게 되었고 일본은 쿠릴열도와 사할린 남부 해역에서의 어업권을 획득하였다.4)

---

3) 김경창, op. cit., p. 85-86.
4) 러·일전쟁에 승리한 일본은 사할린 남부 지역(북위 50도 이남)을 차지하였다. 그러나 1945년 2월 얄타협정에서 구소련은 대일참전의 대가로 일본이 점령한 남부 사할린과 쿠릴열도의 양도를 보장받았다. 특히 1951년 샌프란시스코 강화조약에서 구소련은 쿠릴열도의 남단의 2개섬(에토로프, 쿠나시리)은 물론 쿠릴열도와 상관없는 하보마 이와 시코탄을 점유하였다. 이에 대한 러·일간의 영토 분쟁이 지속되고 있다.

4. 조·러접촉과 조·러 국경획정

13세기부터 19세기 까지 육로를 통한 조선과 러시아간 접촉은 청국을 통해 간접적으로 비밀리에 이루어졌다. 19세기 후반부터 조선과 러시아는 해로를 통해 접촉이 시작되었으며, 청국을 통하지 않고 직접 이루어졌다. 조선과 유럽 열강과의 접촉이 해로를 통해 이루어진데 반해 러시아와의 접촉은 육로와 해로를 통해 이루어진 것이 특징이었다. 러시아와 조선간의 접촉은 13세기 원나라 때까지 거슬러 올라간다. 13세기 러시아와 조선 양국이 원나라 지배 하에 있을 때 양국 사신들은 원의 조정에서 만났다. 이같은 청국에서의 비공식 적인 만남은 17세기까지 간간이 지속되었다.[1]

17세기 중반에 러시아와 조선군은 아무르 강변에서 서로 접촉하였다. 1652 년 4월 러시아군이 아무르강의 상류에 침투하였다. 청국은 러시아군을 격퇴하 지 못하자 1654년 2월 조선정부에게 조총수 100명의 지원을 요청하였다. 조선정부는 청국의 원병 요청을 수락하고 변급을 지휘관으로 150명의 병력을

---

1) 조·러 접촉에 대해서는 박태근, "러시아의 동방경략과 수교이전의 한러교섭"(1861년 이전) , 한러관계100년사 (한국사연구협의회, 1984), pp. 1－48. 참조

파병하였다. 조선군은 조총수 100명, 화병 20명, 수병 30명으로 구성되었다. 1654년 5월 청군과 조선군은 러시아군을 격파하였으며, 조선군은 84일간의 원정을 마치고 귀국하였다. 이것이 소위 1차 나선 정벌이었다.

러시아군이 재차 아무르강의 상류지역을 침입하자 청국은 조선정부에게 파병을 다시 요청하였다. 조선정부는 1658년 신유[2]를 지휘관으로 하여 265명을 청국에 파병하였다.

제2차 파병에서도 청국과 조선 연합군은 러시아군을 격퇴하였다. 조선군사 8명이 전사하였다. 조선군은 115일간의 원정을 마치고 1658년 귀국하였다. 당시 조선정부는 청국의 지원없이 자체비용으로 파병하였으며, 청국으로부터 어떤한 보상도 받지 않았다.[3]

조선과 청국의 연합군이 러시아의 남진을 흑룡강 지역에서 격퇴함으로써 러시아의 남진을 좌절시켰다. 그러나 러시아의 동진을 근본적으로 막을 수는 없었다. 다만 몇 십년간 러시아의 남진을 지연시키고 아무르강 유역에서의 평화를 유지하는데 기여하였다. 당시 건립된지 얼마 안된 청국은 남중국 일대에서 명나라 잔존세력의 토벌에 주력하고 있어 아무르강 유역에 군사를 파병하기 어려웠다.

나선정벌은 조선과 러시아간의 최초의 군사적인 대결이었다. 1. 2차에 걸친 나선 정벌을 계기로 조선정부는 러시아에 대해서 좀더 상세히 알게 되었다. 당시 청국인들은 러시아를 노추라고 불렀다. 아마도 현재의 로스케라는 말과 비슷하다. 제1차 나선정벌에 참가한 신유장군은 러시아인이 남만인과 비슷하다고 평하고 있다. 신유 장군은 나선정벌의 기록들을 북정일기로 기술하고 있다. 그는 북정일기를 통해 상세하게 전투장면을 묘사하고 있으며, 러시아의 무기와 장비들을 기술하고 있어 청국, 조선, 러시아 3국가들의 무기에 대해

---

2) 신유는 자는 경숙, 호는 봉하, 본관은 평산이다. 1619년 칠곡군 약목면 출생. 27세에 무과 급제, 1648년에 선전관, 1656년 함경도 혜산첨사를 지냈다. 신유장군을 위한 기념 숭무비가 1985년 칠곡군에 세웠졌다.
3) 신유, 국역 북정일기(서울:한국정신문화연구원, 1980), pp. 81-107.

높은 관심을 보여 주고 있다.

18세기에는 조선과 러시아간의 접촉은 북경에서 비공식적으로 이루어졌다. 캬흐타 조약으로 북경에 주재하게 된 러시아 외교관들이 조선에 대한 정보를 본국에 알려주었다. 제2대 청국주재 러시아 대사 스빠파리(N. G. Spafari, 1675－1676)는 청국에 관한 서술에서 조선에 대해 언급하고 있다. 1719년 벨(John Bell)이라는 스콜틀랜드 의사는 러시아 이즈마일로프(L. V. Izmailov) 외교관을 수행하고 북경을 방문하였다. 그는 러시아 정부는 청국의 방해 없이 아무르 수로를 따라 조선의 항구에 도달 할 수 있다고 하면서 러시아가 조선이 청국의 멍에를 벗어 날 수 있도록 도와 줄 수 있는 유일한 강국이라고 설명하였다. 또한 1727－1860년 동안 북경에 거주하고 있던 러시아의 정교 선교사들도 북경을 방문하는 조선사절단들과 접촉하여 조선에 대해 알고 있었다. 카흐타 조약 제5조에 따라 러시아 정교회 선교사들이 북경의 러시아관에 체류하였다. 러시아관은 원래 조선사절이 1408년부터 약 3백 20년 동안 사용하던 3백 87칸의 큰 공관이었으나 18세기 청국의 조치에 따라 러시아 정교 선교사들의 숙소와 전도관으로 사용되었다. 조선공관은 72칸의 작은 건물에 다시 배정되었다.

1816년 제9차 러시아 정교 북경 전도대장 비추린(N. Bichurin)[4]은 조선의 사신 조인영을 만났다. 그리고 1821년 비추린은 조선정사 이조원과 북경에서 만났다. 그리고 1827년 홍석모가 북경에서 제10차 러시아 정교 전도단장 카멘스키를 만나기도 하였다.

청국은 러시아와 조선간의 접촉을 금지하였다. 청국 정부는 러시아가 한반도에 접근할 경우 청국이 러시아와 조선에 둘려 쌓이게 되는 위험성을 우려하였다. 청국은 1772년 청국주재 초대 러시아 랑게(Lorenz Lange) 영사가 당시 청국을 방문한 조선의 대표와 접촉을 하였다는 이유로 랑게 영사에게 청국을

---

4) 비추린(Nikita Bichurin)은1807－1821간 북경주재 러시아 정교사원의 사제장이였다. J. J. Stephan, op. cit., p. 18.

떠나도록 요구하였다. 또한 청국은 가능한 한 아무르 수로를 경계로 러·청간
의 국경선을 획정함으로써 러시아가 한반도에 접근할 수 없도록 하였다.5)

러시아가 1860년 10월 북경조약을 통해 한반도와 국경선을 접하게 됨으로
써 조·러간의 국경획정문제가 제기되었다. 그리고 당시 연해주에 이주하여
거주하고 있던 조선인의 체류문제도 주요한 현안이었다. 러시아는 이같은 국
경획정, 조·러간 국경무역, 연해주 거주 조선인 문제 등을 국경안정문제로
보고 평화적인 해결을 모색하였다. 러시아는 청국이 조선의 종주국이라고 주
장하고 있으며 일본이나 영국이 한반도 진출 여부에 관심을 가지고 있음을
감안하여 조선정부와 공식적으로 이같은 문제를 해결하기보다는 비공식적으
로 조용히 해결코자 하였다.

러·청간에 1860년 10월 체결된 북경조약은 조선정부에게도 매우 중요한
조약이었다. 북경 조약의 1조에 의거하여 조선의 동북국경과 연속된 우수리강
이북의 연해주 지방이 러시아에게 할양됨으로써 역사상 처음으로 조선은 러시
아와 국경을 맞대게 되었다. 북경조약의 체결로 조선과 러시아간의 국경선이
두만강 하구로부터 20리 거리의 하천에 형성되었다. 1861년 8월 청국측이
마지막 국경비인 토자비를 건립함으로써 조선과 러시아간 국경선이 사실상
확정되었다.6)

조선정부는 1861년 8월 1일 러시아와 청국 국경위원들이 경흥부 대안 두만
강 연안에 마지막 국경비인 토자비를 세울 때 까지 북경조약의 내용을 모르고
있었다. 1886년 6월 라청간 합의에 의하여 토자비는 15리 동쪽으로 이동되었
는데 이 국경선이 오늘의 조·러 국경선이다.

쇄국정책을 견지해 온 조선정부는 러시아의 한반도 접근을 달갑게 받아
들이지 않았다. 조선정부는 1865년 러시아가 국경인접지역에 불법적으로 들
어와 건물을 짓자 지방관리들에게 국경선을 효과적으로 수비할 것을 지시하고

---

5) G. A. Lensen, Balance of Intrigue : International Rivalry in Korea and Manchuria, 1884 -
   1899. 2 vols (Tallahassee, Florida State University Presses, 1982), p. 7.
6) 박태근, op. cit., p. 45.

청국을 통해 러시아에게 항의하였다. 어째든 조선정부의 참여 없이 조·러국경 선이 획정된 것은 조선정부에게 불행한 일이었다. 조·러 국경선 획정문제는 조선인이 거주하고 있었던 간도문제 등 이후 청, 일, 러 간에 계속 현안으로 남아있게 되었다.

한편 러시아는 1884년 조선정부와 공식적인 외교관계를 맺기 전에 연해주 와 인접한 한반도와 비공식적으로 국경무역을 유지해 왔다. 러시아는 청국이 나 열강들의 오해와 우려를 초래할 행동을 자제하면서 조선이 개항되지 않고 현상을 유지하는 한 당분간 조선정부와 조용한 비공식관계를 유지해 나가고자 하였다.

1850년대부터 극동지역으로 본격적인 진출을 개시한 러시아는 연해주에 주둔하고 있는 국경수비대 병사들에게 공급할 식량과 소, 채소 등 필수품을 인근지역인 한반도 북한지역으로부터 수입해야 했다. 연해주 지역은 척박하여 곡식이 잘 자라지 못해 식량을 자급자족할 수가 없었으며, 러시아 유럽 본토로 부터 적기에 식량을 공급받기가 어려웠다.

러시아 포씨에트(K. N. Posiet) 교통장관은 연해주 및 아무르 지방은 곡물, 가축, 노동력이 부족하므로 조선과 밀접한 관계를 맺을 필요가 있다고 지적하 면서 조선을 아무르강과 우수리강 유역을 위한 식량기지로 추천하기도 하였다.

러시아 외무부는 동부시베리아 코르사코프(M. S. Korsakov) 총독에게 조· 러간 국경무역을 통해 동시베리아 주둔 병력에 필요한 가축이나, 식량을 조선 으로부터 구입할 것을 지시하였다. 러시아 코르사코프 총독은 1865년 여름 포시에트(Posyet)에 출장을 갔으며 조선국경지역과 무역코자 하였다. 그러나 별 성과가 없었다.

당시 쇄국정책을 유지해온 조선정부는 러시아의 무역거래를 거절하고 러시 아와 접촉한 조선국경관리를 사형에 처하였다. 조선정부는 국경무역을 핑계로 조선인들이 연해주로 불법적으로 이주해 가는 것을 우려하였다. 1865년 러시 아인들이 다시 조선국경지역에 월경해 와서 통상을 요구하자 조선정부는 청국을 통해 이를 항의하였다.

한편 러시아는 육상 무역의 시도와 함께 조선정부에게 해상무역도 요청하였다. 해로를 통한 러시아의 조선접촉은 19세기 중엽에 시작되었다.

1854년 러시아 푸티아틴(E. V. Putiatin) 제독은 미국의 페리 제독의 일본 개항 시기에 맞춰 조선의 동해안을 탐사하였다. 그는 부동항인 원산항을 발견하고 라자레브(Lazarev)으로 명명하였다. 푸티아틴 제독은 조선정부에게 무역을 요청하기도 하였다. 그러나 1854년 크리미아 전쟁이 발발하자 푸티아틴 제독은 조선정부로부터 답신을 기다리지 못하고 급히 퇴거하였다. 한편 청국 주재 러시아 블란갈리(A. E. Vlangali) 공사는 동부시베리아 코르사코프 총독에게 제반 여건상 조·러간 해상무역과 외교관계의 설정을 자제할 것을 제의하였다. 그 이후 조·러간의 비공식적인 무역은 1884년 조·러수통상조약이 체결될 때까지 별진전이 없었다.

5. 러시아의 동북아 현상유지정책

가. 고르챠코프(A. M. Gorchakov) 외무장관의 실용적인 외교노선[1]

러시아는 1860년 청국과의 북경조약 체결을 통해 연해주를 획득함으로써 유럽과 아시아의 양 대륙에 걸친 유라시아 국가가 되었다. 19세기말 서구 제국주의 국가들이 동북아 지역으로 본격적으로 진출하자 러시아는 유럽국가들을 고려하면서 세계적 차원에서 동북아 정책을 추진하였다. 이같은 러시아의 세계전략 수립에 큰 영향을 미친 사건이 크리미아 전쟁이었으며, 러시아의 외교노선 마련에 주동적인 역할을 한 인물이 고르챠코프(A. M. Gorchakov, 1798 – 1883) 외무장관(1856. 7. – 1882. 3)이었다.

러시아는 1814년 나폴레옹의 모스크바 침공을 패퇴시킴으로써 1815년 비엔나 체제에서 강대국이 되었다. 그리고 러시아는 군주들간의 유대강화를 주창하면서 유럽의 질서를 보호하는 헌병 역할을 자처하였다. 그러나 러시아는 크리미아 전쟁(1854 – 1856)에서 패배함으로써 파리강화조약에 따라 흑해함대의 보유권 마저 상실하였다. 이에 러시아는 1815년부터 1856년까지 40년

---

1) 고르챠코프 외교정책에 대해서는 International Affairs, Volume 48, No. 4. 2002, pp. 119., International Affairs, Volume 50, NO. 1. 2004, pp. 176~188.

간 누려 온 강대국의 위상에 손상을 받았다.

당시 고르챠코프 외무장관은 러시아가 서구국가와 비교할 때 근대화에 뒤떨어져 1856년 크리미아 전쟁에서 패배했다고 판단하고 러시아 국내개혁의 시급성을 강조하였다. 고르챠코프 외무장관은 우선 국내개혁의 추진에 유리한 대외적인 여건조성이 러시아 외교정책의 우선순위라고 강조하고 아래와 같은 목표를 설정하여 적극 추진해 나아갔다.

    (1) 동맹선택에 있어서 자유를 가질 것
    (2) 국가이익 추구에 저해되는 조약을 개정할 것
    (3) 모든 국가와 평화적인 관계를 유지할 것
    (4) 국경 인접국가에 대해 적극적인 개입을 자제할 것
    (5) 파리평화협정에 규정된 흑해중립조항을 폐지할 것
    (6) 초강국의 출현을 방지하여 유럽 열강간에 세력균형을 유지할 것

고르챠코프(A. M. Gorchakov) 외무장관은 과거 군주국가들간의 유대강화라는 이념에 추종하기보다는 국가이익의 추구에 중점을 두고 세력균형의 관점에서 실용적인 외교노선을 추진하였다. 그는 러시아가 군주국가임에도 불구하고 국가이익을 위해 자유주의 이념을 추구하는 프랑스와 연합을 추진하기도 하였다.

고르챠코프 외무장관은 실용주의적인 외교노선의 효과적인 추진을 위해 외교관의 전문성에 중점을 둔 시험제도의 도입 등 외무부의 개편을 적극 추진하였다. 그리고 정부의 정책결정을 효과적으로 집행하기 위해 주요 현안에 대해 황제가 주재하는 특별회의의 개최를 제의하였다. 특별회의에는 관련부처의 장관들이 참가하였다. 마침내 러시아는 국내개혁의 성공적인 추진으로 러터 전쟁(1877－1888)에서 승리하였다. 당시 러시아는 실용적인 외교를 통해 독일, 영국, 오지리의 중립을 확보함으로써 터어키와의 전쟁에서 유리한 외교적 입지를 확보하였음은 물론이었다. 이로써 러시아는 1871년 런던회의에서

흑해중립 조항을 무효화시키고 러시아 흑해함대의 지중해 진출권을 확보함으로써 강대국의 위상을 다시 회복하였다.[2]

러시아는 터어키와의 전쟁에서 군사적으로 승리하였으나, 영국의 반대로 외교적 고립에 처하게 되었다. 이에 러시아는 그간 긴밀한 관계를 유지해 온 프랑스와 관계에 거리감을 두고 1879년 10월 독일, 오지리와 함께 3제동맹에 가입하여 영국을 견제하였다.

한편 고르챠코프 외무장관은 유럽에 대한 개입은 자제하였지만 러시아의 극동진출에는 적극적이었다. 그는 러시아가 크리미아 전쟁의 패배로 발칸지역에서 잃은 손실을 극동진출을 통해 보상받음으로써 추락한 러시아의 위상을 제고코자 하였다.

나, 기어스(M. N Giers, 1882-1895) 외무장관의 신중한 외교노선[3]

고르챠코프 외무장관의 후임으로 1882년 3월 기어스 외무장관이 취임하였다. 그는 러-터 전쟁으로 피폐해진 러시아의 국력 회복이 급선무라고 판단하였다. 이를 위해 그는 우호적인 국제 여건의 조성에 주력하였다. 그는 러시아에 적대적인 동맹이나 연합이 형성되는 것을 사전에 예방할 수 있도록 신중한 외교를 추진하였다.

19세기 말 중앙 아시아와 극동지역에까지 영토를 확장한 러시아로서는 국력의 한계를 감안하여 가능한 한 인접국과 갈등 없이 우호적인 관계를 유지하는 것이 필수적이었다. 러시아 외무부 아시아 국장을 역임한 기어스가 외무장관에 임명된 것은 극동지역 및 동북아 지역이 중요하다는 러시아의 인식이

---

2) 러시아의 유명한 시인이며 외교관이었던 티우체프(F. I. Tiutchev)는 고르챠코프 외무장관이 크리미아전에서 패한 굴욕에서 러시아를 해방시키자 그의 공적에 대해"Happy is he who won a victory not by spilling blood but sheer wit"라고 찬사를 보냈다.
3) 기어스 장관의 외교정책에 대해서는 International Affairs, Volume 48, No. 4. 2002, pp. 196~204.

반영된 것으로 볼 수 있다. 기어스 외무장관은 아래와 같이 유럽, 중앙 아시아, 동북아 지역에 대해 외교목표를 설정하였다.

(1) 유럽에서는 열강들과 건설적인 협력관계를 유지하면서 고립을 회피할 것

기어스 외무장관은 당시 러시아의 최대 적인 영국에 대항하기 위해서는 프랑스와의 연대강화 보다는 독일, 오지리와 함께 3제 동맹의 체결(1881)을 지지하였다. 그리고 독일과의 협력을 통해 러시아 흑해 함대의 지중해 진출 길목인 보스포르스 해협의 중립적인 지위를 견지해 나가고자 하였다.

(2) 중앙 아시아에서는 영국과 군사적인 대립은 피하되 자국의 입장을 강화해 나갈 것

1885년 3월 러시아는 아프가니스탄에서 영국과의 전투에서 승리하였으며, 1885년 9월에 영국과 협정을 체결하여 아프가니스탄 북서국경선을 확정하였다.

(3) 동북아지역에서 청국의 보존을 지지하며, 일본 등 여타 열강들과 우호관계를 유지할 것

상기 고르챠코프와 기어스 외무장관의 외교노선을 감안할 때 19세기 중엽 러시아의 동북아 정책을 아래와 같이 확인 할 수 있다.

(1) 영국을 주된 적으로 간주하였다.

19세기 러시아는 세계적으로 대립하고 있던 영국을 주된 적으로 간주하고 외교전략을 추진하였다. 러시아가 극동과 동북아 지역으로의 진출을 도모한 것도 영국 등 제국주의 열강들의 서세동점의 여파가 극동 및 태평양 연안지역으로 확산되어 시베리아 지역이 침범 당하지 않을까 하는 우려에서 연유되었다.

1867년 러시아가 미국에 알래스카를 매각한 것은 재정적인 이유도 있었지만 태평양에서의 우세한 영국 해군력을 견제하려는 전략적인 목적도 있었다. 러시아는 태평양상에 충분한 군사력을 보유하지 않고서는 자국이

확보한 알래스카와 알류틴 열도를 보존하는 것이 어렵다고 판단하였다. 러시아는 알래스카를 미국정부에게 매각함으로써 미국과의 우호적인 유대를 통해 태평양에서 영국 해군력에 대항코자하였다. 마침내 1867년 3월 러시아는 미국에 알래스카를 720만 달러에 매각하였다.

또한 1862년 미국의 남-북전쟁시 프랑스가 러시아, 프랑스, 영국 3국의 미국 개입을 러시아에 제의했을 때 러시아는 거절하였다. 러시아는 미국과의 우호관계를 유지하기 위해 오히려 남부와 북부가 통합된 미국연합을 지지하였다. 러시아는 영국과 프랑스의 개입을 방지하고 북군의 링컨 정부를 지지하기 위해 2척의 군함을 미국 해안에 파견하기도 하였다.

(2) 러시아는 20세기에는 태평양이 세계정치의 중심무대가 될 것이며, 일본이 강대국으로 성장 할 것으로 전망하였다.

러시아는 제국주의 국가들간의 식민지 쟁탈의 중심무대가 아시아가 될 것이며 태평양이 제2의 지중해가 될 것이라고 전망하면서 태평양으로의 진출이 중요하다고 보았다. 특히 러시아는 19세기 서구열강들의 서세동점과 병행하여 일본의 급속한 근대화에 유의하였다. 앞으로 몇년 이후 일본은 근대화에 성공하여 열강들의 식민지 경쟁에 참가할 것이며 러시아는 이에 대비할 필요가 있다는 것이었다.

러시아 람스도르프(V. N. Lamsdorf) 백작은 일본이 앞으로 30년 이후 동북아에서 제국주의 국가로 성공할 경우에 대비하여 러시아는 육로 혹은 해로개척을 통해 블라디보스톡과 러시아의 유럽지역을 상호 연결하는 것이 무엇보다 중요하다고 주장하기도 하였다.[4]

(3) 러시아는 허약한 극동 군사력을 감안, 수세적인 외교자세를 견지하였다. 당시 러시아는 극동주둔 군사력이 열세하여 청국이 아무르 지역을 공격할 경우 속수 무책이었다. 1886년 러시아의 극동 주둔군은 약 15, 000명으로 11, 000명은 블라디보스톡과 그 인접지역에 배치되어 있었다. 유사시에 러시아의 유럽지역에 주둔하고 있던 러시아 주력부대가 극동지역의 연해주까지 도달하는 데 약 18개월이 소요되었다. 또한 러시아 극동지역의 해군도 청국의 북양함대에 대항할 수가 없었다. 러시아는 극동지역에서의

---

4) Золотарев В. А., op. cit., p. 26.

군사력 부족으로 만주와 한반도 등 동북아 지역으로의 진출을 당분간
자제하였다.

이에 따라 기어스 외무장관은 청국, 일본등 러시아와 인접한 국가들과 우호
관계 유지에 중점을 두는 동북아 현상유지 정책을 추진하였다.

(1) 러시아는 긴 국경선으로 맞대고 있는 청국을 동북아에서 전략적으로
중요하다고 보고 청국과의 우호관계 유지에 주력하였다. 당시 러시아는
청국이 유럽국가들과 반러적인 동맹을 체결하는 것을 사전에 방지하는
것이 최대 현안이었다. 따라서 러시아는 가능한 한 청국과 갈등 없이
선린 우호관계를 유지해 나가고자 하였다. 1871년 점령했던 이리(kuldja)
지역을5) 청국에 돌려줌으로써 그간의 러·청간 중앙아시아 영토 분쟁을
평화적으로 해결하였다.
(2) 러시아는 청국과 러시아간에 위치한 완충국들과 우호관계를 유지코자
하였다. 우선 러·청 국경선에 인접한 몽골, 투르크메니스탄등 청의 조공국
이 독립하여 러시아에 우호적인 완충국이 되기를 기대하였으며, 최소한
이들 국가들이 러시아에 대해 적대적인 국가가 되지 않도록 유의하였다.

그리고 러시아는 동북아 정책의 주요 목적을 시베리아 횡단철도 건설과
부동항 확보에 두었다. 이 두 가지는 러시아가 극동지역과 유럽 본토간의
통합을 강화하고 동북아에서 러시아의 영향력 제고를 위한 주요한 사업이었
다.6)

(1) 시베리아 횡단철도 건설
러시아 동부 시베리아 무라비예브 총독이 19세기 하반기 추진한 아무르강
지역의 개발이 실패하자 시베리아 철도건설이 시급한 현안으로 등장하였

---

5) 러시아는 1866년 일어난 야쿠브 백의 반란을 이용하여 1871년 청국령인 신강성의
이리계곡을 점령하였다. 이리지역은 청국을 침입할 수 있는 요충지였다.
6) **Золотарев В. А.**, op. cit., pp. 26 − 27, 188 − 189

다. 시베리아 철도건설은 연해주 지역과 러시아 유럽본토와의 통합강화는
물론 러시아의 육군 전략과도 연계되어 추진되었다.

(2) 동북아 연안에서의 부동항 확보

자국 영토내에서 부동항을 보유하지 못한 러시아는 태평양으로 진출하기
위해서는 우선 태평양 연안지역에서 부동항을 확보해야만 했다. 해양
진출과 부동항 확보문제는 러시아 해군의 핵심 사안이었으며, 부동항을
어느 지역에 확보하느냐에 따라 러시아의 동북아 정책이 좌우되었다.
태평양의 길목에 위치한 한반도는 항상 부동항의 유력한 후보지로 거론되
었다. 특히 러시아는 크리미아 전쟁에 패함으로써 흑해 및 지중해 진출이
어렵게 되자 그 대안으로서 태평양 진출을 주목하였다.

한편 러시아가 추진한 시베리아 횡단철도 노선의 향방과 부동항의 위치는
열강들의 최대 관심사안으로서 동북아 정세 변화에 주요한 변수였다. 우선
청국과 영국, 그리고 일본은 러시아의 태평양 및 동북아 진출에 대해 경계의
눈초리를 보내고 있었다. 청국은 러시아가 지난 100년간 연해주 등 청국의
광대한 인접영토를 부당하게 획득하였다고 보고 러시아의 남진정책을 우려하
였다. 청국은 1880년대부터 영국과 독일의 지원하에 철도를 건설하고 러시아
의 남진에 대항하기 위해 그간 금지되어온 북만주 지역에 대한 이민정책을
장려하였다. 그리고 만주 및 동북아 지역의 군사력을 증강시켰다. 1881년부터
만주주둔 청국의 병력이 꾸준히 증가하여 1885년에는 85,000명이 되었다.
청국은 이같은 군사력을 바탕으로 1885년부터 1856년간 아무르 지역의
Zheltuga 공화국을 기습하였으며, 이 사건으로 라·청간 전쟁의 위기가 고조되
기도 하였다. 또한 청국은 1860년 북경조약의 체결로 러시아에 넘어간 포시에
트(Posyet)만의 반환을 러시아에 요청하기도 하였다. 포시에트의 출구는 동해
로 흘러가고 있어 청국이 북만주 지역에서 동해로 진출하는 데 긴요한 지역이
었다.

그리고 청국의 이홍장은 1883년 북양 함대를 창설하고 여순에 해군기지를

건설하였다. 이같은 청국의 군사력 증대는 러시아를 직접 위협하기보다는 열강들의 한반도 진출에 대비하여 청국이 조선에 대한 영향력을 확보할 의도였다는 지적도 있다.[7] 청국은 순망치한의 관계로 조선과 청국 관계를 비유하였으며 한반도는 만주를 때릴 수 있는 망치로 중요시하였다.

세계적으로 러시아와 대립하고 있던 영국은 청국을 통해 러시아의 동북아 진출에 대항코자 하였다. 영국은 크리미아 전쟁(1854－1856)과 러－터전쟁(1877－1878)을 통해 유럽에서 러시아와 군사적인 대결을 한 이래 중앙아시아의 아프가니스탄에서 대립하였으며, 이어서 동북아에서도 러시아와 대립하였다. 영국 언론들은 러시아의 만주 침투에 대항해서 영국과 청국정부간의 동맹결성을 주장하기도 하였다. 1887년 영－청간의 우호관계는 절정에 달하였으며, 유럽에서 러시아와 다시 전쟁을 할 경우 영국은 청국으로 하여금 러시아의 극동지역을 공격토록 유도할 것이라는 풍문이 돌고 있었다.[8]

일본은 장차 자국의 한반도와 대륙 진출에 있어 강대국인 러시아의 남진이 방해가 된다고 보고 러시아의 한반도 진출을 경계하였다. 결국 청, 일, 영국 3국들은 러시아가 침략적이고 팽창적인 국가라는데 공통의 인식을 갖고 조선 정부에게 러시아의 남진 위험성에 대해 경고하면서 공로의식을 조성하였다.

한편 러시아 및 오지리와 함께 삼국동맹을 주도하고 있던 독일은 자국에 대한 양면전쟁 발발의 위험성을 방지하기 위해 러시아의 동북아 진출을 환영하였다. 독일은 이중정책(free hand)을 견지하면서 유사시에 러시아의 배후를 위협하고자 청국 정부를 지지하는 등 영국정부와 보조도 같이 하였다.

---

7) Ibid., p. 49.

8) 1887년 전 영국 외무장관 세엘 찰알스 딜크는 영국과 러시아가 전쟁을 하게 될 경우 태평양이 주요 격전지가 될 것이라고 하면서 블라디보스톡이 제2의 세바스트폴이 될 것이라고 경고하였다. 그리고 1885년 수에즈 운하가 완공되고 이어서 1887년 카나다 철도가 완공됨으로써 영국은 비상시 본토에서 증원군을 15일만에 블라디보스톡에 파견할 수 있게 되었다.

다. 러시아의 대한반도 현상유지정책

러시아는 1860년 청국과 북경조약을 체결함으로써 마침내 육지를 통해 한반도와 인접하게 되었다. 당시 러시아가 한반도와 인접하게 됨으로써 우선 한반도에 대한 러시아의 입장을 정립해야할 필요성이 대두되었다. 러시아의 대한반도 정책에 있어서 고려해야 할 주요 변수는 청국과 조선과의 전통적인 관계, 그리고 한반도의 지정학적인 중요성, 조선인의 연해주 이주문제, 국경무역 등이었다.

러시아는 우선 대륙적인 측면에서 한반도를 중요한 전략적인 요충지로 높이 평가하였다. 한반도는 육지를 통해 연해주와 접하고 있어 연해주 방어에 중요하며, 만주를 측면에서 공격할 수 있는 전략적인 요충지라고 보았다. 또한 영, 일본등 해양세력들이 한반도를 통해 대륙으로 진출할 수 있게 되어 한반도는 교두보 역할도 할 수 있다고 평가하였다.[9]

러시아는 해양 전략적인 측면에 한반도를 터어키로 비유하면서 대한해협의 장악이 필요하다고 강조하였다. 터어키의 보스포르스 해협이 러시아 흑해함대의 지중해 진출에 길목이듯이 대한해협도 러시아의 태평양 함대가 블라디보스톡에서 태평양으로 진출하는 데 중요한 요로라고 지적하였다. 따라서 대한해협에서의 자유항해를 확보하는 것이 러시아 해군에게 중요하였다.[10]

19세기 청국이 서세동점과 내우외환으로 불안해지자 러시아는 한반도 문제에 대해 관심을 갖게 되었다. 러시아가 한반도에 대해 본격적인 관심을 갖게 된 사건이 청국의 태평천국의 난이었다. 러시아는 1854년 청국에서 태평천국의 난이 발생하자 청국이 분열될 가능성이 있다고 보고, 러시아와 국경을 접하고 있는 조선과 몽골의 장래에 대해 관심을 갖게 되었다. 1854년 당시

---

9) 람스도르프는 한반도의 지정학적 정치적인 위치로 조선은 러시아의 일부분이 되어야 한다고 지적하였다. op. cit., p. 28.
10) Ibid., p. 29.

러시아 외무부는 태평천국의 난이 발발하자 동부 시베리아 무라비예브(N. N. Muraviev) 총독에게 인접국과의 국경선 획정 등 청국과의 제반관계를 설정할 수 있는 전권을 부여하면서 훈령을 내렸다. 훈령에 의하면 청국이 분열될 경우 몽골이나 조선에 러시아에 대해 적대적인 정부가 수립되는 것을 허용해서는 안 된다는 것이었다. 무라비예브는 만주상황이 희망이 없을 경우 제3국이 조선에 영향력을 행사할 수 없도록 러시아가 조선을 지배할 것을 주장하였다. 1859년 7월 영, 불이 2차로 청국에 개입하자 무라비예브 총독은 러시아 외무부 코발렙스키 (E. P. Kobalebsk) 아시아 국장에게 만주 및 조선과의 국경선이 두만강까지 확대되어야 한다고 아래와 같이 제의하였다.

(1) 러시아가 페트로 벨리코만(Peter the Great Bay)을 확보하는 순간부터 조선은 러시아에게 보호를 요청하게 될 것이므로 두만강을 러-조선간의 경계선으로 해야 한다.
(2) 두만강-압록강을 국경선으로 할 경우 러시아는 제3국에 대해 조선의 독립을 주장할 수 있는 충분한 권리를 가질 수 있다.
(3) 조선에 대한 유럽열강들의 공격적인 활동을 방지하기 위해 러시아는 조선의 현상유지정책을 견지해야 한다.
(4) 영국과 프랑스가 동해에서 제해권을 장악하는 것을 방지하기 위해서는 러시아가 남우수리강 유역과 조선과의 국경선 지역을 강화해야 한다.
(5) 유럽의 해양강국들이 조선에서 항구를 갖는 것은 동해에서 제해권을 확보하는 결과를 초래 할 것이며, 이것은 러시아 연해주 지역의 안전을 저해 할 것이다. 그 대책으로 미국과 조약을 맺어 조선의 독립을 보장하는 것이 상호 유익하다.
(6) 조선은 약소국이므로 제3국으로부터 간섭을 당할 경우가 생길 것이며, 이 경우 언젠가 러시아에게 보호를 요청할 것이다. 이때를 대비하여 러시아는 조선과 직접 국경선을 접할 수 있도록 국경선을 획정해야 한다.

그리고 무라비예프는 청국이 태평천국의 난으로 영국과 프랑스에 항복하고 서구열강들이 만주와 한반도에 위치한 항구들을 장악하여 러시아를 위협할 것을 두려워하였다.

영국이 한반도에서 항구를 확보하고, 영국과 프랑스의 지원하에 2억의 청국인이 무장하여 러시아에 대항한다면 이것은 러시아로서는 큰 위험이라고 지적하였다. 이같은 위험에 대한 대처방안으로서 무라비예브 총독은 러시아 고르챠코프 외무장관에게 사전에 러시아가 영국 및 프랑스와 조약을 맺어 조선이 영국의 기지로 사용되지 않도록 해야 한다고 주장하였다. 무라비예브 총독은 만약 한반도가 영국의 기지로 활용될 경우 러시아는 연해주를 확보하는 것이 어렵게 될 것이라고 경고하였다.

무라비예브 총독은 프랑스와 영국이 북경을 점령하고 러시아가 청국을 공격할 경우 청국을 도와준다는 핑계로 한반도내의 어느 항구를 부동항으로 획득할 경우 러시아의 해군력은 마비될 것이며, 러시아의 육군도 영국과 프랑스의 지휘 하에 있는 청국에 의해 위협을 받을 것을 우려하였다. 따라서 1860년 영, 불이 북경을 점령했을 때 러시아가 프랑스 및 영국과 청국간에 중재역할을 성공적으로 수행함으로써 열강들이 청국을 이용하여 러시아에 대항하지 못하도록 해야 한다고 주장하였다. 무라비예브 총독의 건의는 1860년 러시아와 청국간의 북경조약 체결에 반영되었다.

그 이후 1860년부터 1894년 청일전쟁 전까지 러시아는 청국과의 우호관계 유지를 근간으로 하는 동북아 현상유지정책을 한반도에도 그대로 적용하였다. 러시아는 동북아 현상유지노선의 기조 하에서 한반도에서도 아래와 같이 현상유지를 견지하였다.

(1) 조선의 영토를 보존함으로써 반러적인 외국세력이 한반도 혹은 한반도 영토의 일부를 점령하는 것을 방지할 것. 특히 일본의 한반도 진출을 유념할 것.
(2) 조선 정부내 반러적인 외국세력의 신장을 저지할 것.
(3) 태평양 진출을 위해 러시아 태평양 함대가 대한해협에서 자유 항해권을

확보할 것.

(4) 조·러간 국경통상 교섭을 통한 연해주 지역의 식량난을 해소할 것.

(5) 태평양 진출을 위해 한반도내 부동항을 확보할 것.

러시아의 이같은 대한반도 현상유지정책은 당시 러시아가 극동지역에서 발판을 확보한지 얼마되지 않았으며, 군사력도 충분치 않은 현실적인 여건을 반영한 것이었다. 따라서 초창기 러시아의 한반도 현상유지정책은 외교적인 수단이외 적극적인 개입을 자제한다는 점에서 불개입적 이었다. 그리고 개입할 경우에도 자국 단독보다는 여타 국가들과 협의를 통해 개입한다는 점에서 국제 협조적인 성격을 띠었다. 그러나 러시아는 열강과 같이 개입하더라도 행동의 자유를 유보하였다. 1860년에서 1894년간 러시아는 무엇보다도 연해주의 확보가 시급했으며, 러시아가 외국과의 전쟁을 무릅쓰고 한반도를 사수해야 할 정도로 한반도가 러시아정부의 국익에 우선 순위를 점하지는 않았다. 그러나 러시아는 시베리아 횡단철도 완공 등 제반 여건이 성숙될 경우 일본 등 여타 열강들처럼 한반도를 장악하는 데 종국적인 목표를 두었다.

19세기 중엽 러시아의 대한반도 정책 결정과 집행에는 러시아 외무부와 동부시베리아 총독, 그리고 북경주재 러시아 공사, 남우수리지역 국경 행정관들이 참여하였다. 동부 시베리아 총독은 연해주와 태평양 연안의 방위를 위한 군사적인 차원에서 한반도의 중요성을 강조하였다. 남우수리 주재 국경 행정관은 연해주 이주 한인들의 통제와 연해주－조선간의 국경무역들을 현장에서 보고하였다. 청국 주재 러시아 공사는 청국과 조선과의 전통적인 관계를 감안하여 러시아와 조선과의 관계개선 여부를 건의하였다. 러시아 외무부는 영국과 프랑스 등 유럽 열강들과의 관계를 고려하면서 러시아의 조선진출 여부를 판단하였다.

제2장

조·러 외교관계 수립과
조선 현상유지 문제

1. 열강들의 조선 개항과
   러시아의 조선 현상유지 문제

러시아의 한반도 현상유지 문제에 있어서 첫번째 도전이 19세기 중엽 서구 열강들의 조선개항 시도였다. 러시아는 열강들이 조선을 강제적으로 개항하면서 조선의 영토를 장악할 경우 한반도에 인접한 연해주가 위협 당하는 등 자국에 불리하다고 보았다.

러시아는 19세기 극동지역의 산업발전이 늦어 조선에서 서구 열강들과 상품경쟁을 할 수가 없었으며, 경제적으로도 무역거래가 거의 없는 조선을 개항하여 일부러 러시아에게 불리한 여건을 조성할 필요가 없었다.

또한 러시아는 러·터전쟁(1877–1878) 위기로 인해 극동지역에 적극적으로 개입할 여유도 없었다. 그리고 러시아는 이미 불편한 청국과의 관계가 조선개항 문제로 악화되는 것을 바라지 않았다. 우선 러시아는 한반도 현상유지와 영토 보존방안으로서 청국이 조선에 대해 기존의 종주권을 계속 행사하여 열강들의 조선진출을 당분간 견제해주기를 기대하였다. 따라서 러시아는 조선의 개항문제에 있어서 소극적이었으며, 여타 열강보다 앞서서 조선의 개항을 추진하거나 외교관계를 적극적으로 체결코자 하지 않았다.

러시아가 조선 개항문제에 있어서 미국, 영국, 프랑스들이 추구하고 있는 조선과의 해상무역보다는 육로무역에 더욱 관심이 있다는 점에서 조선개항에 협조할 수 없다는 입장을 표명하였다. 러시아는 조·러간의 국경무역이 점차 발전되어 양국간 외교관계가 자연적으로 설정되기를 기대하였다.

러시아는 조선개항과 교역을 추진하는데 있어서 우선적으로 고려해야 할 사안은 청국과 조선과의 관계였다. 당시 청국은 조선의 종주국으로 자칭하면서 조선의 독립을 부인하는 한편 조선에 대한 지배권을 강화코자 하였기 때문이었다. 러시아 외무부는 청국주재 영국 및 프랑스 공사들이 조선과의 접촉을 시도하고 있다는 소식을 접하고 1865년 4월 19일 청국주재 러시아 공사 블란갈리(A. E. Vlangali)에게 유럽열강들의 조선 개항 의도와 조·러관계의 개시에 대한 청국 정부의 의견을 문의하였다. 이에 러시아 블란갈리 공사는 아래와 같이 보고하였다.

(1) 러시아가 조급하게 조선과 직접 거래하는 것은 청국 정부의 불만을 야기시켜 러·청관계를 저해할 수가 있으며, 열강들의 질투를 야기시켜 조러간의 무역거래를 저해할 수 있다.
(2) 러시아 연해주 지역은 영국이나 프랑스 등의 열강에 비해 산업적인 발전이 미진하며, 인구도 적어 조선과의 무역거래가 시작될 경우 러시아는 경쟁할 수가 없다.
(3) 러시아는 우선 연해주 지역을 강화한 후 자연스럽게 인접국가들과 무역거래를 하는 것이 유익하다.
(4) 따라서 현 상황에서 러시아는 가능한 한 조용하게 무역거래 하는 것이 청국으로부터 항의를 받지 않고 이상적이다.
(5) 만약 러시아가 시끄럽게 조선과 무역거래를 할 경우 조선정부와 어떤 종류의 관계설정이 필요하며, 열강들의 관심을 끌게 되어 러시아에게 위험하다.

한편 서구열강들은 조선의 개항시도에 있어서 우선 조선에 대해 청국이 주장하고 있는 종주권의 실효성을 확인코자 하였다. 당시 조선에서 발생한 프랑스 선교사들의 박해사건(병인양요)을 계기로 조선에 대한 청국의 종주권 주장은 근본적으로 의심을 받기 시작하였다.1)

당시 청국 정부는 1866년 3월 조선에서 발생한 프랑스 선교사들이 사형을 당하자 국제적인 비난을 두려워하여 책임을 회피하였다. 이에 청국주재 프랑스 벨로네트 공사는 조선이 과거에는 청국의 종속국이었으나, 이제 야만적인 행위로 청국에서 벗어났으며, 청국의 권한이 한반도에 미치지 않는다고 주장하였다. 그리고 그는 조선정부가 청－불간에 체결된 천진조약의 준수를 거절하고, 프랑스 선교사에게 조선 여권을 발급하지 않았다고 주장하면서 조선에 대한 청국 정부의 어떤 권한도 인정하지 않는다고 선언하였다.2)

조선문제에 대한 청국의 불개입적 입장을 파악한 프랑스는 1866년 3월 병인양요시 자국의 선교사를 사형에 처한 조선정부에게 항의하고 조선을 개항하기 위해 프랑스 함대를 강화도에 파견하였다. 1866년 9월 프랑스 함대가 강화도를 점령했다는 소문이 있자 러시아 정부는 이를 확인하기 위해 군함을 한반도로 파견하면서 한반도에 대해 어떠한 불손한 의도가 없다고 조선정부에 전달하기도 하였다. 러시아는 프랑스의 한반도 지배가 블라디보스톡과 연해주, 그리고 러시아와 청국, 러시아와 일본간의 무역로를 위협할 것을 우려하였다.3)

한편 1867년 3월 청국주재 미국 베르린헴 공사는 영국, 프랑스와 함께 조선과의 수교조약 체결을 위한 무력시위에 러시아가 참여해 줄 것을 청국주재 러시아 블란갈리(A. E. Vlangali) 공사에게 요청하였다. 그러나 블란갈리

---

1) 프랑스 신부 8명이 대원군에 의해 처형되었다.
2) G. A. Lensen, Balance of Intrigue－International Rivalry in Korea and Manchuria, 1884－1899, Vol. 1, 2 (Tallahassee: University of Florida, 1982), pp. 4－5.
3) Ibid., p. 11.

공사는 당시의 조·러간의 국경무역에 만족한다고 하면서 미국의 제의를 거절하였다. 당시 러시아 고르챠코프 외무장관도 러시아는 열강과 공동으로 조선의 강제적인 개항에 참가하지 않을 것이며, 조선과의 국경무역을 계속 유지해 나갈 것이라는 입장을 밝혔다.

또한 1870년 청국주재 미국공사 로우(F. K. Low)가 조선개항을 위한 미국 함대의 조선 파견에 러시아 함대도 참가해 줄 것을 러시아 블란갈리 공사에게 재차 요청하였으나 블란갈리 공사는 거듭 거절하였다. 이때도 블란갈리 공사는 조선을 개항하는 것이 영국 및 프랑스와 달리 러시아에 이익이 되지 않는다는 것이었다. 그는 러시아는 조선과의 국경무역에 만족해야 하며, 과도한 조선 개항에 러시아가 참여 할 경우 조선국민들의 러시아에 대한 감정이 악화될 것이라고 지적하였다.

서구 제국주의국가들의 한반도에 대한 개항시도가 빈번해지자 러시아 정부는 한반도의 현상유지 정책을 계속 유지해 나가기로 확인하고 조선 개항에 반대하다는 입장을 견지해 나가기로 하였다. 그리고 러시아 외무부는 동부시베리아 시넬닐로코프(N. P. Sinelnikov, 1871 – 1873) 총독에게 다음과 같이 지시하였다.

(1) 한반도의 현상유지가 러시아의 이익임.
(2) 러시아는 조선에 대한 일본의 공격적인 의도나 조선의 지배를 지지하지 않으며, 미국이나 유럽열강들이 한반도에서 간접적인 영향력을 행사하는 것에도 반대함.
(3) 우수리 지역이 취약한 러시아로서는 조선정부와 외국과의 무역거래의 평계를 주지 않기 위해서 조선정부와 외교관계를 맺지 않는 것이 최선임.
(4) 극동 러시아 당국은 인접한 조선국민과 평화적인 관계를 유지 발전시키는 데 관심을 가져야함.

이와 함께 러시아 외무부는 1871년 조선의 현상유지가 러시아에 이익이라

고 하면서 열강들의 조선 개항 시 러시아와 조선간의 무역 등 기존이익이
침해되지 않도록 유의할 것을 청국주재 러시아 대사관에 지시하였다.

2. 조선의 개항과 러시아의 대조선 수교 모색

　　한편 메이지 유신에 성공한 일본은 한반도 진출의 기회를 엿보고 있었다. 일본은 1866년 7월 서어먼호(General Sherman) 사건으로 미국과 조선간에 긴장이 고조되자 중재역할을 자처하면서 조선의 개항에 대해 적극적인 관심을 표명하였다.

　　미국은 자국의 무력시위에도 불구하고 조선의 개항에 실패하자 러시아가 한반도를 점령할 것이라고 위협하면서 일본이 조선을 개항코자 할 경우 도와 줄 것이라고 공언하는 등 일본의 조선 개항을 부추키고 있었다.

　　당시 일본주재 러시아 뷰쵸브(E. K. Biutsov) 공사는 서구 열강들이 조선의 개항에 실패 할 경우 일본으로 하여금 조선을 개항토록 부추길 것이라고 예측하고 서구국가들이 일본의 강제적인 조선개항에 협력할 것을 우려하기도 하였다.

　　당시 조선정부는 쇄국정책을 고수하고 있었으며 일본을 불신하고 있었다. 조선정부는 1866년 조선에서 발생한 병인양요로 프랑스 군대의 일부가 요코하마에서 출발하였을 때 일본정부에게 프랑스에 대항해 줄 것을 요청하였으나 일본은 이것을 거절하였다. 이에 조선은 일본이 메이지 유신을 통해 유교를

버리고 서양 오랑케의 법을 추종하는 야만인이라고 경시하였다.[1]

한반도 진출을 노리고 있던 일본은 조선의 개항에 대한 러시아와 청국의 입장을 사전에 파악코자하였다. 특히 일본은 자국의 한반도 침입시 러시아의 간섭을 사전에 배제하는데 큰 관심을 가지고 있었다. 일본 외무장관 소에지마 (T. Sojima)는 일본이 조선에 대해 전쟁을 준비중이라고 하면서 조일간 전쟁시 러시아의 불개입을 기대한다고 러시아 뷰쵸브(E. K. Biutsov) 공사에게 언급하였다. 또한 일본 외무장관은 1873년 8월 뷰초브 공사에게 일본은 조선에 5만명의 군대를 파견할 것이라고 통보하면서 일본 군대가 한반도의 진격을 위해 러시아 연안에 상륙할 수 있도록 허가를 요청하였다. 일본 외무장관은 만약 러시아가 조·일전쟁에 개입하지 않고 일본군대가 한반도에 인접한 러시아 영토에 상륙할 수 있도록 허가한다면 일본은 사할린을 포기할 것이라고 제의하기도 하였다.

이같은 일본 정부의 요청을 뷰쵸프 공사로부터 보고 받은 러시아 외무부는 우선 일본군의 러시아 영토 통과는 청국의 불만을 초래할 것이며, 열강들이 라·일간 비밀 조약이 있다는 의구심을 갖게 될 것이라는 이유로 거절하였다. 또한 이것은 한반도의 정치적 상황을 복잡하게 하여 일본측에게도 이익이 되지 않는다고 답변하였다.

러시아는 조·일간의 전쟁으로 조선의 현상이 변하는 것이 자국에게 불리하다고 판단하고 가능한 조선의 독립 보존과 현상유지를 강조하였다. 그렇다고 러시아는 조선의 독립을 보존하기 위해 무력으로 조선에 개입할 의도는 없었다.

1873년 가을 러시아 외무부는 조일간 전쟁시 엄격한 중립을 지킬 것이며, 일본군의 러시아 영토 통과를 허용하지 않을 것이라는 입장을 일본정부에 전달할 것을 일본주재 러시아 공사에게 지시하였다. 이에 뷰쵸브 공사는 1860년 북경조약에 의해 일본군의 러시아 영토 통과를 허용할 수 없다고

---

1) G. A. Lensen, op. cit., p. 11.

전달하였다.

일본은 러시아가 조선의 개항문제에 별 관심이 없으며, 일본이 조선을 개항시키더라도 러시아는 개입하지 않을 것으로 일단 파악하였다. 그러나 일본은 러시아가 한반도에 개입하지 않을까 우려하였다. 소에지마 외무장관은 일본주재 영국 플룬케트(R. Plunkett) 서기관에게 러시아는 비밀리에 일본과 조선간의 대립을 환영하고 있는 것으로 판단된다고 언급하고, 러시아는 필요시 한반도 일부분을 장악할 것이라고 경고하였다.

한편 러시아와 대립하고 있던 영국은 러·일간의 접근을 경계하였다. 일본주재 영국 파아크(H. S. Parks) 공사는 영국정부에게 일본의 조선 개항에 대비할 것을 촉구하였다. 그리고 그는 조일간 전쟁이 발발할 경우 러·일간에 한반도 분할을 초래할 것이라고 지적하였다. 그는 1875년 러·일간 체결된 상호 영토교환 협정에 러시아가 일본의 조선점령을 허용하는 댓가로 일본으로부터 남사할린을 보상받는 비밀조항이 있을 것으로 의심하고 있었다.[2]

영국 파아크 공사는 일본 이와쿠라(T. Iwakura) 부총리에게 조선과 일본이 충돌할 경우 러시아가 취할 행동에 대해 고려하고 있는 지에 대해 질문하자 일본 부총리는 러시아와 일본이 상호 협력할 것으로 합의하였다고 답변하였다. 그리고 러시아가 일본을 지원한 댓가로 영토적인 보상을 기대할 것으로 보고 일본은 러시아의 지원을 요청하지 않기 위해 단기간에 일·조선간의 전쟁을 치를 것이라고 설명하였다.

영국 파아크 공사는 이와쿠라 부총리가 영국을 통해 러시아를 견제하기 위해 이같은 러·일간 합의를 언급하였다고 의심하면서 사실은 일본이 청국의 한반도 개입에 대한 방어책으로서 러시아의 지지를 필요로 하고 있다고 판단하였다. 당시 러시아 기어스(N. K. Giers) 외무장관 대리[3] 러시아주재 영국 로프트스(A. Loftus) 공사의 질의에 대해 한반도 문제관련 러·일간에 어떤

---

2) Ibid., p. 13
3) 기어스 외무장관은 러시아 외무부 아시아 국장 및 외무차관(1875-1882), 외무장관(1882-1895)을 역임하였다.

협상도 없었으며, 러시아가 조선과 일본간의 전쟁시 일본을 도와주겠다는 어떤 약속도 없었다고 밝혔다.

어째든 일본은 러·영간의 상호 대립적인 관계를 한반도 진출에 유리하게 이용코자 하였다. 조·일간의 전쟁시 러시아가 일본을 도울 것이라고 일본이 퍼뜨린 소문은 청국이 조일간의 조약체결을 방해할 수 없게 하는 효과도 기대할 수 있었다.

마침내 일본은 1876년 2월 조선에 대한 청국 정부의 소극적인 입장을 확인한 후 강화도에 군함을 파견하여 조선과의 조약체결을 강청하였다. 조선정부는 1876년 2월 26일 일본과 우호 수호조규를 체결하였다. 이로써 조선은 개항하게 되었다.

한편 1870년대 일본은 유럽과 동북아 정세를 잘 활용하여 자국의 위상을 제고시켰다. 1870년 초반 러·청간의 이리분쟁으로 청국이 여념이 없는 틈을 타서 1874년 자국민을 살해했다는 구실로 대만을 침공하였다 . 일본은 1879년 유구를 병합한 후 오키나와로 개칭하였다. 그리고 운양호 사건을 일으켜 1876년에 조선과 강화도 조약을 체결하였다. 결국 이리분쟁의 기회에 일본은 오키나와를 확보하고 조선을 개항시켰다. 당시 유럽열강들은 러·터전쟁(1877－1878)에 개입하여 동북아에 대해 관심이 저조하였다.

러시아는 조일 수호조규 체결에도 불구하고 한반도 대내외 정세가 급격하게 변하고 있지 않다고 평가하였다. 러시아는 일본의 대조선 정책을 정확히 파악하지 못하고 있는 상황하에서 기존의 조선 현상유지 정책을 계속 견지해 나가기로 결정하였다. 다만 이미 조선이 개국하고 일본과 외교관계를 수립한 이상 러시아도 조선과의 외교관계를 수립하는 것이 필요하다고 보고 그 시기와 방법에 대해서는 여타 열강들의 반응을 보아가면서 차후 결정키로 하였다. 만약 서구 열강들이 일본의 선례에 따라 조선과 외교통상관계를 맺을 경우 러시아도 조선과 수교를 맺는 것이 유리하다고 판단하였다. 조선과 인접한 러시아가 한반도 변화에 소외되어서는 안 된다는 것이었다.

19세기 중엽 열강들이 조선에 대해 강제적인 개항을 시도하고 있을 때 조선의 종주국이라고 자칭해 온 청국은 적극적인 반응을 보이지 않았다. 그러나 청국은 1879년 유구가 오키나와에 병합되자 한반도도 일본에 병합될 것을 우려하였다. 청국은 의전국(Board of Rites)에서 취급해 오던 조선업무를 1880년에 이홍장에게 이전함으로써 한반도에 대한 관심을 제고하였다.

이홍장은 앞으로 러시아와 일본 양국이 한반도의 위협 세력이라고 판단하고 조선이 열강들과 조약을 체결하는 것이 한반도를 보존하는 한 방법이라고 생각하였다. 그는 조선정부에게 열강들과 조약을 체결할 것을 권고하였다. 이홍장은 조선이 위협받는 것은 만주를 위협받는 것이라고 판단하고 서구 국가들을 끌어들여 이이제이 방식으로 조선에 대한 청국의 종주권을 확보하면서 동시에 조선내 일본의 세력 확대에 대처코자 하였다. 청국은 조선정부와 타국간의 통상교섭을 적극 주선함으로써 청국이 조선의 종주국임을 재확인코자 하였다.

러시아는 청국의 조선개국 정책에 반대하는 입장을 표명하였다. 러시아는 조선에 대해 어떤 요구도 없다고 하면서 청국이 조선문제에 대해 러시아와 협정을 체결하는 것이 청국에 유리하다고 주장하였다. 러시아는 조선을 개국시키지 않고 쇄국국가로 남겨 두는 것이 청국과 러시아 양국에 이익이라고 지적하였다. 러시아는 어떤 국가가 심각하게 조선을 정복코자 할 경우 조선과 서구 국가들간의 외교관계 수립으로 조선을 구제 할 수 없을 것이라고 경고하였다.

당시 라·터전쟁(1877 – 1878) 준비로 동북아 지역에 적극적으로 개입할 여지가 없던 러시아는 청국의 조선개국정책을 바람직하게 보지 않았다. 러시아는 청국이 조선에서 기존의 종주권을 계속 행사하여 여타열강들의 조선침투를 견제해 주기 바랐다. 러시아는 조선에 대한 청국의 종주권을 존중함으로써 그간 악화된 러·청관계를 어느 정도 개선하고, 나아가 영국과 청국 양국의 반러적인 연합 형성을 방지코자 하였다.

당시 러시아와 대립하고 있던 영국은 러시아가 조선 개국의 기회를 이용하여 한반도로 남하하지 않을까 우려하였다. 영국은 조선이 자국을 방어할 능력이 없다고 보고 청국이 조선에서 우위권을 계속 장악하여 러시아의 동북아 진출을 견제해 주기를 기대하였다. 영국은 청국 정부에게 러시아와 일본이 조선을 침범코자 하므로 조선에 대해 적극 개입할 것을 권고하고 조선이 서구세력과 통상관계를 맺는 것이 유리하다고 조언하였다.

일본주재 영국 파아크 공사는 러시아의 한반도 진출을 방지하기 위해 청국의 조선 개국정책을 환영하였다. 그는 러시아가 한반도에서 부동항을 확보할 경우 영국의 상하이 무역이 큰 손실을 당할 것을 우려하였다. 그는 산업화에 뒤진 러시아는 자유무역을 통해 어떤 열강과도 한반도에서 경쟁할 수 없으므로 한반도의 고립을 선호할 할 것이라고 분석하였다.

한편 미국 슈벨트(R. W. Shufeldt) 제독은 일본과 같이 무력시위를 통해 조선과 수교코자 하였으나 실패하자 러시아가 원산을 점령할 것이라고 경고하면서 청국 정부가 미·조간 수교 체결에 협력해 줄 것을 요청하였다.

청국주재 러시아 코이안데르(A. Koiander) 서기관은 조선과 서구열강간의 수교확대는 청국의 종주권을 저해할 것이라고 하면서 조선을 미국에게 개항하지 말 것을 청국 정부에게 요청하였다. 그러나 러시아의 반대에도 불구하고 마침내 청국의 중재로 1882년 5월 22일 제물포에서 조선과 미국간 수호통상조약이 체결되었다.

이번 조－미간의 수호통상조약 체결은 러시아와 조선과의 수교를 촉진시킨 주요한 계기가 되었다.

1882년 3월 청국주재 러시아 포포브(S. I. Popov) 공사는 조선이 반러적인 열강의 영향력 하에 놓이지 않도록 하는 것이 러시아의 이익에 부합된다고 하면서 조·러간에 정상적인 수교관계를 수립할 것을 주장하였다.4)

1882년 4월 청국의 압력으로 조선이 미국과 조약을 체결할 것이라고 알려

---

4) 박노벽, 한러경제관계 20년(서울:한울 아카데미, 1994), pp. 12－13.

지자 러시아 외무부는 뷰쵸브 공사에게 러시아가 조선과의 조약 체결 교섭을
청국을 통해서 할 것인지 아니면 독자적으로 조선과 교섭할 것인지에 대해
문의하였다. 이에 뷰쵸브 공사는 청국의 협조 없이는 조선과 러시아가 서로
조약을 체결하는 것이 어려울 것이라고 전망하고 청국이 미국과 조선과의
조약 체결에 협조하고 있는 만큼 청국의 협조 하에 조러간의 조약체결 교섭을
건의하였다.

　1882년 6월 1일 뷰쵸브 공사는 청국의 이홍장에게 러시아 정부도 조·미
조약안을 토대로 조선과 수교 조약을 체결코자 하니 청국이 협조해 줄 것을
서한으로 요청하였다. 뷰쵸브 공사는 러시아가 미국과 달리 조선과 육로로
국경을 접하고 있어 해상무역보다는 육로통상에 관심이 있으며, 조선과 인접
한 국경안정문제에[5] 대해서 협상을 양국 국경 지역에서 개최코자 한다고 언급
하였다.

　청국의 이홍장은 조선정부에게 러시아의 입장을 전달하면서 조·러 수교통
상 조약안에 국경무역과 국경문제에 대한 조항이 포함되는 데 반대한다고
밝혔다. 당시 러시아와 대립하고 있던 청국은 조선정부가 독자적으로 러시아
와 접촉하는 것이 청국의 종주권 강화에 대치된다고 보고 러시아의 조선 접근
을 경계하였다.

　한편 조선정부는 러시아의 조·러간 수교 교섭 제의에 대해 한성주재 청국
대표 마건창을 통해 뷰쵸프 러 공사에게 아래와 같이 전달하였다.

　(1) 조선정부는 경흥 등 인접 국경도시에서의 양국간 무역이 년간 수차례
　　　이루어지고 있어 국경지역의 여타 지방에서 육로교역이 불요하다
　(2) 조선정부는 원산과 블라디보스톡이 서로 인접해 있는 만큼 영국, 독일
　　　및 미국이 조선정부와 각각 체결한 조약에 따라 러시아와도 해상무역에

---

5) 국경안정문제는 조·러 국경선에서 진행되고 있는 국경무역과 조선인들의 러시아 인접
　　지역으로 이주 문제, 그리고 두만강에서의 자유항해 문제등을 의미하였다. 따라서
　　국경안정문제는 인접한 청국에게도 주요한 관심사였다.

대해 조약을 체결할 것을 희망한다.

이같은 조선정부 입장을 통보 받은 러시아 외무부는 우선 미국, 영국, 독일이 체결한 선례에 따라 해상무역에 관한 조약을 체결하고 사후 적당한 시기에 육상무역과 국경문제에 대해 상호 협의해 나갈 것이라는 입장을 정리하였다. 이에 1882년 여름 러시아 외무부는 조－미간의 조약안을 토대로 조·러간의 조약 체결을 내부적으로 검토하였다. 당시 러시아 외무부와 협의 과정에 참가했던 재무부 부시(H. Bush)국장은 러시아는 우선 해양 무역이든 육상 무역이든 조선과 공식적으로 교역관계를 설정하는 것이 중요하다고 지적하였다.

마침내 러시아 정부는 1882년 6월 28일(노력) 청국의 천진주재 러시아 총영사 웨베르에게 조선과 접촉하여 조러 수교통상 조약을 체결하도록 훈령을 내렸다. 그리고 조약체결을 위한 사전 준비작업으로서 블라디보스톡에 출장 가서 연해주 거주 조선인의 이주현황과 조러간의 국경안정문제에 대한 전반적인 상황을 파악할 것을 지시하였다.

웨베르는 1882년 7월 18일부터 12일간 블라디보스톡에 체류하면서 마튜닌 남우수리 국경행정관, 연해주 군사령관 등을 만나 경흥지역의 개항문제, 국경지역에 영사관 개설여부 혹은 남우수리 국경행정관이 영사관의 기능을 대행할 수 있는지 여부, 두만강 자유항해 문제 등에 대해 협의하였다.

우선 웨베르는 블라디보스톡에서의 출장결과를 청국주재 러시아 뷰쵸브 공사에게 아래와 같이 보고하였다.

> (1) 남우수리지역과 함경도 경흥지역은 적은 상주 인구와 원시적인 상태로 양 지역간의 무역량은 적음. 남우수리 지역은 취약한 농업과 산업으로 식량등 생필품을 자체 조달할 수가 없으며, 블라디보스톡 주민들은 시장에서 청국인 혹은 조선인으로부터 채소과 식량들을 구입하고 있음.
> (2) 남우수리 지역은 식량구입에 있어서 조선시장에 크게 의존하고 있음.

특히 러시아와 청국 간에 전쟁이 발발했을 경우 러시아는 조선으로부터 식량 등을 구입해야 하는 실정임.

(3) 현재 비밀리에 진행되고 있는 조선과 러시아간의 고기[6]와 식량수입을 확보하기 위해서는 조·러간의 조약 내용에 육로통상을 포함시켜야 함.

(4) 남우수리 지역에 이주해 살고 있는 조선인의 현황에 대해 조선인들이 흉작과 기근, 홍수 등으로 우수리 지역으로 이주하고 있으며, 이들이 귀국할 경우 조선에서 사형을 당하기 때문에 이민을 중지시키는 것이 어려움.

(5) 조선인은 훌륭한 이민 자산임. 조선인들은 청국인과 달리 성실하게 일하며, 러시아어를 배우는 등 현지 정착에 열성적임.

(6) 조선인들은 특정지역에서 집주촌을 이루어 살고 있으며, 약 6천명으로 추산됨.

(7) 선량한 조선인 이주자와 범죄자들을 구별하기 위해 조선정부와 협상할 경우 범죄인 인도문제를 협의할 필요가 있음.

또한 웨베르는 조선과 러시아간의 국경무역에 대해서도 당시 현지의 사정을 반영한 자신의 견해를 다음과 같이 밝혔다.

(1) 조러 국경선 양측의 50 베르스트(1베르스트:1. 067㎞) 지역에서 자유무역을 하되 무기와 마약은 러시아로 반입 되어서는 안됨.

(2) 조선전체와 무역을 할 수가 없다면 최소한 북한지역과 무역 거래를 할 수 있도록 할 것

(3) 조·러 국경관리부서간에 공식적인 관계를 설정할 것. 함경도 지역에 러시아 영사관을 개설하며, 여타국가들에게는 이같은 권리를 허용하지 말 것.

(4) 조·러간의 국경선인 두만강에서의 자유항해를 허용하지 말 것. 두만강의 자유항해는 군사상 러시아에게 불리함.

---

6) 웨베르 공사는 1881년 4, 500마리의 소가 수입되었으며, 가격은 총 약220, 500루불이라고 언급하였다.

(5) 현재 조·러간의 국경무역이 경흥에서 진행되고 있으므로 다른 국경도시를
개항하지 말 것. 다른 국경도시를 최혜국 조건으로 개항 할 경우 러·청
상인간의 경쟁이 야기될 것이며, 러시아는 불리함.

그리고 웨베르는 결론적으로 조선정부와의 접촉에서 조선측이 우호적일
경우 아래와 같이 협상 지침을 마련하였다.

(1) 러시아는 조선과의 거래에 있어서 해상무역보다 육로무역이 훨씬 큰
액수임을 감안하여 조선과 러시아간 국경무역 경우 관세는 조선과 여타국
가들간의 해상무역에서 통용되는 관세보다 낮아야함.
(2) 러시아 상인이 조선에서 외국인이나 조선인으로부터 구입한 물건을 남우
수리 지역으로 반입할 경우 경흥을 통과할 것.
(3) 통과물품은 러시아 영사관에서 통과 물증을 받아서 경유하도록 함. 이것은
년중 3개월간 러시아 해안이 동결되어 원산과 블라디보스톡간의 해로가
단절되며, 전쟁시 러시아의 항구에 대한 접근이 어려울 경우를 대비하기
위한 것임.

이와 같은 협상안은 1884년 조·러 수호통상 조약체결과 1888년 육로통상
조약 체결에 반영이 되었다.

3. 조·러 수호통상조약 교섭과 체결

19세기 서세동점하에 일본이 조선에 진출하자 조선 지도층은 대외적인 위기에 대응하여 쇄국론을 주장하는 수구파와 개국론을 주장하는 개화파로 나뉘어 대립하고 있었다.

수구파는 강경한 배외주의자들로서 내수외양을 주장하였다. 반면 개화파는 문호개방을 주장하였다. 마침내 수구파의 배외책은 실패하고 개화파에 의해 조선 – 일본과의 수호조약이 1876년에 체결되었다

이때부터 조선이 경제적으로 일본에게 침식당하자 일부 지도층은 서구국가의 제도문물을 받아들여 개화 자강하여야 한다고 믿었다. 소위 개화파들은 고종의 비호하에 청국의 총리아문기구를 모방하여 통리기무아문을 신설하는 등 제도개혁을 추진하는 한편, 서구열강들과의 수호통상조약을 체결코자 하였다.

이들 개화파에 밀려난 보수세력들은 제도의 개혁과 구미제국과의 문호개방에 반대하였다. 특히 개항이후 일본상품의 유입과 일본상인들의 조선쌀에 대한 투기적 매입은 일본에 대한 조선국민들의 반감을 초래하였다. 일본식 군제

개혁으로 생활의 위협을 느껴온 구식군대는 봉급을 장기적으로 지불 받지 못하자 1882년 7월 23일 임오군란[1]을 일으켰다.

임오군란을 계기로 청국은 조선정부에 대한 종주권을 강화하였다. 청국은 임오군란이 발발하자 사태의 중요성을 인식하고 북양함대를 출동시켰으며, 4,000명의 군대를 조선에 파견하고, 군란의 책임자를 청국으로 압송하였다.

청국은 임오군란을 계기로 조선에서 일본에 대해 경제적 우위권을 선취하고, 러시아의 남진을 경계하여 자국의 영향력을 회복코자 하였다. 이를 위해 청국은 상무관 마건충에게 조선상업을 감독케 하였으며, 묄렌도르프(P. G. von Mollendorff)를 조선 왕실의 외교고문으로 임명하여 외교를 감독케 하였다.[2] 그리고 위안스카이(遠世凱, 1859 – 1916)가 조선군대의 훈련을 담당하였다.[3]

한편 한반도 정세를 예의주시하고 있던 일본은 임오군란을 계기로 증가하는 청국의 영향력이 일본과 조선과의 무역에 타격을 주고 일본의 안보 이익에 불리하게 작용할 것을 우려하였다. 청국에 무력으로 대항하기에 역부족인 일본은 대외적으로 외국과의 연대를 통해 한반도 내에서 청국의 영향력 증대에 대항코자 하였다. 우선 미국과 영국의 협조를 통해 한반도 문제를 해결코자 하였다.

일본정부는 일본주재 미국 공사와 만나 미국정부는 조선정부와 체결한 수호조약의 비준을 연기하여야 하며, 미국과 영국은 일본정부와 함께 청국과

---

1) 임오군란으로 한성주재 일본공사관이 파손되었고 일본공관원 7명이 살해되었다.
2) 묄렌도르프는 조선의 총리교섭통상아문의 협판(차관)에 임명되어 조선의 외교를 담당하게 되었고 얼마 안가서 총리내무아문에서 내무도 겸임하게 되었다. 1883년 그는 해관 총세무사에 임명되어 조선-서구열강간 조약체결과 비준 등에 참여하였고 청의 제도를 모방하여 조선 해관을 신설하기도 하였다. 그는 이홍장의 의도대로 조선의 외무와 내정을 감독하면서 일본의 세력이 조선으로 팽창하는 것을 막는 데 최선을 다했다.
3) 청국은 1882년 10월 조·청 상민수륙무역장정을 체결함으로써 조선의 종주국으로서 지위를 확고히 하고자 하였다. 청국은 조-청 상민수륙무역장정을 통해 조선이 청의 속국임을 명문화하였고, 치외법권과 경제적인 진출을 도모하였다. 또한 청국은 군사적으로는 러시아인들이 육로를 통해 조선으로 남하하는 것을 방지하기 위해 경원개시를 폐하고 청의 군함을 북부연안에 배치하여 러시아의 세력 팽창을 감시하였다.

조선간 관계를 규정하는 데 참가할 것을 주장하였다. 일본정부는 청국에 대항하기 위해 미국측에게 한반도 독립에 대해 국제적인 보장을 할 것을 제의하기도 하였다.

1882년 12월 청국주재 일본 에노모토(T. Enomoto) 공사는 청국주재 미국공사에게 일본은 한반도가 청국의 한 지역이 되어 일본을 공격하기 위한 기지로 이용되는 데 반대한다고 주장하였다. 일본은 13세기 몽골이 한반도를 통해 일본을 공격한 사실을 상기시키면서 한반도가 청국의 대일침략 통로로 이용되어서는 안되다고 강조하였다. 일본은 임오군란이후 주조선 하나부사 공사를 경질하고 청국통이며, 묄렌도르프의 친구인 신니치로(T. Shinichiro)를 임명하여 한반도에서 증대해 가는 청국의 영향력에 대항코자 하였다.

일본은 임오군란과 같은 사태가 재발할 경우 외국이 개입 할 것으로 보고 이를 방지하기 위해 조선내정의 안정을 확보하는 것이 중요하다고 판단하였다. 이에 일본은 조선정부의 개혁을 한반도정책의 주요사안으로 확정하고 적극 추진해 나아갔다.

한편 청국 주재 러시아 뷰쵸브 공사는 임오군란 발발의 사실을 알리면서 조선정부가 영국 및 독일과 체결한 조약을 비준하지 않고 있음을 이유로 러시아 외무부로부터 새로운 훈령을 접수할 때까지 웨베르의 조선 파견을 중지할 것을 언급하였다. 러시아 정부는 임오군란이 발발하자 한-러간의 수호통상조약의 체결을 위해 천진에 체류하고 있던 웨베르 총영사에게 한성 출발을 연기하도록 지시하였다. 임오군란으로 청, 일양국 군대가 한반도에 파견된 상황하에서 웨베르를 조선에 파견하여 수교교섭을 하는 것이 시기상 부적당하다는 판단이었다.

당시 북경 외교계에서는 러시아가 임오군란의 호기를 이용하여 조선의 일부분을 점령할 것이라는 소문이 나돌고 있는 등 러시아 외교관의 조선 파견은 초미의 관심이 되고 있었다.

임오군란은 대외적으로 청국의 한반도 간섭을 강화시킨 계기가 되었으며,

나아가 러시아와 조선간의 접근을 촉진시키는 결과를 초래하였다. 임오군란을 계기로 청국이 조선에 대한 내정을 노골적으로 간섭하자 조선정부는 청국의 간섭에서 탈피코자 러시아와 미, 영국에의 접근을 모색하였다. 고종은 우선 미국에 접근코자 하였다. 고종은 1883년 7월 16일 민영익의 미국 파견을 통해 한편으로는 조선주재 미국 푸트(L. H. Foot, 1883－1885) 공사를 통해 미국으로부터 군사교관과 재정고문을 요청하였다. 그러나 미국정부는 조선이 미국의 교역상대국으로서 보잘 것 없었고 개선될 전망도 희박하다는 판단하에 고종의 요청을 거절하였다.

고종은 영국에게도 접근하였으나 실패로 끝났다. 러시아의 남진에 대항해서 친청국정책을 유지해 오고 있던 영국정부는 고종의 기대를 만족시켜 주지 않았다. 오히려 영국은 조선과의 신조약 체결을 통해(1883. 11. 26) 조선주재 영국 공사의 격을 총영사급으로 격하시켜 청국주재 영국 공사관에 종속시켰다.

고종은 미국과 영국 등에 접근하였으나, 별다른 호응을 얻지 못하자 러시아에 접근을 시도하였다. 고종은 러시아 접근방안으로서 우선 러시아와 외교관계 수립코자 하였으며 일본주재 러 공사관을 통해 러시아의 관계강화 방안을 타진하였다.[4] 1882년 12월 고종의 지시에 따라 임오군란의 사죄사절로 일본에 간 김옥균, 박영효, 민영익은 일본주재 러시아 로젠(R. R. Rosen) 대리공사[5]를 방문하여 조선은 자주독립 국가이며, 청국의 종주권을 인정하고 있지 않다고 강조하고, 러시아와 조약을 체결하여 자주독립하고 싶다는 뜻을 러시아 정부에게 전해 달라고 부탁하였다. 그리고 조선정부는 청국 정부의 개입 없이 여타열강과 조약을 체결하기를 희망한다고 주장하였다.

이에 대해 로젠(R. R. Rosen) 공사는 조선측의 요청을 본국정부에 전달할 것이라고 약속하였다. 그리고 조러 양국은 상호 인접한 이웃국가로서 우호

---

4) 임오군란의 사후처리로서 조일간에 제물포 조약이 1882년 8월 30일 체결되었다. 조선정부는 일본 외교관들의 무제한 내지 여행권을 허용하였다.

5) 로젠은 일본주재 대리공사(1877－1883), 일본주재 공사(1897－1899)를 역임하였다.

관계를 유지하는 것이 필요하다고 언급하면서 양국정부간 협상이 필요하다고 답변하였다.

영국과 독일정부는 임오군란이 진정되자 1882년 9월 조선정부와 다시 조약 체결을 위해 교섭을 재개하였다. 이에 1883년 6월 조영 및 조독 협정이 각각 체결되었다. 그리고 1882년 미－조간 체결된 조약이 1883년 5월 비준되었다.

김옥균은 1883년 6월 조영, 조독 수교조약이 체결되자 동년 12월 일본주재 러시아 다비도브(A. P. Davydov) 신임공사에게 지난번 로젠공사와의 회담내용을 인용하면서 양국간 조약체결문제에 대해 문의하였다. 다비도브 공사는 러시아 정부가 조선정세에 대해 관심을 갖고 있다고 하면서 최근 체결된 조독 및 조영 조약 체결에 대해 문의하였다. 김옥균은 조선정부가 청국의 간섭 없이 독일 및 영국정부와 조약을 체결하였다고 설명하면서 러시아와 조약을 체결할 것을 주장하였다.

한편 1884년 5월 초 고종은 김관선을 노보키에브스키에 주재하고 있는 남우수리 국경행정관 마티닌(N. G. Matiunin)에게 파견하였다. 김관선은 마틴닌에게 조·러간 수교를 희망한다는 고종의 서한을 전달하였다.

러시아는 임오군란 이후 조선내정이 어느 정도 안정되자 조러 수교교섭을 재개키로 하였다. 러시아는 조선에 대한 청국의 지나친 내정간섭에 대해 조선국민들과 일부 열강들의 불만이 고조되자 이같은 반청적인 분위기를 활용하여 조·러간 조약체결을 추진키로 하였다.6)

러시아 정부는 조선정부와 영국, 독일 등 열강간의 조약 체결 등으로 한반도 주변상황이 변하고 있다고 판단하였다. 그리고 일본 및 북경주재 자국 공사들에게 러시아는 조선내 서구열강들의 침투에 반대하며, 서구열강들의 조선 침략으로부터 조선을 지키는 것이 필요하다고 훈령을 내렸다.

---

6) 동부시베리아 총독 아누친(D. G. Anuchin, 1880－1885)은 청국의 조선에 대한 과도한 간섭이 조선 지식인 사이에 분노를 야기 시키고 있으며, 미국은 조청간의 무역장정을 승인하지 않았다고 지적하였다.

당시 러시아 기어스 외무장관은 조선이 연해주의 식량보급 기지로서의 역할 등 연해주 개발에 조선이 필수적이라고 평가하고 타국이 조선을 점령하거나 월등한 우위를 확보하는 것이 러시아에게 불리하다고 판단하였다. 러시아는 조선에 있어서 열강들과 최소한 동등한 지위를 확보코자 하였다. 그리고 독일과 영국이 조선과 체결한 조약에 대한 비준여부를 보고 조러간 수교시기를 결정할 것이라고 지시하였다.

한편 청국주재 러시아 공사관은 러시아와 조선간의 관계증진에 노력하였다. 청국주재 러시아 뷰쵸프(E. K. Biutov) 공사는 북경에서 묄렌도르프가 조선정부의 외교 고문으로 초빙받아 한성을 떠나기 전에 그를 만나 1882년 조선이 러시아와 함께 일하는 것이 조선의 이익이라고 설명하면서 러시아와 조선간의 조약 체결에 묄렌도르프의 협조을 요청하였다. 웨베르(K. Waeber)도 북경에서 1883년 말부터 조러 조약체결을 위한 활동을 강화해 나아갔다. 우선 과거의 안면을 이용하여 묄렌도르프[7]와 접촉을 시작하였다.

웨베르는 1883년 12월 묄렌도르프앞 서한을 통해 러시아는 조선과 조약 체결을 희망한다고 하면서 이에 대한 입장을 문의하였다. 웨베르는 미국과 영국 등 해양국가들과 달리 러시아는 대륙국가이므로 별도로 조선정부와 육로 통상 등 국경문제에 대해 협의해야 한다고 언급하였다. 이에 대해 묄렌도르프는 1884년 2월 11일과 3월 3일자 서한을 통해 조선은 러시아와 조약을 체결코자 하며, 조선과 러시아간에 우호관계가 발전되기를 기대한다고 강조하였다.

또한 그는 러시아도 영국과 독일처럼 해상무역에 대해 조약을 체결하는 것이 바람직하다고 언급하였다. 묄렌도르프는 조선정부는 두만강 지역의 어떤 지방을 개항할 의도가 있으며, 해상무역보다 낮은 관세를 육상무역에 부과할 것이며, 조선 경유 상품의 러시아 반입시 총가격의 5% 관세를 지불할 경우 조선정부는 동의를 할 수 있을 것이라고 설명하였다.

---

7) 묄렌도르프는 독일 갈례대학에서 동양학을 전공하였으며, 천진주재 독일 영사로 근무하였다. 그리고 1882년 임오군란 계기로 이홍장의 추천으로 조선 외부 고문으로 근무하고 있었다.

마침내 1884년 3월 러시아 외무부는 청국주재 러시아 공사관을 통해 웨베르에게 아래와 같이 조선과 수교교섭을 추진할 것을 지시하였다. 국경문제, 육상무역, 조－청간의 종주권 문제 등 민감한 정치적 사안에 대해서는 협의하지 않도록 지시하였다.

(1) 영－조, 독－조 조약안을 토대로 할 것
(2) 양국 개항지에서 총영사, 영사, 부영사를 임명할 수 있다는 조항을 제외할 것.
(3) 조선정부가 국경무역을 희망하지 않고 있음을 감안하여, 금번 협상에는 협의하지 말 것 이며, 국경문제가 정치적인 사안임을 감안하여 거론하지 말 것.
(4) 조선의 청국 조공국 문제는 거론하지 말 것. 단, 조선측이 조선을 독립국으로 아니면, 조공국으로 인정하느냐 질문 할 경우 조선은 조약을 체결할 수 있는 사실상의 독립국이 라는 수준에서 대응할 것.[8]
(5) 청국의 개입 없이 단독으로 조선과 수교 교섭할 것.
(6) 러시아어와 한문으로 조약문안을 작성하되 러시아어 조약문이 한문본보다 효력이 우선 하도록 할 것[9]

러시아는 당시 청국의 총영사가 블라디보스톡에 상주하지 않고 있는 상황하에서 조선의 총영사를 블라디보스톡에 상주하게 할 경우 조선에 대한 종주권을 주장하고 있는 청국과 러시아의 관계가 곤란해질 것을 우려하여 상기

---

8) 조선과 러시아간의 외교관계 설정에 있어서 종주권 문제는 러시아에게 곤난한 문제였다. 조선은 독립주권국가이나 러시아는 청국과의 우호협력관계의 유지를 우선시하여 조선에 대한 청국의 종주권을 인정하고 있었기 때문이었다. 러시아는 조－미간의 협상시 경험을 이용키로 하였다. 1882년 청국의 중재로 조－미간의 외교관계수립에 관한 협상을 개시할 때 청국은 조약문에 조선이 청국의 조공국이라는 규정이 포함되기를 주장하였다. 그러나 미국은 이에 반대하자 결국 미국과 청국은 조선의 국제법적인 지위에 대해서는 언급하지 않기로 하였다.
9) 박종효편, 러시아국립문서보관소 소장 한국관련 문서 요약집(서울: 한국국제교류재단, 2002), p. 351.

(2)항을 지시하였다. 그리고 러시아는 청국의 개입을 허용한다는 것은 조선이 청국의 조공국이라는 해석의 빌미를 제공할 수도 있으므로 조·러 수교교섭을 청국의 개입 없이 추진할 것을 지시하였다.

마침내 적절한 시기를 보아오던 러시아는 통킹만 사건으로 프랑스와 청국 간 전쟁의 위기가 고조되자 이같은 위기를 활용하여 서구열강들 특히 일본이 한반도에 개입하지 않을까 경계하였다. 러시아는 청국과 프랑스간 전쟁이 발발할 경우 일본이 호기를 이용하여 조선에 우월권을 확보할 것을 우려하여 조러 수교 협상을 타결코자 하였다. 이에 웨베르에게 조·러간의 수교 교섭을 추진토록 지시하였다.

웨베르는 청국의 지부를 출발하여 인천에 1884년 6월 20일 도착하였으며, 김옥균이 마중 나왔다. 웨베르는 6월 26일 서울에 도착하였으며, 6월 29일 조선정부와 협상을 개시하였다. 마침내 1884년 7월 7일 웨베르와 조선의 김병시[10] 외부대신은 조·러수호통상 조약에 서명하였다. 그리고 조러 수호통상조약(Treaty of Friendship and Commerce between Corea and Russia)은 1885년 9월 24일 한성에서 조선주재 러시아 웨베르 공사와 김윤식 외부 대신 간에 비준서가 교환되었다.

조·러 수호통상조약이 상상외로 조속히 성사된 것은 웨베르가 사전에 러시아어와 중국어로 된 협상안을 준비해 온 것도 한 원인이었다. 조·러 조약은 조영 및 조·독 조약을 토대로 체결되었다.

조·러수호통상 조약의 주요 규정은 아래와 같다.

> 제2조 체약 당사국은 수도에 상주 또는 임시외교사절을 임명할 수 있고
> 타국가의 영사 주재가 허용된 개항장에 자국영사를 임명 파견할 수 있다

---

10) 김병시(1832−1898) 외부대신은 1884년 개화당이 갑신정변을 일으키자 청나라 세력을 끌여들여 개화당을 몰아내고 사대당 중심의 내각을 조직하였으며, 외무 아문독판에 취임하여 전권대신으로 러시아, 영국, 이탈리아와 수호통상조약을 체결하였다.

제4조 개항장인 인천, 부산, 원산 및 양화진에서 러시아인은 토지, 주택을
구입하거나 임차하거나 공장이나 창고를 건축할 수가 있다. 러시아인은
개항장에서 100리 범위 내에서 여권없이 여행할 수 있고 여권을 소지하고
조선 지방관헌의 허가를 받으면 전국 어느 곳이든지 관광 또는 무역을
위해 여행할 수 있다.[11]

제8조 체약국의 군함은 타국의 모든 항구에 자유롭게 입항한다. 체약국은
군함을 측량목적으로 개항장과 폐쇄항구에 파견할 수가 있으며, 러시아
해군을 위해 공급 비축장을 조선의 개항장에 세워 하역하고 보관할 수
있다.

조·러수호통상조약은 아래와 같이 러시아와 조선에 중요한 조약이었다.

(1) 조선은 조·러수호조약의 체결을 통해 러시아와 구미제국 중 5번째로
외교관계를 수립하였으며[12] 청국의 간섭없이 독자적으로 수교교섭을 행
함으로써 외교적인 성숙함을 과시하였다. 특히 고종의 러시아 접근은
지금까지 조선 유교중심의 사대부를 지배해 왔던 조선책략적인[13] 사고방
식에서 벗어나 자주적인 외교의 소산이었다. 또한 그간 열강들이 조선정부
에 대해 경고해 온 공로의식에서의 탈피를 의미하는 것이었다.

(2) 조선과 러시아간에 외교관계가 설립됨으로써 양국간에 공식적인 우호관
계가 발전할 수 있는 기반이 구축되었다.

(3) 러시아는 청국, 일본, 영국과 같이 조선무대에 본격 등장하게 되었다.

(4) 1860년대부터 러시아 연해주 지역에 이주해 살고 있던 조선인들이 1884년
을 기점으로 합법적인 지위를 갖게 되었다. 조·러수호통상조약의 체결로
1884년에 이주하여 극동지역에 살고 있던 조선인들은 러시아 시민권을
갖게 되었으며, 조선인 각자는 러시아 정부로 부터 약40 에어크의 토지를

---

11) 박종효편, op. cit., 16.
12) 조·러외교관계는 러·일전쟁중인 1904년 5월 18일 일본의 강요로 고종이 조·러간 체결
된 조약은 폐기되며 조·러 외교관계는 중단한다는 칙령을 반포함으로써 단절되었다.
13) 조선책략은 1880년 일본주재 청국 황준헌 참찬관이 저술한 외교서적로서 러시아의
남진을 방지하기 위해 청, 일, 조선 3국간 결속과 조-미간의 협약을 강조하였다.

불하받게 되었다. 1884년 이후부터 연해주에 이주하게 되는 조선인들이
최소한 5년간 거주하고 좋은 건강을 유지하고 유용한 직업을 갖게 될
경우 이들에게 러시아 시민권이 주어졌다. 그리고 연해주에서 일하기
위해 임시로 이주해 오는 조선인에게도 매년 거주 허가가 부여되었다.

(5) 체약국 군함은 어떤 항구에 상호 기항할 수 있다고 규정하고 있다. 러시아
군함의 조선 기항권은 당시 조선이 러시아의 항구에 기항할 만한 함대를
보유하지 못하고 있었음을 감안 할 때 러시아측에게 일방적으로 유리한
규정이었다.

웨베르는 러시아에게 중요한 육로통상 및 두만강 개항문제에 대해서는 차
후에 다시 협상하기로 조선 외부대신과 합의함으로써 육로통상 문제가 앞으로
러시아 정부의 주요현안임을 시사하였다.

그러나 조·러 수호통상조약은 조·러간 필요한 육상무역 대신 별 실효가
없는 해상무역을 규정함으로써 청국의 영향력에서 벗어 날 수가 없는 한계를
노정하였다. 그리고 조·러 조약의 체결에 대해 러시아 내부에서 반발이 있었
다. 우선 당시 블라디보스톡과 러시아의 유럽지역을 연결하는 해상로가 확보
되지 않는 상황에서 조러간 해상무역 규정은 유명무실하다는 것이었다.

동부 시베리아 아누친(D. G. Anuchin, 1880 – 1885) 총독은 러시아가 극
동지역에서 상선도 보유하고 있지 않은 상황에서 조선과 러시아간의 해상무역
이 현실적으로 가능한지 의문을 제기하였다.[14] 그는 강대국의 압력으로 조선
과 러시아간 육로교역이 단절될 경우 연해주 지역은 조선으로 수입해오던
가축 및 식량을 확보할 수 없게 될 것이라고 지적하고 조·러조약의 비준
전에 육로무역 조항을 포함시킬 것을 주장하였다.[15]

---

14) Пак Б. Д., Россия и Корея(М.: 1979), p. 61.
15) 이에 대해 기어스 외무장관은 조선정부와 협상시 웨베르에게 훈령으로 조·러간 육로
통상 규정을 포함하는 것은 세심한 주의를 요하는 것이라고 지적하고, 만약 조선이
두만강 우안에 무역거래를 허용한다면 러시아는 만족할 것이나, 그러나 여의치 않을
경우 국경문제는 정치적인 사안으로서 웨베르의 출장을 중지시킬 예정이었다고 언
급하였다.

프리아무르(Priamur) 총독 코르프(A. N. Korf, 1884 – 1893)도 육로무역의 조항을 포함시킬 것을 주장하였다. 그는 1884년 11월 20일 러시아 기어스 외무장관에게 우수리 지역에서 생활을 영위하기 위해서는 조선과의 육로 무역 확보가 필수적이라고 강조하였다. 그는 조선과 러시아간에 당시 육로상 연중 3십만 루불의 밀수가 자행되고 있으며 조선항구의 개항은 상선이 없는 러시아에게 아무런 소용이 없다고 지적하였다. 반면 그는 조선과 육로무역이 확보될 경우 청국에 대항할 수 있다고 주장하면서 청국이 장악하지 못한 훈춘 혹은 포시에트(Posyet)(러시아와 한반도 국경지역)를 러시아가 확실히 장악할 경우 청국에 대해 영향력을 행사할 수 있을 것이라고 지적했다.

러시아 국내언론들은 조·러조약 체결에 대해 상반된 기사를 게재하였다. 1886년 발간된 "관찰자"라는 러시아어 잡지에서 파포브(B. Pofov)는 러시아의 조선 침투는 일본과 영국의 반발을 초래 할 것이며, 특히 영－러관계의 악화는 독일에게 유리하게 작용할 것이라고 주장하였다. 당시 발칸문제의 중요성을 감안할 때 러시아의 주된 적은 오지리와 독일인 바, 러시아는 영국과 대립하지 말고 독일과 오지리에 대항할 수 있도록 외교적인 역량을 기울일 것을 주장하였다. 러시아가 발칸보다는 동북아 지역에 전념하는 것은 이익이 되지 않으며, 영국과 대립하여 독일에게 이용당하지 않을 것을 경고하였다. 파포프는 러시아의 외교방향이 근동과 중앙아시아에서 동북아 지역으로 향하고 있다고 지적하고 이같은 경향은 1850년 말 －1860초 러시아와 청국간의 조약체결로 시작되었으며, 1884년 조러 조약이 체결됨으로써 구체화 되었다고 평가하였다.

그리고 "신세대(노보예 브레미야)"잡지는 조선을 '아시아의 이탈리아'라고 지칭하면서 유럽의 모든 열강들이 조선에 개입하여 조선의 오랜 벽을 허물고 있으나, 러시아만이 아무런 행동을 하고 있지 않다고 비판하였다.

또한 말시모프 사회평론가는 조선은 많은 인구와 부유함으로 조만간 크게 발전할 수 있으며, 러시아에게 위험한 적이 되든가 아니면 강한 동맹국이

될 수 있다고 기술하였다. 그는 러시아의 관망적인 대한반도 정책이 이롭지
않으며 , 러시아가 조선정부와 정치적인 관계를 맺어 한반도에서 유럽열강들
에게 대항할 수 있도록 해야 한다고 주장하였다. 또한 그는 러시아의 조선
진출이 성공할 가능성이 높은 이유로서 상호 인접국이며 연해주에 거주하고
있는 조선인들을 거론하였다. 특히 조선인들이 러시아에 동정적이며, 우수리
지역에 살고 있는 조선 이주자들이 조선과 러시아를 이어주는 쇠고리라고
지적하였다.[16)]

한편 1884년은 러시아와 한국정부에게 국내외적으로 중요한 분기점을 이
루는 한해였다. 1884년 러시아 정부는 시베리아와 극동지역을 효율적으로
통치하기 위해 당시 2분된 극동행정지역을 5개의 행정구역으로 세분하였다.
이것은 러시아 중앙정부가 극동지역에 대해 본격적으로 관심을 갖게 된 것을
의미한다. 1884년 이전에는 이르쿠츠크가 시베리아의 행정중심도시로서 극
동지역의 전역을 통치하였다. 그러나 증대하는 행정의 수요에 효과적으로 대
처할 수 없어 1884년 이르쿠츠크, 트랜스 바이칼, 아무르, 연해주, 사할린
지역으로 5분하였다. 그리고 행정수도를 이르쿠츠크에서 하바롭스크로 이동
하였으며, 극동지역에 대한 통합을 강화하였다.[17)]

그리고 러시아 정부는 코르프(A. N. Korf, 1884 – 1893)를 1884년 프리아
무르(Priamur) 총독으로 임명하였다.[18)]

조선과 러시아간에 체결된 수호조약에 대해 열강들은 상당히 우려한 반응
을 보였다. 당시 러시아와 대립하고 있던 영국은 러시아가 한반도내 항구들을

---

16) 1883년 5월19일 '바스토치노예 아바즈레니예' 신문(이르쿠츠크에 발간)은 연해주에
    수천명의 조선인이 살고 있으며, 통역인으로 사용할 수 있다고 보도하였다.
17) 1884년 하바롭스크에 프리아무르(Priamur) 총독이 설립되었으며, 하바롭스크가 주요
    기지로 부상하였다. 하바롭스크는 아무르강과 우수리강이 서로 만나는 접정에 있었
    다. 하바롭스크는 블라디보스톡처럼 외국 군함들의 공격에 취약하지 않으며 블라고
    벤스네스크처럼 청국의 침입에 노출되지 않는 전략적인 요충지였다. J. J. Stephan,
    op. cit., p. 55.
18) J. J. Stephan, op. cit., p. 311.

점령할 의도라고 비난하였다. 러시아의 한반도 진출에 대한 영국의 반응은 영국 군함의 거문도 점령에 반영되었다.

그리고 청국도 조선과 러시아간의 접근을 예의 주시하였다. 당시 청국은 임오군란이후 조선에 대해 내정과 외교를 감독하는 등 조선에 대한 종주권을 강화하고 있었다.

1884년 이홍장은 러시아가 러－조선간 국경무역 등 국경문제를 협상한다는 빌미를 통해 조선을 점령할 것을 획책하고 있다고 고종에게 러시아와의 접근을 경고하면서, 러－조간 육상무역보다는 해상무역을 체결토록 권고하기도 하였다. 더욱이 이홍장은 조선이 러측과 국경무역을 교섭 할 경우 그 장소 등에 대해 청국과 사전에 협의할 것을 요구하였다. 이홍장은 조선과 러시아간 국경무역이 활성화 될 경우 조선과 청국간의 국경무역이 타격을 받지 않을까 우려하였다.

4. 청·일 대립과 조선의 러시아 접근

가. 갑신정변과 청·일 대립

1884년 7월 7일 조·러 조약 체결을 계기로 러시아가 한반도 무대에 등장하자 조선의 지배를 두고 청국, 러시아, 일본 등 3국이 각축을 벌이는 형국으로 변모하였다.

1884년 청국과 프랑스간 전쟁을 계기로 한성 주둔 청군대의 일부가 철수하자 일본의 지지를 받은 개화파들은 서울 주둔 일본군 2개 중대를 배후세력으로 갑신정변을 1884년 12월 4일 일으켰다. 갑신정변은 1884년 조·러수호통상 조약의 체결 등으로 러시아와 조선정부간의 관계가 밀접하게 되자 러시아의 한반도 진출을 사전에 방지하고 청국의 약세를 틈타 조선에서 일본의 우위를 확보하려는 의도에서 일본이 조선내 친일적인 개화파를 이용하여 일으킨 사건이었다.

갑신정변으로 청국과 일본간에 긴장이 고조되자 조선정부는 자강의 일환으로 러시아에 보호를 요청하였다. 소위 조러 밀약사건이 발생하자 조선 주변의 국제관계는 한층 복잡하게 전개되었다. 조선 정부의 보호 요청은 그간 러시아가 견지해 온 조선불개입정책과도 대치되었다. 당시 고종은 일본의 조선침투를 경계하였으며 청국의 과도한 내정간섭에도 불만이었다. 갑신정변의 성공으로 요직에 오른 김옥균, 조선 외부 차관인 묄렌도르프 등은 조선 정부의 친러 접근에 주동적인 역할을 하였다.

김옥균은 청·불전쟁(1884－1885)에서 청국이 고전하자 조선을 보호할 힘이 없으므로 청의 종주권으로부터 탈피하기 위하여 조선은 우선 일본과 군사동맹을 체결하고 러시아와 우호관계를 수립할 것을 주장하였다. 조선 외부 차관이었던 묄렌도르프(P. G von Mollendorff)도 청－불전쟁을 계기로 청국의 허약한 국력이 노출되자 청국이 더 이상 조선의 독립을 보장할 능력이 없다고 판단하고 앞으로 조선의 독립 보장국으로서 한반도내 부동항의 확보에 관심이 있는 러시아에 접근해야 한다고 주장하였다.

묄렌도르프는 친러정책을 통해 청국, 일본, 미국의 영향력에 대항하여 조선의 독립을 보존코자 하였다. 물론 이같은 친러정책은 묄렌도르프를 추천한 청국의 의도와 상반되는 것이었다.

묄렌도르프는 1884년 12월 갑신정변 이후로 일본이 조선의 적이며, 청국은 조선을 지배하는 실세이나 일본의 조선 침략을 방어할 수 없을 것이라고 판단하였다. 따라서 그는 조선이 다른 열강에게 의지해야 한다고 보았다. 그는 러시아에 의지해야 하는 이유를 아래와 같이 분석하고 있다.[1]

(1) 러시아는 청국과 정상적인 관계를 갖고 있으며, 태평양으로의 진출을 기도하고 있기 때문에 일본과 자연적으로 적대적임.
(2) 미국은 한반도의 독립을 원하지만 너무 멀리 떨어져 있으며, 군사력이 충분히 강하지 못함.
(3) 프랑스는 인도차이나 지역으로 팽창하고 있어 청국과 적대적이며, 독일은 세계정치에서 아직 역할을 못하고 있음.
(4) 영국은 근동에서 러시아와 대립하고 있어 적대적이며, 따라서 일본과는 자연적인 동맹국임.

---

1) G. A. Lensen, op. cit., p. 32.

묄렌도르프는 친러적인 구상을 실현하기 위해 러시아와의 접근을 시도했다. 우선 묄렌도르프는 1884년 8월 북경방문 기회에 청국주재 러시아 쓰네루(Sneyr) 대령[2]과 면담하였다. 묄렌도르프는 열강들이 벨기에의 중립을 보장하는 것과 유사하게 러, 일, 영 3국이 조선에 대해 공동으로 보호해 줄 것을 희망한다고 설명하였다. 묄렌도르프는 현재 러, 청, 일본 3국들의 이익이 한반도에 서로 교차되어 있다고 설명하면서 이같은 상호 경쟁관계가 적대적이 아니며, 평화적으로 이루어지고 3국가들이 벨기에처럼 독립을 보장해 줄 것을 희망하였다. 그리고 일국이 군사적으로 조선을 점령할 경우 여타국가들의 개입을 초래할 것이므로 조선을 개방시켜 자본, 투자 등 평화적으로 경쟁하는 것이 좋을 것이라고 설명하였다. 이에 대해 쓰네루는 일본과 청국은 이것에 동의하지 않을 것이라고 하면서 이러한 제안은 러시아 정부가 직접 취급할 문제라고 답변하였다.

한편 쓰네루 대령의 보고를 접수한 러시아 외무부는 고종이 러시아에게 보호를 요청 한 사실을 확인할 수 없으며, 조선 국내정황을 소상히 파악하지 못하고 있는 상황하에서 묄렌도르프의 진위를 확인할 수가 없어 조선측에 응답하지 않기로 결정하였다. 러시아 정부는 괜히 조선정부에 모종의 의무이행을 약속할 경우 이것은 서구열강, 특히 조선의 종주권을 주장하고 있는 청국과 오해가 생길 소지가 있다는 것이었다.

러시아 외무부 기어스 외무장관은 훈령을 통해 앞으로 조선정부가 열강들과 체결한 조약들에 의해 보장된 조선의 국제적인 위치를 변경시키는 행동을 자제하도록 권고할 것을 지시함으로써 한반도 현상유지 정책을 계속 견지해 나갈 것임을 확인하였다.

---

2) 러시아는 청국에 무관을 1895년부터 임명하여 상주시켰다. 따라서 묄렌도르프가 만난 쓰네루는 러시아 무관보다는 북경에 주재하고 있던 군사대표라고 볼 수 있다. 1895년 북경주재 러시아 초대 무관은 수마르코브(N. C. Sumarokov)였다. Алексеев М., Военн ая Разведка России от Рюрика до Николая Ⅰ (Москва: Издательский дом, 1998), p. 316.

결국 러시아 정부는 러시아가 조선의 보호국이 될 경우 청국과의 관계가 악화될 것이며, 서구열강들로부터 불필요한 오해만 살 것을 염려하였다. 러시아는 자국을 포함해서 열강과 조선정부간에 체결한 조약으로 한반도의 현상이 유지되어 나가길 기대하였다.

한편 북경주재 러시아 군사대표는 1884년 8월 8일 청국의 지부에서 묄렌도르프와 면담한 결과를 러시아 국방장관에게 보고하는 전문에서 묄렌도르프가 구상하고 있는 조선의 대외정책을 아래와 같이 기술하고 있다.3)

> "묄렌도르프는 조선의 자주권을 확보하는 방안으로 한반도 이웃인 러시아, 청국, 일본의 이해관계를 결합해서 이들이 상호 경쟁케 하는 소위 이이제이 정책을 고려하고 있었으며, 그 방안으로 (1) 조선을 벨기에처럼 중립국화하는 방안 (2) 조선을 영국이나 유럽 열강들의 공동 보호하에 두는 방안 (3) 러시아의 보호하에 두는 방안 등이다."

이에 대해 러시아 군사대표는 우선 중립문제에 대해서 부정적인 태도를 가지고 있었다. 벨기에의 경우를 조선에 적용하기는 힘든다고 하면서 벨기에의 주변국가들은 문명국으로서 서로가 중립성을 보장해 주고 있지만, 조선의 경우 주변국 중 한 나라(러시아)만 문명국이며, 다른 한나라(일본)는 문명화 과정에 있으며, 또 다른 나라(청국)는 아직 미개 상태라 개화할 능력이 없는 나라이라고 지적하면서 이와 같이 문명수준이 서로 다른 나라들이 조선의 중립을 보장해 줄 수 있겠느냐고 반문하였다. 그리고 조선의 중립화에 대한 조약이 체결되더라도 조약이 준수될 수 있는지 여부에 대해 강한 의문을 제기하였다. 또한 조선은 작은 나라로서 중립국의 역할과 의무 등을 감당할 수 없을 것이라고 지적하였다.

러시아 군사대표는 묄렌도르프가 조선에 대한 열강들의 관심을 끌어 들이기 위해서 조선의 중립화안을 구상하고 있다고 의심을 품고 있었다. 그는

---

3) 북방연구소, 제1집 1920년대 소련의 조선족(워싱턴: 1992), pp. 23-28.

조선에 대한 열강의 공동 보호화 방안에 대해서도 부정적인 생각을 가지고 있었다. 영국이 조선의 보호국이 될 경우 조선의 독립을 보장하지는 못하고 결국은 조선을 침략할 것이라고 영국에 대해 강한 의심을 갖고 있었다. 영국은 터어키의 중립을 보장키로 약속한 나라이지만 결국은 키프르스를 점령하였으며, 이집트에 대한 점령을 시작하였다고 언급하고 조선도 결국에는 키프러스와 유사한 운명에 처하게 될 것이라고 지적하였다.

나. 조선의 보호화 문제와 일본주재 러시아 스페에르(A. de Speyer) 서기관의 제1차 조선출장(1884. 12. 21-1885. 1. 6).[4]

한편 6일만에 개화파가 몰락하고 1884년 12월 중순 갑신정변이 실패하자 조선의 국내정세가 더욱 불안해졌다. 이에 1884년 12월 30일 청국군대 3,000명이 아산만에 도착하고 일본군대 2,500명이 인천에 도착하는 등 청·일간의 전쟁 가능성이 고조되었다. 조선정부는 청·일전쟁의 주요 전쟁터가 한반도가 될 것으로 판단하고 이를 방지하기 위해 러시아의 개입을 추진하였다.

한편 러시아 기어스 외무장관은 청·일간의 긴장고조에 대한 러시아의 입장을 아래와 같이 1884년 12월 28일 건의하였다.[5]

(1) 러시아는 엄격한 중립을 유지한다
(2) 청·일전쟁시 러시아 함대는 러시아에게 긴요한 한반도의 일부분을 점령한다.

---

4) Пак Б. Б., Российская дипломатия и Корея(1860-1888) (М.: 1998), p. 116
5) 그리고 기어스 장관은 12월 29일 일본주재 러시아 다비도브 공사에게 조선의 현상유지가 러시아에게 매우 중요하므로 일본이 조선항구들을 점령하지 않도록 일본정부에게 권유할 것을 지시하였다. G. A. Lensen, op. cit., p. 34.

러시아는 갑신정변이 발발하고 조선의 묄렌도르프가 러시아에게 군사교관
의 파견과 보호화를 요청하자 그 진위를 소상히 파악하기 위해 일본주재 스페
에르 서기관을 조선에 파견하였다.6) 스페에르가 조선으로 출장을 위해 자국정
부로부터 받은 훈령의 요지는 아래와 같다.

    (1) 갑신정변 등 최근 조선의 국내 상황을 소상히 파악할 것
    (2) 러시아에 보호화를 요청한 묄렌도르프의 의견을 청취할 것,
    (3) 러시아 정부가 조선의 보호화 요청을 거절하지 않는다는 인상을 줄 것.
        그러나 이같은 러시아측의 입장을 조선정부가 긍정적으로 받아들여 러시
        아에게 의무를 지울 수 있는 행동을 못하도록 비공식적으로 조선에 출장
        갈 것
    (4) 묄렌도르프와 회담시 조선정부가 현시점에서 외국정부와 어떤 거래를
        할 경우 조선 정부가 체결한 국제 조약상 규정된 위치를 상실할 가능성이
        있어 조선에게 불리하므로 조선 정부는 현 상황을 그대로 유지해 가는
        것이 좋다고 권고 할 것.

마침내 스페에르는 조선에 체류하는 동안 안전을 보장한다는 묄렌도르프의
서한을 받고 1884년 12월 28일 제물포에 도착하였다. 스페에르는 서울에
도착하자 조선관리들에게 자신은 비공식적으로 출장 왔다고 알리고 묄렌도르
프와 회담을 가졌다. 금번 회담에서 묄렌도르프는 우선 갑신정변이 일본의
개입으로 발발하였다고 지적하고 조선은 보호국으로서 청국보다 강국이 필요
하다고 하면서 러시아를 지명하였다. 그리고 그는 러시아가 조선을 보호국으
로 하고 불가리아와 같은 관계를 조선에게도 설정하는 경우 향후 조선의 안녕
이 가능하다고 강조하고 , 만약 러시아가 불가리아에 대해 보장한 것처럼
조선의 보호국이 될 수 없을 경우 조선의 독립을 보장하는 국제조약을 확보코

---

6) 러시아는 1884년 7월 7일 조선과 외교관계를 맺었으나 한성에 공관을 개설하지 않았
   으며, 초대조선주재 러시아 웨베르 공사가 조선에 1885년 10월 6일 도착하였다. G.
   A. Lensen, op. cit., p. 34.

자 하였다. 그리고 그는 만약 러시아가 조선을 보호할 용의가 없다면 열강들이
벨기에에 대해 보장한 것처럼 조선의 중립화를 보장하도록 제의해 줄 것을
요청하였다.

이에 대해 스페에르는 자신이 조선의 보호화 문제에 대해 협의 할 권한이
없다고 답변하고, 1885년 1월초 동경으로 귀국후 일본주재 러시아 다비도브
공사에게 묄렌도르프와의 협의 내용을 보고하였다.

한편 조선정부는 갑신정변시 일본공사관과 일본인 피해에 대한 보상문제를
해결하기 위해 일본정부와 1885년 1월 7일 한성조약을 체결하였다. 그리고
고종은 사죄사절로 서상우 전권대사, 묄렌도르프 부 전권대사를 일본에 파견
하였다. 1885년 2월 26일 일본에 도착한 묄렌도르프는 비밀리에 동경 주재
러시아 다비도브 공사와 스페에르 서기관을 만나 조러관계 강화 방안에 대해
협의하였다. 그는 청국이 프랑스 및 일본과 분규에 처해 있어 조선이 청국으로
부터 독립할 좋은 기회라고 주장하고, 청·일간의 계속적인 대립은 양국보다
강한 한 나라에 의해 견제를 받지 않는 한 한반도의 평화를 저해할 것이라고
설명하였다.

그는 청국과 일본의 군대가 조선에서 철수 할 경우 조선 군대를 양성하는
문제가 대두 될 것이라고 하면서 러시아 군사장교의 파견은 조선군의 훈련에
좋은 기회가 될 것이라고 주장하였다. 그는 국경선을 인접한 러시아는 조선이
독립적이고 강한 나라가 되어 친러적이 될 경우 러시아에게 이익이라고 설명
하였다.

또한 그는 러시아가 한반도의 번영과 강한 조선의 건립에 관심을 가질 수
있는 국가라고 생각한다고 하면서 조선정부는 현 입장에서 러시아에게 보호화
를 제의할 처지가 안되는 만큼 러시아가 우선 제의하여야 한다고 언급하였
다.7)

이에 대해 다비도브 공사는 구체적인 답변은 할 수 없다고 하면서 자국정부

---

7) G. A. Lensen, op. cit., pp. 35 − 36.

에게 보고할 것이라고 응답하였다. 다비도브 공사는 조선은 가난하여 군대 양성에 필요한 경비를 충당하기 어려울 것이라고 하면서 본국에 보고하였다.[8]

이에 대해 러시아 정부는 조선정부의 보호화 요청을 거절하였다. 1885년 1월 20일 기어스 외무장관은 일본주재 러시아 다비도브 공사에게 러시아는 청국이나 일본과의 대립 가능성으로 조선의 보호화 요청을 수락하기가 곤란하다고 하였다.[9] 기어스 외무장관은 아래의 이유로 조선을 보호화 하기가 어렵다고 지적하였다.[10]

(1) 청국은 조선을 자국의 속국으로 간주하여 한성에 수비대를 상주시키고 있으며, 일본은 조선과의 무역거래를 중요시하고 있음.

(2) 조선의 러시아에 대한 보호화 요청으로 러시아가 청국이나 일본과 충돌할 수 있음

(3) 러시아가 청국이나 일본과 충돌할 경우의 손실과 조선에 대한 현 정책을 고수함으로써 얻을 수 있는 이익을 비교해서 조선의 보호화 요청을 수락할 것인지 여부를 판단해야함.

(4) 조선정부가 자체적으로 외국의 침입으로부터 방어할 수 있는 역량과 수단을 구비하고 있는지 여부를 고려해 볼 때, 러시아가 조선을 지키는 것은 매우 어려움.

그리고 기어스 외무장관은 러시아 군대의 조선 파병에도 반대하였다. 그는 러시아군의 조선파병은 서구 열강 특히 영국의 개입을 자초할 것이며, 이 경우 러시아가 그간 조선문제에 대해 누려온 관찰자로서의 역할이 어렵게 될 것이라고 지적하였다. 러시아는 가능한 한 조선과 제3국 관계에 있어서 엄격한 중립을 견지하여 충돌을 회피코자 하였으며, 조선의 영토보전에 주안

---

8) 알렉산더 3세 황제는 기어스 외무장관에게 러시아 군사교관을 파견할 수 있는 기회를 놓치지 않도록 조선의 국내문제를 소상히 연구하고 묄렌도르프의 제의를 검토할 것을 지시하였다.

9) Пак Б. Б., Российская дипломатия и Корея(1860-1888)(М.: 1998), p. 125.

10) G. A. Lensen, op. cit., p. 35.

점을 두었다.

기어스 장관은 갑신정변으로 고조되고 있는 청·일간의 전쟁위기에 대비하여 일본이 조선의 항구를 점령할 경우 러시아도 태평양 함대를 조선의 해안에 파견하여 외국군함들이 러시아에 가까운 한반도의 해안을 점령하지 못하도록 지시하였다.

당시 러시아 해군부 측은 기어스 외무장관의 질문에 대해 러시아 태평양 함대는 흑해 함대의 지원하에 조선해안에서 활동이 가능하다고 답하면서 러시아 흑해함대가 조선에 도착하는데 약 45 – 50일이 소요된다고 답변하였다. 당시 러시아 함대는 1대의 순양함, 2대의 쾌속범선, 1대의 수송함이 한반도 인근에 배치되어 있었으며, 1885년 3월까지 추가로 11척이 한반도 인근해에 집결하기로 하였다.

프리아무르 지역 코르프(A. N. Korf, 1884 – 1893)총독은 청·일 전쟁시 러시아 육군의 한반도 파견을 제의하였으나, 이것은 러·청관계를 복잡하게 한다는 이유로 채택되지 않았다.[11] 당시 러시아 "신세대(노보예 브레미야)" 잡지는 프랑스가 통킹만을 점령한 것처럼 열강들이 조선의 점령을 갈망하고 있으므로, 러시아는 열강들의 조선점령에 대항해야 한다고 보도하였다.

마침내 갑신정변의 사후처리로서 1885년 1월 조선과 일본간에 한성조약이 체결되었으며, 1885년 4월 18일 청·일간에 천진조약이 체결되었다. 천진조약에 따라 청국과 일본군은 공히 철수하게 되었으며, 일본은 청국과 함께 한반도에서 군대를 파견할 권리를 갖게 되었다.

청·일간 천진조약에 대해 일본주재 러시아 다비도브 공사는 일본이 한반도에 유사시에 군대를 파견할 권리가 있다는 조항은 일본이 조선을 독립국가로 간주하고 있는 이상 의미가 없다고 분석하였다. 청국은 조선이 청국의 종속국이며 따라서 당연히 군대를 한반도에 파견할 권리가 있다고 보고 있다는 것이었다. 다비도브 공사는 일본은 한반도 문제에 있어서 청국과 동등한 권리를

---

11) lbid., p. 34.

확보한 것으로 보고 있으며, 반면 청국은 한반도에 대한 종주권을 인정받은 것으로 간주하고 있다고 지적하였다.

또한 그는 청국은 조선이 청의 종속국이라고 보고 있으며, 반면 일본은 조선이 독립국이라고 보고 있어 일본과 청국은 한반도의 정치적인 지위에 대해 어떤 합의도 없었다고 평가하였다. 그는 청국은 여순을 통해 한반도에 유사시에 일본보다 빠르게 개입할 수 있는 잇점이 있으나 일본정부에게 한반도에 개입할 권리를 인정함으로써 일본의 승리라고 평가하였다. 그리고 갑신정변이 실패함으로써 일본도 외교적으로 잘못하였다고 지적하였다.

어쨌든 청·일간의 천진조약은 청·일간의 대립을 방지함으로써 한반도 현상유지에 상당히 기여하였다. 조선정부가 제3국으로부터 군사교관을 초청할 수 있다는 조항은 러시아가 개입할 길을 열어 놓았다.

한편 묄렌도르프가 추진한 조선 보호화 문제는 열강들에게 조선과 러시아 간에 밀약이 있다는 의혹을 야기시킴으로써 러시아와 세계적으로 대립하고 있던 영국의 거문도 점령을 간접적으로 초래하였다.12)

---

12) Ibid., p. 53.

제3장

영국의 거문도 점령과 조선 현상유지 문제

1. 영국의 거문도 점령과 러·영대립

조·러 밀약설이 유포되던 시기에 러시아와 대립하고 있던 영국이 1885년 4월 15일 거문도를 불법 점령함으로써 한반도를 둘려 쌓고 영국과 러시아간의 대립이 고조되었다.

거문도는 지리적으로 대한해협과 대마도 해협의 문호이며 러시아의 태평양 진출의 출구로서 일찍이 영국과 러시아는 거문도에 관심을 갖고 있었다. 1845년 영국은 거문도를 조사했던 영국 해군장관 George Hamilton의 이름을 따서 거문도를 해밀톤항(Port Hamilton)으로 명명하였다. 일본주재 영국 파아크 (H. S. Parks, 1865 – 1882) 공사는 1875년 러시아와 일본이 조선을 공동으로 공격할 계획을 세우고 있다고 경고하면서 거문도 점령을 주장하였다. 그러나 영국 외무장관 데븐(Derby)는 영국이 어떤 권원(title)도 없는데 거문도를 장악하게 되는 선례가 된다는 이유로 제의를 거절하였다.[1] 또한 1882년 조·영수호조약 체결 교섭시 영국의 전권대표 윌스 제독이 이 섬을 조차해 줄 것을 조선정부에 요청한 적이 있었다.

---

1) G. A. Lensen, op. cit., p. 54.

러시아도 일찍이 거문도의 중요성을 알고 관심을 기울였다. 푸티아틴(E. V. Putiatin, 1803－1883) 해군중장[2])은 1857년 거문도에 도착하여 거주자로부터 거문도에 석탄 저장소를 설치할 수 있는 허가를 얻었다. 같은 해 늦게 그는 거문도를 다시 방문하여 사할린에서 거문도에 석탄이 운송되었는지 확인코자 하였으나 석탄은 도달하지 않았다. 그 이후 러시아는 거문도에 대해 적극적인 관심을 가지지 않았다.

그러나 러시아는 영국의 거문도 점령 가능성에 대해 일찍부터 경계하였다. 1882년 11월 러시아 태평양 함대 해군소장 코피로브는 영국이 거문도를 점령할 것이라는 소문을 듣자 영국이 거문도를 점령할 경우 거문도는 홍콩이나 말타가 될 것이라고 하면서 아래와 같은 방안을 러시아 정부에게 건의하였다.

(1) 거문도 개항시 러시아 선박에게도 개항할 것.
(2) 거문도에 러시아 영사관을 개설할 것.
(3) 현재 러시아가 누리고 있는 이익을 손상시키지 않도록 현지 조선당국이
　　거문도를 어떤 열강에게도 주지 않도록 문서로 약속을 받을 것.

1883년 영국이 거문도를 점령할 것이라는 소문이 나돌자 청국주재 러시아 블란갈리(A. F. Vlangali) 공사는 일본주재 러시아 로젠(R. R. Rosen) 공사에게 외국열강들의 거문도 점령은 황해의 발해만과 연해주로 가는 입구를 장악하게되어 러시아 태평양 함대에게 불리하다고 지적하고 거문도를 모든 국가들에게 개항해야 한다고 주장하였다.

또한 다른 한편에는 러시아가 거문도를 점령할 것이라는 소문이 돌고 있었다. 1884년 7월 조러간 조약 체결 등 러시아의 한반도 진출이 적극화 되자 1884년 후반기에 들어서 러시아가 거문도를 점령할 계획을 구상하고 있다든가, 제주도 혹은 영흥만을 탐내고 있다는 풍문이 돌고 있었다.

---

2) 푸티아틴은 니콜라이 1세 황제의 시종 무관장이었으며, 황제의 특사 자격으로 통상교섭을 위해 동북아 지역을 순방 중이었다. 푸티아틴의 함대는 총 4척으로 구성되었다.

마침내 영국은 1885년 3월 30일 러시아 군대가 영국의 식민지인 아프가니스탄의 펀잡지역을 점령하고 블라디보스톡에 수뢰를 부설하는 등 영국에 대해 대응태세를 강화하자 영국군함 6척이 1885년 4월 15일 거문도를 무단 점령하였다.

영국정부는 외국들이 거문도를 점령하는 것을 사전에 방지하기 위하여 거문도를 점령하였다고 선언하고 청국이 영국의 거문도 점령을 인정하도록 청국정부와 협정을 체결코자 하였다.

당시 영국 언론들은 러시아의 침탈로부터 조선을 보호하기 위해 거문도를 점령하였다고 보도하기도 하였다.

영국은 러시아의 아프가니스탄 진격을 방지하기 위해 거문도를 점령함으로써 극동에 있는 러시아 항구를 위협코자 하였다. 즉 뼈를 물고 있는 개의 목을 조임으로써 개가 뼈를 떨어뜨리게 한다는(to make the dog drop his bone by squeezing his throat) 전략이었다.[3]

영국은 거문도를 점령하고 대마도 해협을 장악함으로써 러시아 함대에 대항코자 하였다. 홍콩이 남지나 해상에서 영국의 해군작전에 기여할 수 있는 것처럼 영국은 거문도를 블라디보스톡 공격에 유용한 기지로 사용코자 하였다. 청국주재 영국 오코넬(N. O'Conor) 공사는 거문도 점령을 러시아가 나가사키의 반대편에 위치한 이나사(Inasa)섬[4]을 조차한 것에 비유하였다.

그러나 영국의 거문도 점령은 단순히 러시아의 아프가니스탄 침공에 대한 대응이외에도 한반도 주변정세와도 관련이 있었다. 영국은 당시 고종의 러시아에 대한 보호화 요청과 청·일간의 천진조약 체결 등으로 한반도 주요문제의 협의과정으로부터 배제되었다. 이같은 소외감이 영국의 거문도 점령을 부추기는 한 요인이 되었다. 전세계적으로 러시아와 대립하고 있던 영국은 조

---

3) G. A. Lensen, op. cit., p. 55.
4) G. A. Lensen, op. cit., p. 61. p. 368. 이나사섬은 나가사키 인근의 조그만한 섬이다. 러시아는 자국선박의 수리와 병든 선원들의 치료를 위해 이나사섬을 일본정부로부터 임차하였다.

·러 밀약설과 1885년 4월 일본과 청국간에 체결된 천진조약 등에 대해 불안
하였다. 1885년 6월19일 조선주재 영국 아스톤(W. G. Ashton) 총영사는
김윤식 외부대신에게 영·러 관계가 악화된 사정에서 보다는 일본주재 러시아
공사관과 조선관리간의 음모를 우려하여 영국이 거문도를 점령한 것이라고
지적하기도 하였다.

2. 러시아의 조선군사 훈련교관 파견시도와 조·러접근

가. 일본주재 러시아 스페에르(A. de Speyer, 1885-1890)
서기관의 제 2차 조선출장(1885. 6. 9-1885. 7. 13)[1]

한편 영국의 거문도 점령에 대해 러시아는 영국 및 청국 정부에게 항의하고
독일에게 협조를 요청하였다. 러시아 정부는 우선 1885년 5년 17일 영국주재
자국공관을 통해 영국의 거문도 점령에 대해 무관심하게 남아 있지 않을 것이
라고 영국정부에 항의하였다. 이어서 5월 18일 청국주재 러시아 공사는 청국
이 영국의 거문도 점령을 묵인한다면 러시아도 조선내 다른 항구를 점령 할
것이라고 청국 정부에게 경고하였다. 또한 러시아 기어스 외무장관은 독일정
부에게 영국의 거문도 점령에 대한 러시아의 항의를 지지해 줄 것을 요청하였
다. 그러나 독일은 동북아에서 라영간의 대립이 유럽에서의 자국에게 이익이
라고 보고 러시아의 요청을 거절하였다.

러시아 정부는 영국의 거문도 점령이 조선의 현상유지 및 영토보전을 침해
한 행위라고 판단하고 영국이 거문도를 인수할 경우 거문도 남쪽에 있는 도서
들을 점령하는 방안을 고려하였다. 1886년 4월 18일 러시아 프리아무르 코르

---

1) Пак Б. Б., Российская дипломатия и Корея(1860-1888) (М.: 1998), p. 133, p. 139.

프 총독은 영국이 거문도를 합병할 경우 러시아가 동해에서 군사적으로 완전히 고립될 것이라고 경고하기도 하였다.[2]

우선 러시아는 동해안의 원산만(라자레프), 울산만(운코프스키) 등을 점령하는 계획을 세웠다 그러나 원산만을 점령하는 것은 국제법을 위반하는 행위이며, 러시아에 대한 열강들의 적대감만 증폭시킬 것을 우려하여 원산점령 구상을 포기하였다. 특히 원산만 점령은 "마치 정원의 문이 남의 손에 있는 집"과 같이 항상 타인의 감시하에 있게 되어 불리하다고 판단하였다. 러시아는 거문도 남쪽 도서들을 점령하는 계획도 가지고 있었으나, 이들 도서들을 점령할 경우 당시 빈약한 러시아 극동함대가 양분 될 수 있다는 판단으로 포기하였다.

러시아가 당시 한반도 일부 점령을 포기한 것은 부동항을 점령하더라도 이를 실효적으로 방어할 해군력이 충분치 않았으며, 러시아 함대를 지원 해줄 수 있는 동맹국을 확보하지 못한데 기인하였다.

러시아 해군부는 자국의 극동함대가 정박하는 블라디보스톡 인접지역에 영국의 군사기지가 설치되는 데에 반대하였으며, 영국과 협상하여 영국이 카스피해 동부지역과 조선의 항구 혹은 일본의 항구를 점령하게 해서는 안된다고 주장했다.

한편 러시아 언론들은 러시아가 영국에 대해 정면으로 대항할 것을 주장하면서 영국의 거문도 점령에 대한 대응으로 조선내 부동항을 점령할 것을 주장하였다.[3] 당시 웨베르가 조선상주 공사로 발령을 받고 서울으로 향 중이었으며 가을에 한성에 도착할 것으로 예상되었다. 이에 러시아 정부는 사태의 심각성을 인식하고 일본주재 러시아 스페에르(A. de Speyer) 서기관을 조선에 급파하였다. 마침내 스페에르는 1885년 6월 9일 조선에 도착하였다. 그의 임무는 (1) 영국의 거문도 점령을 둘러 싼 조선정부와 주재 외교관의 협상과정

---

2) 박종효편, op. cit., p. 212.
3) G. A. Lensen, op. cit., p. 58.

을 소상하게 파악하고, (2) 조선정부가 러시아외 여타국가로부터 군사교관을
받지 못하도록 하는 것이었다.

러시아 정부는 그간 조선정부가 요청한 러시아 군사교관의 파견문제를 영
국의 거문도 점령에 대항하기 위한 한 방안으로 검토하였다. 러시아 기어스
외무장관은 조선정부가 요청한 러시아 군사교관을 파견할 준비가 되어 있다고
조선정부에 전달할 것을 스페에르에게 지시하였다. 그리고 군사교관의 파견에
관한 구체적인 사항에 대해서는 신임 웨베르 공사가 조선에 1885년 10월말
도착시 조선정부와 협의할 것이라고 지시하였다.

러시아 알렉산더 3세 황제는 1885년 여름의 기회를 잘 활용하여 시간을
낭비하지 않도록 지시하는 등 조선에 대한 러시아의 개입을 지지하였다.

일본주재 러시아 다비도브(A. P. Davydov) 공사는 조선외부의 고문인 묄
렌도르프가 영국 도웰(W. Dowell) 제독에게 항의하기 위해 1885년 5월 18일
일본의 나가사키에 도착한 사실을 알고 나가사키 주재 러시아 코튜레브(V.
I. Kotylev, 1885 – 1900) 영사에게 묄렌도르프를 만나 러시아 정부는 군사교
관을 러정부의 비용으로 조선정부에 파견할 용의가 있으며, 그 보상으로 조선
의 우편과 전보, 광산을 획득하는 데 관심이 있다고 전달토록 지시하기도
하였다.4)

한편 조선에 도착한 스페에르는 한성주재 영국 총영사 아스톤을 만나 거문
도 점령에 대해 문의하였다. 아스톤 총영사는 영국의 거문도 점령이 한시적이
며, 거문도에 성채를 설치하지 않을 것이며, 일본이 조선정부의 허락 하에
부산에 설치한 저탄소와 유사한 저탄소를 설치하기를 희망한다고 설명하였다.
그러나 스페에르는 거문도는 부산과 달리 개항항구가 아니라고 답변하였다.

스페에르는 한성에 머무는 동안 여러번 묄렌도르프와 만났다. 묄렌도르프
는 러시아가 조선을 보호화 할 경우 그 댓가로 조선의 항구를 러시아 해군에
개항하는 방안도 제시하였다.

---

4) Ibid., p. 37.

그러나 스페에르는 묄렌도르프가 조선의 외부내에서 어느 정도의 영향력을 가지고 있는지 궁금하였다. 스페에르가 조선의 김윤식 외부대신을 만나 조선 정부의 러시아에 대한 보호화 요청과 군사교관의 파견문제에 대해 문의하자 김윤식 외부대신은 동 사실에 대해 아는 것이 없다고 답변하였다. 스페에르는 묄렌도르프의 요청에 따라 이미 러시아 정부는 군사교관을 조선에 파견하기로 하였으며, 자신에게 조러간의 우호적인 관계를 강화할 것을 지시하였다고 주장하였다. 이에 김윤식 대신은 고종이 이미 미국에게 군사교관의 파견을 요청한 이상 이를 번복할 수가 없다고 거절하였다.

1885년 6월 22일 스페에르가 고종을 알현하는 기회에 러시아 군사 교관의 파견문제를 제기하자 고종은 언급을 회피하면서 김윤식 외부대신과 협의할 것을 지시하였다.

이에 스페에르는 김윤식 외무대신을 만나 군사교관의 파견문제에 대해 재차 협의하였다. 러시아는 조선과 인접해 있으며, 만약 조선이 러시아와 관계를 강화하면 서구국가들이 조선을 무시하지 못할 것이라고 설명하였다. 그리고 그는 러시아는 청국과 우호관계를 유지하고 있어 라·조간의 접근으로 청국이 손상될 것이 없다고 지적하였다. 열강들은 러시아가 조선영토를 장악할 것으로 의심하고 있으나, 러시아는 이미 광대한 영토를 보유하고 있어 조선을 탐낼 이유가 없다고 설명하였다.

김윤식 외부대신이 미국정부에게 이미 군사교관의 파견을 요청하였다고 하자 스페에르는 미국 의회의 토론 등으로 미국 군사교관이 한반도에 도착하는데는 7 내지 8개월이 소요 될 것이라고 지적하고 미국은 한반도와 너무 멀리 떨어져 있어 조선에 이익이 되지 않을 것이라고 언급하였다. 김윤식 대신은 러시아와 미국간의 비교는 맞지 않다고 지적하고 조선은 미국에게 문서로 군사교관의 파견을 요청한 반면 러시아의 군사교관 파견을 해달라는 묄렌도르프 요청은 조선정부의 인가가 나지 않았다고 항변하였다.

반면 김윤식은 타협안으로 러시아가 군사교관보다는 재정고문이나 광산 전문가의 파견을 제의하였다. 김윤식은 현재 조선을 방문한 스페에르가 위임 장을 휴대하지 않는 것으로 보아 스페에르와 회담은 공식적인 것이 아니라 사적인 환담이라고 여겼다.

한편 묄렌도르프는 조선정부의 위임 없이 러시아의 보호를 요청한 것으로 확인되었다. 고종은 묄렌도르프를 처벌코자 하였다. 한성 주재 외교관들은 묄렌도르프의 친러적인 태도에 불만을 표명하였다. 1814년 나폴레옹 전쟁이 후 세계적으로 러시아와 대립하고있던 영국은 묄렌도르프의 러시아 접근을 우려하였다. 그리고 독일, 프랑스 외교관들도 그를 비판적으로 보고 있었다.5)

스페에르는 묄렌도르프가 조선 정부내에서 특별한 영향력이 없다고 평가하면서도 그의 해고는 러시아에게 불리하다고 지적하였다. 묄렌도르프는 그의 조선에 대한 지식과 언어실력등을 감안할 때 러시아가 그를 잘 활용하면 러시아에게 유용하다고 주장하였다.

결국 1885년 7월말 묄렌도르프는 조선 외부의 고문이라는 직책에서 해고 되었으며, 동년 9월 조선해관 부상무관의 직위에서도 해고되었다. 조선정부는 묄렌도르프가 러시아 정부에 의해서 고용될 것을 우려하여 그를 고용한 청국 정부에게 청국에서 일할 수 있도록 요청하였다. 묄렌도르프는 1885년 12월 이홍장의 개인비서로 채용되었다.

한편 묄렌도르프는 외교단으로부터 인기가 없었으나 그 나름대로 조선의 독립유지에 노력함으로써 고종의 신임을 확보한 것으로 보인다. 묄렌도르프는 그가 추진하고 있는 조선의 독립정책이 앞으로 4-5년 후에 거의 완성 될 것으로 보고 이때 맞춰서 공직을 떠날 것을 생각하고 있었다.

결국 러시아 군사교관의 조선 파견문제는 조선정부의 거절로 아무런 성과 없이 끝났다. 금번 조선 방문 기간 중 스페에르는 자국 정부의 훈령의 범위를 넘어서는 월권행위와 외교적인 관례를 벗어나는 오만함으로 외교단의 빈축을

---

5) 일본주재 프랑스 시엔키비취(J. A. Sienkiewich) 공사는 묄렌도르프가 지적이고 실용적 인 인물이나 정치적인 감각 및 외교관의 기본적인 자질이 부족하다고 평가하였다. G. A. Lensen, op. cit., pp. 50-53.

샀다. 러시아 정부는 그에게 단지 조선정부에게 러시아외 여타 나라들로부터 군사교관을 초빙하지 않으며, 거문도를 외국정부에게 할양하지 않도록 고종에게 권유할 수 있는 권한만 주었다. 스페에르 서기관은 조선정부와 러시아 군사교관 파견문제에 대해 협상하거나 합의서에 서명할 권한을 부여받지 못하였던 것이었다.

그러나 스페에르는 본국정부의 훈령을 초과해서 협상을 하였다고 인정하면서도 당시 사정상 정당하였다고 자신을 변명하였다. 그는 묄렌도르프가 보낸 군사교관 요청의 서한이 아무런 법적 권한이 없이 작성된 것으로서 위법적이라는 것을 1885년 7월 7일 알았다고 주장하였다.

한편 스페에르는 조선군대의 통제를 위해 러시아 군사교관을 조선에 파견할 것을 건의하였다.[6] 스페에르가 건의한 러시아 군사교관의 파견문제는 당시에는 무산되었지만 10년 후 조선정부의 요청으로 1896년 푸티아틴이 조선군사교관으로 파견됨으로써 성사되었다.

나. 조선의 대응과 러시아에 대한 조선 보호화 요청

조선정부는 우선 거문도의 점령에 대해 영국정부에게 항의하였다. 조선주재 영국 카알(W. R. Carles)총영사 대리는 러시아의 점령을 방지하기 위해 영국이 거문도를 점령하였다고 주장하였으나, 조선의 김윤식 외부대신은 조선에 대한 러시아의 의도를 두려워하지 않으며, 러·영 전쟁시 이에 휘말려 들지 않는 것이 조선이 원하는 것이라고 주장하였다.

조선정부는 영국, 러시아 등 여타 열강들의 군사적인 목적으로 한반도가 이용되는 데 반대하며 영국이 거문도에서 철수하지 않으면, 여타 열강들에게 호소할 것이라고 강조하였다. 조선정부는 1885년 6월 27일 조선주재 외교공관에 서한을 통해 조선 정부가 서구열강들과 체결한 조약을 근거로 영국의

---

6) Ibid., p. 50.

부당한 거문도 점령에 대항할 수 있도록 협조해줄 것을 요청하였다.

또한 조선정부는 청국 대표와 함께 묄렌도르프를 거문도에 파견하여 정확한 실상을 파악하도록 하였다. 묄렌도르프는 청국 함정으로 거문도에 가서 영국의 거문도 점령을 항의하였으며, 영국의 한 제독은 러시아가 거문도 점령을 의도하고 있었기 때문에 이를 방지하기 위해 예방적인 차원에서 이를 점령하였다고 변명하였다. 그는 이어서 1885년 5월 18일 나가사키에 도착하여 청국주둔 영국 도웰(W. Dowell) 사령관에게 거문도 점령을 항의하였다. 조선으로 귀국한 묄렌도르프는 조선주재 영국 카알(W. R. Carles)총영사 대리에게 영국함대가 거문도에서 철수하지 않을 경우 조-영간의 협정은 종결될 것이며, 어떤 광산에 대한 이권도 영국신민에게 허용되지 않을 것이라고 경고하였다.

한편 조선정부는 영국의 거문도 점령에 대해 러시아에 도움을 요청하였다. 웨베르 러시아공사가 한성에 부임하자 1886년 8월 5일 민영익은 웨베르와 4시간 동안 회담하였다. 민영익은 영국의 거문도 불법 점령등 열강들이 조선에 침입할 경우 청국은 조선을 방어할 수가 없으며 경제적으로 조선을 청국에 종속시키려고 하고 있다고 지적하면서 러시아의 지원을 희망한다는 내용의 고종명의 서한을 웨베르에게 전달하였다. 이에 대해 웨베르는 만약 조선의 독립을 저해하는 상황이 발발하면 러시아는 항상 도움을 줄 준비가 되어 있다고 설명하였다. 그리고 러시아는 조선과 청국이 잘 지내기를 희망하며, 청·조간에 대립이 발생하지 않도록 요청하였다.

웨베르는 조선문제로 라청간에 무력대결이 발발할 경우 우수리 지역에 주둔하고 있는 러시아 병력이 적으며, 러시아 본토 군대가 극동지역으로 파견되는데 많은 시간이 걸린다고 지적하면서 러시아군의 불리한 점을 설명하였다.[7]

한편 1886년 8월 9일 웨베르는 다른 조선 사신으로부터 고종의 편지를 받았다. 편지에는 조·러관계가 순망치한이라고 지적하고 러시아의 조선 보호

---

7) Пак Б. Б., op. cit., p. 161.

화를 요청하였다. 그러나 이같은 사실은 1886년 8월 13일 위안스카이에게 알려졌다.[8]

위안스카이는 조선의 러시아에 대한 보호화 요청 서신에 대해 고종에게 문의하였다. 고종은 자신의 서명이 아니고 대신들의 서명이라고 답했으며, 위안스카이는 고종에게 대신들의 처벌을 요구했다. 이홍장은 위안스카이의 보고를 받고 러시아 주재 청국공관에 고종의 보호화 요청은 효력이 없다고 러시아측에 전달하도록 지시하였다.

그리고 청국은 대원군을 집정시키고 고종을 폐위시키기 위해 3만명의 군대를 조－청 국경선에 집결시키고 8척의 군함을 조선 인근해로 급파하였다.[9]

러시아에 대한 조선의 보호화 요청 사건 책임으로 조선 대신 4명이 처벌을 받게 되자 1886년 8월 22일 웨베르는 조선 외부대신앞 서한을 통해 이에 항의하면서 조선은 외국으로부터 간섭을 받을 이유가 없다고 주장하였다.

8) Ibid., p. 163.
9) Ibid., p. 164.

3. 청국 및 일본의 대응과 한반도 현상유지 문제

영국은 거문도 점령에 대해 러시아의 공세가 강화되자 열강으로부터 지지를 받으려고 노력하였다. 특히 한반도에 직접적인 이해 당사국인 청국과 일본의 지지 확보에 주력하였다. 러시아와 대립하고 있던 영국은 러시아의 남진을 방지하기 위해 거문도를 점령하였다고 강조하고 러시아의 한반도 진출을 방지하기 위해 청국이 조선을 병합할 것을 주장하였다.

청국주재 영국공사는 러시아의 한반도 침입에 대항하기 위해 청국이 한반도를 장악할 것을 종용하면서 향후 이같은 청국의 행동과 조치를 영국이 지원할 것이라고 주장했다. 1886년 12월 청국 세관장인 영국인 하트(J. H. Hart)는 조선 세관장인 영국인 메릴앞 서한을 통해 청국이 조선을 병합 할 것을 기대하고 있다고 언급하기도 하였다.

영국은 일본에 대해서도 지지를 요청하였다. 일본주재 영국 프룬케트(R. Plunkett)공사는 영국이 거문도를 확보함으로써 러·영간의 전쟁 발발시 일본 내에서 야기될 수 있는 중립성의 논쟁을 감소시켰다고 하면서 일본이 영국의 거문도 점령에 감사해야 한다고 주장하였다. 이에 일본 이노에 외무장관은 거문도는 여순의 징검돌이라고 답변하였다.

한편 한반도에 대한 종주권 확보에 주력하고 있던 청국의 이홍장은 영국정부에게 거문도 점령의 의도를 문의하였다.[1] 영국정부는 청국과의 협의를 통해 거문도를 임차하기를 기대하다고 답변하였다. 이에 이홍장은 1885년 여름 영국의 거문도 점령 대가로 러시아의 한반도 진출에 대해 조선의 영토보전을 위한 영－청 비밀 조약을 체결할 것을 제의하였다. 그러나 영국은 조선의 독립유지를 위해서는 어떤 책임도 질 수 없다고 청국의 제의를 거절하였다. 영국의 입장을 파악한 이홍장은 거문도 사건으로 러·청관계가 복잡하게 되는 것을 피하기 위하여 거문도 사건을 조기에 해결코자 하였다. 만약 조선이 영국에게 거문도 조차를 허용하다면 러시아도 조선의 항구를 점령 할 것이며, 이 경우 청국의 조선에 대한 종주권 강화가 더욱 어렵게 될 것은 뻔한 일이었다. 특히 러시아가 거문도 해결을 위한 압력행사의 한 방법으로 청국의 변방 일부를 점령할 경우 청국으로서는 곤경에 처할 수도 있었다. 이홍장은 영국이 러시아를 경계하기 위해 거문도를 점령하였다고 판단하였다.

일본은 당시 조·러간 비밀 협약이 유포되고 있는 등 러시아의 한반도 개입을 예의 주시하고 있었으며, 영국의 거문도 점령이 장기화 될 경우 러시아도 조선내 항구를 점령할 것을 우려하였다.

일본은 조선에 대한 러시아의 의도를 알 수가 없었다. 추측하기로 러시아는 우선 블라디보스톡과 시베리아 연안을 강화하여 혹시 있을 줄 모르는 영국의 내습에 대비할 것이라고 보았다. 일본은 동아시아 지역에서 영토를 장악하고 있는 유럽열강들이 거문도 사건을 계기로 인접한 일본의 섬들을 무단 점령하지 않을까 우려하였다. 일본은 러시아 혹은 여타 열강들이 고토(Goto, 나가사끼에서 50마일 떨어진 섬)를 점령할 가능성을 경계하였다.[2]

---

1) 1885년 11월 17일 청국주재 러시아 군사대표는 영국의 거문도 점령에 대해 조선의 종주국이라고 자칭하는 청국이 아무런 항의를 하지 않고 있다는 것이 이상하다고 보고하기도 하였다. 박종효편, op. cit., p. 212.
2) G. A. Lensen, op. cit., p. 57.

1861년 러시아가 부동항의 확보을 위해 쓰시마를 점령하였으나 영국의 항의로 철수하였다. 이때 영국은 쓰시마 해협의 섬들을 일본과 관계를 맺고 있는 국가들이 점령하지 않도록 협정을 맺을 것을 러시아에게 제의하였다. 그러나 러시아는 일본영토를 점령할 의도가 없다고 하면서 거절한 적이 있었다.[3]

일단 일본은 중립적인 자세를 유지하면서 영국의 거문도 점령에 대해 항의를 하지 않는 기민함을 보였다. 일본은 조선정부가 거문도를 영국이나 러시아 등 어느 국가에게도 임대하지도 판매하지도 않을 것이라고 판단하고 영국이 거문도의 점령에 대해 어떤 공식적인 거래를 하지 않도록 주의하였다.

일본은 러·영간에 전쟁이 발발 할 경우 일본이 개입을 회피하는 것이 어렵다고 판단하고 가능한 거문도 사건이 평화적으로 조속히 해결되기를 기대하였다. 당시 일본은 국내 개혁문제로 전쟁에 개입할 처지가 아니었으며 청국과의 협조를 통해 러·영간의 평화적인 해결을 도모하였다. 1885년 7월 2일 북경주재 일본 에노모토(T. Enomoto)[4] 공사는 천진에서 이홍장을 만나 조선 문제에 대해 협의하였다. 이때 일본측은 일본과 청국이 공동으로 조선의 보호국이 된다는 요지의 8개항을 제의 하면서 청국이 위안스카이 같은 인물을 조선에 파견하여 조선을 통제해 줄 것을 건의하였다. 일본은 이미 청국은 힘이 없으며 청국보다 강국인 러시아가 조선에 침투 할 경우 청국은 대항하지 못하고 후퇴할 것이라고 보고 조선내 러시아의 세력신장 방지를 위해 청일 양국이 공동으로 합심할 것을 제의한 것이었다.

일본은 그간 청국에 대해 조선의 독립을 주장해 오던 종전 입장 대신에 러시아에 대항하기 위해 청국과의 협조 정책으로 임시 전환하였다.

한편 러영 간에 아프가니스탄 사태가 해결의 기미를 보이지 않고 장기화되자 1886년 1월 영국은 거문도를 계속 점령하기로 하였다.

---

3) Ibid., p. 58.
4) 에노모토는 청국주재 공사(1882−1885), 일본 외무장관(1891−1892), 농업 및 상업장관(1894−1897)을 역임하였다.

4. 러·청간 조선 현상유지 합의와
   영국의 거문도 철수

　마침내 영국정부는 아프가니스탄 분쟁이 일단락 되자 거문도 철수를 검토하게 되었다. 1886년 4월 14일 영국은 거문도에 철수한 후에 거문도가 타국에 의해 점령되지 않는다는 보장이 있으면, 철수 할 것이라고 청국에 언급하였다.[1]

　한편 이홍장은 거문도 사건의 조속한 해결을 위해 러시아와 접촉할 필요가 있다고 판단하였다.[2] 이홍장은 조선의 영토보존에 대해 러·청간 합의가 맺어지면 영국은 거문도에서 철수 할 것이고, 청국은 러시아측과 함께 일본의 세력에 대항할 수 있어 조선에 대한 청국의 우위권이 보장된다고 판단하였다. 그리고 조선정부의 러시아에 대한 보호 요청을 고려해 볼 때 청국이 영국의 거문도 점령을 묵인할 경우 조선은 청국이 아닌 타국의 보호를 계속 요청

---

1) 청국주재 영국 오코너(N. O'Coner) 공사는 1886월 1월 영국이 거문도 철수 이후에 유럽의 열강이 거문도를 점령하지 않을 것이라고 보장하면 철수할 것이라고 제의하였다.
2) 이홍장은 영국에게 영, 일, 청국 여타 유럽의 열강들이 참가하는 한반도의 영토보존에 관한 국제조약을 체결하여 거문도와 원산을 개항장으로 할 것을 제의하기도 하였다.

할 것으로 생각하였다. 마침내 이홍장은 1886년 9월 천진을 방문한 고종의 외무담당 고문인 데니(O. N. Deny)와 회담할 때 데니에게 청국주재 러시아 라디젠스키(N. F. Ladyzhenskii) 공사를 만나 한반도의 중립을 위한 협정을 맺을 의사여부를 타진 할 것을 요청하였다. 이를 계기로 이홍장과 라디젠겐스키는 협상을 하게 되었다.

데니는 이홍장과의 회담결과를 웨베르에게 설명하였다. 데니는 영국의 거문도 점령이 한반도의 지속적인 불안의 원인이며 타국들에게 유혹적인 선례가 될 것이라고 지적하였다. 그는 영국의 거문도 철수를 위해 한반도 문제에 대해 러·청간에 협정을 맺을 것을 주장하였다.

1886년 8월 25일 이홍장은 라디젠스키와 천진에서 첫 회담을 가졌을 때 거문도에서의 영국군 철수조건을 제시하였다. 1886년 8월 29일 두 번째 회담을 가졌을 때 라디젠스키 공사는 영국이 거문도에서 철수 할 경우 러시아는 거문도는 물론 조선 영토를 점령할 의사가 없다고 언급하였다. 이홍장은 이를 문서화 할 것을 제의하였으나, 러시아 공사는 러측이 조선의 영토를 점령할 의도가 없으며 현재 영국이 거문도를 점령하고 있다고 지적하였다. 그리고 라디젠스키는 러청국이 조선에 대한 불가침 조약의 체결 방안을 검토할 것을 제의하였다. 한편 이홍장은 러시아가 1856년 파리조약을 위반한 적이 있기 때문에 한반도에서 영토적 야심이 없음을 문서로 규정하지 않을 경우 영국은 이를 믿지 않을 것이라고 하였다.

그리고 이홍장은 아래와 같이 제의하였다.[3]

> (1) 조선이 청국의 속국이며, 러시아의 인접국가이다.
> (2) 러시아는 한반도를 영구히 점령하지 않을 것을 보장한다.
> (3) 청국은 조선에 대해 영토적인 야심이 없다.

이에 대해 러시아측은 영국이 거문도를 점령하고 있으며, 러시아는 조선영

---

3) G. A. Lensen, op. cit., p. 63.

토를 점령할 의도가 없다고 하면서 이홍장의 제의를 거절하였다. 결국 라청간의 이견으로 제2차 회담은 별 성과 없이 끝났다.

1886년 9월 29일 제3차 회담에서 이홍장은 청국이 조선의 종주국으로서 명분을 가지고 있을 뿐 영토적인 야심이 없다고 하면서 조선의 영토보전에 대해 러시아와 밀약을 맺을 의사를 표명하였다. 러시아 라디젠스키((N. F. Ladyzhenskii) 공사는 이에 동의하고 이홍장에게 초안을 다음과 같이 제시하였다.

> (1) 조선−청국, 조선−여타국가간 현상 유지
> (2) 조선의 영토 보장
> (3) 조선국왕의 자주권 인정

이같은 러시아측의 제안은 러시아가 견지해 온 조선의 영토보존 및 현상유지 정책을 근거로 제시된 것이며 청의 종주권을 어느 정도 부인하는 것이었다. 이에 이홍장은 조약안이 복잡하다고 하면서 간단히 재 작성할 것을 제안하였다. 이홍장은 러시아 안이 종주국인 청의 행동을 견제하고 조선문제에 대해서는 러시아가 청국과 대등한 위치를 확보하려는 의도라고 생각하였다.

1886년 10월 9일 라디젠스키는 '청국과 러시아는 조선에서의 평화유지를 원하며, 오해 불식을 위해 양국은 조선의 현상유지를 변경하지 않기로 약속한다'는 요지의 조약안을 제안하였다. 이홍장은 이같은 안에 대해 정부의 허가를 요청하였다. 그러나 청국 정부는 '양 정부의 조선현상유지 불변경 약속'조항이 청국이 조선에 대해 전통적으로 할 수 있는 일방적인 행동을 견제하는 조항이라고 하면서 거절하였다.

이에 이홍장은 러시아측에게 청은 조선의 종주국으로서 조선을 보호 할 권리가 있으나, 러시아는 보호할 권리가 없다고 주장하였다. 청국 정부는 앞으로 조선내 청국의 자유행동을 제한할 조약을 러시아와 체결할 필요가 없다는 것이다. 러시아는 조선을 침략하지 않을 의무가 있으며, 청국은 조선을 보호할 의무가 있다는 주장이었다. 이홍장은 동 조항의 삭제를 거듭 주장하였으며, 라디젠스키는 동 조항이 조선내 청국의 행동을 제약하는 것이 아니라고 하면서 조항 삭제에 반대하였다. 결국 이홍장은 문서로 규정할 경우 조선내 무정부 발생시 청국의 개입이 어렵게 될 것으로 보고 구두로 조선 현상 불변경에 합의키로 하였다.

마침내 1886년 10월 14일 이홍장과 라디젠스키는 공문서를 교환하지 않고 구두로 '조선 현상 불변경과 조선영토 불점령'을 약속하였다. 러측은 이같은 구두 약속을 1886년 천진조약이라고 불렀다. 즉 조선의 영토보전에 대한 청－러간 신사협정이 맺어지게 되었다. 신사협정은 국제조약이나 협정과 달리 당사 국간에 법적인 구속력이 없으며, 위반국은 도덕적으로 비난만 받는 것이었다.

마침내 청국은 영국의 거문도 철수시 러시아가 조선의 영토를 점령하지 않을 것이라고 약속했다고 영국측에 전달하였으며, 영국은 1887년 2월 7일 지난 20개월간 불법 점령했던 거문도에서 철수하였다.4)

1886년 12월말 영국은 조선정부에게 청국이 조선영토의 보존을 보장함에 따라 거문도에서 철수한다고 통보하였다. 1887년 2월 27일 영국 국기가 거문도에서 내려졌다.

1887년 2월 8일 일본 나가사키주재 러시아 영사는 영국군함 꼰스딴스호 함장이 거문도에 건축한 건물과 영국소유 목재를 1887년 1월 13일 청국인 상인에게 250달러에 매각하였다고 보고하였다.5)

영국은 거문도를 불법 점령하였음에도 불구하고, 조선정부에 대해 사과하지 않았다. 오히려 러시아가 거문도를 점령하지 않을 것이며, 청국이 이를 보장할 것이라는 청·러간의 구두 약속하에 거문도를 철수함으로써 영국은

---

4) 당시 동아시아에 파견된 영국 제독들은 "거문도 점령은 바람직 하지 않다, 이 섬이 장차 일급의 요새가 되지 않는 한 전시에 영국함대의 항해거리를 약화시키는 원인이 될 것이다"라고 하면서 거문도 철수를 주장하였다. A. 말로제모프, 석화정 옮김, op. cit., p. 62.
5) 박종효편, op. cit., 212.

당분간 러시아의 한반도 남진을 방지할 수 있게 되었으며, 동북아에서 자국의 위상을 제고시켰다.

러시아는 청국과의 협정을 통해 영국군함을 거문도에서 철수시켰으며, 청국과의 관계악화 없이 조선의 영토보전과 현상유지 정책을 확인함으로써 일단 소기의 목적을 달성하였다. 라디젠스키(N. F. Ladyzhenskii) 공사는 청국이 조선의 영토보존을 약속한 것은 북한의 일부, 특히 러-조간의 국경선 일부인 동해로 향하는 지역을 장악하지 못하게 하는 효과가 있는 것으로 이해했다. 따라서 두만강의 좌안에 대한 청국의 접근을 차단함으로써 러시아와 조선간의 요로인 포시에트(Posyet)를 지킬 수 있었다. 당시 포시에트는 청국이 만주를 통해 동해로 나갈 수 있는 유일한 통로로서 전략적인 요충지였다.

청국은 러시아와 한반도 현상유지에 대해 합의하고 영국의 거문도 철수에 기여함으로써 청국의 영향력을 높였다. 갑신정변의 사후 처리로 1885년 체결된 청·일간의 천진조약과 거문도 사건이후 1886년 체결된 청-러간 천진 신사 협정으로 한반도는 청·일-러 3국간의 상호 견제 하에 놓이게 되었다. 청·일양국은 천진조약으로 한반도에서 양국 군대를 철수하게 되었으며, 조선의 내정에 대한 간섭을 자제하게 되었다. 청-러 양국은 신사협정으로 한반도의 영토보존에 대해 구두로 합의함으로써 한반도의 현상이 유지되었다. 결국 조선에 대해 종주권을 주장해오던 청국이 일본과 러시아의 견제를 받아 한반도 주변 정세가 안정되었다.

당시 조선의 영토보전 및 현상유지에 대해 여타 열강들도 대체적으로 만족하였다. 미국과 영국도 청-조 관계를 불문하고 조선의 영토보전을 지지하였다. 일본도 조선에 대해 적극적으로 개입할 정도로 국력이 신장되지 않고 있는 상황에서 청국이 러시아의 남진을 견제해 주는 것이 일본이 경제적으로 조선에 침투하기가 유리하다고 판단하였다.

당시 아프가니스탄의 정세도 영국의 거문도 철수에 일조하였다. 1885년 9월 아프가니스탄과 러시아는 런던에서 아프가니스탄 북서 국경선 획정에

관한 의정서에 서명하였다. 그리고 1887년 7월 페테스브르그에서 하리루드
(Harirud)강과 아무다리아(Amudaria)강을 경계로 하는 조약이 체결되어 아
프가니스탄의 정세가 안정되었다.

5. 러시아의 조선 불점령 및 극동 군사력 증강추진

영국의 거문도 사건을 계기로 러시아 정부는 한반도에 대한 정책을 재검토하였다. 러시아는 1886년 10월 이홍장과 라딘젠스키의 신사협정이후 연해주와 블라디보스톡을 강화하는 것이 중요하다고 판단하고 한반도 영토 불점령 및 현상유지 원칙을 견지해 나가기로 하였다. 러시아는 조선에 대한 청국의 종주권이 실질적으로 계속 유지되고 있다고 평가하였다. 러시아는 극동지역에서의 군사력이 증강되지 않는 한 한반도를 점령하는 것이 어렵다고 판단하였다.

1886년 10월 러시아 외무부 지노비예브(I. A. Zinoviev)아시아 국장은 동해안에 위치한 부동항인 원산의 확보가 현실적으로 어렵다고 아래와 같이 지적하였다.

(1) 1884년 갑신정변의 실패로 조선은 일본의 침입으로부터 안전하나 청국이 육상을 통해 조선을 장악하면서 조선과 러시아의 창문을 압박하고 있는 실정임.
(2) 청국은 러시아와 조선의 연결 지점인 포시에트(Posyet)을 장악하여 조 · 러간의 연결을 단절하고 만주의 해상출구를 확보코자하며, 이를 위해

두만강의 우안을 장악코자함.

(3) 이를 방지하기 위해 러시아와 청국은 협정을 맺어 양국은 한반도의 어떤 부분도 장악하지 않는다고 약속해야함.

(4) 조선북부 경흥에 러시아 부영사급을 설치하여 함경도지역에서 청국군의 활동을 감시해야함.

(5) 연해주 지역의 강화 없이 러시아가 추가적인 영토 확장을 해서는 안됨. 따라서 현 상황에서 한반도내 항구점령에 반대함

(6) 원산 점령에 반대함. 만약 해양대국과 전쟁시 러시아가 적대국 식민지와 함대를 위협하기 위한 목적이거나 원산이 연중 부동항이면 원산을 점령할 수 있음. 원산이 연중 8개월만 부동항임.

(7) 원산을 점령할 경우 이를 방위하기 위해서는 엄청난 재원이 소요됨. 러시아가 원산을 방위하기 위해서는 원산과 러시아간의 육로를 확보해야 하며, 이것은 원산과 북한의 영토 600−700 베르스트(1베르스트: 1. 067 ㎞)를 확보해야 하는 것을 의미함. 이들 지역의 방어를 위해서는 연해주를 강화해야 하며, 연해주는 대륙철도와 연결이 되어야 함.

러시아 해군부 셰스타코프 국장도 당시 블라디보스톡이 최고의 군항임이며, 인근지역에서 적당한 군항을 찾기 곤란하다는 이유로 러시아의 원산점령에 반대한다는 의견을 표명하였다.[1] 러시아 해군대장 알렉산더(M. Aleksandr)도 러시아가 한반도의 항구를 점령할 경우 동아시아에서 러시아의 방어력을 약화 시킬 것이라고 하면서 조선내 항구 점령에 반대하였다.

그리고 러시아는 앞으로 거문도 사건의 재발을 방지하기 위해 극동에서 해군력을 증강키로 하였다[2]. 러시아는 1887년 2월 7일 특별회의에서 러시아 가 조선으로 영토를 팽창하거나 부동항을 점령할 경우 영국과 청국이 가만히

---

1) 당시 '델로 '러시아 신문은 영, 청, 일이 한반도에서 러시아의 영향력 제고를 환영하지 않고 있어 러시아의 원산 점령은 러시아에게 정치적 곤란함을 초래할 것이라고 보도 하였다.

2) 19세기 후반 러시아의 육군은 81만 4천명으로 세계최대 규모였다. 그리고 해군력은 46척의 선박(304톤)을 보유하여 영국의 84척(738톤)에 이어 세계 2위였다 .

있지 않을 것이므로 러시아의 극동 군사력이 강화 될 때까지 조선의 현상유지
정책을 계속 견지 해 나가기로 결정하였다.3)

금번 특별회의에서 결정된 주요 사안은 아래와 같다.

> (1) 청국이 조선의 영토를 점령하지 않는다는 조건 하에서 청국의 조선에
> 대한 종주권 주장을 인정할 것.
> (2) 청·일전쟁에 대비하여 러시아는 극동 군사력과 함대 증강이 필요함

프리아무르 코르프 총독도 한반도 국경선을 방어하기 위해 큰 희생이 필요
하므로 러시아는 한반도 장악이 불요하다고 주장하였다. 그는 청국이 조선의
대내외 업무를 완전히 통제하고 있다고 하면서 일본보다 청국이 한반도를
장악할 가능성이 크다고 전망하였다. 그는 전시에 타국이 동해를 쉽게 봉쇄할
수 있고 러시아 함대가 극동에서 연료를 공급받을 항구를 갖고 있지 않으므로
러시아가 적을 공격하기가 어렵다는 것이었다. 코르프 총독은 청국의 육군과
영국의 해군력이 동북아에서 러시아에게 심각한 위협이라고 하면서 이것이
한반도 문제를 복잡하게 하고 있다고 지적하였다.

마침내 러시아는 극동 해군력 증강을 위해 동북아에서 러시아 함대를 1887
년 2월까지 12척으로 증강시키기로 하였다. 러시아 자발함대 선박들도 러시
아 해군의 통제를 받게 되었고 전시에는 구축함의 역할을 할 수 있도록 재정비
되었다. 영국의 거문도 점령은 동아시아에서 러시아 함대가 동해에서 쉽게
봉쇄될 수 있다는 것을 보여준 사례였다.

1887년 4월 29일 러시아 외무부는 열강들의 한반도 정책을 분석한 결과
열강들의 대부분은 한반도에 위기가 발생할 경우 청국을 지지하거나 중립적인
입장을 표명할 것으로 보고 한반도 문제에 청국과의 대립을 피하는 것이 상책
이라고 재확인하였다. 즉 독일은 태평양 상에 무역상의 이익에만 관심을 갖고
있으며, 프랑스는 남태평양 지역에 관심을 갖고 있어 한반도에 위기가 발발할

---

3) G. A. Lensen, op. cit., p. 77.

경우 개입하지 않을 것으로 판단하였다. 그리고 반려적인 영국은 청—러간의 대립시 청국을 지지할 것이 뻔한 일이었다. 따라서 러·청 대립시 러시아는 국제적으로 고립되어 불리하다고 평가하였다. 이에 가능한 한 러시아는 청국이 1886년 이홍장과 라디젠스키간에 언약한 조선 영토 불점령의 구두약속을 준수하고 조선의 내정에 개입하지 않기를 기대하였다.

그 이후 러시아는 1888년 5월 8일 한반도 정책에 대해 검토하였다.[4] 금번 회의는 러시아가 불가리아 사태 등으로 유럽에서 위치가 불리한 결과 동북아 지역에서 신중한 외교정책을 수립할 필요성에서 개최되었다.[5]

이 회의 주요논의는 조선의 병합 문제였다 금번회의에는 프리아무르 코르프 총독과 러시아 외무부 아시아 국장이자 추밀원 참사였던 지노비예프(I. A. Zinoviev), 기어스 외무장관이 참석하였다. 토의 참석자들은 분명하게 러시아의 한반도 병합에 반대하였다. 금번 회의에서 3가지 문제가 심도 있게 논의되었다.

첫번째 주요문제는 러시아가 한반도를 장악하는 것이 바람직한가였다. 결론적으로 불리하다고 판단하였다.

(1) 조선은 빈곤한 나라이고 러시아의 태평양 연안지역에는 산업화가 미진하여 농경상태에서 벗어나지 못하고 있기 때문에 조선은 상품시장으로서 가치가 없음

(2) 조선에 광업자원이 풍부하다는 추측도 있으나 개발에 막대한 비용이 소요되며, 단시일 내에 수익을 올릴 수 없음

(3) 만주의 측면인 조선은 러시아에게 중요한 전략적인 거점이 될 수 있을

---

4) A. 말로제모프, 석화정 옮김, op. cit., p. 40.
5) 러·터전쟁(1876—1878)의 승리로 러시아는 터어키로부터 불가리아의 독립을 확보하였다. 그러나 러시아가 불가리아의 종주국이 될 경우 발칸반도에서 영향력 제고는 물론 보스포르스 해협을 위협할 것으로 보고 영국과 오지리—헝가리제국은 반대하였다. 이에 1878년 베를린회의가 개최되어 불가리아 영토가 축소되었다. 1885—1887년간 불가리아 위기가 다시 제기되자 이번에도 러시아는 영국과 오지리—헝가리 제국의 반대로 불가리아에서 영향력을 확대하는데 실패했다.

지도 모르나 한반도에 대한 방어상의 불편과 곤란함이 이점을 능가할
것임

−우리의 전투력이 배치된 곳과 너무 거리가 멀다.

−연해주 군관구의 제한된 조건으로 우리영토의 확대는 우리에게 부담이
된다.

−더욱이 삼면이 바다로 된 조선의 긴 해안선을 방어하는 것은 더욱더
큰 부담이 된다.

(4) 조선을 장악하는 것은 조선에 어떤 의도(designs)를 가지고 있는 청국
및 영국과의 관계를 손상시킬 것임.

−조선의 장악은 러·일, 러·청관계를 저해할 것이며, 반러적인 청·일간의
연합을 초래하여 러시아에게 어려움을 야기시킬 것임.

두번째 문제는 한반도의 어떤 위협이 러시아에게 위험스러운가였다.

(1) 조선은 약소국으로 러시아에 위협이 되지 않으나 반러적인 국가가 한반도
를 지배할 경우 러시아에 위험함.

(2) 현재 1885년 4월 18일 청일간의 천진조약 체결로 러시아와 일본은 한반도
에 대한 입장이 동일하며, 러시아는 일본을 지지함

(3) 현재 청국이 일본보다 조선정부에 대한 개입을 보다 강화하고 있으며,
이것은 한반도 옆에 위치한 남우수리 지역에 최악의 상황을 초래 할
수가 있음.

(4) 서구열강들은 조선보다 청국과의 무역상 이익이 더 크므로 한반도 위기시
개입하지 않을 것임. 다만 영국은 청국을 지지할 것임.

세번째 청국이 한반도를 침입할 경우 방지 대책은 무엇인가였다.

(1) 러시아가 한반도를 장악할 것이라고 믿고 있는 청국의 의심을 제거해야
함.

(2) 청국의 한반도에 대한 군대 파견을 방지해야 함. 조선내 반란의 이유로

청국이 조선에 군대를 파견할 수 경우 해명요구 및 조선내정의 불안이
제거될 경우 곧 철수토록 할 것
(3) 조선문제로 청-러간에 전쟁이 발발할 경우 러시아는 조·러국경선 인근
지역을 장악하여 청국의 한반도 철수 조건으로 협상할 것
(4) 1886년 러·청간 이-라디젠스키 구두언약을 문서화해야 함.
(5) 러시아는 조선정부와 열강들과 체결한 조약의 이행을 보장한다는 조건
하에 전통적인 조-청관계를 인정함.

러시아 외무부는 1888년 5월 8일 회의 결과에 따라 조선주재 러시아 웨베
르 공사에게 아래와 같이 지시되었다.

(1) 조선정부에게 현재의 조-청 관계를 변경시키지 않도록 권고할 것. 즉
청국이 한반도에 개입할 수 있는 사정이 발생하지 않도록 할 것.
(2) 러시아가 조선의 이익을 보호하는 것은 매우 어려우므로 조선정부는
위기가 발생 할 경우 러시아는 물론 한성 주재 모든 외국공관에게 도움을
요청하도록 할 것.

이같은 러시아의 조선현상유지정책은 1894년 청·일전쟁 전까지 지속되
었다.6)

상기의 내용을 고찰해 보면 당시 조선은 관심의 대상이었지만 러시아가
타국과 대결을 무릅쓸 만큼 중요한 지역은 아니었다. 1889년 러시아 참모본부
요원이었던 육군중령 베벨(Vebel)은 조선은 동맹국으로서 도움이 되지 않으
며, 적국이 되더라도 무기력하다(As an ally she can do no good, as an
enemy she is powerless) 라고 조선의 무용론을 주장하기도 하였다.7)

한편 경제적, 인적교류 측면에서도 조·러관계는 타국에 비해 열세였다.
경제적 측면에서 볼 때 1886년 조선의 대러시아 수입액은 14, 000멕시코

---

6) G. A. Lensen, op. cit., p. 82.
7) A. 말로제모프, 석화정 옮김, op. cit., p. 41.

달러로서 미미하였다. 1886년 조·일간 무역규모는 2,508, 000멕시코 달러였으며, 조·청간 무역규모는 455,000멕시코 달러였다.

　조선과 러시아간 인적교류도 적었다. 1888년 조선에는 고작 4명의 러시아 상인이 거주하였으며, 이들은 모두 제물포에 있었다. 제물포는 조선에서 제일 먼저 개항된 항구였다. 당시 조선에는 영국상인 6명, 미국 상인 11명, 독일 상인 22명, 일본 상인 4,000명이 거주하고 있었다.[8]

---

8) Ibid., p. 41.

제4장

조·러 육로통상장정(陸路通商章程)과
조·러관계 발전

1. 웨베르의 부임과 조·러 육로통상장정 체결 추진

1885년 5월 7일 니콜라이 2세 황제로부터 신임장을 수여 받은 웨베르(K. I. Waeber)가 조선주재 초대공사로 1885년 10월 6일 한성에 부임하였다.[1)]

1885년 10월은 영국의 거문도 점령 사건(1885. 4)으로 한반도 주변 정세가 불안하게 돌아가고 있었다. 러시아 외무부는 웨베르가 조선으로 출발하기 전에 한반도 주변정세 및 조·러간 주요 현안에 대해 아래와 같이 훈령을 내렸다.[2)]

---

1) 웨베르는 1841년 7월 5일 러시아에서 독일계의 기독교 가정에서 태어났다. 그는 1865년 상트 페트르부르그 제국대학 동양학부를 졸업하였다. 그리고 러시아 외무부 시보로 채용되어 북경에서 5년간 중국어를 연수하였다. 그는 청국, 일본, 조선에 근무한 동북아 전문가였다. 그는 일본 하고다테 주재 부영사(1871－1873), 청국 천진주재 부영사(1876－1884)를 역임하였다. 그의 조선 근무중 주요 업적은 1884년 조·러 수호통상조약, 1888년 조·러육로통상장정, 아관파천, 웨베르－고무라 각서 체결 등이었다. 고종은 웨베르에게 조·러발전에 기여한 공로를 인정하여 충무훈장을 수여하였다.

2) 1885년 여름 청국이 조선에 대한 종주권을 강화하자 러시아 외무부는 웨베르에게 보낸 훈령을 다소 수정하였다. 1885년 7월말 웨베르가 조선으로 떠난 후 러시아 외무부는 먼저 조선측에 대해 조선의 보호화나 러시아 군사교관의 파견문제에 대해 거론하지 말고 조선정부가 이문제들에 대해 언급할 때 단지 청취하라고 웨베르에게 지시

(1) 러시아의 대한반도 정책

- 조선에서 러시아의 영향력을 구축하는 것이며, 외국 열강들이 한반도에
개입할 수 있는 상황이 조성되는 것을 방지해야함.
- 조선 정부가 열강들의 침입을 자체적으로 방어할 수가 없으며, 러시아
극동군이 한반도에 개입할 정도로 충분히 강하지 못한 현 상황을 감안하여
한반도 현 상황 유지가 바람직함.
- 러시아에 대한 조선정부의 신뢰를 확보하여 조선정부가 모든 이해와
상황을 러시아에게 알릴 수 있도록 할 것.
- 러시아는 조선의 운명에 개입할 것이며 조선의 독립이 위협받는 상황이
발발하면 러시아는 도덕적, 물질적인 지원을 할 것이라는 신뢰를 조선국왕
과 조선 관료 등으로부터 확보할 것.

(2) 러시아 군사교관 파견문제

- 조선은 청국 및 만주의 발전 등 장기적으로 볼 때 러시아에게 중요한
지역임. 현재 인구가 희박한 만주에 인구가 정착하고 발전할 경우 만주에
서 태평양으로 나갈 수 있는 항구를 확보하지 못한 청국은 우선 한반도를
장악하려고 할 것임.
이 경우 한반도에 인접한 러시아 극동지역이 한반도 안전의 담보물이
될 것임. 따라서 러시아는 조선의 방어력 증강을 도울 준비가 되어 있어야
함. 청국과 일본이 조선에서 주둔한 자국군대를 철수하는 데 동의한 좋은
기회를 이용하여 조선군을 훈련시킬 러시아 군사 교관을 파견하는 것이
한 방안이라고 생각함.

(3) 러시아의 조선 보호화 문제

- 조선이 조선내 한 항구를 주는 댓가로 러시아가 조선을 보호화 하는
문제는 우선 기본적으로 평화를 전제로 러시아에게 상황이 유리하게
전개 될 때 추진해야함.
- 만약 고종이나 묄렌도르프가 조선의 보호화 문제에 대해 러시아 정부의
입장을 문의한다면 학문적인 토론을 거절하지 말 것이며, 러시아는 이

하였다.

문제에 대해 충분히 주시하고 있다고 대응할 것

(4) 영국의 거문도 철수문제
－어떤 상황하에서 영국이 거문도를 점령하였는지, 조선정부가 영국의 거문도 점령을 동의했는지 여부
－조선정부가 동의하지 않았다면 영국에게 어떤 양보도 하지 않도록 할 것이며, 거문도를 자유항으로 하여 영국 및 여타국가들의 선박들도 거문도를 이용할 수 있도록 할 것,

(5) 조·러간 국경무역 문제
－ 러시아인들이 국경 50 베르스트(1베르스트:1. 067㎞)내에서 혹은 남우수리 지역과 함경도 지역간에 관세없이 자유롭게 교역할 수 있도록 할 것
－러시아 상인들은 교역 목적상 조선의 국경도시 한곳에 주소를 갖도록 할 것

(6) 두만강 자유항해 문제
－두만강의 자유항해를 금지할 것, 앞으로 두만강에서의 자유항해 허용여부는 러시아 선박이 두만강에서 항해를 확보하는냐에 좌우될 것임
－청국은 숭가리강(송화강)에서 러시아 선박의 자유항해를 허용하지 않으므로 청국 선박의 두만강 접근을 허용해서는 안됨.

(7) 조·러수호통상조약의 비준서 교환을 지체하지 말 것

(8) 조선인의 연해주 이주 문제 등 기타
－1884년 조러수호통상조약이 체결되기 전에 러시아에 이주한 조선인에게 러시아 국적을 부여하는 문제
－남우수리 국경행정관이 러시아인이 거주하고 있는 북한을 방문하여 러시아인과 조선인간의 분쟁 해결 등에 대해 조선관청과 협상권한을 확보하는 문제
－연해주총독이 보낸 러시아 대표들이 한성주재 러시아공관을 방문하기 위해 육로로 국경선을 통해 한성으로 갈 수 있는 문제
－러시아인의 조선 출입 및 조선인의 러시아 출입시 여권 휴대 의무, 비자 발급시 수수료는 1루불(당시 1루불은 약 300냥이었다) 이 넘지 않도록

할 것.

웨베르는 본부 훈령에 따라 우선 1885년 10월 16일 조선 김윤식 외부대신
과 1884년 체결한 조·러수호통상조약에 대한 비준서를 교환하였다. 러시아
정부는 조·러 수호통상조약의 체결에 공로를 인정하여 묄렌도르프에게 안나
(St. Anna) 훈장을 수여하였다.[3]

마침내 웨베르가 조선에 부임하고 조러관계가 강화되자 청국은 웨베르 부
임시기에 맞추어 임오군란시 압송한 대원군을 귀국시켰다.[4]그리고 위안스카
이를 전권공사로 조선에 파견하여 러시아의 조선내 영향력 증강에 대항코자
하였다. 청국은 조-러간의 관계를 주의하면서 조-청간의 국경선에 군사력
을 증강하고 자국의 관청에서 일하고 있던 유럽인들을 중립적인 미국인으로
교체하였다. 조선외부 고문이었던 묄렌도르프도 청국의 압력으로 친러적인
정책을 추구하고 있다는 이유로 해임되고 대신 미국인 데니로 교체되었다.

---

3) G. A. Lensen, op. cit., p. 71.
4) 박종호편, op. cit., p. 85.

2. 조·러 육로통상장정 체결과 내용

　조선주재 러시아 웨베르 공사는 영국군이 거문도에서 1887년 2월 철수하고 한반도 문제에 대해 라·청간의 우호적인 분위기를 이용하여 본부의 훈령에 따라 조·러간 육로통상조약의 체결을 추진하였다.

　러시아는 1886년 청국과 이－라디젠스키 구두협정을 계기로 한반도 현상유지에 대해 청국과 이해를 같이하였다고 평가하였다. 이로써 러시아는 조선정부와의 육로통상조약 체결을 추진할 수 있는 유리한 분위기가 조성되었다고 보았다. 당시 한반도 문제에 있어서 러시아의 주요현안은 비공식적으로 거래되어 오던 조·러간의 육상무역을 공식화하는 것이었다. 19세기 후반 조러간의 교역은 증가추세였다. 러시아 블라디보스톡 상인 브린너는 1887년에 9, 350마리의 소를, 1888년에 10, 166마리의 소를 조선에서 수입하여 남우수리 지역에 판매했다. 1888년 소와 옥양목등 그가 조선과 거래한 금액은 1, 005, 910 루블이었다. 러시아 외무부는 이같은 거래를 비공식적으로 하기보다는 국제법에 맞게 거래를 해야한다고 생각하여 1885년 5월 웨베르를 조선에 파견할 때 훈령으로 조·러육로통상장정을 체결토록 지시하였다.

우선 러시아 정부는 조선정부와 협상하는데 있어 주요원칙을 아래와 같이
정하였다.

> (1) 러시아는 조선정부로부터 양보를 요구하지 않음. 러시아가 조선 정부로부
> 터 어떤 양보나 특혜를 받을 경우 열강들도 최혜국 조항에 따라 동일한
> 특혜를 확보할 수 있기 때문임. 경제적 여건이 취약한 조선은 외국의
> 경제적인 침투를 우려하여 러시아의 요구를 거절 할 것임.
> (2) 러시아의 조선과 무역거래 조건이 조청간의 무역거래 조건보다 불리해서
> 는 안됨. 당시 러조간에 육상무역이 개시될 경우 최대 경쟁국은 청국이기
> 때문임. 청국상품과의 경쟁에서 러시아가 불리할 경우 조·러간의 무역이
> 순조롭게 이루어지기는 어려움. 러시아는 조선과의 협상에서 관세율을
> 청-조선간에 합의한 수준 이상으로 해서는 안됨.

1885년 10월 서울에 도착한 웨베르는 조선측과 협상을 위해 1886년 봄에
조·러간 육상무역에 관한 첫번째 협상안을 만들었다. 마침내 1886년 4월말
웨베르는 김윤식 외부대신에게 초안을 제시하였다.

그러나 조·러 밀약을 의심하고 있던 열강들의 방해 등으로 협상에는 진전
이 없었다. 우선 청국은 조·러간 육로통상 교섭에 반대하였다. 조선주재 청국
대표 위안스카이는 조러간 협상에 부당하게 간섭하였다. 청국은 조·러간 육
로통상이 개시 될 경우 청국 상인들이 위협을 당할 것이며, 조선정부내 친청세
력이 약화될 것을 우려하였다. 또한 1885년 7월 한성주재 영국 총영사는 조러
양국이 육로무역에 있어서 관세를 당시 조-청간의 무역장정에 따라 5%로
할 경우 영국도 조선과의 해상무역 관세를 기존의 5-20%에서 5%로 인하시
킬 것이라고 주장하였다. 이에 대해 김윤식 대신은 조·러간의 육상무역이
영국과 독일의 조선과의 무역에 위해가 된다면 영국과 독일의 관세문제를
재검토할 것이라고 답변했다.

또한 한성주재 미국공사 풀크(G. C. Foulk)는 고종을 알현하는 기회에 웨

베르의 제안을 거절하도록 주장하였다. 그는 조러간 육로무역이 개시되면
시베리아와 평양간 지역은 러시아의 영토가 될 것이라고 경고하였다. 그는
50 베르스트(1베르스트: 1. 067㎞) 국경지역내 무관세 무역지대 설정보다는
두만강 유역의 동해안 연안에 위치한 항구를 러시아측에 개항할 것을 제의하
였다. 이것이 러시아의 북한 침투를 방지할 수 있는 방안이라고 주장하였다.
　한편 웨베르는 그간 조선정부와의 협상결과와 협정 안을 러시아 외무부에
보고하였다. 러시아 외무부는 1887년 1월 웨베르가 보고한 초안을 놓고 프리
아무르 코르프 총독과 협의하였으며, 협의안에 대해 러시아 재무부 장관이
재검토하였다. 러시아 기어스 외무장관은 1887년 10월 조선과 육상무역에
관한 협상을 추진하기로 결정하고 웨베르에게 아래와 같이 훈령하였다.

　(1) 조러간 육상무역협정을 체결할 것.
　　ㅡ러시아와 조선간의 무역은 중요하며 가능한 한 양국간의 육상무역협정을
　　　조속한 시일내 체결할 것.
　　ㅡ연해주는 식량의 자급자족이 어려워 인접한 북한지역에서 생필품을 수입
　　　해야 하며, 특히 남우수리 지역에 상주하고 있는 러시아 군대에 대한
　　　식량 확보를 위해서도 거래가 확보되어야 함.
　(2) 조러 국경선 50 베르스트(1베르스트:1. 067㎞)내 무관세 자유무역 지대를
　　　설정할 것.1)
　　ㅡ국경지역내 무관세 자유무역지대의 창설은 양국간에 조심스러운 문제임.
　　　이 경우 청국이 이를 이용할 수 있기 때문임. 무관세 지대 창설 문제는
　　　정치적 복잡성으로 협상에 어려움이 예상되는 바, 우선 조선측 입장을
　　　보아가면서 추진하기 바람.
　(3) 러시아 상선의 두만강 자유항해를 보장할 것.
　　ㅡ청국 상선의 개입을 방지하고 안보상 필요하니 조선과 러시아의 상선만이
　　　자유항해 할 수 있도록 할 것.

---

1) 1881년 러·청간 조약에 따라 양국 국경선 50베르스트(1베르스트: 1. 067㎞)내 무관세
　자유무역을 설정하였다.

－청국 및 일본 상품이 조선을 통해 러시아로 수출되는 것을 방지하기
위해 제3국 상선의 두만강 항해권을 인정하지 말 것.
(4) 러시아 국적을 가진 조선인들의 권리를 확보할 것.
－ 1884년 조러조약 체결 이전에 러시아 영토로 이주하여 러시아 국적을
획득한 조선인은 조선국내에서도 러시아인과 동일한 권리를 갖도록 할
것.
(5) 북한거주 러시아인의 이익을 보호할 것.
－남우수리 국경행정관이 북한을 방문하여 북한내 러시아인의 이익을 보호
하도록 할 것. 그리고 러시아인이 육로를 통해 한성까지 갈 수 있도록
할 것.

마침내 1887년 1월 조·러간에 협상이 재개되었다. 웨베르는 김윤식 외부
대신에게 러시아 남우수리 국경행정관이 북한내 러시아인의 이익을 보호할
수 있도록 협조를 요청하였다. 이에 대해 김윤식 외부대신은 블라디보스톡에
조선 영사를 임명할 수 있는 권리를 요구하였다. 당시 1884년 체결된 조러수
호통상조약 규정에 의하면 체약국은 타국의 영사가 허용되는 지역에 자국의
영사를 임명할 수가 있다고 규정되어 있었다. 당시 러시아는 블라디보스톡에
여타국들에게도 영사 임명을 허용하지 않고 있어 조선정부는 영사를 임명
할 수가 없었다. 김윤식 외부대신은 블라디보스톡에 상무요원을 임명코자 하
였다.

한편 김윤식 외부대신은 청국의 반대를 고려하여 함경도 경흥에 러시아
무역사무소를 설치하는데 반대하였다. 그리고 김윤식은 한반도 북부 국경선에
무관세 무역지대를 설치하면 인접한 청국에 대해서도 인정해야 한다는 이유로
거절하였다. 조선측은 또한 범죄인 인도 문제에 대해 거론하였다. 조선인이
범죄를 자행하고 러시아로 도주했을 경우 러시아 정부는 조선 정부에 인도한
다는 규정이 필요하다고 제의하였다. 김윤식 외부대신은 1884년 12월 갑신정
변의 실패 이후 김옥균이 외국으로 도망을 하게 되자 관계국들이 협정의 미비

이유로 김옥균의 인도를 거절한데 착안한 것이었다. 웨베르는 범죄인의 인도 문제는 마·일간 조약을 토대로 차후에 협의하자고 답변했다.

한편 웨베르는 1884년 7월 7일 조·러수호통상조약 체결 이전에 러시아에 거주하고 있는 러시아 국적의 조선인들도 조선에서 동등한 권리를 향유할 것을 제의하였다. 이에 대해 김윤식 대신은 검토가 필요하다고 하면서, 양국 거주 자국 국민들이 귀환을 희망할 경우 동인들에게 여권을 발급할 것을 제의 하였다. 이에 대해 웨베르는 지지를 표명하였다.

마침내 조병식 외부대신과 웨베르 공사 그리고 조선외부 고문인 데니(O. N. Deny)가 1888년 8월 20일 한성에서 '두만강 국경 통상 및 무역에 관한 러－조간 권리'(Regulation for the Frontier Trade on the River Tumen)에 관한 문서에 서명하였다. 이른바 조·러육로통상장정이 체결되었으며, 11월 23일 비준되었다.[2]

금번 조·러통상장정은 여러 가지 의미에서 중요한 조약이었다. 금번 통상장 정은 1884년 조·러수호통상조약 체결 과정과는 달리 러시아가 적극적이었 다.[3]

러시아는 조선내 인천, 부산, 원산, 양화진, 경성 등 5개 도시 이외에 경흥에 서 거래를 하게 되었다. 그리고 러시아는 경흥에 영사를 파견할 권리를 갖게 되었다. 이로써 러시아는 조선과 해상 및 육상무역을 공식적으로 하게 되었으 며, 조선에 대한 경제적 진출기반을 확보하였다. 러시아는 조선과 해상무역의 경우 관세를 5－20% 지불하였으나 육상무역의 경우는 5%의 관세를 지불하 였다. 특히 러시아는 조청간의 수륙무역장정과 같은 대등한 조약을 체결함으 로써 외교적인 성과를 거양하였다. 러시아는 두만강 연안 100리 지역을 자유 무역지대로 설정코자 하였으나, 청국의 불만 등을 감안하여 조선 북부의 경흥

---

2) 박종효편, op. cit., p. 86.
3) 조·러수호통상조약과 조·러육로통상장정은 일본의 강압에 의해 고종이 1904년 5월 18일 칙령으로 조·러간의 체결된 모든 조약이 무효라고 선언함으로써 효력을 상실하 였다.

만 개항하는데 합의하였다.

한편 러시아 언론들은 상기 조약에 대해 호의적으로 논평하였다. 러시아는 조·러통상장정의 체결로 조선에 자유롭게 접근 할 수 있게 되었으며, 연해주 지역과 조선간의 교역이 증진될 수 있게 되었다고 보도하였다. 러시아의 산업이 발전됨에 따라 연해주 지역의 러시아 상공업자들은 조선과의 교역확대에 큰 관심을 갖고 있었다.

조·러육로통상장정 체결된 이후 러시아는 조·러간 교역이 기대보다 많지 않자 경흥에 영사관을 설치하지 않았다. 대신 이 지역의 영사업무는 남우수리 지역 국경행정관 마틴닌이 관장토록 하였다.

3. 조선인들의 연해주 이주 문제 타결

19세기 중엽부터 조·러간의 주요 현안이었던 조선인의 연해주 이주문제가 1887년 조·러간육로통상장정의 체결로 타결되었다.[1] 연해주는 한반도와 지리적인 인접성으로 인해 옛날부터 한민족의 주요한 활동 무대였다.

1850년대부터 연해주에 인접한 함경도 지역 주민들은 민란과 흉년, 기아 등을 피해 우수리지역으로 이주하여 정착하기 시작하였다. 조선 정부는 국경을 넘는 행위에 대해서는 참형에 처한다는 국경폐쇄정책을 시행해 왔지만 조선인들의 이주를 막을 수 없었다.[2]

---

1) 역사적으로 이미 7세기에 한민족은 연해주에 이주하였다. 668년 고구려가 신라에 의해 망하자 고구려 유민들이 연해주 지역으로 이주하였으며 블라디보스톡 150마일 북서쪽에 수도를 건설하고 발해를 건국하였다. 발해는 연해주 남부와 만주동부지역 까지 영토를 장악하였으며, 일본과 당나라와 국제거래를 하였다. 1264년 몽골 민족이 원나라를 건국하고 성채와 도로들을 연해주 지역에 다시 건설하였으며, 한민족들을 suifen강을 따라 정착하도록 권장하였다. 이같은 원나라의 한민족 이주정책은 연해주 지역에 대한 일본의 침략을 방어하기 위한 목적이었다.

2) 1860년 러·청간 북경 조약 체결로 러시아가 조선정부와 해결해야 하는 문제가 국경획 정이외에 연해주에 정주하여 살고 있던 조선인의 처리문제였다. 북경조약으로 러시아가 연해주를 장악하자 연해주에 이주하여 살고 있던 약 5천여명의 조선인들의

1860년 북경조약이 체결될 당시에 우수리지역에 거주하는 조선인들은 5,130명(761가구)으로 28개의 카작크 정착촌에 거주하고 있었다. 조선인들은 한인촌을 형성하면서 군락을 이루고 인접 국경지대에 정주하였다. 이들은 약간의 가축을 키우면서 토지를 개간하거나, 러시아인들의 토지를 소작하면서 생활을 하였다.

1860년 북경조약을 통해 우수리지역 및 연해주를 획득한 러시아는 이 지역에 살고 있는 조선인들을 조선으로 복귀시킬 것인지 아니면 정착을 허용할 것인지를 결정해야 했다. 북경조약에는 연해주 거주 조선인의 관할권과 법적 지위에 대해 어떤 규정도 없었다. 이에 연해주에 거주해 온 조선인 보호문제가 대두되었다. 결국 러시아는 연해주 주둔 군대에 대한 식량보급과 인구가 희박한 연해주 개발을 위해 조선인들이 필요하다고 보고 우수리강 상류인 찌진혜 근처에 정착하여 살도록 허락하였다.

러시아 정부가 조선인들을 호의적으로 받아들인 이유로서는 극동지역의 식량부족을 타개하기 위한 현실적인 고려가 크게 작용하였다. 우수리 지역에 상주하고 있던 러시아 국경 수비대는 인접국가인 조선으로부터 소, 곡물등 식량을 수입하였으며, 조선인들도 불법적이었지만 비교적 자유스럽게 러시아와 국경무역에 종사하였다.

러시아는 1863년 연해주에서 국경수비대가 활동을 하게 되자 연해주 거주 조선인 문제를 본격적으로 검토하기 시작하였다. 당시 러시아 경비대장은 자국인이든 외국인든가에 소속정부의 증명서를 가져오면 정착하여 살 수 있도록 하였다. 그러나 당시 러시아측은 러시아－조선간에 외교관계가 없는 관계로 이주해 온 조선인들에게 증명서를 요구 할 수 없었다. 따라서 경비대장이 재량으로 정착을 허가하였다.

1864년 11월 동부시베리아 코르사코프(M. S. Korsakov, 1861－1871)[3]

국적 및 보호문제가 러, 청, 조선 3국간에 주요현안이 되었다. 물론 북경조약에는 연해주에 살고 있는 조선인에 대한 관할권과 법적 지위에 대해 어떤 규정도 없었다.
3) 코르사코프는 무라비예브(N. N. Muraviev)의 사촌으로서 1854－1858간 아무르 지역

총독은 연해주 카자케비취 군무지사에게 60여명의 조선인이 남우수리지역에
조선마을을 이루고 살도록 허용하였다.

한편 코르사코프 총독은 조·러간에 외교관계가 설정되지 않은 상황 하에서
조선인의 법적 지위를 결정할 수 없다고 전제하고 조선인 대해 아래와 같은
입장을 마련하였다.

   (1) 러시아와 조선정부간에는 연해주에 이주한 조선인에 대해 어떤 합의도
       없으나 우선 러시아의 법에 따라 조선인들의 러시아 국적을 취득하는
       것을 방해하지는 않는다.
   (2) 러시아지역으로 이주해 온 조선인은 러시아의 보호를 받을 수 있다.
   (3) 러시아 거주 조선인에 대해 청국 정부가 간섭할 경우 무력으로서도 청국의
       방해를 저지한다.[4]

이같은 러시아의 조선인 이주에 대한 호의적인 배려로 조선인들의 이주가
꾸준히 증가하였으며, 1867년 1월 1일 현재 남우수리지역에 거주하고 있던
조선인들은 약 185가구에 999명이었다. 특히 1869년 북한의 대기근으로 조
선인 6,543명이 러시아 영토로 이주하였으며, 이중 3분의 1은 먹을 것을 충분
히 휴대하지 못하였다. 러시아 정부는 조선인들이 가능한 한 러시아 현지인들
과 잘 융화하여 정착해 나가기를 기대하였다.

연해주 지역에 이주한 조선인들은 청국인들과 달리 적극적으로 러시아어를
배우고 러시아 관습에 쉽게 적응함으로써 러시아 정부는 이들을 고려인으로
등록케 하였다. 조선인들은 채소를 재배하여 지방시장에 판매하였으며, 일부

탐험에 참가하였다. J. J. stephan, op. cit., p. 322.
4) 조선인의 이주문제에 대해 동부시베리아 총독 아누친(D. G. Anuchin, 1880－1885)은
다음과 같이 방침을 정하였다.
－연해주로 이주해서 숨어 있는 조선인은 퇴거의 대상이 아니다.
－러시아의 국적을 획득코자하는 조선인에게 아무런 장애가 없다.
－러시아 영토에서 농업과 목축에 종사코자하는 조선인은 연해주 총독과 블라디보
스톡 주지사의 법령에 따라 땅을 부여 받으며, 조세를 납부하여야 한다.

는 러시아인, 코작크인, 청국인의 토지를 불하받아 농사를 짓기도 하였다.

고려인들은 이민족으로서 청국인 다음으로 연해주 지역에 많이 정착하였다. 1869년 러시아 영토에서 거주하고 있는 조선인은 1,800명에 달했다. 그 이후 조선정부의 단속에도 불구하고 꾸준히 증가하여 1874년에는 우수리 지역 약 13개 거주지에 약 4천명의 조선인들이 상주하였다. 1863년 13가구, 1864년 30가구(140명), 1865년 65가구(343명), 1866년 100가구, 1867년 500명, 1868년 700명, 1869년 6,350명에 달하였다.

마침내 1884년 연해주 거주 조선인들은 약 1,845 세대에 약 9,000명이었다. 조선인들은 조러 국경선에 위치한 포시에트(Posyet)의 15개 마을에 대부분 거주하였다.[5]

조·러수호통상 조약이 체결된 1884년은 극동지역에 정착하고 있던 조선인들이 러시아내에서 법적인 지위를 가지게 되는 분기점이 되었다. 조·러수호통상 조약에는 연해주 거주 조선인 문제에 대한 언급이 없다. 그러나 1884년 이전에 러시아에 이주해 온 조선인들은 러시아의 시민권과 40 에어크의 토지를 받았으며 1884년 이후에 이주해 온 조선인들은 최소한 5년간 거주하면서 좋은 건강을 유지하고 유용한 직업을 가질 경우에 국적을 갖도록 하였다. 임시적으로 러시아에 거주하는 조선인들은 매년 거주허가를 신청하도록 하였다.

조선인의 연해주 이민에 대해 소극적인 입장을 견지한 프리아무르 코르프 총독은 1891년 당시 러시아에 거주하고 있던 조선인을 3개의 그룹으로 구별하였다.

  (1) 1884년 전에 이주하여 러시아 국적을 취득한 고려인으로서 15 데샤트의 토지를 분배 받을 권리가 있는 자.
  (2) 1884년 이후 러시아에 이주하여 러시아 국적을 취득하지 못한 조선인으로

---

5) 박종효편, op. cit., p. 190.

서 러시아 정부로부터 어떤 토지도 분배받을 자격이 없는 자. 이들은
앞으로 2년 후 조선으로 송환되어야 함.

(3) 일거리를 찾아 러시아에 임시로 거주하고 있는 조선인을 계절 노동자로서
고용 후 귀국 대상인 자. 이들은 러시아 당국의 허가에 의해서만 러시아에
체류 할 수 있음.

1895년 통계에 따르면 연해주에 거주하고 있던 조선인은 제1그룹은
13,111명, 제2그룹은 2,400명, 제3그룹은 3,000명으로 각각 나타났다. 그리
고 1898년부터 1917년 동안에 아무르 지역에 거주하고 있는 조선인들의 4분
의 1이 러시아 국적을 획득하였다.

한편 러시아 국적을 취득한 조선인이 연해주와 조선간을 왕래하는 문제는
그간 러 – 조선간에 첨예하게 대립된 문제로서 양국간에 별 진전이 없었다.
러시아 국적을 가진 조선인의 귀국문제는 1884년 조·러수호통상조약에는
명시가 없으나 1888년 조약에는 규정이 있어 한 단계 진보되었다(제 3조 5항).
1888년 조약에는 러시아에 거주하는 조선인들은 고향에 돌아가기를 희망할
경우 러시아 관리는 여권을 발급하도록 규정하고 있다. 그리고 조선인이 여권
없이 러시아에 입국하다가 발각되었을 경우 본국으로 송환한다고 규정하여
상호간의 출입국을 합법화하였다. 그러나 조선정부는 조선인의 러시아 국적
취득을 사실상 인정하지 않았다. 조선정부는 조선인들의 연해주 이주를 불법
으로 규정하고 조선인의 귀환을 러시아 정부에게 촉구하였다. 조선정부는 러
시아가 조선인을 정교로 개종시킨 후 조선을 침략해 오지 않을까 우려하였다.
러시아는 조선인의 연해주 이주를 거절하지 않았으며, 조선인들이 고국으로
귀국하는 것도 방해하지 않았다. 그러나 연해주에 정착하고 있던 조선인들은
조선이 연해주보다 생활여건이 열악하다고 하면서 조선으로 귀환하는 것을
거절하였다.

러시아는 조선인들이 무한정으로 연해주로 이주해 오는 것을 환영한 것은
아니었다. 1868년 12월 남우수리 국경행정관 트르베츠크는 경흥부사를 방문

하여 조선인의 이주를 방지하고 귀국하는 조선인을 조선정부가 사형에 처하지 말 것을 요청하였다.

이같은 노력으로 1869년 12월 25일 고종은 고국으로 귀국하는 조선인을 처벌하지 않는다는 칙령을 반포하였다.

한편 청국이 연해주 거주 조선인에 대한 관할권 문제를 제기함으로써 조러 청 3국간에 주요현안이 되기도 하였다. 동부시베리아 아녹친(D. G. Anuchin, 1880－1885) 총독은 청국이 연해주 거주 청국인들처럼 조선인들도 고국으로 보내줄 것을 요구하고 있다고 러시아 고르챠코프 외무장관에게 보고하였다. 이에 고르챠코프 외무장관은 러－조선간에 아무런 협약이 없으며, 러·청간의 북경조약에도 조선인에 관해 아무런 규정이 없어 조선인 이주자들을 고국으로 강제로 복귀시킬 수 없다고 지적하였다. 1862년 라청간 체결된 북경추가조약 는 연해주지역에 거주하고 있는 청국인들은 러시아법이 아닌 청국법에 의해 적용을 받는다고 규정하고 있으나 조선인들에 대해서는 아무런 규정이 없었 다.6)

러시아 외무부의 훈령에 따라 청국주재 러시아 블란가리(A. E. Vlangali, 1864－1873) 공사는 청국 정부에게 조선인 이주문제에 대해 청국의 입장을 문의하였다. 청국 정부는 우선 조선인들이 국경선 인접지역에 거주하고 있어 유사시에 불안 요인이며, 청국 황제의 법령으로 조선인들이 불법적으로 이주 하는 것을 단속하고 있다고 설명하고, 러시아가 조선인을 고국으로 귀향시켜 줄 것을 요청하였다. 이에 대해 블란가리 공사는 청국 정부의 법령이 러시아에 게 미치지 않으며, 조선인이 청국의 법령을 위반했는지 여부를 확인할 수가 없다고 하면서 청·러 양국이 국경선에서 분쟁이 발생하지 않도록 서로 협력

---

6) 1862년 북경추가 조약이 체결됨으로써 중국인들은 합법적으로 아무르 좌안과 우수리 강 우안에 정착 할 수 있게 되었다. 이곳에 정착하고 있었던 청국인들은 자치 행정부 와 사법제도를 갖고 러시아 법이 아닌 청국법에 따라 스스로를 통치하였으며 러시아 주민보다 그 인구가 많았다. 이에 청－러시아 국경지역에 거주하고 있는 청국 체류인 들의 문제가 러시아 지역안보에 주요현안이 되었다.

해 나갈 것을 주장하였다. 그후에도 청국정부는 연해주 지역에 거주하고 있는 조선인들에 대한 통치권을 행사하려고 러시아에 여러 번 요청하였으나, 러시아 정부는 조선인이 국적상 청국인이 아니며, 청국과 러시아간에 아무런 조약상 근거가 없다는 이유로 거절하였다.

한편 러시아 정세 및 동북아 정세에 따라 연해주 거주 조선인에 대한 러시아의 정책도 변했다. 1880년에 접어들면서 러시아 당국은 연해주에 거주하는 외국인의 수가 자국인들보다 많아지게 되자 연해주 지역의 안보를 명목으로 자국민 중심의 이주정책을 실시하였다.

그리고 1879년 블라디보스톡과 러시아 흑해 연안의 오데사간 항로가 개설되고 러시아인들의 연해주 이주가 용이하게 되자 러시아는 자국인들의 이주를 적극 장려하였다. 1882년 6월 법령에 따라 러시아는 다음과 같은 조치를 취해 나갔다.

-러시아 유럽지역에서 3년간 매년 250세대를 이주시킬 것
-이주경비는 국가가 부담하며 식량, 농기구는 무이자로 융자할 것
-어른 1인당 농사에 적합한 땅 약 15 헥타르를 제공할 것

1885년 우수리 유역에 거주하던 청국인의 수는 등재된 이가 10, 353명, 미 등재된 이가 약 4천명이었다. 이에 비해 러시아인 수는 약 3만명이었다. 이 가운데 17, 000명이 이주자들이고 13, 000명이 군인 등 임시 거주자들이었다. 당시 청국, 조선인 등을 포함한 동양인 거주자와 러시아인 거주자 비율은 1. 43:1이었다. 이에 러시아는 1881년 이후 동양인들의 이주, 무역, 농업을 제한하고 대신 러시아인들에게 이같은 활동을 장려하는 조치를 취했다. 1881년 러시아 정부가 제정한 지방토지법에 의하면 비러시아 주민들은 시베리아 총독의 허가 없이는 연해주에서 토지를 구입할 수 없게 되었다.[7]

이와 함께 러시아는 조선인등 외국인에 대한 차별정책을 실시하였다. 청국

7) A. 말로제모프, 석화정 옮김, op. cit., p. 51.

이 그간 금지시켜온 만주지역에 1872년부터 청국주민들의 이주를 허용하는 등 만주를 강화하고 일본과 영국이 극동에 진출하자 러시아 정부는 이를 우려하였다. 러시아 정부는 우선 국경선 인근 지역에 정착하고 있는 외국인들을 소개시키고 대신 러시아인들의 이주를 장려하였다. 이에 따라 국경지역에 살고 있던 조선인들은 아무르강 중류 지역의 내륙으로 강제 이주하게 되었다.

이에 1871년 102가구 431명의 조선인들이 하바롭스크 북쪽 지역의 황무지로 이주하였으며, 러시아 국적을 부여받고 토지와 집을 제공받았다. 러시아는 국경수비대 인근에 조선인의 정착촌을 건설하고 이들로 하여금 국경수비대 병사들에게 식량과 야채를 공급하고자 하였다.

또한 1884년 제정된 입법을 통해 프리아무르 코르프(A. N. Korf) 총독은 조선인의 러시아 국적 보유를 제한하였고 러시아 영토 거주기간도 단축하였다. 또한 코르프 총독은 조선인들이 비위생적이라는 이유로 296명의 조선인들을 일본기선을 이용하여 블라디보스톡에서 원산으로 추방하기도 하였다. 1886년 하바롭스크에서 개최된 러시아 연해주 지역 대표자 대회에서 다음과 같은 결의가 이루어졌다.[8]

- 남우수리지역에 정주하고 있는 조선인들을 국경지대로부터 아무르 지방으로 이주시킬 것
- 이주시킨 조선인에 대한 우대조건(5년간 면세, 학교와 사원의 건설)은 계속 보장할 것
- 조선으로부터 새로운 이주를 금지할 것
- 매년 월경하여 돈벌이를 위해 오는 조선인에게 청국인 노동자와 같이 세금을 부과할 것
- 채금장에서 조선인 노동자의 고용을 금지 할 것

1888년 5월 29일 개최된 국무회의는 러시아영토에 거주하는 청국인에게

---

8) 박노벽, op. cit., p. 47.

인두세를 부과하기로 결정하였다. 소위 러시아인들을 위한 러시아 정책이 채택되었다.9)

한편 19세기 조선인들의 연해주 이주는 다음과 같은 특징을 찾을 수 있다.

첫째 조선인들은 정착을 위해 가족단위로 이주하였으며, 이주후 주로 농사에 전념하였다. 당시 조선이주자들은 농업 종사자로서 연해주 농업발전에 기여하였다. 당시 일본인들이 상업에, 그리고 중국인들이 황무지의 개척민으로서 반정주 생활을 한데 반해 조선인들은 현지정착이 목적이었다.

둘째 조선인의 이주는 현대적인 의미로 보면 안전지대를 찾아 떠난 비자발적인 난민의 성격을 가지고 있었다. 조선인들의 귀국시 조선정부의 선처 약속에도 불구하고 사형을 당할까 두려워 귀국하지 않았다. 결국 강요된 이민이었다.

셋째 조선정부는 연해주 지역에 많은 조선인이 거주하고 있음에도 불구하고 특별한 대책을 마련하지 않았다. 조선정부는 1886년 프레이자(E. Frazar)를 뉴욕 명예총영사를 임명하는등 조선 재외동포들에 대해 관심을 가졌으나, 연해주 지역에 거주하는 조선인들에 대해서는 소극적이었다.10)

넷째 연해주는 조선인들의 초기 정착지로서 한인사회의 토대가 마련되어 그 이후에 항일독립운동의 전초기지가 되는 데 큰 기여를 하였다.11) 그리고 연해주 거주 조선인들 중 러시아어를 능통하게 구사하는 자들은 조선정부에 의해 통역관으로 고용되었다. 그중 대표적인 인물이 김홍륙이었다. 그는 조선 외부 협판이라는 작위를 가지고 조선주재 러시아 공사관에서 12년간 통역을 담당하였다.

---

9) A. 말로제모프, 석화정 옮김, op. cit., p. 52.

10) 조선정부는 1884년 11월17일 스티븐(W. H. Stevens)을 뉴욕주재 명예 총영사로 임명하는등 우리동포들에 대해 관심을 표명하였으나, 연해주 지역에 거주하고 있는 우리동포들에 대해서는 별로 관심이 없었고 조기 귀국을 종용하였다. 이외에도 조선정부는 1887년 5월 28일 마이어(H. C. Meyer)를 함부르크 명예 총영사에 임명하였다. 또한 보스톤, 파리, 브뤼셀, 청국 지부에도 명예영사를 임명하였다. 김원모, p. 287.

11) 박환, 대륙으로 간 혁명가들, 참조

다섯째 1904년 러·일전쟁시 연해주 거주 조선인들이 통역인으로 참가하였다. 1904년 2월 일본의 여순 공격으로 러·일전쟁이 발발하자 간도지역에서 관리사로 활동하고 있던 이범윤은 러시아 부대에 편입되어 조선인 중대를 훈련시켰다. 그리고 연해주 거주 한인들은 러시아군인들을 위하여 연추(노보키예프스키, 현재는 크라스키노), 함북 경성등에서 군수품을 조달하였다. 그리고 이들 조선인들은 러시아 군대가 북한지역에 출병하자 통역인으로 활동하면서 러시아군이 일본군을 물리칠 수 있도록 도와주기도 하였다.[12]

한편 구소련 시대 한인들은 많은 차별대우와 어려움을 겪었다. 한인들은 1937년 구소련시대에 스탈린에 의해 중앙 아시아로 강제 이주를 당하였으며 강제 이주로 연해주에 있던 조선인 마을 약 606개가 폐쇄되었다.[13]

1937년 우주베키스탄에 7만 5천 명, 카자흐스탄에 8만 명 등이 이주하였으며, 현재 우즈베키스탄에 약 20만 명, 카자흐스탄에 약 10만 명의 한인들이 살고 있다.

구소련 해체이후 러시아 정부는 1996년 민족문화자치법을 제정하여 소수 민족의 자치를 허용하고 있다. 그리고 최근 한인들은 경제적 어려움을 피해 중앙 아시아에서 다시 연해주 지역으로 돌아오는 추세이다.[14]

---

12) 박환, op. cit., pp. 258 – 259.
13) 박종효편, op. cit., pp. 798 – 803.
14) 1914년 9월 21일 (노력) 한인대표들은 블라디보스톡에서 한국식 기념비를 포시에트 (Posyet, 목허우)에 세우기로 하였으나 무산되었다. 1914년 러시아의 한인들은 한인이주 50주년 기념행사를 개최키로 하였다. 1864년을 최초 한인이주가 일어난 해로 인정하였다. 그러나 조선인의 최초 연해주 이주 시기에 대해 논란이 있다

4. 조·러 교역증대와 블라디보스톡 관할
조선 상무관 개설

1884년 7월 7일 조·러수호통상조약의 체결에도 불구하고 극동지역과 조선은 경제적 발전이 낙후하여 조·러간 육상과 해상무역 규모는 조선과 일본 및 그리고 청국과의 무역에 비해 적었다.

1885년 블라디보스톡－원산간 해상무역은 1,671 멕시코 달러에 불과하였다. 1885년 블라디보스톡으로부터의 수입은 802 멕시코 달러, 수출은 769 멕시코 달러였다. 1886년 수입은 14,036 멕시코 달러, 수출은 207 멕시코 달러 였다. 1886년－1888년 동안에 양국간 총 해상 무역량은 57,459 멕시코 달러이며 동 기간 중 조·청간 무역량은 2,126,744 멕시코 달러이었다. 당시 조·러간 비공식 국경무역에 따르면 1년에 약 1,000두의 소가 거래되었다. 러시아 남우수리 지역에 거주하고 있던 러시아 병사들이 조선으로부터 소와 염소 등 육류와 생필품을 구입하였다. 한 통계에 따르면 1887년 9,350마리, 1888년 10,166 마리의 소가 러시아로 각각 수출되었다.

블라디보스톡과 조선의 주요 거래항은 원산보다는 아브바쿠만이었다. 아브바쿠만은 원산의 북쪽에 위치하였다. 당시 블라디보스톡에서에서 영국의 화물을 싣고 온 조선 무역상의 거룻배가 아브바쿠만에 정박하여 조선의 소를 싣고 블라디보스톡으로 출발하였다. 당시 러시아 블라디보스톡산 화물의 조선통과 관세는 가격의 5%였다.

조선은 외국에 팔 물건이 없어 무역상 큰 역조를 보였다. 1885년 조선의 제물포, 부산, 원산의 3개 개항장에서 거래된 무역은 총 2백만 멕시코 달러이지만 이중의 25%가 수출이고 나머지 75%가 수입이었다. 조선의 주요 수출품은 금, 홍삼이었다. 조선 수입품의 66%가 영국산이었으며, 동 제품은 대부분 일본선박이 운송하였다. 그리고 운반된 외국상품은 주로 조선에 거주하고 있던 일본상인에 의해 거래되었다. 일본은 중계무역을 통해 유럽산 제품의 가격 차이를 이용하여 중간상인으로서 큰 이익을 남겼다. 그리고 일본은 조선으로부터 저렴한 원자재를 수입하였다. 개항장에서 외국 상인 중 일본상인의 비율이 부산은 99%, 원산은 90%, 인천은 95%에 달했다. 조선 자체의 은행이 설립되기 전에 일본은행이 개항장을 지배하였다. 일본은행은 1878년 부산, 1880년 원산, 1883년 인천, 1888년 한성, 1898년 목포 등에 지점을 설치하였다. 이와 같이 일본인들의 조선에 대한 경제적인 침투는 심각했다. 조선의 제조업도 열악하였다. 그중 면직분야가 경쟁력이 있어 1886년에 31, 969 멕시코 달러 규모의 면화가 수출되었다.

1888년 조·러간 육로통상장정의 체결로 함경도 경흥지역에 조·러간 국경무역이 공식적으로 이루졌다. 양국간 육로무역의 관세률은 5%로 통용되었다. 1892년 조·러 무역은 21만 8천 멕시코 달러로서 조선의 총수입의 57%였다. 같은해 조·일간 무역은 269만 7천 멕시코 달러, 조·청간 무역규모는 222만 6천 멕시코 달러였다.[1]

조·러간 국경무역이 증가하자 조선정부는 1889년 경흥에 무역담당 특별관리를 파견하였다. 그러나 당시 조·러간의 무역규모가 적어 러시아 정부는

---

1) A. 말로제모프, 석화정 옮김, op. cit., p. 131.

북한의 경흥에 영사관을 설치하지 않았으며, 남우수리 국경행정관 마티닌이 러시아 영사업무를 대행하였다.

1890년 조선측은 조선상품이 청국 영토를 통해 러시아로 수출될 경우 청국측이 과도한 관세를 부여하고 있다고 불만을 표명하면서 러측이 청국과 협상하여 청국의 관세부여를 방지해 줄 것을 마티닌에게 요청하였다.

청국은 자국의 관세 이익을 위해 러－조선간에 거래되는 상품이 가능한 한 청국의 영토를 통과하도록 하였다. 조선상인들이 청국 영토를 통과할 경우 청국 관리에게 2중의 관세를 납부하였다. 조선 상인들은 부당한 청국의 관세를 회피하기 위하여 두만강－크라스노 마을 경로를 주로 이용하였다. 마침내 러시아 남우수리 국경행정관 마티닌과 경흥 세관장은 1891년 9월 15일 두만강 화물 운송에 관한 임시 권리 문건에 서명하였다. 동 문건에 따르면, 양 국경 지역 및 두만강에서 제3국 상품의 통과에 반대한다고 규정하고 있다.

1890년대 조러간의 상품 거래 이외에 조선 함경도 지방에서 약 5천명의 계절 노동자들이 러시아 영토로 넘어가 농사, 부두 노동, 철도공사 등에 종사하고 자신의 임금으로 물건을 구입하여 국내에 귀국하여 다시 팔곤 하였다.

1890년대는 조·러간에 한우가 많이 거래되었다. 1892년 러시아 우수리 지방은 한우 1,469마리, 1894년 1,686마리, 1895년 2,347마리를 조선에서 수입하였다. 마츄닌 총독은 밀수입한 한우를 포함할 경우 1894년 3,700마리로 (92, 500루불), 1895년 4,000마리(10만루불)로 추산하였다.[2] 1890년 조·러간 교역이 증대했는데 이것은 블라디보스톡과 조선 개항장간에 정기 여객선이 운항되었기 때문이었다. 1891년 5월 블라디보스톡과 조선 개항장간에 정기 여객선이 운항되었다.

한편 1888년 조선과 러시아가 체결한 육로통상장정에 의해 고종은 황우영을 1902년 11월 경흥 감리 및 블라디보스톡 관할 상무관으로 임명하는 칙령을 내렸다. 당시 조선은 1884년 조·러수호통상조약 규정에 따라 블라디보스

---

2) 박노벽, op. cit., p. 34.

톡에 영사관을 개설할 수가 없어 상무관을 경흥에 상주시켰다. 열강들이 블라디보스톡에 상무관을 주재시키고 있었으므로 고종도 황우영을 블라디보스톡을 관할하도록 임명한 것으로 보인다. 황우영은 이전에 종3품의 관리로서 조선 외부의 국장을 역임하였다.

경흥에 거주하게된 황우영의 임무는 "블라디보스톡을 방문하여 통상정보를 수집하고 거래실적을 정부에 보고하며, 경흥부사로서 지방질서를 바로 잡고 변방지역을 순시하고 한인을 감독하며, 러시아 국경행정관과 우호적인 관계를 유지하는 것이었다.[3]

그러나 황우영과 러시아의 관계가 좋은 것은 아니었다. 1903년 7월 남우수리 국경행정관 스미르노프는 황우영 상무관이 러시아에서 수입한 소에 대해 세금을 징수하고 증명이 없는 러시아 거주 조선인에게 국민증과 러시아 비자를 내주고 있다고 불평하였다. 그는 황우영이 국고수입에 막대한 손실을 초래하고 있다고 하면서 황우영의 파면을 요청하기도 하였다.[4] 또한 그는 연해주에 살고 있는 한인의 명단 작성과 조선 국민증이 없는 한인을 체포하여 본국으로 이송해 달라고 요청하는 등 상무관의 직책과 무관한 업무에 종사하고 있다고 불평하였다.[5]

---

3) 박종효편, op. cit., p. 168.
4) Ibid., p. 169.
5) Ibid., p. 401.

5. 조선주재 러시아공관 개설과 국경행정관 설치

1884년 조·러수호통상조약 체결이후 웨베르는 한반도가 러시아에게 중요하다고 하면서 한성에 러시아 공관을 설치할 것을 본국정부에게 건의하였다. 그는 한반도가 연해주, 청국, 일본 중심에 위치하고 있어 앞으로 중요한 역할을 할 것이라고 평가하였다. 그리고 그는 조선과 러시아는 육로나 해상으로 서로 인접한 국가로서 조선 노동자들이 연해주 지역으로 이동하여 정착할 경우 이들이 러시아의 경제 발전에 기여할 것이라고 강조하였다. 특히 라청국 관계가 좋지 않은 상황하에서 더욱 그러하다는 것이었다. 초대 조선 상주 러시아 공사 웨베르가 1885년 10월 한성에 도착하였으며, 한달 후인 11월에 러시아 공관을 한성에서 개관하였다. 그리고 러시아 공사관은 덴마크 업무를 대행하였다. 러시아 니콜라이 2세 황제의 어머니가 덴마크 출신의 공주로서 러시아와 덴마크는 서로 인척 관계였기 때문이었다.

웨베르는 러시아 공관의 신축을 추진하였다. 1885년 10월 웨베르는 공사관의 부지로서 미국 공사관과 영국 총영사관 인접지역에 적합한 토지를 발견하였으며, 약 2헥타르의 부지구입 비용은 2천 2백 달러라고 본국에 보고하였다.

러시아 공사관은 중구 정동에 1890년 건립되었다. 러시아인 사바틴(A. I. Sabatin)이 공사관을 설계하였다. 건물은 회색벽돌로 건축되었으며 소요된 공사관 신축비용이 24,196달러(10, 596,835원)이었다. 1886년 9월 공사관의 수비병은 6－7명이었으며, 러시아 해군이 수비병력을 파병하였다. 1886년 11월 웨베르는 조선인 경호원은 외국군대의 규칙에 익숙하지 못하다고 지적하면서 공사관 수비병으로서 당시 북경주재 러시아 공사관의 수비병과 동수인 10명의 파견을 본부에 요청하였다.[1]

1898년 5월 10명의 수병과 1명의 장교가 조선에 파견되어 러시아 공사관의 경비를 맡았다. 1903년에는 러시아 공사관에 80명의 수비대가 상주하였다.

웨베르는 조선내에서 일본은 변리공사가, 미국은 전권공사가, 영국은 청국주재 공사가 조선문제를 관할하고 있으며, 조선에 총영사가 상주하고 있다고 하면서 조선주재 러시아 대표의 직급을 일본과 같은 등급으로 할 것을 건의하였다.[2] 또한 그는 인천에 영사관을 개설하여 부영사급을 파견할 것도 제의하였다. 마침내 조선주재 러시아 공사는 총영사 및 대리공사급으로 유지되었다. 그후 1902년 러시아주재 조선 이범진 공사의 건의에 따라 러시아는 조선주재 러시아 대리공사를 공사급으로 승격시켰다.

1904년 2월 러·일간의 전쟁이 발발하자 조선주재 러시아 파블로브 공사는 프랑스 군함으로 제물포를 떠났다. 그리고 한성주재 프랑스 공관에게 러시아 공관과 재산에 대한 보호를 위탁하였다.[3] 이로써 조선주재 러시아 공관은 1885년부터 1904년까지 약 20년간 한성에 존속하였다.

한편 러시아는 한반도와 만주와 접경하고 있는 노보끼예프스키예(현재 러

---

1) 박종효편, op. cit., p. 140.
2) 당시 러시아의 행정관리제도는 14등급임. 5등관은 대리공사, 4등급은 공사직급이었다. 박종효편, op. cit., p. 101.
   1815년 빈회의 결과 외교사절은 대사, 공사, 대리공사 3등급으로 구분하였다. 1818년 변리공사가 추가되었다. 변리공사(辨理公使, Minster Resident)라는 용어는 오늘날 사용되지 않는다.
3) I. Nish, The Origins of the Russo-Japanese war, Longman, 1985, p. 216.

시아 지명은 크라스키노, 중국명은 연추)에 국경행정관을 상주시켰다.4) 노보
끼예프스키예는 한반도 국경선에서 약 4 베르스타(1베르스타: 1. 067km) 떨어
진 거리에 위치해 있었다. 1888년 8월 20일 체결된 조·러 육로통상장정 1조
2항에 따라 러시아는 경흥에 영사관을 설치하기로 합의하였다. 그러나 러시아
는 조·러간 국경무역이 적다고 하면서 영사관을 설치하지 않았다. 대신 러시아
는 1890년 6월 우수리지역 국경행정관 마티닌5)을 영사 직무대행으로 위촉하
였다. 당시 러시아 내무부가 국경행정관을 파견하였다. 1898년부터 국경행정
관이 영사업무를 겸임하였다. 1901년에는 국경행정관이 북부지방을 순방하
고 한성에 가서 고종도 알현했다.6)

---

4) 노보끼예프스키예(Novokievskoye, 1862-1938)는 두만강 넘어 남우수리 지방의 작은
   도시였으며, 한-일합방이후 독립운동의 주요한 기지가 되었다. 러시아 혁명이후
   폐허가 되었고 지명도 크라스키노(kraskin, 1938)로 변경되었다. J. J. stephan, op. cit.,
   p. 352.
5) 마티닌은 구한말 한반도 전문가였다. 마티닌은 1897년 12월 6일 대한제국 대리공사겸
   총영사로 임명되었다. 마티닌은 약 25년간 국경행정관으로 근무하면서 조선의 북부
   지방 영사도 겸직했다. 1897년 왕립 알렉산드르 귀족학교 동창인 다쉬코프가 형인
   전 러시아 무라비예프 외무장관에게 마티닌을 소개시켜 정치적 소견서를 제출케
   했다. 마티닌은 1897년 10월 12일 조선에 대한 러시아 군사교관의 파견과 러시아
   정교 선교 사업에 대한 견해를 제출하여 인정받았다.
6) 박종효편, op. cit., p. 123. p. 136.

7. 조선내 러시아 정교와 러시아 학교 개설

　러시아는 조선에서의 영향력 증대를 위해 한성에 정교 선교단 파견을 검토하였다. 1889년 4월 쉬이스끼 조선주재 러시아 공사는 조선에서 러시아의 정치적인 영향력을 증가시킬 수 있는 문화적인 토대로서 정교 선교단의 파견이 필요하다고 보고하였다.[1] 그는 선교사의 파견 지역으로 조－러간 육로 통상지역이나 한성을 건의하였다. 그리고 블라디보스톡에 신학교를 설립하여 러시아로 이민간 조선인 중에 선교사를 양성할 것을 제의하였다. 1898년 1월 31일 고종은 러시아 공사관 옆에 정교 건축 부지로 600평방 싸젠(1싸젠: 2.134m)을 기증하였다.[2]

　마침내 1897년 6월 러시아 종무원은 러시아 황제에게 상신하여 건축비 250,00 루불과 매년 운영비로 5, 000루블을 확보하였다.[3] 1897년 10월 러시아는 비비스끼 교리학교 교무 수도사제 암부로시를 승원관장으로 승진시켜

---

1) 박종효편, op. cit., p. 129.
2) Ibid., p. 13.
3) Ibid., p. 129.

한성 정교회 주임신부로 임명하였다.

암부로시가 1899년 블라디보스톡에서 병사함에 따라 신학교 흐리샨프를 승원관장으로 승진시켜 한성 정교회 신임 주임 신부로 임명하였다.[4] 러시아 종무원은 한성소재 정교회 사제관 건립비로 15, 260루블의 어음을 송금하였다.[5] 마침내 1900년 흐리산프와 중국인 건축업자 라이신과 정교회 건축에 관한 계약서를 체결하였다. 공사비는 4, 280엔이었다. 그리고 1902년 말 한성 주재 러시아 공사관은 러시아 건축기사 사바틴이 설계한 러시아 정교회 도면을 조선 외부에 송부했다. 정교회 건물 건축비는 25, 000루블(약 26, 000엔)으로 예상하였으며, 360명을 수용할 수 있는 크기의 건물이었다.[6] 1903년 4월 17일 러시아 정교회 건물이 건립되었다. 1903년 한성에 있던 러시아 정교회에는 2명의 러시아인과 10명의 조선인 신도가 있었다. 당시 선교사 수백 명에 조선신도가 수천 명에 달했던 기독교에 비하면 적은 규모였다.[7] 한편 러시아 정교는 러·일전쟁에서 사망한 자국병사들을 위한 추모비 건립에 노력하였다.

한성 주재 러시아 정교회는 제물포 해전에서 전사한 러시아 수군의 추도제를 매년 개최하였다.[8] 1904년 2월 러·일전쟁이 발발하자 러시아 정교회는 성물들을 조선주재 프랑스 공사관에 보관시키고 동년 2월 중순 조선을 떠났다. 그 이후 국제정세가 안정이 되자 고종은 1906년 러시아 정교회 선교사들의 입국을 허용하였다. 1908년 조선주재 러시아 총영사는 1909년 2월 9일이 러·일전쟁 5주기라고 하면서 러·일관계가 회복되면 추모비가 건립되어야 한다고 보고하였다.

마침내 러시아 정부는 러·일전쟁 100주년이 되는 2004년 2월 러 수병 추모비를 인천시의 협조하에 인천시 연안부두내 공원에 건립하였다.[9]

---

4) Ibid., p. 129.
5) Ibid., p. 437.
6) Ibid., p. 476.
7) A. 말로제모프, 석화정 옮김, op. cit., p. 324.
8) 박종효편, op. cit., p. 106.
9) 추모비에는 '순양함<바라그호>와 포함<카레예츠호> 러시아 수병들의 공적 100주년

당시 빠벨 러시아 정교회 승원관장은 러시아 수병들의 유해를 러시아 토지인 한성 정교회 신축 예정부지에 이장하고 전사한 형제들의 무덤위에 정교회 건물을 건축해야 한다고 제의하였다.10) 당시 제물포 해전의 러시아측 전사자는 인천의 인근 지역에 매장되어 있었으며, 한성 정교회 신축 부지에 이장되지 않고 블라디보스톡에 이장하도록 황제가 재가하였다.11) 일본이 대한제국을 합병할 경우 일본과 싸우다가 전사한 러시아군을 적군의 점령지역에 이장하는 것은 부당하다고 러시아 여론이 반대하였기 때문이었다.12) 그리고 러·일전쟁 당시 조선북부지방에서 전사한 러시아 병사들은 노보끼예프스키예(현재 러시아 지명은 크라스키노)로 이장되었다.

한편 조선정부는 조·러간의 발전을 위해 한성에 러시아어 학교를 설립키로 하였다. 1895년 11월 13일 퇴역한 러시아 포병대위 비류코프(N. Birukov)와 김교명간에 블라디보스톡에서 비류코프를 러시아어 학교 초빙교사로 한다는 계약이 체결되었다.13)

1896년 초 한성에 러시아어 학교가 개교되어 3학급에 약 40여명의 학생이 러시아어를 공부하였다. 1897년 러시아 태평양 함대 사령관은 조선의 러시아어 학교가 대단히 중요하다고 강조하고 러시아어 학교에 재정적인 지원을 해야한다고 건의하였다. 또한 그는 조선청년을 러시아로 초청하여 교육시키는 방안도 제의하였다.14)

을 기념하며, 러시아 국민들로부터'라는 문구가 새겨져 있다.

10) Ibid., p. 476.

11) Ibid., p. 477.

12) Ibid., p. 476.

13) 비류코프는 퇴역포병 2등 대위출신으로 한성 소재 러시아어 학교 교사였다. 그는 러·일 전쟁때 현역에 복귀하여 한반도에서 첩보활동을 하였으며, 러·일 전쟁 후 참모본부에서 외교관 신분을 위장하여 원산주재 임시영사로 근무하였다. 박종효편, p. 109.

14) Ibid., p. 229.

제5장

러시아의 시베리아 철도 건설과 동북아 개입

1. 러시아의 시베리아 철도건설 추진과 극동강화정책
2. 청·일전쟁과 러시아의 조선 독립유지 문제
3. 러시아의 대일 삼국간섭과 일본의 조선 철수
4. 러·청 동맹협정 체결과 러시아의 동북아 개입
5. 러·일간 조선현상유지 합의

1. 러시아의 시베리아 철도건설 추진과 극동강화정책

    러시아는 시베리아 횡단철도 건설을 계기로 동북아에 적극 개입하였다. 러시아가 시베리아 철도 건설을 구상한 것은 1850년까지 거슬러 올라간다. 1850년 시베리아 무라비예프 총독은 러시아 정부에게 시베리아 횡단철도 건설을 건의하였다.

    러시아는 1857년 현장탐사를 마쳤으나 크리미아 전쟁에 따른 막대한 군비 지출로 재원이 부족하여 시베리아 철도건설을 적극적으로 추진 할 수가 없었다.

    마침내 1875년 각료회의에서 비로소 시베리아 철도 건설계획이 구체적으로 논의되었다. 1882년 알렉산더 3세 황제는 시베리아 철도를 건설키로 결정하였다. 이로부터 9년 이후 철도건설이 시작되었다. 러시아는 시베리아 횡단철도를 "시베리아를 비옥케 하는 비"에 비유하면서 중요성을 강조하였다. 그리고 시베리아 철도건설이 영국과 독일을 두렵게 할 것이라고 주장하였다.

    마침내 1891년 3월 31일 러시아 니콜라이 2세 황제는 블라디보스톡에서 시베리아 철도 기공식에 참석함으로써 세계 최장의 시베리아 철도 건설의 대막이 올랐다.

그리고 시베리아 지역의 경제개발을 담당하는 시베리아 횡단철도위원회 (Trans-Siberian railway committee)가 1891년 말에 설치되었다. 위테(S. I. Witte, 1892-1902) 재무장관이 1893년 철도위원회 의장에 임명되었다. 1891년 시베리아 횡단철도 부설안은 12년 후에 완공을 목표로 하였다.

러시아는 시베리아 철도 건설에 필요한 엄청난 자금을 자체적으로 충당할 수가 없어 프랑스에서 조달하였다. 러시아는 1891년 노-불 정치협정을 체결한 이듬해 1892년 2월 12일 구체적인 시베리아 횡단철도의 공사 진행 방침을 결정하였다. 그리고 1892년 8월 라·불 동맹조약이 체결되었으며, 1894년 1월부터 발효하였다.

러시아가 1880년대 후반부터 세계 최대의 시베리아 횡단철도 건설을 본격적으로 추진하게 된 배경은 아래와 같다.

(1) 러시아는 1886년부터 근동, 중앙 아시아 지역의 정세가 안정됨으로써 동북아 지역에 관심을 갖게 되었다. 1887년 6월 18일 독-러간 재보장조약이 체결됨으로써 유럽문제가 일단 해결이 되었다. 근동지역에서는 불가리아 사건으로 러시아와 영국, 러시아와 오지리간의 관계가 불편하였으나, 1888년 1월 러시아가 불가리아의 현상유지를 수락함으로써 해결이 되었다. 이어서 1887년 2월 영국, 이태리, 러시아간에 지중해 협정이 체결됨으로써 지중해 지역도 안정되었다. 또한 1887년 7월 아프가니스탄 문제가 라·영국간에 타결됨으로써 중앙 아시아에서 라·영간 대립이 일단 해결되었다.[1]

(2) 청국에 대한 방어용으로 시베리아 철도건설이 추진되었다. 라·청간의 이리사건등으로 1885년 라청간에 불신이 고조되었다. 러시아는 극동지역에서 증가하는 청국인들의 이주를 우려하였다. 러시아 관리들은 청국의 침공에 대해 극동지역을 방어하기 위해 시베리아철도의 건설을 건의하였

---

1) A. 말로제모프, 석화정 옮김, op. cit., pp. 69.

다. 러시아 참모부는 청국의 위협적인 공세가 아무르강 유역의 만주에서부터 시작될 것으로 판단하였다. 주민수가 적고 전략적으로 허술한 러시아의 아무르 교통로는 1천마일 이상이나 청국 국경과 마주해 있고 청국군의 공격선과 직각을 이루고 있어 방어가 어렵다고 지적하였다. 러시아 참모부는 아무르강 유역을 방어할 유일한 방법은 만주에서 공세를 펴는 길밖에 없다고 주장하였다.2)

(3) 1885년 영국의 거문도 점령사건을 계기로 러시아는 동북아에서 군사력을 증강키로 하였다. 거문도 사건은 러시아의 극동함대가 전시에는 동해 및 대한해협에서 봉쇄될 위험이 크다는 사실을 새삼 일깨워 주었다. 당시 러시아 극동함대는 영국의 동지나해 함대와 청국의 북양함대에 대항할 수가 없었다. 특히 일본 해군력의 급신장이 주요한 위협 요소였다. 1883년부터 일본은 자국의 해군력을 현저하게 증강시켜 왔으며 1880년대 후반에는 일본의 해군이 대한해협에서 러시아의 함대를 봉쇄할 수 있게 되었다. 따라서 극동함대의 아시아 진출의 출구인 대한해협의 항해확보가 러시아에게 중요하였다. 동아시아에서 2급 군함을 건조할 수 있는 조선소를 보유하고 있는 나라는 일본밖에 없었다.3)

이같은 일본의 해군에 대항하고 극동함대의 허약성을 보완하기 위해 러시아는 육군강화를 통한 극동방어와 동북아 팽창을 도모하였다. 이같은 러시아의 육군강화에 시베리아 횡단철도 건설이 주요한 역할을 하게 되었다.

(4) 시베리아 철도 건설은 당시 러시아의 후진적인 경제개발 정책과도 연계되었다. 시베리아 철도 건설의 책임자인 위테 재무장관은 시베리아 철도의 건설이 아무르 지역과 러시아와 연결은 물론 러시아의 낙후된 경제를 발전시키는 데 있다고 강조하였다. 위테는 개인 철도회사에서 능력을 인정받아 1891년 재무부 철도국장이 되었다. 1892년 재무부 장관에 임명되었으며, 금본위제 도입과 국가 재정의 성공적인 운영으로 황제로부터 신임을 받았다.4)

---

2) Ibid., p. 47.
3) Ibid., p. 64.

위테 재무장관은 후발 자본주의 국가인 러시아가 영국과 프랑스등 선진 제국주의국가들의 대열에 동참하기 위해서는 보호주의 정책하에 중공업 우선정책이 필요하다고 강조하였다. 그는 정부의 주도하에 철강과 제철산업을 진흥시켰으며, 시베리아 횡단철도가 완공되고 시베리아와 만주가 개발될 경우 러시아는 유럽 선진 자본주의 열강의 대열에 끼일 수 있을 것이라고 전망하였다. 그리고 위테는 모스크바가 유럽과 아시아를 잇는 금융의 중심지로서 성장하기를 기대하였다.

위테는 시베리아철도를 통해 청국의 화물을 유럽에 공급코자 하였다. 당시 영국은 청국산 화물의 대부분을 수에즈 운하 등 해로를 통해 유럽으로 운송하고 있었다. 위테는 이같은 영국의 해상무역에 대응하기 위해 육로중심의 교역을 도모하였다. 위테는 유럽—청국간 무역을 장악함으로써 영국의 무역권에 도전하는 등 세계무역에서의 주도권을 장악코자 하였다.5)

(5) 당시 러시아의 동방학파는 시베리아 철도건설과 동북아 팽창을 이념적으로 적극 지지하였다. 동방학파는 다아윈의 진화론에 입각하여 극동 및 동북아에 살고 있는 비문명인들을 개화시킬 의무가 있다고 주장하면서 러시아의 동북아 진출을 적극 지지하였다.6)

당시 러시아의 침략적인 정책을 법률적으로 지원한 학자는 마르텐스(F. F. Martens) 교수였다. 그는 국제법의 권위자였으며, 러시아 외무부의 고문이었다. 그는 "반 미개인을 다룰 때 국제정의는 참작될 수 없다"고 주장하였다.7)

(6) 그리고 러시아가 크리미아 전쟁(1854—1856)에서의 패배로 잃어버린 영광을 극동에서 찾자는 보상 심리도 러시아의 동북아 진출에 크게 작용하였다.

---

4) 위테는 초창기에는 니콜라이 2세와도 좋은 관계를 유지하였으나, 1902년부터 관계가 멀어지고 고립화 되어갔다. 위테는 평소 거만하여 각료로부터 미움을 당하였으며, 러시아 경제가 나빠지고 재무부가 추진하고 있는 시베리아 철도건설이 예상대로 수익을 내지 못하게 되자 니콜라이 2세와의 관계도 소원해졌다.

5) Ibid., op. cit., pp. 80—82.

6) I. Nish, op. cit., p. 17.

7) A.. 말로제모프, 석화정 옮김, op. cit., pp. 74—76.

시베리아 철도 건설은 세계 최장의 길이와 엄청난 소요 비용으로 순조롭게 진행되지 않았다. 세계 및 동북아 정세, 그리고 러시아의 대내정세가 시베리아 철도 건설에 큰 영향을 미쳤다.[8]

우선 시베리아 철도건설에는 그 노선과 전략적인 중요성을 두고 많은 이견이 있었다. 위테 재무장관은 시베리아 횡단철도를 가능한 한 경제적으로 활용코자 하였다, 그러나 1900년 이후 의화단 사건을 계기로 러시아 군부는 시베리아 철도[9]의 전략적인 중요성을 강조하면서 위테와 마찰을 초래하였다.

그리고 1900년의 유럽공황으로 인한 러시아 경제의 위기, 1900년 의화단 사건 중 러시아군의 출병등으로 러시아의 극동지역과 만주 지역에서의 철도 건설과 경영이 실패하였다. 이로 인해 위테의 평화적인 만주 침투전략은 퇴조하고 대신 강경론이 등장하게 되었다.

한편 시베리아 철도 건설에 대한 열강들은 조심스러운 반응을 보였다. 독일과 영국의 언론들은 시베리아의 철도가 건설 될 경우 청국의 북부지역이 위태롭게 될 것이라고 청국 정부에게 경고하였다. 청국 정부는 독일과 영국의 기술자의 지원하에 북경에서 만주의 중심부까지 철도건설을 추진하였으며, 만주에 군사력을 증원하여 배치하기도 하였다.

1890년 영국의 기술자들이 만주의 주요도시인 길림, 훈춘의 도로 건설을 탐사하기도 하였다. 청국과 러시아 철도 건설 경쟁이 프랑스, 영국, 독일등 제국주의 국가들의 자본유입으로 본격화되었다.

---

8) 프리아무르 초대 총독 코르프(A. N. Korf)는 아무르 지역의 문화적 통합과 경제개발에 주력하였다. 그는 조선문제 개입에 반대하였으며, 시베리아 철도가 러시아의 제국주의적인 팽창보다는 시베리아 개발에 기여할 것을 주장하였다. 그는 시베리아철도가 시베리아를 통과하기 전에 블라디보스톡과 하바롭스크를 연결하는 철도가 먼저 건설되기를 주장하였다. 그는 아무르 지역의 군사력이 미약함을 근거로 러시아가 주변 인접지역에 대해 적극적인 정책을 추진하는 것을 반대하였다. J. J. Stephan, op. cit., p. 57.
9) 시베리아 철도는 아무르 라인(9,200 ㎞), 바이칼 호수 - 하얼빈 - 블라디보스톡간의 동청철도(800㎞), 하얼빈 - 여순간 남만주지선(772㎞) 3부분으로 구성되어 있었다.

시베리아 철도 건설에 대해 일본에서는 강경파와 온건파가 서로 대립하였다. 군부가 주축인 강경파들은 시베리아 철도건설이 러시아 태평양 연안의 군사력을 강화하기 위한 조치라고 지적하였다. 일본 군부는 러시아는 역사적으로 터어키, 카프카스, 투르크메니스탄을 장악한 것처럼 태평양 연안국가들을 장악할 의도라고 주장하였다. 일본 군부들은 러·일간의 전쟁을 피할 수 없다면 시베리아 철도가 완공되기 전에 러시아를 공격하는 것이 유리하다고 주장하였다. 마침내 1890년 4월 13일 니콜라이 2세가 황태자로서 일본을 방문하였을 때 일본의 극우자는 니콜라이 2세를 공격하여 머리에 상처를 입히는등 일본의 대러감정은 악화되고 있었다. 그리고 1892년 1월 일본내 러시아 특별학교가 문을 열어 본격적으로 러시아어를 가르치는 등 앞으로 러시아 남진에 철저히 대비하기 시작하였다.

일본수상 야마가타는 "일본의 이익선은 조선에 있으며……, 조선의 독립은 시베리아 철도가 완성되는 날 살얼음을 딛는 운명에 처할 것"이라고 위험성을 경고하였다.10)

한편 일본의 온건파들은 러시아와의 협력 가능성을 기대하였다. 당시 온건파는 일본이 무력으로 러시아와 대립할 수 없음을 감안하여 시베리아 철도를 이용 할 수 있기를 기대하였다. 온건파들은 러시아의 주적이 일본이나 청국이 아니고 영국인 만큼 일본은 시베리아 철도를 통해 대륙으로 진출할 수 있을 것이라고 판단하였다.

당시 일본주재 러시아 대사관은 일본의 일부 지식층이 러시아의 시베리아 철도 건설에 대해 우려하고 있으나, 일본 정부는 시베리아 횡단철도가 한반도 국경선까지 미치지 않음을 감안하여 일단은 안심하고 있다고 보고하였다.

시베리아 철도 건설에 대해 조선정부는 부정적으로 보았다. 고종은 러시아의 만주철도 부설 등이 아시아 침략을 위한 것으로 파악하였다 . 민영환도 러시아는 약소국을 침략하는 속성이 있다고 지적하면서 시베리아 횡단철도가

---

10) 이민원, op. cit., p. 34.

완공되면 조선 등 동양국가는 희생양이 될 것이라고 주장하였다.[11]

　러시아의 시베리아 철도건설 결정은 일본의 대한반도 정책에도 영향을 미쳤다. 한반도 장악과 대륙진출을 염두에 둔 일본으로서는 러시아가 시베리아 철도의 건설과 함께 한반도에 부동항을 확보할 것이라고 판단하고 시베리아 철도가 완공되기 전에 한반도를 장악하는 것이 필요하다고 보았다. 일본은 가능한 한 조속한 시일내에 조선정부의 내정을 개혁코자 하였으며, 청국과 공동으로 조선의 내정을 개혁할 것을 제의하였다. 이를 청국이 거절하자 일본은 1894년 청국에 대해 전쟁을 일으켰다. 또한 일본은 러시아가 조선의 경부선 및 경의선 부설권을 확보하지 못 하도록 노력하였다. 1905년 러·일전쟁이 발발하기 전 일본은 한반도에 전략적으로 중요한 병참선인 경부선의 대부분을 완공하였다.

---

11) 현광호, op. cit., p. 99.

2. 청·일전쟁과 러시아의 조선독립 유지 문제

　1894년 7월 동학난을 계기로 청·일간에 전쟁의 위기가 고조되자 영국, 프랑스, 일본 및 청국, 러시아 군함들이 제물포에 집결하였다. 1894년 7월 25일 일본함대가 조선연안에서 청국 군사를 운송하던 영국 수송선을 공격함으로써 청·일전쟁이 발발하였다. 일본은 강제로 조일간 방어공수동맹을 체결하였다. 그리고 8월 1일 청·일전쟁이 선언되었다. 9월 16일 일본군은 평양을 점령하였으며 10월 24일 압록강을 넘어 만주로 진격하였다. 11월 6일 일본군은 청국의 북양함대 거점인 요동반도의 여순을 점령하였다. 마침내 일본이 승리하고 1895년 4월 17일 청국과 시모노세키 조약을 체결하였다.

　한편 러시아는 청·일전쟁이 일어나기 전에 한반도의 현상유지 기조하에 중립적인 자세를 유지하면서 한반도에서의 전쟁발발을 방지하기 위해 청일 양국 군대의 한반도에서 철병을 지지하였다. 이에 대해 일본은 자국이 제의한 청, 일 공동 조선내정 개혁안을 거부한 청을 비난하고 청국이 먼저 재 출병하지 않는 다는 보장이 주어져야 한다고 강조하였다. 그리고 일본은 청군이 조선에 출병하는 데는 13 − 14 시간이 소요되는 반면 일본은 약 40시간 소요된다고 주장하였다. 또한 일본은 청국군대가 우선 철수하든지 혹은 조선의 내정개혁에 공동 참여하든지 아니면, 조선문제에 간섭을 하지 말 것을 주장하였다. 그러나 청국은 라청간에 체결된 이-라디젠스키(Li-Ladyzhenski) 구두협정을 근거로 일본의 제안을 거절하였다.[1]

1894년 6월 22일 청국의 이홍장은 청, 일 양군이 조선에서 철병할 수 있도록 러시아의 중재를 요청하였다. 청일전쟁의 주요 격전지가 될 것을 우려한 조선정부도 같은해 6월 25일 청일 양국이 한반도에서 공동철병할 수 있도록 러시아에게 중재를 요청하였다.[2]

러시아는 조선과 청국 정부의 공동철병 요청안을 토대로 다시 한번 일본과 접촉하였다. 러시아는 일본이 조선으로부터의 공동철병을 거부한다면 일본정부가 스스로 중대한 책임을 면치 못할 것이라고 언급하였다. 그러나 일본정부는 재차 러시아의 공동철병안을 거절하였다.[3]

7월 7일 기어스 외무장관은 니콜라이 2세 황제에게 청·일간의 위기고조에 대한 러시아 외교의 목적을 아래와 같이 보고하였다.[4]

> (1) 전쟁의 국지화임. 청·일전쟁이 조러 국경선까지 확산되는 것을 방지하여
> 러시아의 이익을 보호해야함. 이를 위해 전쟁 당사국들은 가능한 한 러시아
> 국경선에서 거리를 유지해야 하며, 러시아와 가장 가까운 곳에 위치한
> 부동항인 원산이 소재하고 있는 함경도를 점령하게 해서는 안됨. 조러
> 국경지역의 중립화를 통해 일본이 러시아에 인접한 한반도내 부동항을

---

1) A. 말로제모프, 석화정 옮김, op. cit., p. 89.
2) 일본은 8월1 일 전쟁을 선포하였다. 이에 이홍장은 1894년 8월 21일 천진 또는 북경에서 국제회의를 개최하여 조선문제에 대해 협의 할 것을 제의하였으나 열강들의 호응을 얻지 못하였다.
3) 당시 러시아 외무부 아시아 국장 카프니스트는 '청·일 양군이 점령하고 있는 상황하에서 조선문제를 해결하는 최선의 방안은 먼저 조선에서 공동철병한 후 내정문제는 외교적인 수단에 의해 해결하는 것이 좋으며, 만일 일본정부가 단독행동으로 조선문제를 위기에 빠뜨리거나 청·일간의 충돌을 초래한다면 일본정부가 중대한 책임을 져야한다는 견해에 따라 대일 철병 요구안을 채택하였다.
4) G. A. Lensen, op. cit., p. 196.

확보 못하도록 해야 함.

(2) 전쟁의 결과에 대한 전망에 대해 일본이 승리할 경우 앞으로 러시아가
청국과 대항할 때 일본이 러시아의 자연적인 동맹이 될 수 있음. 그러나
일본이 한반도를 완전히 장악하게 해서는 안됨. 러시아는 동해로의 접근을
확보해야함. 쓰시마 해협에서 자유항해 확보를 위해 일본측과 협정을
구상해야 함.

(3) 청국이 승리할 경우 러시아에 더 우려됨. 북한내 항구들이 유럽 강국들에게
개방되어 블라디보스톡과 심각한 경쟁하게 될 것임. 이를 방지하기 위해서
는 1886년 러·청간의 조선영토 불점령이라는 구두언약을 갱신하고 청국
군대가 한반도에서 조기 철수토록 해야 함.

7월 10일 러시아 정부는 일본정부가 공동철병안에 대해 거듭 반대하자
청·일간의 협상안을 제의하였다. 청국주재 러시아 카시니 공사에게 일본에
철병을 권고하는 대신에 청, 일양국에게 협의를 권고하라고 하면서 러시아로
서는 조선의 공동개혁안에 참여할 생각이 없다고 지시하였다.[5]
한편 영국은 청일간의 대립 위기를 이용하여 러시아가 남진하는 것을 방지
하기 위하여 개전외교에 있어서 적극적인 개입보다는 열강들과 함께 공동간섭
을 통하여 청·일전쟁이 일어나는 것을 방지코자 하였다. 그러나 미국의 참가
거부와 독일의 무관심으로 영국이 제의한 공동 개입안은 실패로 끝났다. 당시
유럽에 대항 할 수 있는 강한 아시아를 원하고 있던 미국은 유럽열강들의
영향력을 증대시키는 이같은 공동개입안에 대해 반대하였다. 영국은 열강들의
공동간섭안이 무위로 끝나자 차후 러시아에 대한 대항방안으로써 신중한 대일
접근을 검토하기 시작하였다. 미국은 조선정부의 개입 요청에도 불구하고 엄
정중립을 고수하였으며, 프랑스, 독일도 동아시아에 큰 이해관계가 없어 사태
진전을 주시하였다.

---

5) 러시아 기어스 외무장관은 1894년 7월 8일 자국의 대한반도 정책은 일본이 제안한
조선의 공동 내정 간섭안을 러시아가 지지하지 않음으로써 청이 영국에 접근하는
것을 방지하는데 있다고 언급하였다. G. A. Lensen, op. cit., p. 155.

　기어스 외무장관은 러시아는 한반도 인접국으로서 조선에 대한 이해관계
가 중요하며, 언제든지 발생 가능한 상황에 대비하여 러시아가 완전한 자유
를 견지하는 것이 자국의 입장이라고 강조하였다. 러시아는 청·일간의 대립에
말려들지 않도록 유의하되 조선문제에 대해 항상 개입할 수 있도록 준비하는
것이 중요하다고 강조하였다.[6] 러시아 정부는 우선 조선 현상유지에 주력하
였다.

6) Ibid., p. 161.

3. 러시아의 대일 삼국간섭과 일본의 조선 철수

청·일전쟁의 승리를 계기로 일본이 조선을 점령하자 이것은 조선의 영토보전과 현상유지를 견지해온 러시아에게 심각한 도전이 되었다. 러시아는 1894년－1895년 동안에 4차례에 걸쳐 각료회의를 개최하였다.

1894년 7월 23일 청·일 전쟁이 발발하자 러시아는 1894년 8월 21일(노력 8월 9일) 동북아 정세를 협의하기 위한 각료회의를 개최하였다. 참석자는 해군장관 대리, 전쟁장관, 재무장관, 외무장관, 외무부 아주국 국장 등이었다. 청·일전쟁시 양국 중 어느 국가가 승리하여 한반도의 영토를 장악할 경우 러시아는 어떤 조치를 취할 것인가가 주요 의제였다. 결론은 아래와 같다.

(1) 청·일전쟁에 러시아가 개입하는 것은 러 국익에 부합되지 않음.[1]
(2) 한반도 문제에 대해서는 이해당사국과 함께 개입하되, 현 청·일전쟁이 조속히 종식 되도록 노력하며, 한반도 문제는 외교적인 방법으로 해결토록 함.

---

[1] Золотарев В. А., op. cit., p. 39

(3) 청·일전쟁시 중립선언은 하지 않음.

(4) 일본과 청국 양국에게 조선에서의 러시아 이익을 존중할 것을 촉구하며, 러—조선 국 경선에서 오해를 일으킬 행동을 자제해 줄 것을 청, 일 양국에게 권고해야 할 것임.

(5) 청·일전쟁의 결과 한반도에 현상이 유지되는 것이 러시아의 이익에 부합됨.

(6) 전쟁장관에게 만일의 사태에 대비하여 군사증원을 검토하도록 할 것.

결국 1894년 8월 21일 제1차 각료회의에서 전황을 가늠할 수 없어 일단 중립적인 입장을 취하면서 열강과 공동 보조를 취하기로 하였다. 알렉산더 3세는 회의의 결론을 인가하였다. 제1차 각료회의 참석자의 주요 발언요지는 아래와 같다.

(1) 기어스 외무장관
  —러시아는 한반도에서 현상을 유지 해야함. 특정국가가 한반도에서 월등한 우위를 확보하는 것은 앞으로 러시아에게 불리함. 한 보기로 일본이 남한을 장악할 경우 러시아 극동함대의 태평양 진출 길목인 대한해협의 자유항해를 방해 할 것이며 동해는 사실상 봉쇄 될 것임. 청국 혹은 일본이 한반도의 영토 통합성을 위배하지 못하도록 해야함.
  —러시아는 청·일전쟁에 개입해선 안되며, 영국과 여타 이해 당사국들과 협의를 통해 전쟁 당사국들이 전쟁행위를 즉각 중지하고 평화적인 방법으로 한반도 문제를 해결하도록 해야 함.
  —청국이 제의한 청, 러, 일, 영, 불, 이태리, 독일로 구성된 조선 정부개혁 검토위원회안을 지지하며, 이 위원회는 일본을 설득시킬 수 있을 것임.
(2) 위테 재무장관
  —러시아는 청·일전쟁에 개입을 자제해야 함.
  —영국이 동북아에서 자국의 위치를 강화하기 위해 개입하는 것을 방임해서는 안됨.
(3) 반노프스키(P. S. Vannovskii, 1881－1897) 전쟁장관

- 한반도의 현상유지가 러시아의 동북아 정책에 유익함.
- 청·일전쟁에서 일본이 승리하는 것은 러시아에게 불리함. 일본은 군사력
  이 유럽식으로 현대화 되어 있으며, 일본이 유럽의 한 열강과 동맹을
  맺을 경우 러시아에게 불리함.
- 현 상황에서 볼 때 일본이 우세한 바, 만일의 사태에 대비하여 남우수리
  주둔 군사력을 증강시켜야 함. 태평양 연안의 러시아 군사력을 증원하는
  데에는 많은 기일이 소요됨.
(4) 치하체프(N. M. Chikhachev) 해군장관 대리
- 러시아는 만일의 사태에 대비해 태평양 함대를 강화해야 하며, 영국이
  청·일전쟁에 개입 할 경우 러시아는 조선의 거제도(Goncharov)섬을 점령
  해야 함. 이 섬을 완전히 장악하기 위해서는 엄청난 군사비가 지출되어야
  하므로 일시적인 점령이 바람직 함.
- 타국이 한반도를 장악할 경우 이것은 앞으로 러시아에게 큰 희생을 요구할
  것임.

한편 러시아 국내에서는 청국과 일본 중 어느 나라가 전쟁의 전쟁 발발에
주된 책임 있는지 그리고 어느 나라가 승리할 것인지에 대해 의견이 불일치
하였다. 조선주재 러시아 웨베르 공사는 청국이 조선을 자국의 속방으로 확
실히 해 두기 위해 간섭했기 때문에 전쟁의 책임이 있다고 주장하였다. 러시
아 외무부 아시아 국장 카프니스트(D. A. Kapnist)는 일본이 전쟁의 책임이
있다고 하면서 일본군의 철군을 유도하기 위해서는 조선의 한 항구를 일시적
으로 점령할 것을 주장하였다. 위테 재무장관은 시베리아 횡단철도 완공후
러시아가 얻게 될 강력한 지위를 제압하기 위해 일본이 전쟁을 야기했다고
지적하였다.[2]
어느 나라가 승리할 것인가에 대해서도 상이하였다 일본주재 러시아 공사
관은 청국이 승리할 것 같다고 보고하였으며, 북경주재 러시아 공사관은 일본

---

2) A. 말로제모프, 석화정 옮김, op. cit., p. 92-93.

이 승리할 것이라고 보고하였다.

한편 일본군이 1894년 9월 16일과 17일에 평양전투와 압록강 전투에서 대승을 거두어 전쟁의 방향이 거의 결정되었다. 1894년 10월 영국은 청국이 더 이상 조선을 방어할 능력이 없다고 판단하여 불·러·미·독·영 5개국이 공동 개입할 것을 주장하였다. 그러나 공동 개입안은 미국과 독일의 거절로 무산되고 말았다.

러시아 국내상황도 많이 변하였다. 1894년 11월 알렉산더 3세의 사망에 이어 러시아 외무장관 기어스도 1895년 1월 26일 사망하고 그 후임으로 쉬스킨(N. P. Shishkin)이 임시 외무장관으로 취임하였다. 이 기간 동안 러시아는 동북아에 대해 적극적인 외교정책을 추진할 수 없었다.

한편 러시아 언론들은 호전적인 기사를 보도하였다. '신세대(노보예 브레미야)'는 러시아가 원산과 같은 부동항을 점령할 것을 요청하였다. 러시아가 태평양에서 부동항을 확보하는 것은 흑해를 러시아의 내해(nationization)로 만들기 위해 노력해온 것처럼 오랫동안 갈구해 온 것이라고 지적하고 일본이나 유럽 열강이 한반도를 보호화 할 경우 조선은 제 2의 터어키가 된다고 경고하였다.[3]

제2차 러시아 각료회의는 1895년 2월 1일 이미 전세가 일본에게 결정적으로 우세하게 전개되고 있는 시점에서 개최되었다. 일본은 이미 여순과 대련을 장악하였던 것이었다. 니콜라이 2세 주도하에 개최된 이번 회의 의제는 러시아의 이익을 어떻게 확보하는 가에 초점이 모아졌다.[4]

반노프스키(P. S. Vannovskii, 1881–1897) 전쟁장관, 치하체프(N. M. Chikhachev) 해군부 장관 대리,[5] 위테 재무장관, 쉬스킨 외무장관 대리, 오브

---

3) G. A. Lensen, op. cit., p. 212.
4) Ibid., p. 215.
5) 당시 러시아 황실이 대부분의 해군제독의 자리를 차지하여 해군 제독들이 해군부 장관보다 지위가 높았다. 당시 해군부에는 장관(Minster)은 없고 대신 Director가 최고 책임자였다.

루체프(N. N. Obruchev) 육군총참모총장, 크레머(Kremer) 해군참모장, 해군 제독 알렉세이(A. Aleksei) 대공, 외무부 아시아 국장 카프니스트 등이 참석하였다. 금번 회의 참석자의 주요 발언 요지는 아래와 같다.

(1) 임시 외무장관 쉬스킨(N. P. Shishkin)[6]
 - 발해만(Gulf of Chihli)이 러시아의 세력 범위안에 있어야 하므로 일본이 여순이나 웨하이를 점령하는 것은 러시아의 이익을 어느 정도 침해하는 것임
 - 일본이 한반도를 점령하는 것은 러시아의 이익을 크게 침해하는 것임
 - 일본과 영국이 러시아의 이익을 침해하지 않는 한 러시아는 거제도나 한반도 일부 영토를 점령하는 것을 자제해야 함. 이것이 러시아가 동북아에서 공격적인 목적을 추구하고 있다는 이미지를 불식시킬 수 있음. 러시아가 조선 영토 일부를 점령하면 열강들도 따라 할 것임.

(2) 치하체프 해군장관 대리
 - 일본이 여순, 웨하이를 점령하는 것은 러시아의 이익을 위반하는 것이며 일본이 이들을 점령할 경우 러시아는 만주의 일부를 점령해야 함.

(3) 반노프스키 전쟁장관
 - 동북아에서 러시아 이익의 확보를 위해서 한반도 남해안에 위치한 도서나 거제도를 점령하는 데 신중해야 함. 거제도를 점령할 경우 러시아 함대는 대한해협에서 항해의 자유를 확보할 수 있을 것임. .
 - 시베리아 철도가 만주로 확장되기 전까지 러시아가 만주를 점령하는 것은 어려움을 야기시킬 여지가 있으므로 자제해야 함.

(4) 위테 재무장관
 - 청·일전쟁으로 동북아에서 영국의 무역 손실이 증가하고 있음.
 - 동아시아 무역에 대한 영국의 우려를 야기시켜 영국이 청일전쟁을 종결시키는 조치를 취하도록 러시아의 동아시아 함대를 강화해야 함.
 - 현재 일본의 대청 요구사항을 모르는 상황에서 러시아가 어떤 조치를

---

6) 쉬스킨은 러시아 외무차관(1891 – 1896), 외무장관 대리(1896 – 1897)를 역임하였다.

취하기는 곤난함. 우선 돌발사태에 대비하여 태평양상에 러시아 해군력을
증강시켜야 함.
(5) 오브루체프 육군총참모총장
－조선의 독립유지에 주력해야 함.
(6) 카프니스트 국장
－러시아의 이익이 보존되는 한 러시아는 청·일전쟁에 개입해서는 안되며,
한반도 현상유지정책을 견지해야 함.
－러시아는 일본에 압력을 행사 할 수 있는 효과적인 압력수단이 부재하므로
열강, 특히 영국과 협의해야 함.

금번회의 참석자들은 주요발언을 토대로 아래와 같은 결론을 내렸다.

(1) 러시아가 추구하는 목표는 조선의 독립임.
(2) 태평양 연안에서 일본의 해군력보다 우세할 수 있도록 러시아 태평양
함대를 증강할 것.
(3) 만약 일본이 청국과 강화조약을 체결하여 러시아의 이익을 저해할 경우
러시아는 영국, 특히 프랑스와 함께 공동개입을 시도할 것. 이같은 국제적
인 공동개입에서 러시아의 주요목적은 한반도의 독립을 보존하는 것임.
(4) 상기와 같이 영국 및 여타 열강과의 공동 개입안이 실패하고 열강들이
공동으로 한반도 독립을 보증하게 될 경우 동북아의 정세 변화를 보아가면
서 차기 각료회의에서 논의하기로 함.

러시아는 1. 2차 각료회의 개최를 통해 일본이 한반도를 점령할 경우 조선
의 거제도나 영흥만을 점령할 것이며 일본이 청국의 요동반도를 점령 할 경우
이것은 러시아의 이해를 정면으로 침해하는 것으로 간주하여 여타 열강과
공동 개입할 원칙을 세웠다. 이같은 노선을 통해 청일전쟁에 따른 불운한
여파를 피하고 시베리아 철도 완공에 필요한 시간을 벌 수 있다고 보았다.[7]

---

7) A. 말로제모프, 석화정 옮김, op. cit., p. 98－99.

금번 회의에서 결정된 사항들은 실행되었다. 러시아의 지중해 함대가 동아시아로 이동하여 동아시아 함대에 통합되었다. 러시아 극동 함대는 일시적으로 동아시아에서 최강의 해군력을 보유하게 되었다. 영국, 프랑스, 러시아 3국은 회담을 통해 조선의 독립과 영토 보전에 대해 합의를 봤다. 그러나 1895년 4월 영국은 이 약속을 깨뜨렸다. 영국은 일본이 승리하여 강한 국가가 되어 러시아를 견제하기를 바랐다. 이로써 각료회의를 통해서 합의된 러시아의 정책이 실패로 돌아갔다. 러시아는 새로운 정책을 모색해야 했다.

마침내 1895년 4월 3일 일본의 대청 강화안이 공개되자 러시아는 이번 강화안이 일본에게 전적으로 유리하며 여타 열강들의 이익을 고려하지 않고 있다고 아래와 같이 비판하였다.

(1) "청국은 조선독립을 인정한다"는 조항은 일본에게 앞으로 광범위한 해석 권을 주게 될 것임.
(2) "청국의 일본에 대한 영토 할양 조항"은 동북아 질서의 근본적인 변혁을 초래하는 것임.
  - 일본이 대만을 할양 받을 경우 인도양에서 일본해역과 청국의 해역에 이르는 수로를 통제하게되어 일본에게 큰 이익임.
  - 일본에 대한 여순할양은 발해만의 장악은 물론 만주를 경제적으로 통제하게 되는 것이며 나아가 한반도의 독립에까지 영향을 미쳐 동북아의 균형이 저해됨.

결국 러시아의 초점은 일본의 한반도 지배와 만주진출 문제였다. 일본이 한반도를 장악함으로써 러시아가 견지해온 한반도 독립유지 정책에 위배되며, 일본이 남만주에서 발판을 구축함으로써 청국에 압력을 행사할 수 있음은 물론 청국과 연합하여 러시아에 대항할 수 있게 될 것이라고 판단하였다. 일본이 러시아의 시베리아 철도건설에 대항하기 위해 남만주로 진출을 모색하고 있다고 결론을 내리고 있다.

1895년 4월 11일 다시 제3차 특별회의가 개최되었다. 러시아가 당면한 현안은 (1)전쟁 당사국 중 어느 국가를 지지할 것인가 (2) 개입할 경우 단독인가, 아니면 열강들과 공동으로 개입할 것인가 (3) 개입할 경우 적극적인가 아니면 소극적으로 할 것 인가였다.[8]

결국 상기와 같은 문제를 해결하는데 있어서 주요변수는 만주와 한반도가 러시아에게 실질적으로 얼마나 중요한가에 달려 있었다. 당시 니콜라이 2세 황제는 조선남부에 부동항을 확보할 것을 주장하기도 하였다. 반노프스키 전쟁장관은 일본의 남만주 점령은 러시아에게 위협이며, 일본이 이를 포기하지 않을 경우 무력을 사용해야 할 것이라고 주장하였다. 위테도 일본은 남만주를 점령한 후 이를 토대로 몽골과 조선도 병합할 것이라고 우려를 표명하면서 일본의 남만주 점령을 용인해서는 안된다고 주장하였다. 로바노프 외무장관도 일본의 만주진출에 반대하였다. 그는 일본에게 우호적인 것을 기대하기 어렵다고 하면서 청일전쟁은 청국을 겨냥한 것보다는 러시아를 겨냥한 것이라고 주장하였다.

결국 금번 회의에서 결론은 아래와 같다.

(1) 러시아는 북중국의 현상을 이전의 상황으로 회복시키는데 노력한다. 일본에게 남만주를 병합할 의도를 단념하도록 제의한다. 일본이 의도를 단념하지 않을 경우 러시아는 자국의 이해에 따라 자유롭게 행동할 수 있다는 사실을 주지시킨다.
(2) 청국 및 유럽 열강에 러시아는 영토를 병합할 의도는 없으며, 일본의 남만주 장악을 저지하는 것이 러시아의 필수적인 이익이라고 통보한다.

상기 회의에서 위테 재무장관은 '일본이 남만주를 점령하는 것은 장차 러시아를 위협하는 것이며 한반도는 일본에 병합 될 것이라고 주장하고 러시아는 청의 영토를 점령하는 것을 삼가해야 한다. 왜냐하면 이것은 새로운 분쟁을

---

8) G. A. Lensen, op. cit., p. 283.

초래할 것이고 타 열강에 의한 청국의 분할을 촉진시키는 결과를 가져올 것이기 때문이다.'라고 언급하였다. 그러나 금번 회의 결론은 동북아에서 부동항의 획득을 갈구하던 황제의 의견과 상충되어 4월 16일 제 4차 회의가 개최되었다. 제4차 회의에서 위테 재무장관의 의견이 채택되고 니콜라이 2세 황제도 설득되었다.

마침내 4월 17일 러시아 외무장관은 독, 영. 불 등에게 러시아의 항의에 협조 해줄 것을 요청하였다. 러시아와 동맹조약을 체결한 프랑스는 지지를 표명하였고 독일도 지지를 표명하였다. 당시 독일은 일본의 대륙진출이 독일 상품의 대청 진출에 방해가 된다고 보고 러시아를 지지하였다. 독일은 일본이 요동반도의 할양을 요구하는 것은 발해만을 장악하려는 것이며 청국을 보호화 하려는 의도라고 지적하고 여순은 황해의 지브롤터(Gibraltar)[9]가 되고 있다고 주장하였다. 특히 독일은 자국을 겨냥한 노·불동맹을 약화시키기 위해 삼국간섭에 참여하였다. 프랑스는 영국, 러시아, 프랑스가 동북아의 이해 당사국인 만큼 상호 협의를 통해 개입할 것을 제의하였다.

반면 영국 킴베리(T. W. Kimberly, 1894–1895) 외무장관은 만주병합이 한반도의 독립을 저해하는 행위라고 주장하면서도 청·일간의 협상에 개입하는 것을 자제하였다. 영국은 러시아의 남진을 견제하는데 일본이 유용할 것이라고 보고 러시아가 제의한 삼국간섭에 개입하지 않기로 결정하였다.

특히 영국은 강대국들이 개입할 것이라는 확고한 의사 표시 없이는 강대국들의 건의만으로는 일본을 설득하는데 효과가 없을 것이라고 지적하였다. 당시 영국의 여론은 청일전쟁의 결과로 청국 정부가 외국인에게 부여한 제반 특권을 이용하여 앞으로 영국이 청국의 시장에 진출하기를 기대하고 있었다.

러시아는 시모노세끼 조약이 체결 된지 6일 뒤인 4월 23일 "일본이 요구하는 요동반도의 점유는 청국의 수도에 항구적인 위협이 될 것이며, 동시에

---

9) 이베리아 반도 남단에서 지브롤터 해협을 향하여 남북으로 뻗어 잇는 반도이다. 면적은 5. 8km^{2}이다.

조선의 독립을 허구로 만들 것이며, 동아시아 평화에 영구적인 장애물이 될 것이다"라고 삼국간섭을 일본정부에 통고하였다. 그리고 러시아는 일본이 시모노세키 조약의 비준전에 답변을 해 줄 것을 요청하였다. 러시아 로바노프 외무장관은 일본의 여순점령이 청국에 대한 영구한 위협이며, 러시아의 불안을 초래하며, 러시아가 큰 가치를 두고 있는 조선의 독립을 기만하는 것이라고 지적하였다.10)

이에 대해 일본은 청국의 분할을 제의하였다 독일이 중국 남동부의 한 성을 차지하고 영국이 주산열도를 차지하면 러시아가 북만주를 차지할 수도 있을 것이라는 안이었다. 그러나 대부분의 열강들은 청국의 현존을 바라고 있었으며, 독일의 소극적인 입장으로 무산되었다.11)

일본은 군사적으로 삼국에 대항할 수 없었으며, 영국이 중립을 지키고 있어 외교적으로 고립에 처해 있었다. 당시 태평양에서 러시아, 프랑스, 독일 삼국 함대의 배수량은 94, 555톤이며 247문의 대포를 보유하였다. 반면 일본함대의 배수량은 57, 307톤으로 70문의 대포를 보유하였다. 그리고 청·일전쟁 직후라서 일본의 주력군이 만주와 한반도에 분산되어 있어 러시아, 프랑스, 독일 3국이 일본의 본토를 공격할 경우 효과적으로 대응하기 어려웠다. 일본의 함대도 황해와 대만해협에 분산되어 있어 러시아의 함대에 대항하기에 역부족이었다. 1895년 5월 5일 일본정부는 삼국간섭에 굴복하였다.

마침내 5월 8일 수정된 시모노세키 조약이 청·일간에 조인되었다. 그리고 일본정부는 1895년 11월 8일 요동반환을 선언함으로써 만주에 대한 요구를 공식적으로 포기하였다.

일본정부는 러시아가 장래 요동반도를 장악하는 것을 막기 위해 청국과 요동반도의 불할양에 관한 조약을 체결코자 하였으나 실패하였다.12)

한편 삼국간섭을 이행하는 문제가 현안으로 남아 있었다. 일본은 요동반도

---

10) G. A. Lensen, op. cit., p. 261.
11) A. 말로제모프, 석화정 옮김, op. cit., p. 103.
12) I. Nish, op, cit., p. 29.

에서 철수하는 대가로 청국의 대일 보상금을 많이 받기를 희망하였으며,13)프랑스와 독일은 각각의 이익을 확보코자 하였다. 프랑스와 독일은 대만해협의 자유 항해권을 확보코자 하였으며, 페스카도르 도서에서 일본이 무장을 강화하지 않기를 기대하였다. 이에 러시아는 독불간의 이견을 가능한 해소하고 한목소리로 통합하여 일본에게 압력을 행사코자 하였다.

마침내 청국이 배상금 50만 탈렌을 지불함으로써 1895년 12월 13일 일본은 점령하고 있던 여순을 청국에 반납하였다. 청국의 대일 배상금은 4억 루불(2억냥)로서 일본이 청·일전쟁시 지출한 경비 2억루블의 2배였다. 일본은 2억 루블의 경비를 대러전에 대비하여 군비 증강에 사용하였다.

러시아는 삼국간섭에 성공함으로써 동북아에서 성과를 거양하였다. 일본은 러시아에 대한 일전을 각오하고 군비증강에 박차를 가하였다. 삼국간섭으로 일본은 한반도 및 청국에서 철수하였으며, 조선은 독립상태로 남게 되었다.

청일전쟁은 세계사에 큰 영향을 미쳤다. 독일은 동아시아에 관심을 갖게 되었고 일본은 유럽문제에 관심을 갖게 되었다. 청일전쟁으로 동북아가 세계의 중심무대로 부상하였다.

삼국간섭으로 만주와 한반도가 상호 연계됨으로써 러시아와 일본간의 관계가 더욱 복잡하게 전개되었다. 청·일전쟁 중 개최된 러시아 전쟁위원회(War Council)는 부동항 확보를 위해 러시아의 경계선이 한반도 동해안까지 확장되어야 한다고 건의하였다.14)

일본주재 러시아 히트로브(M. A. Hitrovo) 공사는 일본이 요동반도를 점령하는 것은 한반도에서 우세한 영향력을 확보하는 것이며, 시베리아 철도와 만주 및 몽골간의 연결계획을 방해함으로써 러시아의 블라디보스톡과 연해주 지역의 안보를 위협하는 등 명백히 러시아의 이익을 저해하는 것이라고 평가하였다. 그리고 그는 일본이 요동반도를 장악하게 하는 댓가로 러시아가 한반

---

13) 프랑스가 프러시아－프랑스 전쟁에서 패한 대가로 프러시아에 지불한 기준을 토대로 일본은 대청 배상금을 산정하였다. G. A. Lesen, op. cit., p. 238.

14) Ibid., p. 211.

도를 장악하는 상호 보상 방법을 제의하였다. 일본이 요동반도를 장악함으로써 일본은 섬나라라는 이점을 상실하여 러시아에 직접 의존하게 될 것이라고 지적하였다. 그는 일본이 남만주를, 러시아가 한반도를 장악하는 방안을 아래와 같이 제의하였다. 그러나 그의 제안은 수용되지 않았다.

    (1) 러시아가 북만주를 병합하여 아무르 및 우수리강을 러 국내의 강으로 할 것
    (2) 한반도 남북을 관통하는 철도 부설권을 획득하여 이를 블라디보스톡과 연결할 것
    (3) 한반도 남부 철도 종착지에 항구를 획득하여 연결하며, 거제도를 제2의 홍콩으로 만들 것

한편 영국은 러시아의 동북아 지배는 영국의 이익을 저해한다고 보고 1894년 10월 강대국들에 의한 한반도 독립보장 방안을 제의하였다. 일본주재 영국 로우델(G. A. Lowther) 공사는 일본 이토 수상과의 면담에서 영국은 삼국간섭을 주도하고 있는 러시아에게 대항하기 위해 한반도 독립을 위한 공동보장안을 제의한 것이라고 설명하였다. 이토는 동북아에서 러시아의 목적이 만주의 일부분을 장악하고 부동항을 확보하는 것이며, 한반도를 보호화 하는 것이라고 지적하였다. 그러나 일본은 한반도 지배를 노리고 있는 러시아가 영국의 조선독립 공동 보장안에 동의하지 않을 것이며, 영국 정부도 러시아가 한반도에 적극 개입하기 전까지는 독립보장안을 적극적으로 추진하지 않을 것으로 보고 영국의 안을 지지하지 않았다. 일본은 열강에 의한 조선독립 보장안이 일본이 추구하고 있는 조선 병합과 양립할 수 없다고 판단하였다.

4. 러·청 동맹협정 체결과 러시아의 동북아 개입

가. 러·청 동맹협정 체결과 한반도 문제

러시아는 대일 삼국간섭에 성공함으로써 그간의 동북아에 대해 종전의 현상유지 정책에서 적극적인 개입정책으로 전환하였다.

러시아는 외교정책의 우선순위를 동북아에 두고 조직도 재정비하였다. 러시아는 1895년 6월 그간 준독립적인 조직이었던 외무부 아시아국을 폐지하고 직접 외무장관이 동아시아 문제를 취급하였다. 1893년 2월 러시아는 일본의 중요성을 감안하여 동경주재 육군 무관직을 신설하였다.[1]

이로써 러시아는 인접한 청국, 일본, 조선정부와의 관계를 새롭게 정립할 필요가 있었다. 러시아는 독일, 프랑스 등 유럽의 주요국가들과의 관계유지에 주력하면서 동북아에서 청. 일중 어느 나라와 관계 강화에 우선순위를 둘 것인지의 문제에 직면하였다.

---

1) A. 말로제모프, 석화정 옮김, op. cit., p. 110. 1893년 2월 2일 보각(K. I. Bogak) 대령이 일본주재 초대 러시아 무관으로 임명되었다. 그리고 1896년에 부디롭스키(I. V. Budilovskii)가 일본주재 초대 러시아 해군 무관으로 임명되었다. Алексеев М., Военная Разведка России от Рюрика до Николая I (Москва: Издательский дом, 1998), p. 318., p. 322.

삼국간섭 이후 동북아정책에 있어서 러시아의 주요현안은 (1) 동맹선택 문제 (2) 부동항 확보 (3) 아무르강 유역을 방어하기 위한 방호지대로서 북만주 확보 등이었다.

우선 러시아의 최대현안은 동맹선택의 문제로서 친청론과 친일론 중의 선택이었다. 친청론과 친일론은 러시아가 앞으로 지향해야 하는 동북아에서의 전략과도 긴밀히 연계돼 있었다. 친청론은 대륙국가 지향론으로서 러시아는 육국 중심으로 동북아 전략을 추구해야 한다고 주장하였다. 그러나 친일론은 러시아가 해양국가를 지향해야 한다고 주장하였다.

친청론은 역사적 지정학적으로 청국이 중요하므로 러시아는 청국과 우호관계의 유지를 근간으로 동북아정책을 조율해 나아가야 한다는 입장이었다. 러시아와 청국은 지리적으로 수천키로에 달하는 국경선을 맞대고 있어 안보상으로 서로 선린관계를 유지하는 것이 상호 유리하다고 보고 있었다.

유럽과 러시아간의 전쟁시 청국이 반러적인 동맹에 가입하여 극동지역을 침입할 경우 러시아는 큰 어려움에 처할 수 있다는 것도 친청론의 주요 논거였다. 역사적으로 러시아는 청국에 대해 무력적인 갈등보다는 외교적인 수단을 통해 국경획정등 제반 주요현안을 해결해 왔다. 이러한 라·청간의 우호관계가 1689년 네르친스크 조약체결 이후 3백년간 유지되어 옴으로써 라·청간의 관계가 견실해 졌다고 믿었다.

러시아는 그간 청국에 대한 우호관계의 유지 기조하에 가능한 한 청국에 대해 자극적인 행동을 자제하였으며, 주요현안들을 청국과 평화적으로 해결하려고 하였다. 그리고 서구열강들이 무력으로 청국을 침공하거나 각종 조약을 체결코자 할 때에도 이들 국가와 공동행동에 참가하지 않고 별도로 청국과 협상하거나 아니며, 청국과 열강간의 분쟁에 대한 중재자로서의 역할을 충실히 수행함으로써 청국인들에 대해 러시아의 이미지를 제고하였다. 이같은 중재자 역할을 통해 러시아는 연해주를 획득하고 극동지역으로 진출하였다.

청국의 위협에 대처하기 위해 친청론을 지지한 대표적인 인물이 기어스 외무장관이었다.2) 기어스 외무장관은 청국과의 관계설정에 있어서 극동에서 러시아의 위치를 강화하든지 아니면 포기 할 것을 주장하였다 그는 만주에서 청국의 군사력이 증강되고 있으며, 우수리강 유역 러시아 영토에 거주하는 청국인들이 러시아 법이 아닌 청국 법의 지배를 받는다고 우려하면서 청국인을 경계해야 한다고 주장하였다. 또한 당시 러시아 외무부 지노비예프(I. A. Zinoviev, 1883 – 1891) 아시아 국장은 러시아의 극동지역이 취약하다는 인식이 확산 될 경우 러시아는 큰 어려움에 직면 할 것이라고 주장하였다. 그리고 러시아 외무부 람스도르프(V. N. Lamsdorffs) 차관3)도 극동지역의 취약성을 극복하기 위해 시베리아 철도의 조기 완공을 촉구하였다.

당시 청국 지도자들의 성향도 러시아의 친청론에 유리하였다. 청국의 지도자들은 유럽제도보다는 러시아식 군주제를 선호하였다. 유럽 국가들이 입헌 군주제인 반면 러시아는 아직도 군주가 절대권력을 가지고 있었다. 이에 군주의 권한 강화를 원하는 청국 지도자들은 유럽제도보다는 러시아 제도를 개혁모델로 선호하였다.

한편 이에 대해 러시아 일선 일부 외교관들은 러시아가 청국보다는 일본과의 관계를 강화해 나가야 한다고 친일론을 주장하였다. 친일론의 대표적인 인물이 러시아 해군과 일본주재 러시아 로젠 공사였다.4) 러시아 알렉세이(A. Aleksei) 해군제독은 러시아는 동북아에서 부동항의 획득이 최대현안이므로 일본과 협상을 통해 한반도에서 부동항을 확보할 것을 주장하였다. 그는 시베리아와 유럽을 밀접히 연결시키기 위해서는 일본과 영국으로부터 연해주를 방어해야 하며, 러시아가 대양으로 진출하기 위해 태평양 함대의 증강이 필수

---

2) G. A. Lensen, op. cit., p. 477.
3) 람스도르프는 러시아 외무부 국장(1880 – 1897), 외무부 차관(1897 – 1890), 외무장관(1900 – 1906)을 역임하였다.
4) 1894년에는 러시아 육군 오부르체바 장군은 청·일전쟁시 러시아가 일본과 동맹을 체결할 것을 주장하였다. 당시 부동항을 확보하지 못한 상황하에서 러시아 함대는 평시에 일본연안에서의 기항권을 확보해야 태평양 연안에서 안전하다는 이유였다. 그는 청국이 쇠약할수록 러시아에게 유리하다고 주장하기도 하였다.

적이라고 주장하였다.

또한 1899년 러시아 태평양함대 길데브라얀트 사령관도 러시아의 주된 적이 영국이라고 단정하였다. 그는 영국은 그간 러시아의 남진에 대항하기 위해 지지해 온 청국이 무력하다는 것을 알고 러시아에 대항하기 위해 일본과의 동맹을 추구하고 있다고 언급하였다. 그리고 영국은 일본을 자기편으로 끌어들일 흥정물이 없음을 감안하여 러시아가 앞으로 한반도까지 장악할 것이라고 하면서 일본의 반러적인 적대감을 고취시키고 있다고 지적하였다.

그는 러시아가 일본과 동맹을 체결하여 태평양에서의 안전을 확보해야 한다고 주장하고 이같은 동맹은 한반도 문제에 대해 라일 양국이 타협함으로써 가능하다고 제의하였다. 러시아는 한반도를 일본에게 양보하고 러시아는 거문도를 확보하면 된다는 것이었다.

일본주재 로젠 공사는 1897년 4월 "극동에서의 러시아 지위에 관하여" 건의서에서 러·일동맹론을 아래와 같이 주장하였다.

> (1) 러·일간의 전쟁시 청국은 대륙국가들과 동맹을 맺을 가능성이 거의 없다. 청국은 군사력이 취약하여 러시아에게 원조를 줄 수가 없으며, 일본과 개전시 전장에서 너무 떨어져 있어 러시아 함대가 작전을 수행하는데 실질적인 도움을 줄 수가 없다.
> (2) 러·청동맹은 일본의 영향력으로부터 청국을 방어하기 위한 방어적인 의미밖에 없다.
> (3) 러·일전쟁시 프랑스와 독일은 러시아를 적극적으로 원조하지 않을 것이다. 러시아가 동북아에서 곤경에 빠지는 것이 독일에게는 이익이기 때문이다.

로젠 공사는 태평양에서 러시아의 최대 적은 영국이라고 규정하였다. 그는 현 태평양상에서 러시아, 일본, 영국의 어느 해군력도 우위를 점하고 있지 않다고 하면서 러시아와 일본의 해군력이 합할 경우 최대의 해군력이 된다고 언급하였다. 이같은 라일 양국 해군력은 동북아는 물론 인도, 아프가니스탄에서 영국과 대항할 수 있는 중요한 무기이며 영국을 위협할 수 도 있다고 주장하였다. 로젠은 영국이 일본과의 동맹을 추진하고 있다고 하면서 1854년, 1855년, 1878년, 1880년 러시아는 일본과 우호관계를 유지해 왔다고 주장하였다. 그는 러시아의 삼국간섭은 일본에게 예외적이었다고 지적하고 삼국간섭이 러시아의 이익을 저해했다고 비판하였다. 일본은 요동반도를 점령한 후 이것을 러시아에게 양보하고 그 댓가로 한반도에서 완전한 자유를 가질 것을 구상한 것 같다고 추측하였다. 로젠은 러시아는 현상황에서 볼 때 동북아에서 대륙국가 보다는 해양국가이며 태평양에서 영국과 대립되고 있음을 감안할 때 일본과 동맹을 맺는 것이 좋다고 주장하였다. 러시아가 육상중심의 전략을 추진할 때는 라청국간의 긴 국경선에서 안전확보를 위해서는 청국과 우호관계를 맺는 것이 유리하나 러시아는 해상중심의 전략을 추진해야하는 현 상황 하에서는 일본과의 동맹을 통해 영국에 대항해야 한다고 주장하였다. 그리고 로젠은 일본이 한반도 문제에 대해 러시아와 협정을 타결코자 희망하고 있다고 하면서 러·일간의 동맹 가능성을 낙관적으로 보고 있었다.

또한 러·일간의 동맹을 지지하는 인물이 맑시모브(A. M. Maksimov)였다. 그는 다년간 동북아에서 살아온 경험을 토대로 태평양에서 일본이 러시아가 가장 신뢰할 만한 국가이며, 러, 일 양국은 상호 우호의 길을 걷고 있으며, 정치적으로 공통점을 가지고 있다고 주장하였다.[5]

1894년 10월 27일 일본주재 러시아 히트로브 공사도 기어스 외무장관에게 일본이 앞으로 믿을 만한 러시아의 동맹국이며 동태평양의 선봉국이 될 것이라고 보고하면서 일본과의 관계를 강화해 나갈 것을 제의하였다. 히트로브 공사는 삼국간섭 이후 러시아에게 유리하게 전개되는 기회를 상실해서는 안된다고 강조하였다.

한편 기어스 외무장관 후임으로 1895년 3월 취임한 로바노프(A. B.

---

5) Золотарев В. А., op. cit., p. 58.

Lobanov－Rostovskii, 1895－1896) 외무장관은 아래와 같이 친일론을 지지
하였다. 로바노프는 유럽에 근무한 러시아의 정통 외교관이었다. 그는 주영국
대사(1879－1882), 주오지리－헝가리 대사(1882－1894), 주독일 대사
(1895－1895)를 역임하였다. 그러나 그는 동북아에 근무한 경험이 없었으며,
그가 외무장관으로 취임했을 때 70살의 고령이었다.

그는 러시아가 미래의 동맹국으로서 청국과 일본 양국중 한 나라를 선택하
는 데 중요한 변수는 앞으로 동북아에서 외교를 수동적으로 할 것인가 아니면
공격적으로 추진할 것인가에 달려 있다고 주장하였다.6)

> "만일 러시아가 현 상황에 만족하고 현재의 위치를 강화해 나가고자 한다
> 면 청국과 동맹을 맺는 것이 유리하다. 그러나 러시아가 동북아의 현 상황에
> 만족하지 않고 적극적인 정책을 추구해 나가야 한다면 일본과 동맹을 맺어
> 동북아에서 주적인 영국에 공동으로 대항해야 한다. 러시아는 영국과 전쟁시
> 함대 기항지로서 일본에서 항구를 확보해야 하며, 일본내 항구 확보 없이는
> 영국과의 전쟁은 생각할 수 없다. 그리고 동북아에서 러시아의 목적은 부동항
> 을 확보하는 것이며, 시베리아 철도 건설에 필요한 청국 영토인 만주의 일부
> 를 러시아가 병합하는 것임을 감안할 때 러시아의 동북아 정책은 공세적인
> 바, 러시아의 향후 동맹국은 청국이 아닌 일본이어야 한다".

그러나 친청론과 친일론간의 선택은 러시아의 국력과 주변상황도 고려해서
결정되는 사안이었다. 로바노프 외무장관은 당시 극동지역에 주둔하고 있는
병력이 충분치 못해 공세적인 동북아 정책을 추진할 수가 없었다. 로바노프
외무장관은 지난 300년간 러시아는 청국과 우호관계를 유지해 왔으며 러·청간
의 긴 국경선을 방어하기 위해 군사적인 조치를 취할 필요가 없다고 주장하였
다. 당시 러시아 극동지역에 주둔하고 있는 병력은 약 5만명이며, 러 유럽지역
의 국경선처럼 안전하게 극동지역을 수비하기 위해서는 5십만명의 병력이

---

6) G. A. Lensen, op. cit., pp. 262－263.

필요할 것이라고 지적하고, 러시아는 청국과 좋은 관계를 유지하는 것이 중요하다고 강조하였다.

또한 당시 러시아의 최대 현안으로 건설 중이었던 시베리아 횡단 철도의 만주 통과 문제가 라청간의 동맹을 결정하는 데 주요한 역할을 하게 되었다. 따라서 러·청간 동맹추진에 결정적인 계기를 부여한 인물이 시베리아 철도 건설을 담당하고 있던 위테 재무장관이었다.

그는 러시아 해군증강론을 비판하고 육군중심의 전략을 통해 동북아에서 러시아의 우위를 확보코자 하였다.

(1) 러시아의 태평양함대가 증강될 경우 유럽 열강들이 러시아의 적대국으로 등장할 수가 있으며, 러시아 함대는 일본 등 다국적 연합함대와 전투를 염두에 두어야 한다. 러시아가 함대를 증강하더라도 연합함대에 맞서서 싸울 전력을 가질 수 없다.
(2) 러시아는 태평양 이외 발트해, 흑해 등지로부터 외국의 공격을 받을 가능성이 있다, 태평양 함대만의 증강은 러시아 전체 해군력 증강에 별 도움이 안된다.

위테는 시베리아 횡단철도를 통해 신속하게 태평양상에 군대를 운송하여 동북아에서 유사시에 대비코자 하였다. 위테는 대륙국가인 청국과 동맹을 체결코자 하였다. 그는 유럽의 삼국동맹과 청국동맹을 상호 연결하여 세계적인 대륙국가간의 동맹을 결성코자하였다. 그는 유럽을 러시아의 산업화를 위한 자본의 원천으로 삼고 아시아를 자국의 상품 판매시장으로 만들고자 노력하였다. 그리고 모스크바가 세계금융의 중심으로 만들고자 하였다. 그러나 그의 대륙동맹론은 해양세력인 영국과 일본의 동맹을 초래 할 수가 있으며 러시아가 시베리아 횡단철도 완공하기 전까지 영국과 일본이 아무런 대응 조치없이 가만히 있을 것인가가 관건이었다.

위테 재무장관은 시베리아 철도가 러시아의 영토를 통해 블라디보스톡까지 건설될 경우 험준한 지형으로 건설비와 시간이 너무 많이 소요될 것이라고 지적하고 청국의 북만주를 통과하는 노선을 주장하였다. 또한 위테는 청국에서 증가하고 있는 영국의 경제적인 영향력도 견제코자 하였다. 그는 영국이 청국의 관세권을 통제하고 있는 등 큰 영향력을 행사하고 있다고 보고 이에 대항하기 위해서는 러시아는 라·청간 은행을 설립하는 것이 중요하다고 언급하였다. 라청은행은 세금징수, 청국내 철도 양허권 획득, 청국 국고 취급 등을 통해 청국 국내에서 러시아의 경제적 침투를 강화해 나가고자 하였다.

위테의 만주철도부설 계획에 대해 청국주재 러시아 카시니 공사는 반대하였다. 위테의 계획은 북만주에 대한 군사적인 점령 없이는 불가능하다고 비판하였다. 그는 위테의 만주철도 부설은 영국으로 하여금 양자강의 항구를 점령하게 만들 것이며 청국의 분할을 초래할 것이라고 경고하였다.[7] 그리고 시베리아 철도 노선의 방향에 대해 러시아 두홉스키(S. M. Dukhovski, 1893 – 1898) 프리아무르 총독은 다른 노선을 주장하였다.

그러나 로바노프 외무장관과 킬코프(M. T. Khilkov) 교통부장관은 위테가 제안한 만주통과 노선을 지지하였다. 마침내 니콜라이 2세 황제는 위테안을 1898년 12월에 승인하였다. 그간 기어스 외무장관은 러시아의 경제발전과 정치적인 안정을 위해 조심스러운 외교정책을 추진하였다. 그는 타국과 군사적인 동맹을 회피하고 독일, 오지리와 함께 3제협상을 통해 당시 러시아의 최대 적인 영국을 견제하였다. 기어스 외무장관은 타국과의 군사적인 동맹이 러시아의 행동의 자유를 제한한다는 이유로 군사적인 동맹 체결에 반대하였다. 그러나 로바노프 외무장관은 프랑스와 청국과 각각 군사동맹의 체결을 통해 유럽과 동북아에서 외교노선을 추진하였다. 로바노프 장관은 중앙아시아에서 영국과 독일의 영향력을 견제하는 것이 중요하며, 특히 청국에서 영국의 세력이 확산되는 것을 방지해야 한다고 강조하였다.[8]

---

7) A. 말로제모프, 석화정 옮김, op. cit., p. 117.
8) 로바노프 외무장관은 1984년 청·일전에 승리한 일본이 요동반도를 점령하자 이것은 북경에 대한 항구적인 위협이며, 조선의 독립을 허구로 만든다고 주장하면서 1895년

한편 청·일전쟁에 패한 청국은 전쟁 배상금을 일본에게 지불해야만 했다. 그러나 청국은 청·영간의 조약으로 자국의 세관에 대한 통제권을 상실하여 배상금을 국내에서 조달 할 수가 없었으며, 외국으로부터 차관 도입이 불가피하였다. 러시아는 프랑스 은행과 신디케이트를 구성하여 청국에 대해 차관을 제공하는 방안을 적극 추진하였다.

열강들은 러시아가 국제이자보다 저리로 청국에 차관을 제공하는 것은 시베리아 철도의 만주 통관 확보와 부동항으로서 여순을 장악하기 위한 것이라고 보고 있었다. 러시아와 대립하고 있던 영국은 러시아의 대청 차관 공여는 상업적인 성격보다는 정치적인 것이며, 청국은 이집트처럼 결국 정치적인 독립을 상실하게 되는 전철을 밟게 될 것이라고 경고하였다.[9]

이에 대해 러시아 상트 페테르부르그(Joural de Saint-Petersbourg)지는 러시아의 대청 차관 공여로 인해 청국이 러시아의 종속국(Vassal)이 될 것이라는 외국 언론들의 보도는 잘못되었다고 지적하였다. 또한 러시아의 대청 차관제공은 지난 3백년간 러·청간 우호관계 유지의 결과에서 나온 자연적인 것이라고 주장하면서 청국은 차관 지원을 통해 배상금을 일본에 지불함으로써 청국의 영토가 일본의 점령에서 자유로워지는 것이며, 이것은 삼국간섭의 정신에도 합당하다고 보도하였다.

대청차관 제공문제와 함께 1895년 10월 14일 청국주재 러시아 카시니(A. P. Cassini)[10] 공사는 청국과 시베리아철도의 만주 통과 문제에 대해 협상을 개시하였다. 청국은 러·청 동맹안에 대해 긍정적으로 보고 있었다.

이홍장은 그간 이이제이 정책으로 청국의 독립을 유지해 왔으나, 청일 전쟁시 외국의 개입을 확보하는 데 실패함으로써 전쟁에 패했다고 보고 일국에

4월 23일 독일, 프랑스와 함께 대일 삼국간섭을 제의하였다. 이어서 1895년 7월 6일 러·청간에 차관협정이 서명되었다. .

9) 청국주재 영국 오코널(N. O'Conor) 공사는 러시아는 결국 차관을 청국에 제공하는 대가로 시베리아 철도의 만주 통과권 및 청국 해안에 위치한 항구와 철도 연결을 요구하게 될 것이라고 지적하였다

10) 카시니는 청국주재 공사(1891-1898), 미국주재 대사(1898-1905)를 역임하였다.

의존해서 독립을 보존하는 방안을 검토하였다. 이홍장은 청일전쟁에 패한 직후라서 일본에 대해서는 증오심을 갖고 있었다. 영국은 청국의 패배를 방임하였다고 하면서 영국도 불신하였다. 그리고 프랑스는 청－불전쟁과 청국내 카톨릭 선교 문제로 복잡해서 프랑스에 의지할 수 없다고 보았다. 독일은 청국과 국경선을 접하고 있지 않아 유사시에 독일이 청국에게 군사적인 지원을 할 능력이 없다고 보고 청국의 동맹국으로서는 적절하지 않다고 판단하였다. 그리고 미국은 청국문제에 대해 개입하는 것을 회피하고 있었다. 결국 이홍장은 러시아가 영국의 라이벌 국가이며, 앞으로 영국과 일본의 해양세력과 청－러를 한 축으로 하는 대륙세력간의 대립 양상을 띠게 될 것이라고 전망하고 러·청간의 동맹안를 지지하였다. 그러나 이홍장은 당시 러시아가 호랑이가 아닌 늑대라고 보고 집안에 들어오면 물리게 된다고 경고하면서 러시아의 청국내 세력 증강을 경계하였다.

청국 국방부나 경제 부처도 열강들의 만주내 철도건설에 대해 긍정적으로 보고 있었다. 그간 청국의 고위관리들은 만주내 열강들의 철도 건설이 제국주의 침입의 첨병이라고 반대하였으나, 청일전에 패한 이후 철도 건설이 자국의 근대화에 도움이 된다고 보았다. 그러나 이들은 시베리아 철도의 만주 통과가 청국을 침입할 수 있는 수단이라고 보고 청국이 스스로 만주에서 철도를 건설할 것을 주장하였다.

마침내 1896년 3월 이홍장은 차관문제, 청－러동맹 체결, 시베리아 철도의 만주 통과 문제 등에 대해 협의하기 위해 니콜라이 2세의 대관식에 맞추어 러시아로 떠났다. 그리하여 1896년 5월 3일 이홍장은 위테와 상트 페트스부르그에서 첫 회담을 가졌다. 이 자리에서 위테는 지난 청·일전쟁시 러시아 군대를 청군에 파견코자 하였으나, 철도가 없어 군대를 파견할 수 없었다고 설명하였다. 위테는 시베리아 철도의 만주 통과는 앞으로 일본의 청국 침입에 대처하기 위해 필요하다고 강조하고, 경제적으로 러, 청양국에 도움이 될 것이라고 주장하였다. 그리고 니콜라이 2세도 이홍장과 면담시에 청국을 방어하기 위해서는 러시아 군대를 만주지역에 신속하게 파견해야 하다고 설명하면서 시베리아 철도의 만주 통과가 중요하다고 강조하였다.

한편 청국은 러시아의 대청 차관 문제와 연계해서 러·청간의 동맹을 먼저 체결하고 시베리아 철도의 만주 통과 문제는 사후에 협의하자고 주장하였다. 그러나 러시아는 러청간의 철도 협정을 맺은 후에 동맹을 체결할 것을 주장함으로써 시베리아 철도의 만주 통과 문제가 러·청간의 동맹 체결에 주요 선결 요건임을 강조하였다.

러시아는 동맹안을 마련하였다. 러시아 로바노프 외무장관은 일국이 칩입을 당할 경우 러, 청 양국은 서로 돕는다는 상호 방위 동맹안을 제시하였다. 이에 대해 위테는 이안에 따르면 유럽 열강들의 청국 침입시 러시아도 개입해야 하는 복잡성이 있다고 지적하고 일본의 침입에 한정하여 상호 방위 동맹을 체결할 것을 제의하였다. 이에 로바노프 외무장관은 동의하였다. 결국 위테가 유럽열강을 가상 적국에서 제외시킨 것은 독일의 교주만 조차시 러시아가 청국의 방위를 위해 개입해야 하는 위험부담을 덜게 되었다.

일본을 가상적국으로 하자는 러시아측안에 대해 이홍장은 유럽열강들의 청국 침입 경우에도 러시아는 원조해야 한다고 주장하였다. 이에 대해 러시아는 영국, 프랑스 등 유럽의 열강들까지 가상적국으로 포함시킬 경우 아시아와 유럽이 연계되어 위험할 수가 있다고 지적하고 시베리아 철도의 만주 통과가 러·청양국간의 군사적 동맹에 주요 수단이라고 강조하였다.

마침내 1896년 6월 3일 니콜라이 2세의 대관식 계기에 위테 재무장관, 로바노프 외무장관, 이홍장간에 러·청 동맹 조약이 서명되었다. 금번 조약은 1922년까지 공개되지 않았다.

> 제1조: 체약국은 일본이 러시아, 청국, 조선을 공격할 경우 상대국을 원조한다.
> 제2조: 일본에 대한 군사작전을 전개할 경우 청국의 모든 항구는 러시아 전함에 개방되어야 한다.

제4조: 러시아 지상군의 접근을 용이하게 하기 위해 청국은 블라디보스톡
　　방향으로 길림과 아무르강 지역의 청국영토를 가로 지르는 철도노선의
　　부설에 동의한다.
제5조: 평화시에 이 철도를 이용하는 러시아 군대는 정당하다고 간주될
　　때 정차할 권리를 갖는다.
제6조: 조약은 15년간 유효하다.

또한 1896년 8월 28일 러·청은행 조약이 베를린에서 서명되었고 1896년 9월
8일 동청철도 부설에 관한 계약이 체결되었다. 이로써 시베리아 철도의 연장선
인 동청철도가 북만주를 통과하게 되었다. 욱　스키는(E. E. Ukhtomskii) 러
·청 동맹 체결에 큰 역할을 하였다. 그는 러시아의 동북아 팽창을 열렬히
지지하였다.11)

러·청간의 비밀 동맹조약 체결과 동청철도 부설권 획득은 동북아에 근본적
인 변혁을 초래 하였다. 청국은 지난 수백년간 유지해 온 영광스러운 고립에서
탈피하였다.12)

그러나 청국은 러시아에 너무 의존하여 스스로 자주 국방을 등한시함으로
써 근대화에 더욱 뒤떨어지게 되는 결과를 초래하기도 하였다.

러시아는 러·청동맹 조약과 동청철도 부설권의 확보를 통해 북만주로의
진출 기반을 확고히 하였다. 그리고 동청철도의 부설권 확보는 러시아의 해군
전략에도 영향을 미쳤다. 러시아 해군이 염원해 온 동북아에서의 부동항을

---

11) 그는 1890－1891년 황태자 니콜라이의 동아시아 여행을 수행하였다. 그는 1896년
　　러·청은행의 초대 은행장이자 동청철도의 이사가 되었다. 러·청은행과 동청철도는
　　러시아의 동아시아 팽창정책에 있었서 양대 선봉이었다. A. 말로제모프, 석화정 옮김,
　　op. cit., pp. 76－78.
　　동아시아 팽창에 대한 그의 열정은 아래와 같이 그이 주장에서 잘 나타나 있다.
　　The wings of the Russian eagle are spread too far over Asia to leave the slightest doubt
　　as to their presence. Our organic connection with all these countries is the warrant of
　　our future, when the term "Asiatic Russia" will signify the whole of Asia. (1900)
　　J. J. Stephan., op. cit., p. 53.
12) G. A. Lensen, op. cit., p. 494.

황해연안에서 모색할 수 있다는 가능성을 제고시켰다. 그리고 러·청간의 동맹조약으로 동북아에서 러시아의 주적이 영국에서 일본으로 바뀌었다.

러·청 동맹 조약은 조선에 대한 러시아의 현상유지 정책에 근본적인 변혁을 초래하였다. 1860－1894년간 러시아는 한반도에 대해 적극적인 개입을 자제하고 열강과의 협조를 통해 자국의 이익을 보존해 왔다. 그러나 러·청동맹조약은 청국은 물론 그 적용범위를 한반도도 포함시킴으로써 러시아는 1896년부터 한반도 개입정책으로 전환하였다.

한편 러시아는 연해주 지역에서 군사력이 충분하지 않은 상태 하에서 북만주 지역으로 과도하게 팽창해 나감으로써 불리한 점도 있었다. 로바노프 외무장관은 러시아의 주요현안이 시베리아 철도 및 동청철도가 완공되기 전까지 만주의 안전을 확보하는 것이라고 강조하고 극동에 주둔하고 있는 러시아 군사력이 충분히 강하지 못해 만주와 조선에서의 제반 상황이 위태로운 만큼 외교적인 방법으로 만주와 조선의 안전을 확보하는 것이 긴요하다고 지적하였다.

로바노프 외무장관은 당분간 삼국간섭국인 프랑스, 독일과 공조체제를 유지하면서 청국과의 동맹을 근간으로 만주와 조선에서 영향력을 계속 유지해 나간다는 정책을 견지하였다. 그러나 로바노프 외무장관은 이홍장이 러시아를 떠나자 마자 1896년 8월 갑자기 병으로 사망하였다.

5. 러·일간 조선현상유지 합의

　일본은 삼국간섭으로 드러난 자국의 열세를 만회하기 위해 1895년 10월 8일 조선의 명성황후 시해사건을 사주하였다. 그러나 오히려 조선내의 반일감정만 고조시키는 결과를 초래하였다. 더구나 잇따라 발생한 고종의 아관파천(1896. 2. 11 1897. 2. 20)으로 일본의 조선내 세력부식은 거의 불가능하게 되었다. 일본은 조선내의 불리한 사태 진전 등 어려운 여건을 감안하여 러시아와 타협을 모색하였다. 일본은 청·일전쟁 직후라서 국력이 피폐하여 러시아에 정면으로 도전할 수가 없었다.

　1896년 1월 이후 일본 사조닌(K. Saionji) 외무장관이 일본주재 러시아 히트로브 공사를 면담하였을 때 일본정부는 조선의 내정에 개입하지 않으며, 단지 상업적인 업무에만 종사할 것이라고 하면서 러·일간 협상의 의도를 타진하였다. 이에 히트로브 공사는 동북아에서 발생한 새로운 상황이 일본에게 책임이 있는 만큼 일본이 먼저 러측에 타협안을 제시할 것을 제의하였다.

　히트로브는 일본에게 있어서 한반도는 국익보다는 자존심의 문제이며, 일본은 조선문제로 인한 러·일간의 대립은 위험부담이 크다고 판단하여 러시아

와 타협을 추구할 것이라고 전망하였다.[1]

당시 러·일간의 회담에 있어서 현안은 조선 개혁문제, 러시아 공관에 머물고 있는 고종의 환궁시기, 고종의 신변보장과 , 조선군대의 재편 등이었다. 특히 주요현안은 명성황후 시해사건으로 야기된 불안한 조선 내정을 일본이 원상 회복하는 것이었다. 조선의 내부개혁문제에 대해 1896년 2월 11일 이토 수상은 히트로브 공사와 면담시 조선은 아직도 외부의 도움이 없이는 자립할 수 없다고 주장하면서 외부개입의 필요성을 시사하였다.

반면 히트로브 공사는 고종에게 내각을 구성할 권한을 주지 않는 것은 조선의 독립을 저해하는 것이라고 지적하고 일본은 명성황후 사건으로 불안정하게 된 조선의 내정을 원상회복 해야한다고 주장하였다. 히트로브 공사는 러·일간의 협상을 지지하였다. 그는 러·일간의 합의를 통해 조선의 개혁을 추진하는 것을 긍정적으로 보고 있었다.[2]

한편 일본정부는 일단 각국이 아관파천이후의 한반도 정세를 어떻게 평가하고 있는지 살펴본후 러·일간 협상의 방안을 강구하기로 하였다. 영국 킴벌리(Kimberley) 외무장관은 영국주재 일본 아오키(S. Aoki)[3] 공사와 면담시 러시아 태평양 함대가 증강되어 일본이 단독으로 대항하기 어려울 것이라고 지적하고 러시아가 시베리아 철도를 여순과 연결하고 요동 반도를 점령하면 러시아는 한반도의 일부분을 장악하게 될 것 이라고 경고하였다.

이태리 정부는 열강과 같이 행동할 것이라고 언급하고 영국이 적극적으로 러시아에 대항하지 않을 것이며, 일본도 러시아를 단독으로 대적할 수 없을

---

1) 일본주재 러시아 히토로브 공사는 일본은 명성황후시해 사건으로 게임에 패했다고 보았으며 , 러시아와 복잡함을 피하기 위해 전력을 경주하고 있다고 보고하였다. 한편 히트로브 공사는 1896년 봄에 본국으로 소환되었다. 명성황후시해 사건이 일어나지 않도록 사전에 일본에 대해 적절히 대처하지 못했다는 이유였다.

2) 이에 대해 웨베르는 히트로브 공사의 대한반도 정책을 비판하였다. 히트로프 공사는 일본의 대조선 정책을 실질 내용보다는 형식적으로 파악하고 있으며, 조선은 외부의 도움 없이도 독립이 가능하다고 주장하였다.

3) 아오키는 일본 외무차관(1886-1889), 외무장관(1889-1891, 1898-1900), 영국주재 공사(1894-1895)를 역임하였다.

것이라고 지적하였다.

프랑스 정부는 어떤 보고도 받지 못해 한반도 문제에 대해 검토할 기회가 없었다고 언급하였다. 미국정부는 일본이 러·일간의 충돌방지에 노력해야 하며, 조선은 사실상 러시아의 지배하에 있으며, 미국은 자국의 시민을 보호할 것이라고 하면서 일본의 요구시 중재할 용의가 있다고 언급하였다.

일본정부는 상기와 같이 열강들이 조선에 개입하는데 소극적임을 파악하자 러·일간의 협상을 추진키로 하였다. 1896년 2월 24일 일본은 고종의 환궁, 고종이 중립적인 인물로 내각을 구성할 것, 새로 내각이 구성되더라도 과거 인물을 보복해서는 안된다는 것을 골자로 하는 안을 제의하였다.

결국 일본은 자국에 유리한 안건에 대해서만 제의하였다. 고종이 러시아 공관에 머무는 등 일본은 불리한 위치에 처해 있어 가능한 한 고종의 환궁이 시급한 현안이었다. 그리고 일본은 조선의 친러내각이 친일파에 대해 보복할 것을 우려하였다. 1896년 2월 28일 러시아 주재 일본 니쉬 공사는 로바노프 외무장관과 회담에서 고종이 환궁하지 않을 경우 조선 국내의 혼란이 악화되어 일본 체재인들의 신변 불안이 가중될 것이라고 지적하였다.

1896년 3월 6일 스페에르가 히트로브 공사 후임으로 동경에 도착하였다. 1896년 봄 히트로브 공사는 1896년 명성황후의 피살을 사전에 방지 못했다는 이유로 소환되었다.

한편 러·일간의 협상 장소가 동경에서 한성으로 변경되었다. 러·일 양국은 상세한 협상은 한성에서 하는데 합의하였기 때문이었다.

1896년 3월 22년 조선주재 일본 고무라 공사와 웨베르공사 간에 협상이 개시되었다. 한편 일본은 러시아에 대항하기 위해 앞으로 5년간 평화가 절대적으로 필요하다고 하면서 러·일간 협상이 조속히 타협되기를 기대하였다. 러시아도 니콜라이 2세의 대관식 전에 한반도 문제에 대해 타협이 성사될 수 있도록 웨베르에게 지시하였다. 마침내 2달간의 협상 끝에 1896년 5월 14일 고무라 – 웨베르 각서가 한성에서 체결되었다.4)

(1) 조선 국왕의 환궁은 국왕 자신의 의사에 맡긴다.

(2) 조선 국왕은 자유의사로 내각인사를 임명한다.

(3) 한성-부산간 전신선 보호를 위해 일본헌병의 주둔을 인정하고 총수는
   200명을 초과하지 아니한다.

(4) 러, 일 양국은 거주민 또는 공관 보호를 위해 1개 중대당 200명을 넘지
   않는 4개 이하의 중대를 배치할 수 있다.

금번 각서의 체결로 러시아는 외교적인 성과를 고양하였다. 일본이 아관파천
이후의 러시아에게 유리하게 전개된 조선의 상황을 인정하였기 때문이었다.
  일본은 이로써 을미사변의 책임을 어느 정도 면하게 되었다. 일본은 이
각서를 통해 일본인의 보호를 위한 군대 및 헌병의 주병권을 인정받았다.
  결국 금번 각서는 아관파천과 조선에서 러시아와 일본의 군대 주둔권을
상호 인정하는 선에서 러, 일간에 타협이 이루어 졌으며, 한반도에서 러·일간
의 군사적인 충돌을 피하는 데 주목적이 있었다.5)
  한편 일본은 고무라- 웨베르 각서가 일본에게 불리하게 체결되었다고 판단
하고 일본대표의 니콜라이 2세 황제의 대관식 참석 계기에 러시아와 재협상을
결정하였다. 야마가다(A. Yamagata)특사가 러시아에 도착했을 때 고무라-
웨베르 각서가 체결된 점을 감안할 경우 일본은 러시아와 본격적으로 협상하기
이전에 서로간의 입장을 확인하는 차원에서 금번 각서를 체결한 것으로 보인다.
  일본 정부는 러시아로 떠나는 야마가다 대표에게 아래와 같이 지시하였다.

(1) 러시아와 일본 양국은 조선의 독립을 유지하는 것이 양국공동의 이익임

(2) 조선은 실정과 규율 부족으로 내부소요 가능성이 있음.

(3) 러시아와 일본은 조선문제에 대해 공동으로 협의키로 하며, 한반도에서
   영구한 평화를 확보하도록 노력함.

---

4) 박종호편, op. cit., p. 15.
5) 이민원, op. cit., p. 138.

(4) 조선정부는 재조직 되어야함.

(5) 궁궐지출은 축소되어야함. 조선의 군대 및 재정조직의 정비가 급선무임.

(6) 러시아와 일본군대는 조선이 스스로 반란에 대처할 수 있을 때까지 조선에
주둔해야함.

(7) 러시아와 일본은 제3국이 조선을 공격할 경우 한반도를 같이 방어해야함.

마침내 야마가다는 1896년 3월 15일 일본에서 출발하여 5월 17일 모스크바에 도착하였다. 5월 24일 야마가다(A. Yamagata)는 로바노프 외무장관에게 한반도의 38도선을 양분하여 러시아와 일본의 세력권으로 분할 할 것을 제의하였다. 그리고 야마가다는 로바노프 외무장관에게 일본정부의 초안을 제시하였다. 조선독립의 보장, 조선의 예산, 재정정비, 군사개혁, 러시아와 일본양국군대의 조선 파견문제 등이었다. 이에 대해 러측은 이안이 조선의 독립에 대한 러, 일의 공동보장안이 아니냐고 물었다. 1896년 6월 6일 제2차 회담에서 로바노프 외무장관은 일본이 제의한 조선독립의 guarantee 조항은 러, 일 양국이 조선을 보호화 하려는 의도로 해석될 수가 있어 조선의 독립유지 원칙에 반하다고 하면서 대신 recognition의 용어로 대체할 것을 제의하였다. 그리고 고종은 을미사변이후 일본군을 두려워하고 있으므로 러시아가 조선군대와 궁궐수비대를 훈련시킬 것을 제의하였다.

그리고 일본이 제의한 38도선 경계선 확정은 한반도의 분할을 의미하므로 제외를 주장하였다. 그는 조선의 남부를 일본에게 양보하는 것은 전략적으로 중요한 조선의 남부를 러시아가 공식적으로 포기하게 되어 향후 러시아의 행동의 자유를 손상하기 때문이었다. 그리고 러시아는 6월 3일 러·청동맹조약에서 한반도의 영토보전을 이미 약속하였다.6)

러·일간의 4차례 협상 끝에 1896년 6월 9일 로바노프―야마가다(Lobanov―Yamagata) 의정서가 체결되었다. 금번 의정서는 평문 4항, 비밀 2항으로 구성되었다. 다만 러, 일 양국간에 첨예하게 대립되었던 조선군을 훈련시킬 군사

---

6) A. 말로제모프, 석화정 옮김, op. cit., p. 134.

교관의 파견문제와 외국고문의 채용문제는 제외되어 상호 협상의 여지를 남기
고 있었다.

> 제1조: 만일 조선이 대외차관을 필요로 할 경우 러시아와 일본이 협의한다.
> 제2조: 러시아와 일본정부는 조선의 재정적 경제적 상황이 허락하는 한
>   외국의 지원없이 군대와 민간경찰을 창설하고 유지하는 역할을 조선이
>   담당케 한다.
> 비밀조항
>   (1) 러, 일양국은 조선에 군대 파견시 충돌을 방지하기 위해 중립지대를
>   두는 방안으로써 각자를 위한 활동영역을 결정한다.
>   (2) 조선에서 필요한 군대가 창설될 때까지는 러, 일양국이 조선에서
>   군대 유지권을 갖는다.

러시아측은 로바노프－야마가다 의정서에 대해 다음과 같이 평가하였다.[7]

> (1) 일본이 차관 제공등으로 조선에서 재정적인 우위를 누리고 있는 반면
>   러시아는 고종을 공사관에서 보호하고 있어 정치적, 군사적으로 우위에
>   있음.
> (2) 조선에서 일본의 배타적인 영향력을 제거함으로써 조선의 독립이 보존됨.
> (3) 조선 독립의 의미는 고종이 독자적으로 군사교관과 고문들을 채용할
>   수 있게 된 것을 의미함. 고종은 대내외적으로 자유를 가지게 됨.

러시아는 이 협정으로 일본군과 동수의 군대를 한반도에 주둔시킬 수 있는
권리를 확보함으로써 조선에서의 위상을 제고시켰다. 그러나 로바노프 외무장

---

7) 당시 조선주재 영국 조르단(J. N. Jordan, 1896－1900) 총영사 대리는 명성황후 시해사
   건으로 일본은 활기를 잃었으나, 금번 의정서 체결을 통해 활기를 되찾았다고 하면서
   러시아가 희생되었다고 평가하였다. 웨베르 공사는 조선에 대해 러시아와 일본이
   통치하는 공동의 보호령의 형태를 띠게 되었다고 평가하였다. G. A. Lensen, op. cit.,
   pp. 635.

관은 이 협정으로 러, 일양국이 동등하게 조선을 통치하게 되었다고 하면서 조선의 현 상황을 취급하는 것이지 미래를 규율하는 것이 아니라고 하면서 의미 부여를 제한하였다.

한편 일본은 명성황후 사건이 조선내 일본의 활동을 마비시켰으나, 모스크바 의정서의 체결로 러시아와 함께 다시 조선에서 권리를 확보하였으며, 강국 러시아와 타결을 봄으로써 일본의 영예가 제고되었다고 평가하였다. 그러나 일본은 고종의 환궁을 확보 받지 못하였으며, 러시아가 조선에 군사교관을 파견하는 것을 막지 못했다.

로바노프-야마가다 의정서 체결로 조선에서 러, 일간의 상호견제 체제가 수립되었다. 러시아는 1896년 6월 3일 청국과 동맹협정을 체결하고 일본과는 1896년 6월 9일 로마노프-야마가다 의정서를 체결함으로써 만주와 한반도에 적극적으로 진출할 수 있는 유리한 여건을 확보하였다. 그리고 러시아는 한반도 현상유지를 확보하기 위해 청국과 일본으로부터 2중적인 보장을 추구하였다.

1897년 3월 2일 가토(M. Kato)가 조선주재 변리공사로 부임하면서 한성각서 및 모스크바 의정서를 이완용에게 전달함으로써 조선정부는 알게 되었다. 조선정부는 고무라-웨베르 각서와 모스크바 의정서에 가입하지 않았으므로 이에 구속받지 않으며, 행동의 자유가 있다고 선언하였다. 러시아가 조선국민들이 큰 반감을 갖고 있던 일본과 합의함으로써 조선의 친구로 간주했던 러시아에 대한 조선국민의 감정이 악화되었다.

제6장

아관파천과 러시아의 조선 개입

1. 조선개혁 문제와 을미사변

청·일전쟁의 결과 청국이 패퇴하고 일본이 승리함으로써 동북아 정세는 크게 변모하였다. 그리고 삼국간섭의 성공으로 러시아의 영향력이 크게 증가하였다. 러시아는 일본으로 하여금 요동반도를 청국에 환부시킴으로써 청국에 우호적인 국가라는 이미지를 확고히 하였다. 또한 러시아는 러·청 동맹조약을 토대로 북만주를 통과하는 동청철도 부설권을 확보함으로써 만주에 대한 평화적인 침투를 강화하였다.

한편 일본은 청일전쟁의 계기에 한반도에 대한 통제를 확고히 하기 위해 조선의 내정을 개혁코자 하였다. 일본은 조선의 내정불안이 외국의 개입을 초래하고 있다고 판단하고 고종의 권한을 약화시키고 친일파 중심의 내각을 구성하여 한반도에 대한 영향력을 강화코자 하였다.

우선 일본은 1894년 7월 23일 고종과 대립하고 있던 대원군을 복원시켜 왕실내의 내분을 조장하면서 고종의 권한을 약화시켰다. 일본은 청·일전쟁을 조선의 독립을 위해 일으켰다고 주장하면 조선의 병참지원을 확보하기 위해 1894년 8월 26일 조선에게 강제적으로 군사동맹을 체결케 하였다. 그리고

1894년 11월 20일 조선주재 일본 이노에(K. Inoue)[1]공사는 갑오개혁안을 조선정부에 제출하였다.

일본이 추진하고 있는 갑오개혁은 군주제 폐지 등 조선정부의 개편을 의미하는 것으로서 조선정부의 현상유지를 견지해 온 러시아의 입장과 대치되었다. 러시아 로바노프 외무장관은 러시아주재 일본 니쉬 공사에게 일본이 조선정부의 고위인사 임명에 개입하고 철도, 광산 등 이권을 장악하고 있다고 지적하면서 일본의 조선정부에 대한 개입으로 조선정부는 불만을 가지고 있다고 언급하는 등 갑오개혁에 대해 부정적인 입장을 표명하였다.

한편 일본은 조선의 내정 개혁이 별 소득이 없자 1895년 5월 25일 조선주재 이노에 공사를 소환하고 대신 군인출신인 미우라(G. Miura)를 파견하였다. 미우라는 조선내정개혁이 명성황후의 개입으로 성과가 미흡하다고 판단하고 1895년 10월 8일 명성황후 시해를 사주하였다. 소위 을미사변이 발발하였다. 1895년 10월 9일 웨베르는 일본 군사교관이 200명의 훈련대를 이끌고 새벽 4시경 명성황후를 시해하였다고 본국에 보고하였다.[2]

을미사변으로 조선궁궐의 수비대는 일본군이 장악하고 친일파들이 조선정부를 장악하였으며, 명성황후를 평민으로 격하시켰다.

삼국간섭을 계기로 한반도에 적극적인 관심을 갖게 된 러시아는 명성황후 시해사건에 대해 민감하게 반응하였다. 우선 조선주재 러시아 웨베르 공사는 아무르 주둔 러시아 군대의 강화를 러시아 정부에 요청하는 한편 명성황후 시해사건에 일본군이 개입해 했다는 의혹이 있다고 지적하였다. 그러나 조선주재 일본공사는 대원군의 음모로 명성황후가 시해되었다고 변명하였다.

1895년 10월 20일 러시아 로바노프 외무장관은 러시아 주재 일본 니쉬 공사에게 한반도 상황이 더 악화되지 않도록 한반도 주둔 일본군이 철수하는

---

1) 이누에는 일본 외무장관(1879−1885, 1885−1887, 1892−1893), 재무장관(1898)을 역임 했다.
2) 박종효편, op. cit., pp. 90−91.

것이 좋겠다고 지적하였다.

그러나 니쉬는 일본정부가 명성황후 시해에 개입하지 않았다고 거듭 변명하였다. 그는 일본군은 일본 공사관과 일본 거류민을 보호하고 있으며 조선의 치안이 확보되면 조선에서 철수할 것이라고 언급하였다. 일본은 명성황후 살해사건을 계기로 러시아가 조선내정에 개입하지 않을까 경계하였다.

한편 조선주재 외교단에서 고종의 안전 보장문제, 명성황후 살해범의 수사문제가 심각하게 논의되었다. 이같은 문제들은 결국 조선 군주제의 유지 여부 등 정치체제 문제, 궁궐 수비대 조직문제, 등 조선내정 개혁과 연계되어 논의되었다. 조선주재 외교관들은 첫째 일본이 조선 국내정치 현상 회복을 위한 조치를 취해야 하며 둘째 반란군을 처벌해야 하며 셋째 고종에게 자유와 신변을 보장해야 한다고 지적함으로써 일본이 명성황후 살해사건에 책임이 있으며, 일본이 추진한 갑오개혁에 반대한다는 입장을 표명하였다. 특히 조선주재 러시아, 미국, 영국 공사들은 일본의 개입 의혹을 제기하면서 조선 정치의 회복과 범인색출을 위한 공정한 수사를 요구하였다. 이에 일본정부는 1895년 10월 17일 미우라(G. Miura) 공사 등 40명을 본국으로 소환하여 범죄행위를 은폐코자 하였다.

웨베르 공사는 을미사변을 계기로 야기되고 있는 외교단들의 반일감정에 편승하여 러시아의 영향력 제고에 주력하였다. 1896년 11월 12일 웨베르 공사는 외교단 회의에서 러시아는 조선의 최근린 이웃으로서 조선의 복지와 평화에 관심이 많은 국가라고 설명하고 고종이 군주지위를 유지함으로써 조선의 평화가 유지된다고 주장하였다. 그는 군주제의 폐지를 의도했던 친일파의 갑오개혁에 반대한다는 입장을 밝혔다.

그리고 웨베르는 1894년 7월 일본군의 조선 궁궐 점령, 친일파 박영효 관직 복귀, 을미사변 등이 조선의 평화와 평온을 저해하고 있다고 일본측의 잘못을 지적하였다. 웨베르는 일본이 을미사변이후 일어나고 있는 조선내정의 불안을 제거하고 조선정치의 원상회복을 위한 조치를 취해야 하며, 고종의 권위를 고양시켜야 한다고 주장하였다. 그리고 친일파가 명성황후를 평민으로 격화시킨 조치에 반대한다고 언급하였다. 조선주재 미국 실(J. S. Sill) 공사, 영국 힐레르(W. C. Hiller) 총영사 대리들은 1895년 10월 8일 명성황후를 평민으로 격화시킨 칙령을 인장하지 않는다고 주장하였다. 1895년 11월 26일 고종은 명성황후의 평민 격화를 다시 복권시킨다는 칙령을 내림으로써 일본의 조선내 영향력은 감소하기 시작하였다.

1895년 10월 24일 일본 정부는 조선국민의 반일 여론이 악화되고 열강들로부터 고립되자 일본천황의 특사를 명성황후의 조문사절로 보냈다. 조선정부는 명성황후의 서거를 공식 발표하기 전에 일본이 조문사절을 보냈다.

조선정부도 명성황후의 서거를 뒤늦게 발표하였다. 1895년 11월 친일 내각 하에 있는 고종을 구출하기 위한 쿠데타가 있었으나, 실패하였다. 일본은 이 사건에 미국이 개입했다고 주장하고 명성황후 시해 사건으로 자국에 집중된 조선인들의 관심을 돌리려고 하였다. 조선정부는 이 사건이 명성황후가 아직 살아 있다는 의구심에서 발생했다고 보고 민비가 10월 8일 서거했다고 12월 2일 뒤늦게 발표하였다.

그러나 미국, 프랑스 정부는 일본에 대한 압력 행사를 자제하였다. 미국 국무장관은 1895년 11월 11일 조선주재 미국 실(Sill) 공사에게 조선정부의 내정에 개입하지 말며, 조선주재 미국인들의 보호에 치중하고 외교단의 공동 행동에 거리를 둘 것을 지시하였다.

조선주재 프랑스 공사는 본국정부의 동의가 없는 한 외교단의 토론에 참가하지 않는다고 알렸다. 결국 열강들이 일본에게 조선정부의 원상회복을 요구했던 공동대책(demarche)이 실효를 거두지 못하고 다음해를 넘어가게 되었다.

한편 명성황후 시해 사건은 대내외적으로 큰 영향을 미쳤다. 우선 1896년 1월 1일 고종은 주체적인 국내개혁의 추진이 국가의 독립유지에 중요하다고 보고 단발령과 태양력의 사용 등 서구인 근대화를 적극 추진하였다. 고종은

을미사변으로 실추된 왕실의 권위를 회복하고 쇠퇴하는 국운을 회복시키고자
노력하였다.

2. 아관파천과 러·일 대립

　러시아 정부는 1895년 10월 8일 명성황후 살해 사건으로 일본의 조선내 영향력 증대에 적절히 대처하지 못했다는 이유로 웨베르를 멕시코 공사로 발령 내고 그 후임으로 스페에르를 임명하였다.

　당시 조선주재 프랑스 레페레(G. Lefevre) 공사는 이것은 러시아가 앞으로 한반도 문제에 있어서 좀더 적극적으로 대처해 나갈 것을 의미하는 것으로 해석하였다. 그러나 1895년 12월 러시아 정부는 스페에르 후임자가 조선에 도착할 때까지 웨베르가 조선에 머물도록 지시하였다. 결국 웨베르는 그대로 조선에 재임하게 되었으며, 스페에르는 히트르프의 후임으로 일본주재 러시아 공사로 발령 받았다. 어째든 동북아 지역에서 일본주재 러시아 공사의 교체는 러시아의 한반도 정책에 변화를 의미하는 것이었다.

　스페에르는 일본으로 가기 전에 1896년 1월 14일 한성에 들러 조선주재 프랑스 공사와 면담을 가졌다. 그는 조선정부가 고용한 일본인 고문들이 조선의 모든 것을 결정하고 있다고 지적하고 러시아는 조선을 병합하거나 보호화할 의도가 없으며, 조선내 질서와 평온이 회복되기를 기대한다고 언급하였다.

한편 일본군의 살해 위협을 받고 있던 고종은 1896년 1월 중순 스페에르 공사를 불러 신변안전등 도움을 요청하였다. 이에 스페에르는 본국에 아래와 같이 보고하고 훈령을 요청하였다.

(1) 고종은 러시아의 도움으로 권위를 회복하여 고위인사의 임명권을 되찾고 자 하고 있음.
(2) 러시아가 도움을 주지 않을 경우 일본이 한반도를 삼키려고 할 것이며, 러·일간의 협상으로는 한반도 문제의 해결이 어려울 것임.
(3) 조선의 독립 회복을 위해 러시아는 한반도 주둔 일본군과 동수의 병력을 한반도에 파견해야함.
(4) 일본은 청·일 전쟁으로 약해져 있으며, 러시아군의 한반도 파견에 대해 일본은 복잡한 사건의 전개를 원하지 않을 것임.

이에 대해 러시아 정부는 러시아 군대의 한반도 주둔이 러·일간의 갈등을 초래 할 것이며 조선내정의 개입이 불편함을 야기시킬 것이라고 하면서 히트로브 공사가 귀국할 때까지 행동을 자제할 것을 지시하였다. 러시아 로바노프 외무장관은 고종의 러시아에 대한 개입 요청은 조선체제의 전복을 의미하는 것이라고 보고 러시아가 조선에 개입할 경우 청국내 러시아의 영향력이 약화 될 것이며, 동북아에서 복잡함이 야기 될 것이라고 우려하였다

한편 일본주재 러시아 히트로브 공사는 러·일간의 갈등을 회피하기 위해 모든 방안을 강구해야 한다고 주장하고 현재 한반도 정세는 위험하지 않으므로 한반도에 대해 러시아가 어떤 압력도 행사하지 말 것을 언급하였다. 그리고 니콜라이 2세의 대관식에 일본대표단이 참석할 때까지 어떤 행동도 자제할 것을 요청하였다.

한편 고종은 을미사변이후 자신에 대한 신변불안이 가중되자 러시아 공사관에 피신을 고려하였다. 1896년 2월 2일 고종은 이범진을 통해 서한을 스페에르에게 전달하면서 러시아 공사관으로 피신을 희망하였다.

이에 웨베르와 스페에르는 고종이 러시아 공관에 피신하는 것이 러시아에게 도움이 된다고 판단하여 동의하였다.[1] 그리고 러시아 외무부도 동 계획을 사전에 승인하고, 만일의 사태에 대비하여 러시아 군함을 제물포에 파견토록 명령하였다.

그러나 러시아 군대의 한성 파견에는 반대하였다. 러시아 군대가 한성에 파견 될 경우 러·일간의 관계가 복잡해 질 것이며, 이를 빌미로 일본이 군사적인 조치를 취할 것을 우려했기 때문이었다. 결국 러시아는 고종이 자발적으로 러시아 공사관에 피신하는 것으로 결정하였다.

2월 3일 고종은 러시아 공사관의 피신처 제공에 사의를 표했으며, 스페에르는 만일의 비상사태에 대비하기 위해 필요하다고 하면서 러시아 공사관의 수비병을 증원 해 줄 것을 요청하였다. 1896년 2월 10일 제물포에 정박 중이던 러시아 함대로부터 해군 100명이 러시아 공관에 도착하였다. 이로서 러시아 공관의 수비대는 총 200명이 되었다.

1896년 2월 11일 새벽 고종은 러시아 공사관으로 피신하였다. 2월 11일 스페에르는 한성주재 외교단에게 고종이 신변불안으로 러시아 공사관으로 피신해 있다고 설명하였다.

웨베르와 스페에르는 고종의 아관파천이 러·일간의 대립을 초래하지 않도록 신중하게 처신하였다. 그리고 고종이 러시아의 영향 하에 있다는 인상을 주지 않도록 외교단과 조선 국민들에게 조심하였다. 당시 러시아는 극동 군사력이 열세하여 일본과 충돌을 바라지 않았으며, 더욱이 영국이 라일의 대립을 이용할 소지를 방지코자 하였다.

조선주재 외교단들은 일본이 명성황후의 살해사건을 배후에서 지원했다는 의구심을 갖고 있어 아관파천에 대해 긍정적으로 보고 있었다. 조선주재 미국 실(Sill) 공사는 러시아는 조선에서 영향력 확대를 꾀한다는 인상을 주지 않도록 조심하고 있다고 보고했다. 조선주재 영국공사는 러시아의 조선개입을 우

---

1) G. A. Lensen, op. cit., p. 582.

려하지 않으며, 러시아는 조선내정에 과도하게 개입하지 않고 원만하게 잘 하고 있다고 지적하였다.

한편 고종의 아관파천으로 조선의 정세가 바뀌게 되었다. 그간 조선의 친일 내각이 친러내각으로 교체되었고 러시아의 영향력이 증대하였다. 이윽고 일본 군사교관이 한반도에서 철수하였으며, 조선 정부에 채용된 일본 고문들의 고 용 계약도 갱신되지 않았다.

조선정부는 러시아와 교섭을 위해 러시아어 통역이 필요하였다. 조선정부 는 연해주 지역에 살고 있는 조선인들을 주목하고 이 지역에 거주하고 있는 청년 52명을 불러 통역관으로 임명하고 월급을 주었다. 이중 대표적인 인물이 김홍륙이었다. 그는 고종의 은총을 받아 학부대신으로 귀족원경이 되었다.

3. 러시아의 조선현상유지와 보호화 문제

고종이 아관파천으로 러시아 공관에 머물게 되자 러시아는 조선정부가 러시아의 영향하에 있게 되었음을 평가하고 아래와 같이 대한반도 정책을 검토하였다.

(1) 조선내 친러내각의 구성에 개입할 것인가.
(2) 좋은 기회에 조선을 병합 혹은 보호화 할 것인가.
(3) 일본과 함께 한반도 문제를 협의할 것인가.

이에 대해 러시아 외무부에는 조선의 병합을 지지하는 입장과 조선의 현상유지를 주장하는 입장이 상존하고 있었다. 스페에르는 아래의 이유로 러시아가 아관파천의 기회에 한반도를 보호화 할 것을 주장하였다.

(1) 러시아가 조선정부에 개입하지 않고 방임할 경우 조선 국내사정이 악화되어 러시아가 다시 개입하게 될 것임.
(2) 러시아가 한반도를 보호화 할 경우 태평양 해안을 강화하는 이점이 있음.

(3) 일본이 조선과 러시아간의 상업적인 이익을 보장하면 러·일간에 타협이
    될 수 있음.

그리고 러시아 총참모부도 부동항의 획득에 있어서 만주보다는 한반도가
유리하다고 주장하면서 조선에 대해 러시아의 보호화를 주장하였다. 러시아
그로데코프(N. I. Grodekov)[1] 아무르 지역의 사령관 대리도 일본이 조선을
장악할 경우 동해가 일본의 내해가 되어 러시아에게 불리하다고 주장하면서
조선의 장악을 주장하였다.

반면 일본주재 러시아 히트로브 공사는 러시아의 조선개입에 반대하고 조
선 현상유지정책을 견지 해 나갈 것을 주장하였다.

(1) 조선문제를 러시아에게 유리하도록 해결하기 위해 조선에 압력을 행사하
    는 것을 자제해야 함. 일본이 한반도 문제의 해결을 위해 러시아와 협의코
    자 할 때 러시아가 행동하게 되면 일본의 적의를 사지 않고 조선에서
    러시아의 우위 견지가 가능함.
(2) 러시아는 일본이 조선을 배후 조종하는 것을 방지할 외교적인 역량이
    부족함.
(3) 고종은 권력기반이 허약하므로 일본에게도 수용 가능한 인물로 생각되고
    있으며, 일본은 고종을 폐위시키지 않고 그대로 왕위를 보존시킬 것임.
(4) 일본군대가 조선에서 철수할 경우 혼란을 초래 할 가능성이 있으므로
    일본군대의 철수를 주장하지 말 것.
(5) 러시아가 일본과 함께 조선을 공동으로 점령하는 것은 제국주의 열강들의
    개입을 초래할 것이므로 자제할 것.
(6) 조선내 러시아 군사교관의 파견과 재정고문 파견은 시기상조임.

마침내 러시아 외무부는 조선현상유지의 입장을 계속 견지해 가기로 결정
하고 1896년 2월 24일 다음과 같이 훈령을 내렸다.

---

1) 그로데코프는 프리아무르 총독(1898－1902)을 역임하였다.

(1) 조선내 일본의 과도한 영향력 행사를 방지함.

(2) 현재 러시아가 조선내에 특권을 가질 경우 러일간의 충돌 가능성이 있으므
로 러·일관계를 조율하는 것이 필요함.

(3) 현재 조선은 혼란상태이므로 러시아 군사교관의 파견은 시기상조임.

1896년 4월 로바노프 외무장관은 러시아 주재 프랑스 바우빈네스(C. A.
Vauvineux) 대사대리와 회담시에 러시아의 조선불개입과 현상유지를 재확인
하였다. 그는 러시아는 조선의 독립유지를 지지하며, 현재 조선내 부동항 획득
의 계획은 없으며, 시베리아 철도가 완성이 되면 부동항 획득문제를 고려할
것이라고 언급하였다.2)

한편 로바노프 외무장관은 조선정부에 3, 000정의 무기를 선물로 주면서
이같은 무기선물이 러일간의 화해분위기를 저해하지 않기를 바란다고 언급하
는 등 조선정부에 대한 러시아의 관심이 지대함을 상기시켰다. 그리고 스페에
르는 조선에 약 4개월간 체류하는 동안 을미사변의 후속처리와 아관파천을
성사시킴으로써 러시아의 조선내 영향력을 크게 증가시켰다. 1896년 3월 1일
그는 마침내 일본주재 러시아 히트로브 공사를 교체하기 위해 일본으로 떠났다.

고종의 아관파천으로 한반도내 러시아의 영향력은 1884년 조·러수호통상
조약 체결이래 10년 만에 크게 강화되었다. 이에 대해 "신세대"(노보에 브레
미야)지는 이 같은 공로는 웨베르 보다는 스페에르에게 있다고 지적하였다.
웨베르가 무관심하여 일본에 의해 명성황후가 살해되었으나 스페에르는 독수
리의 눈을 가지고 외교전장을 조사하고 다닌 인물이라고 칭찬하였다. 웨베르
는 조선에 너무 오래 살아 조선인에 대한 동정심으로 가득차 있다고 평가하고,
조선에 대한 과도한 사랑으로 러시아의 국익을 저해하고 있다고 지적하였다.
그리고 이 신문은 러시아는 한반도에 대해 조심스럽고 지적인 정책의 수행이
필요하다고 강조하였다. 일본신문은 웨베르가 우유부단하나 동북아 평화 유지

---

2) G. A. Lensen, op. cit., p. 598.

에 최적의 인물이라고 지적하였다. 조선주재 미국 알렌(H. N. Allen, 1897-
1901) 공사는 웨베르가 결정력이 부족하며 조선내정에 적극적으로 개입하지
못하고 있어 러시아 정부의 지지를 받지 못하고 있다고 평가하였다.

한편 웨베르는 일본의 명성황후 시해 사건과 아관파천을 "일본이 불법적으
로 남의 집에 들어온 후 합법적으로 퇴치 당한 꼴"이라고 비유하였다. 웨베르
는 을미사변으로 자신의 입장이 난처했으나, 아관파천의 성사로 명예가 희복
되었으며 멕시코 주재 러시아 공관으로의 전출을 면했다.

4. 러시아의 조선개입

러시아는 1896년 상반기까지 동북아 현상유지정책을 견지해 왔으나, 1896
년 6월 러·청간 동맹조약 체결과 동청철도 부설권을 획득하자 시베리아와 만
주 지역에서의 철도건설을 통해 동북아에 대해 적극적으로 진출을 시도하였
다. 이에 따라 러시아는 그가 견지해온 소극적인 조선 현상유지정책에서 전
환하여 한반도에 적극적인 개입을 추구하였다. 러시아는 러·청동맹조약의
체결을 통해 확보한 한반도와 청국에 대해 개입할 수 있는 유리한 기반을
토대로 아관파천 이후 러시아 군사교관의 조선 파견 등 한반도에 개입하기
시작하였다.

가. 러시아의 군사교관 파견과 조선군 창설지원

조선정부는 1880년대부터 국방력 강화를 위해 갑신정변, 거문도 사건과
청일전쟁 등 한반도 주변상황이 급변할 때마다 러시아에게 조선군대를 훈련시
킬 수 있도록 군사교관의 파견을 요청하였다.

1894년 청일전쟁에서 승리하자 일본은 1894년 7월 갑오개혁을 실시하여
조선을 보호국화 하기 위해 군제와 경찰제도를 일원화하였다. 일본은 훈련대
6대대를 창설하였다. 그 중 3대대는 러시아의 남진을 방어하기 위해 함경도에

배치하는 것으로 계획하였다. 이에 고종은 일본중심의 군제개편에 대한 대항 방안으로 러시아 군사교관의 파병을 요청하였다. 그러나 한반도 현상유지를 견지해 온 러시아는 거절하였다.

러시아의 군사교관 파견 문제는 사실상 한반도에 대한 러시아의 실질적인 개입을 의미하는 것으로서 이에 대한 충분한 검토가 필요하였다. 러시아는 한반도가 우수리지방의 국경을 보호하는 방벽으로 중요하다고 평가하고 청·일 전쟁이후 조선의 중요성을 강조하면서 군사무관의 파견을 주장하였다. 러시아 군부는 한반도가 지정학적으로 중요한 만큼 일본의 대륙진출을 방지하기 위해 사전에 조치가 필요하다고 강조하였다.

러시아 황실기병연대 중위 볼꼰스끼(A. Volkonskii)는 총참모본부 군 학술위원회에 제출한 정책 건의서에서 한반도의 중요성을 아래와 같이 기술하고 있다.[1]

> (1) 한반도는 태평양 진출에 중요한 요충지이다. 아시아내 태평양의 심장부에 위치한 조선은 청국과 일본을 견제할 수가 있으며, 인도에서 청국의 동부로 향하는 영국함대를 견제할 수 있다.
> (2) 일본이 한반도를 지배한다면 서북태평양 해상의 모든 항로를 지배할 것이다. 조선이 일본에 종속되는 것을 방지하기 위해서는 한반도의 모든 도서에 일본 수비대와 동등한 병력을 러시아도 주둔시켜야한다.
> (3) 조선에서 군사 교관단을 확충해야한다.

러시아 군부에서는 군사교관을 조선정부에 파견하는 사안에 대해 긍정적으로 판단하고 있었다. 조선 정부가 러시아에 대해 1884년 8월 군사교관의 파견을 제의했을 때 러시아 군부는 지지를 표명하였다. 당시 러시아 군부는 러시아가 불가리아에 군사교관을 파견하고 해군함대의 창설을 지원함으로써 불가리아가 독립을 유지하고 친러적인 정부로 존립하고 있다고 평가하면서 전략적으

---

1) 박종효편, op. cit., p. 726.

로 중요한 조선에 대해서도 군사교관을 파견하여 러시아가 영향력을 유지하는 것이 유익하다고 주장하였다.

한편 북경주재 러시아 군사대표는 청국 지부에서 조선 외부 고문이었던 묄렌도르프와의 면담결과를 1884년 8월 8일(노력) 국방장관에게 보내는 보고서에서 조선이 러시아의 세력 하에 있는 것이 유리하다고 주장하면서 러시아 군사교관의 조선파견을 지지하였다. 러시아 군사대표는 어떤 경우에건 러시아의 동의 없이는 조선에 관한 현상이 변해서는 안 된다고 강조하면서 조선이 러시아의 세력 하에 놓일 경우 잇점을 아래와 같이 열거하고 있다.[2]

  (1) 연해주 지역의 안전을 확보할 수가 있다.

  (2) 라청간 전쟁이 발발할 경우 만주의 험난한 지역을 우회해서 손쉽게 작전지역을 확보할 수가 있다. 러시아군은 조선영토를 통해 북경과 만주 등 주요도시와의 연결을 단절시킬 수 있다. 한반도를 장악할 경우 청국의 영해가 러시아의 통제 하에 들어오며, 이 경우 러시아 본토 병력이 유럽지역에서 극동으로 이동할 필요가 없을 것이다.

  (3) 러-조선간에는 육로무역을 통해 서로 발전 할 수가 있다. 우수리 혹은 아무르 지역에 공업단지를 조성할 수가 있을 것이고, 이로 인해 조선이 발전할 수 있을 것이다.

결론적으로 러시아 군사 대표는 러시아가 조선의 영토를 점령할 동기가 충분히 있다고 주장하면서 다른 열강들이 조선을 점령하기 전에 조러 관계를 강화하기 위해서는 묄렌도르프의 요청대로 러시아 군사교관을 파견하고, 노후화된 시베리아 함정들을 조선정부에 줄 것을 제의하였다.

아관파천[3] 이후 구성된 조선정부의 친러내각은 그간 일본이 추진해 온

---

2) 북방연구소, 제1집 1920년대 소련의 조선족(워싱턴, 1992), pp. 23-28.

3) 1896년 2월 11일의 아관파천은 명성황후를 살해한 일본에 대한 고종의 적개심과 신변 불안, 그리고 이범진을 비롯한 친러파의 적극적인 노력과 조선주재 러시아 웨베르(Karl Waeber) 공사의 개입의 결과로 성사된 사건이었다.

갑오개혁을 무시하고 의정부 관제를 복고 시켜 내각보다는 왕권을 강화하는 정책을 표방하였다. 그리고 새로 탄생한 친러내각은 정권유지를 위해서는 우선 러시아 정부로부터 지지를 확보하는 것이 중요하였다. 우선 명성황후를 살해당한 고종은 우선 신변의 안전과 궁궐의 수비대를 새롭게 구성하는 것이 절실하였다. 이와 함께 고종은 일본의 세력을 견제하고 근대 독립국가로서의 자강을 위해 근대식 신식군대의 창설을 추진하였다

우선 고종은 러시아 공관에 거주하면서 웨베르 공사에게 조선군 개혁에 대한 지원과 조선군 3천명을 조직하는데 협조 해 줄 것을 요청하였다. 이에 대해 스페에르 공사는 1896년 2월 26일 러시아 로바노프 외무장관에게 조선의 보호를 요청하였다.

한편 로바노프 외무장관은 러시아 정부가 조선정부에게 과도한 영향력을 행사할 경우 일본과의 관계 악화를 우려하여 조선주재 러시아 공사에게 훈령을 보내지 않고 주변상황을 예의 주시하였다. 당시 러시아는 조선보다 청국과 일본에 우선순위를 두고 있었으며, 일본과 청국과의 관계가 정리되지 않고 있는 마당에서 섣불리 조선과의 관계를 정립할 수가 없었다. 러시아는 조선내 일본의 독점적인 지배를 평화적인 방법으로 방지하는 것이 주목적이었으며, 그렇다고 러시아가 압도적으로 조선에서 세력을 확대해 나가는 데 소극적이었다.

러시아는 1896년 5월 니콜라이 2세의 대관식의 참석기회에 민영환의 특사가 러시아 군사교관의 조선 파견을 요청하기 이전에 이미 조선에 대한 군사교관의 파병과 조선군의 창설을 지원하는 문제에 대해 협의하였다. 조선주재 러시아 대리공사는 1896년 3월 29일(노력) 러시아 외무장관에게 고종이 조선의 군대 창설을 위해 러시아가 군사교관을 파견해 줄 것을 요청했다고 보고하였다.4) 이에 러시아 군부는 1896년 4월 5일(노력) 회의를 개최하여 고종이 요청한 군사 교관 파견과 조선의 군대 개혁문제, 그리고 고종의 경비대 등에

---

4) 북방연구소, 제1집 1920년대 소련의 조선족(워싱턴: 1992), pp. 39−42.

대해 협의하였다. 금번 회의에는 오브를쵸프 참모총장, 아무르 지역군 사령관 두호브스끼 중장, 참모본부의 군사훈련위원회 실무 책임장인 펠리도르프 중장, 참모본부의 아시아 지역 담당 사령관인 프로코 중장 등이 참석하였다.

금번회의에서는 러시아는 조선에서의 영향력을 확보하기 위해 군사교관을 파견하고 조선 군대 개혁 문제에 개입하는 것이 좋다고 결론을 내렸다. 그리고 조선군의 창설 문제는 조선에 대한 보다 신빙성 있는 자료를 확보할 때 다시 논의하기로 하고 우선 고종을 호위하기 위한 경비대 창설에 대한 기본적인 원칙을 아래와 같이 정하였다.

(1) 조선의 궁궐 경비대는 250명의 하사들로 구성된 4개중대로 이루어진 1개 보병포대로 하며, 경비대의 훈련, 지휘 관리는 러시아가 담당한다.

(2) 조선국왕 및 러시아가 같이 지휘권을 갖는다

(3) 러시아 교관은 조선에서 상주하는 동안 러시아 국내에서 근무하는 권리를 그대로 누린다

(4) 러시아 교관의 급료 일부는 러시아 정부가, 일부는 조선정부가 지불한다.

(5) 러시아 장교 및 하사관들은 조선 정부로부터 멕시코 달러나 일본의 엔화로 지불 받는다.

(6) 러시아 정부는 조선 궁궐 경비대에게 필요한 무기를 대여한다.

(7) 조선 정부가 러시아 교관의 귀임 경비를 부담한다.

러시아 오브를쵸프 참모총장은 앞으로 극동지역에서 분쟁이 발발 할 경우 조선의 군사력이 큰 변수로 등장할 것이라고 주장하면서 일본과 조선에 군사 무관의 상주를 로바노프 외무장관에게 제의하였다.[5] 이에 로바노프 외무장관은 조선주재 러시아 공사관에 군사 무관직의 신설에 반대하지 않았다. 1895년에 스트레일비츠키(I. I. Strelbitkii)가 조선주재 러시아 초대 무관으로 부임하였다.

---

5) 박종효편, op. cit., p. 626.

나. 러시아 특사의 모스크바 대관식 참석

1896년 5월 26일 니콜라이 2세(Nicholai 2)가[6] 황제 대관식을 올리게 되자 조선정부는 청국 및 일본과 같이 특사를 파견키로 하였다.

조선정부는 고종의 이관파천 이후 환궁 문제, 그리고 명성황후 시해 사건이후 한성주둔 일본 군대에 대항할 수 있는 궁궐 수비대와 경찰력 증강을 위해 러시아와 협의코자 하였다. 특히 아관파천이후 새로 등장한 친러내각은 대외적으로 러시아의 지지 확보를 통해 국내의 취약한 기반을 보완코자 하였다.[7]

1896년 3월 10일 조선정부는 궁내부 특진관인 민영환을 특사로 임명하였다. 민영환 특사 일행은 학부협변 윤치호, 2등 참사관 김득련, 3등 참서관 김도일, 그리고 민영환의 하인인 손희영이 포함되어 총 5명이었다. 여기에 통역겸 안내인으로 조선주재 러시아 스타인(E. F. Stein)서기관이 수행하였다.[8] 윤치호는 일본, 미국 등에 유학하는 등 외국사정이 밝아서 특사일행에 선발되었다. 김득련은 한어 역관이었으며, 김도일은 러시아어 통역관이었다.[9]

민영환 특사 일행은 1896년 4월 1일 한성을 떠나 대관식 6일전인 5월 20일 모스크바에 도착하였다. 민영환 특사는 1896년 8월 19일 상트 페테르브

---

6) 1894년부터 1917년간 러시아를 통치한 니콜라이 2세(Nicholas) 황제는 알렉산더 (Alexander) 3세의 아들로서 1868년 태어났으며, 사설 개인교사를 통해 교육을 받았다. 1891년 그는 인도, 일본, 블라디보스톡을 방문하였다. 그는 일본 방문시 러시아에 불만을 가진 일본 경찰이 휘두르는 칼에 머리를 맞아 부상을 당했다. 그는 1894년 4월 영국 빅토리와 여왕의 손녀이자 독일 헨센공국의 공주인 알렉산드라(Alexandra) 와 약혼을 했으나 결혼식을 올리기 전에 황제 알렉산드 3세가 병환으로 갑자기 1894년 11월 49세로 사망하였다. 이에 니콜라이 2세는 청·일 전쟁의 와중에 26세의 나이로 황제 직위를 계승하게 되었다. 결혼식은 부친의 장례식 이후에 치루어 졌다. 그리고 니콜라이 2세는 1896년 5월에 정식으로 황제의 대관식을 거행하였다.
7) 당시 서울주둔 일본군 병력은 500명, 러시아공관 수비병 수병 150명, 조선군은 한성 및 지방군을 포함하여 총 7,500명이었다. 이민원, op. cit., pp. 150－153.
8) Ibid., p. 154.
9) 박종효편, op. cit., p. 43.

르그를 출발하여 시베리아 횡단철도를 타고 블라디보스톡을 거쳐 1896년 10월 21일 한성에 귀국하였다. 민영환 일행에게 고종은 4만엔의 활동경비와 2만엔의 비상금을 주었다. 고종은 금번 특사에 대해 큰 비중을 두었다. 당시 조선정부의 수입이 약 300－400만엔이었음을 감안할 때 큰 자금이었다.

민영환 특사는 약 3개월간 모스크바와 상트 페트스부르크에 체류하는 동안 러시아 니콜라이 2세 황제, 로바노프(A. B. Lobandv－Rostovskii) 외무장관, 위테(S. Witte) 재무장관, 외무부 키피니스트 아시아 국장등을 면담하였다.

1896년 6월 13일 민영환은 러시아 로바노프 외무장관을 면담하고 아래 5개항의 요청서를 제출하였다.[10]

> (1) 만족할 만한 수준의 조선군대가 창설될 때까지 국왕의 호위를 러시아 군대가 맡아 줄 것.
> (2) 군사와 경찰의 훈련을 위해 다수의 교관을 파견해 줄 것.
> (3) 광업과 산업 및 철도분야를 지도할 고문을 보내줄 것.
> (4) 3백만원의 차관을 허용할 것.
> (5) 러시아와 조선을 연결하는 전신선 설치에 동의해 줄 것.

민영환 특사는 최근 발생한 명성황후 시해사건이 러시아에 대한 조선의 우호적인 태도에 반발한 일본의 반응인 만큼 러시아는 이러한 사태의 전개에 대해 어느 정도 책임을 져야한다고 주장하면서 조선정부는 러시아의 지원을 기대한다고 언급하였다.

그리고 민특사는 러시아 정부와 일본사절 야마가다(Yamagata)간에 비밀회담이 모스크바에서 진행되고 있는 것으로 알고 있다고 하면서 한반도에 영향력을 행사하기 위한 러일간의 협정은 조선에 새로운 재앙을 가져 올 것이라고 경고하였다.

이에 로바노프 외무장관은 민영환의 요구가 조선에 대한 러시아의 보호화

---

10) 박종효편, op. cit., p. 163.

요청이라고 판단하고 이에 응할 경우 일본의 불만을 사게 될 것을 우려하여
회답을 회피하였다. 그리고 그는 현재 고종이 러시아 공사관에 머물고 있으
며 앞으로도 러시아 수병에 의해 보호를 받게 될 것이라고 대답하였다. 그는
러시아 군사교관이 조선을 사전에 방문하여 현지 상황을 확인한 후 러시아
군사교관의 조선파견과 조선군 창설문제에 대해 해답을 줄 것이라고 언급하
였다. 러시아는 민영환의 요구를 수용할 경우 러시아가 일본 및 영국과 대립
할 가능성이 있으며 이를 거절할 경우 조선에서 러시아의 영향력이 상실될
것을 우려하고 있었다. 민영환 특사는 6월 6일 니콜라이 2세 황제에게 국서
를 전달하면서 앞의 요청을 제시하였다. 니콜라이 2세는 우리의 도움을 믿어
도 좋을 것이라고 답하였다. 6월 7일 민특사는 위테 재무장관도 만나 협조를
요청하였다.

1896년 6월 16일 민영환은 러시아 외무부 카프니스트(D. A. Kapnist) 아
시아 국장을 만나 러시아군이 고종의 신변을 경호해 줄 것을 요청하였다.
카프니스트 국장은 고종의 경호문제는 전반적인 조선의 정치 상황과 관련되어
있으며, 고종이 안전하게 환궁할 수 있도록 도덕적으로 지원할 것이라고 모호
하게 대답하였다.

또한 민영환이 러시아 군사교관이 즉각 조선에 파견되어 조선군을 훈련하
고 궁궐에 주둔하면서 고종의 신변 경호를 요청하자, 카프니스트 국장은 러시
아 군사교관 파견과 경호원의 궁궐 주둔은 별개의 문제이며 러시아 경호원의
궁궐 주둔은 열강들에게 오해를 초래 할 것이라고 답변하였다.

마침내 러시아 정부는 민영환 특사의 요청에 대한 회답으로 6월 30일 아래
의 5개 조항을 약속하였다.11)

> (1) 고종이 러시아 공관에 체류하는 동안 러시아 위병에 의해서 호위 될
>   것이다.

---

11) 이민원, op. cit., p. 170.

만약 고종이 환궁할 경우 러시아 정부는 국왕의 안전을 보장 할 것이다.

(2) 군사교관 파견에 대해 조선정부와 협상하기 위해 유경험자를 조선에 파견할 것이다.

첫째목적은 고종을 위한 조선군의 경비병의 조직이다.

(3) 조선의 재정 상태를 연구하기 위해 고문관을 보낸다.

(4) 차관약정을 검토한다.

(5) 러시아와 조선간의 육로 전신선 연결을 승인하고 이에 대한 원조를 시행한다.

조선정부는 일본의 간섭에 대항하기 위해 러시아의 힘을 빌어 군사적이고 재정적인 자립을 추진코자 하였다. 그러나 러시아는 일본과 청국과의 관계를 의식하여 신중한 태도를 취하였다. 당시 러시아는 대관식에 참석한 청국 이홍장 및 일본의 야마가타와 각각 동북아에 대해 협상을 하고 있었으며, 자연히 조선정부와의 협상은 부차적이었다.

러시아는 결국 일본과의 관계악화를 우려하여 조선에 대한 과도한 군사적인 개입을 자제하였다.

러시아의 군사교관 파견문제는 고종의 신분 보호 및 조선군의 조직 문제와 연계되어 있어 한반도에 관심있는 일본으로서는 주요한 사안이었다.

러시아 로바노프 외무장관은 러시아 경호원의 조선 파병건에 대해 일본의 반응을 타진하였다. 로바노프 외무장관은 1896년 8월 8일 일본주재 러시아 대리공사 스페에르에게 고종은 러시아군의 경호없이는 환궁을 거부하고 있는 바, 일본정부에게 고종의 신변보호를 위해 러 군인 10－15명의 경호원을 임시로 파견하는 방안에 대해 일본정부가 동의할 수 있는 지 알아볼 것을 지시하였다. 이에 스페에르는 일본정부에게 문의 해 본 결과 일본 이토 총리는 로바노프－야마가다 의정서에 따르면 고종은 경호원이 구성 될 때까지 조선주재 러시아 공사관에 체류할 수 있도록 되어 있다고 지적하면서 러시아 정부의 경호원 파견 방안에 대해 반대하지 않는다는 입장을 전달하였다.

1896년 8월 러시아 총참모본부 학술위원회는 푸챠타(D. V. Putiata)를 조선군 훈련 교관으로 육군성에 추천하였다.[12] 그는 1874년 장교로 임명되어 상트 페테르부르그 총참모본부 아시아과 부과장과 청국주재 러시아 군사무관으로 근무하였다.

마침내 러시아 정부는 1896년 8월 푸챠타 대령을 군사교관으로 조선에 파견키로 결정하였다. 그리고 러시아는 러·일간의 고무라-웨베르 각서와 로바노프-야마가타 의정서에 따라 일본측에 러시아의 군사교관 파견을 통보하였다.

마침내 푸챠타 대령은 1896년 10월 21일 민영환 공사함께 위관 2명, 하사관10명, 군의관 1명으로 구성된 13명의 군사교관단과 함께 인천에 도착하였다.[13]

그리고 훈련을 위해 러시아로부터 각종 무기와 탄약도 들여왔다. 조선의 독립신문은 러시아 군사교관의 도착을 환영한다고 논평하고, 민특사의 임무성사로 유럽이 조선의 자유와 독립을 인정하게 되었다고 보도하였다.

1896년 10월 22일 푸챠타 대령은 고종을 알현하고 러시아 정부의 명령에 따라 조선의 군사 필요성을 확인하기 위하여 한성에 도착하였다고 하면서

---

12) 푸챠타의 약력은 아래와 같다. 박종효편, op. cit., p. 583.
　　-1855. 2월: 러시아 스몰렌스끄에서 출생
　　-알랙산드 사관 학교 , 니콜라이 군사아카데미졸업
　　-1874. 11월: 육군소위 임관
　　-1883. 5월:중령 진급
　　-1888. 8월: 대령진급
　　-1887-1888: 중국주재 군사무관
　　-1896. 7월-1897. 7월: 조선 러시아 군사교관단장
　　-1898. 12월: 총참모부 아시아 과장
　　-1898. 12월: 소장진급
　　-1901. 6월 :아무르주 지사 겸 군관구 사령관
　　-1905. 4월 : 중장진급
　　-1915. 2월: 사망
13) Ibid., p. 623.

우선 고종에게 조선정부내 군사 개혁위원회를 구성할 것을 요청하였다. 고종은 이에 동의를 하였다.

당시 푸챠타 대령의 보고에 따르면 조선군대는 한성 주둔 5개 포대와 지역 주둔 8개 포대로 구성되어 있었다. 조선군 장교는 약180명으로 추산되었다. 일본군사 교관이 한성 5개, 지방 2개 포대에 1896년까지 파견되어 근무하였다. 그러나 조선에 파견된 70여명의 일본군 교관들은 을미사변과 아관파천이후 일본에 대한 조선여론이 악화되자 조선군대에서 철수하였다.[14]

푸챠타 대령은 1896년 10월 말 한성주둔 5개 포대로부터 800명을 선발하여 러시아식으로 군사훈련을 시키는 방안에 대해 조선 군부대신과 합의하였다. 조선군부 대신은 2,200명의 교육을 의뢰하였으나, 푸챠타 대령은 교관 부족으로 800명을 주장했다. 아무르 군관주 출신의 아파나셰프 중위는 조선 사관학교 창설과 러시아식 군사훈련의 책임을 맡았다. 33명의 학생을 가르칠 사관학교의 교관은 조선주재 러시아 공사관 수비대장이 담당하기로 하였다. 러시아 하사관 1인에게 조선군 80여명 훈련생이 배정되었다.[15]

마침내 1896년 11월 3일 조선군에 대한 러시아식 군사훈련이 처음 시작되었다. 1897년 1월 36명의 하사관이 러시아식 훈련을 마치고 각 병영에 배치되었다. 1896년 8월에 개설된 군사학교에는 33명의 생도가 러시아 공사관 경비대장 흐멜예프 중위의 지휘하에 훈련을 받았다. 군사학교의 군모는 검정색이었다. 휴대무기는 러시아제 베르당 소총이었다.[16] 1897년 2월 최초로 사관학교를 졸업한 12명의 장교들이 각 병영에 배치되었다. 이같은 훈련의 성과로 러시아 군사교관의 훈련을 받은 조선군인들은 1,000명에 달했으며, 1897년 2월 이들이 조선 궁궐을 수비하게 되었다. 궁궐수비대 장교 대부분은 함경도

---

14) 푸챠타 대령이 조선에 군사교관을 데리고 도착했을 때 조선군대는 수도에 5개 대대, 지방에 8개 대대로서 사병이 7,320명, 장교가 180명이었다. 1901년 1월 조선군은 장교 372명, 사병 15,200명, 군부예산 3,600,000엔이었다. Ibid., p. 425.
15) Ibid., p. 571.
16) Ibid., p. 571.

출신이었다. 함경도 출신 장교들은 지리적으로 일찍부터 러시아와 교류를 할 수 있어 러시아어를 구사할 수 있어 장교로 임명되는데 유리하였다.

마침내 1897년 5월 한성에서 고종, 조선정부 인사, 그리고 상주 재외 공관장들의 참관 하에 러식의 군사훈련을 받은 조선군의 사열이 거행되었다. 1897년 여름 볼콘스끼(A. Volkonskii) 조선주재 총사령부 장교는 러시아식의 군사훈련이 성공적이라고 평가하였다.[17]

한편 1897년 6월 17일 푸챠타 대령은 6천명 규모의 조선군 재편 방안을 검토하였다. 그는 조선정부는 국내질서 유지를 위해 6,000명의 상비군 보유가 필요하다고 주장하였다.[18]

그는 조선정부가 예산상 6천명을 유지하는데 어려움이 없을 것이며, 6,000명의 규모에 대해서는 외국이 의심하지 않을 것이라고 판단하였다. 그리고 조선 군대 재편 문제에 대해서는 일본과 협의가 필요하다고 지적하였다.

당시 한성에 머물고 있던 영국해군 대위 메르센(Mercer)는 "만일 러시아가 6천의 군사를 양성하고 160명의 장교를 제공하게 되면 러시아가 조선을 확실하게 장악할 것"이라고 평가하였다.[19]

조선군 증강문제에 대해 푸챠타 대령은 1896년 12월 조선 정부관료들을 만나 우선 3년에 걸쳐 6천명의 조선군대를 조직하고 이를 토대로 점차적으로 4만명까지 증가시키는 방안에 대해 협의하였다. 이를 위해 푸챠타 대령은 24명의 장교와 131명의 하사관을 러시아 군사교관으로 증원해야 하며, 조선정부는 군대병력 증강에 대한 비용의 4분의 1을 부담해야 한다고 제의하였다. 그리고 러시아외 여타 국가로부터 군사교관을 초빙하지 않아야 한다고 주장하였다.

이같은 푸챠타 대령의 조선 군대 증강안에 대해 무랴비예프 외무장관은 (1) 일본과 맺은 협정 때문에 조선정부가 외국군사교관을 초청하는 것을 방지

---

17) Ibid., p. 368.
18) Ibid., pp. 146−147.
19) 이민원, op. cit., p. 209.

하기 곤란하다. (2) 재무구조가 취약해 조선정부는 예산의 4분의 1을 군사력 증가에 지출할 수가 없을 것이라는 이유로 회의적이었다.[20]

한편 러시아 군사교관의 증원 요청과 조선군 개편안에 대해 조선정부에서는 이견이 있었다. 친일파는 반대하였으며, 친러파는 지지하였다. 당시 국방 및 재무장관을 겸임하고 있던 심상훈은 푸챠타의 계획에 찬성하였으나 이방원 외부대신은 정부내 반발이 심하다고 하면서 각료회의에서 동 문제를 협의할 것을 제의하였다. 마침내 조선정부의 각료회의가 1897년 4월 30일 개최되었다. 친러파는 일본군은 언제든지 조선에 군대를 파병할 수 있는 반면 러시아는 주요이익이 유럽에 있는 관계로 일본군의 조선 파병에 즉시 대응할 수 없다고 하면서 일본이 러시아 보다 조선에게 더욱 위험한 국가라고 주장하였다. 반면 친일파는 러시아는 피터 대제 이래 타국의 영토를 정복해온 국가이며 현재 북만주를 정복하고 있다고 하면서 일본, 조선, 청국 3국은 합심하여 서구세력에 공동 대응할 것을 주장하였다.

결국은 이방원 외부대신은 각료들의 이견 대립을 감안하여 중도책으로 초청한 러시아 군사교관의 수를 줄이는 방안을 각료회의에 건의하여 통과시켰다. 고종도 중도안에 동의하였다. 심상훈은 당시 조선주재 러시아 스트레일비츠키(Strelbitzkii) 무관을 만나 러시아 군사교관의 수를 줄이는 방안에 대해 상의하였다. 스트레일비츠키 무관은 조선정부가 조선에 주둔하고 있는 일본의 수비대에 대항하기 위해서는 그 만큼의 조선군 병력 주둔이 필요하다고 강조하였다. 1897년 5월 심상훈은 웨베르에게 서한을 통해 러시아 군사교관으로 3명의 장교, 10명의 하사관, 1명의 사관학교 교관, 1명의 기술자, 3명의 군악대, 3명의 간호장교 등 총21명의 파견을 요청하였다.[21]

그리고 심상훈은 3년만에 조선군 6천명을 증원하고 이에 따른 무기도입과 군사 시설 확장에 소요되는 비용이 조선정부 예산의 4분1 이상이라고 지적하

---

20) 박종효편, op. cit., p. 599.
21) Ibid., pp. 93－94.

면서 실현이 어려움을 시사하였다.

한편 조선주재 일본 가토(M. Kato) 공사는 1897년 4월 26일 러시아 군사교관의 파견에 대한 조러간의 협상소식을 전해듣고 고종과 회견하였다. 가또는 고종에게 그같은 대규모의 군사교관을 파견하는 것은 옳지 않으며, 로바노프 — 야마가다 의정서의 효력이 발생하는 한 그것을 묵인하지 않을 것이라고 주장했다.22) 고종은 러시아 군사교관 파견 문제는 이미 1896년 5월 민영환 특사의 러시아 방문시 결정 된 사실이며 조선정부는 이에 따를 뿐이라고 언급하고 제안된 군사교관의 절반인 83명을 고용함으로써 곤란한 문제가 해결될 수 있을 것이라고 했다.

일본 정부는 러시아 정부에게도 항의를 했다. 조선군대 개혁에 대해 러시아 주재 일본공사는 러시아 정부와의 접촉을 통해 러시아가 조선군대 개혁에 관한 협정에 서명하지 말 것을 요청하였다. 러시아는 일본의 요청을 긍정적으로 검토하였다.

당시 러시아 무라비예브 외무장관은 러시아는 만주경영에 중점을 두고 가능한 한 조선문제에 대해 일본과의 분규를 자제하였다. 러시아는 조선문제에 대해 일본정부와 이미 현상유지에 합의한 이상 과도한 군사교관의 파견은 라·일간 모스크바 의정서를 위배하는 것이며 이를 빌미로 일본도 군사교관의 조선 파견을 주장할 수 있을 것으로 판단하였다.

러시아 정부는 스페에르가 한성에 도착할 때까지 조선정부와 조선군 개혁에 관한 협정에 서명을 연기하도록 웨베르에게 지시하였다. 그리고 러시아 정부는 조선정부가 요청한 21명의 군사교관에 대해 13명을 파견키로 결정하였다. 러시아는 1897년 5월 일본주재 러시아 공사로 발령을 받은 로젠 공사에

---

22) 조선주재 일본 카토 공사는 아시아 국가들이 단합을 통해 서구침략에 공동 대응할 것을 거듭 강조하고 러시아 시베리아 철도가 완공 될 경우 조선의 독립은 러시아에 의해 끝나게 될 것이라고 경고하였다. 특히 카토 공사는 러시아 군사 교관의 수가 증가할수록 러시아는 조선을 좌우지중할 것이라고 경고하고 러시아 군사교관의 증가는 일본정부의 심한 반발은 물론 조선주둔 러·일군인간 충돌을 초래할 것이라고 위협하였다.

게도 훈령을 통해 한반도 문제에 대해 일본과의 관계가 어렵게 되는 것을 가급적 회피하도록 지시하였다.

마침내 1897년 7월 25일 제2차 13명의 러시아 군사교관이 인천에 도착하였다. 그리고 1897년 8월 러시아 참모부의 결정에 의해 푸차타 대령은 러시아로 귀국하게 되었고 알렉세예프 중위에게 교관단의 통솔권을 인계하였다.

1897년 9월 2일 웨베르 공사의 후임으로 한성에 도착한 스페에르는 7월에 도착했던 13명의 러시아 추가 교관을23) 고용한다는 계약서에 조인할 것을 조선정부에 종용하였다. 조선 각료의 일부분은 찬성을 하였으나 대다수는 반대하였다. 독립협회도 거세게 항의하였다. 결국 러시아 군사교관의 추가 13명은 계약없이 조선군대를 훈련시킨다는 타협안이 성립되었다.

한편 고종은 1897년 2월 20일 러시아 교관에 의해 훈련받은 조선군인들의 호위하에 러시아 공사관에서 환궁하였다. 러시아 무라비예프 외무장관은 고종의 환궁이 조선의 권위와 명예를 고양시킨 조치라고 평가하였다.

러시아 군사교관의 파병결과는 일본정부의 강경한 항의와 러시아 정부의 소극적인 태도로 조선의 국방력 증강에 별로 기여하지도 못하였다. 러시아 교관들은 1896년 10월부터 1898년 3월 중순까지 약 16개월간 체류하면서 조선군사들을 훈련시켰다. 당시 러시아 군사 교관에 의해 훈련받은 황실 경호대는 약800명에 불과하였다. 다른 군대는 미국 고문관 다이 장군과 닌스테드 장군의 지휘하에 있었다. 조선군은 현대적인 무기부족으로 국방보다는 치안을 담당하는 경찰로서의 역할에 주력하였다. 러시아 군사교관들은 숫자가 부족하여 지방에 주둔하고 있는 조선군사들을 훈련시킬 여유가 없었다.

조선군은 그간 일본, 미국, 러시아 교관들의 교육을 받았다. 청일전쟁 전에는 일본식 군사훈련을 받았으나, 아관파천이후에는 러시아와 미국의 군사교관으로부터 훈련을 받았다. 1898년 초 조선군 70%는 미국 고문관의 지휘를

---

23) 1897년 7월30일 그루진스끼(N. Grudzinskii) 대위를 비롯한 제 2진의 군사교관이 한성에 도착하였다. Ibid., p. 572.

받았고, 24%는 황실 경호대로서 러시아 군사교관의 지휘를 받았다. 따라서 조선군에는 일본식, 미국식, 러시아식이 혼재하여 통일이 시급한 과제였다. 당시 1897년 9월 21자 독립신문은 외국어로 군사를 조련하는 나라는 청국과 조선뿐이라고 하면서 군사를 조련할 사관양성이 시급하다고 지적하였다.24)

한편 러시아는 동북아의 부동항인 여순조차 이후 러·일간의 니시-로젠협정 체결(1898)로 사실상 러시아의 조선내 관심은 크게 후퇴하였다. 조선 정부의 요청도 있었고 니쉬-로젠 협정에 저촉되는 사항도 아닌데도 러시아는 연해주와 조선북부간의 전화선도 설치하지 않았다. 그리고 러시아는 조선에 500명의 경찰력과 200명의 군대를 주둔하고 있던 일본에 비해 단지 100명의 해병대 병력만 보유하고 있었다.

한편 조선정부는 외국 군사교관의 도움 없이 자체적으로 군대를 개혁하였다. 고종은 일본의 영향력 하에 있는 군부대신의 권한을 약화시키기 위해 참모부장직을 신설하여 직접황제의 지시를 받도록 하고 군대의 조직, 군부의 재정을 관장토록 하였다. 참모부장에 1896년 니콜라이 2세의 대관식에 특사로 파견된 민영환을 임명하였다. 민영환은 우선 병력을 증강시켰다.

그는 종전의 수도 5개 대대에서 3개 대대를 증원하였으며, 이 중 2개 대대는 일본이 쉽게 통제할 수 없는 평안도 출신으로 구성하였다.

그리고 한성 주둔 1개 대대가 4개 중대 편제에서 5개 중대로 증원되었으며, 1개 대대 규모는 1,000명으로 증원되었다. 공석중인 장교에는 러시아식 교육을 받은 군사학교 출신을 임명하였다. 지방군 대대는 9개 대대로 재편성 되었으며, 인원은 각 800명씩으로 하였다. 1901년 조선 군대는 총 17개 대대에 장교 372명, 사병 15,200명이었다.

조선정부는 병력 증원과 함께 군사고문을 초빙하여 군제를 재정비코자 하였다. 러시아인 렘노프(S. N. Remnev)는 1897년 포공국 기기창 고문관으로 근무하였으며, 러·일전쟁 발발전까지 계속 포공국에 남아 있었다. 1898년

---

24) 현광호, op. cit., p. 202.

3월 러시아 군사교관이 철수하자 렘노프는 면직되었다. 이후 조선정부는 외국인중 기기창 고문을 초빙하였다. 유럽 외교관들은 조선의 군사 고문직을 장악하기 위해 경쟁을 벌였다. 러시아 공사는 과거 조선군의 훈련을 담당했던 푸챠타를 추천하였다. 그러나 조선정부는 일본의 반발을 고려하여 러시아인이 아닌 프랑스인을 군사고문으로 확정하였다.[25]

조선정부에게는 증원된 병력을 무장시킬 현대식 무기 확보가 급선무였다. 당시 조선정부는 무기를 자체 생산하지 못해 일본, 프랑스, 독일, 영국등 외국으로부터 수입하였다.

1896년 3월 18일 웨베르 공사는 고종이 러시아제 베르당 소총 3,000정의 지원을 요청하였다고 본국에 보고하였다. 이에 니콜라이 2세 황제는 3천정의 소총과 각총마다 200발의 실탄을 지원하도록 지시하였다.[26] 그리고 1896년 러시아는 조선정부에 베르당 소총 2,000정을 무상으로 주었다.[27] 1899년 조선정부는 시위대를 조직하기 위해 프랑스로부터 12,000$에 달하는 구식 그라형 소총 만정과 실탄 백만발을 구입하였다.

조선정부는 1900년 의화단 사건이후 군사력 증강에 주력하였다. 고종은 러시아가 만주출병에 이어 의화단 토벌의 명목으로 한반도 북부에 개입하지 않을까 우려하였다. 러시아군의 한반도 북부지방에 출병은 일본의 경계심을 자극하여 일본군의 한반도 출병을 초래 할 수 있었기 때문이었다. 조선은 1900년 7월 일본과 러시아의 대립을 감안하여 제3국인 프랑스와 그라형 1만정, 실탄 3만발 구입계약을 체결하였다. 그러나 조선정부는 프랑스와의 계약을 취소하고 일본으로부터 총탄을 수입키로 하였다. 조선주재 일본 공사관이 종전에 반대해 왔던 조선군의 증강을 지지하면서 조선정부의 환심을 샀기 때문이었다. 그리고 조선주재 일본무관 노즈는 조선군이 외국산 무기를 휴대할 경우 일본에게 불리하다고 일본참모부에 보고하였다. 이는 유사시 일본이

---

25) Ibid., p. 236.
26) 박종효편, op. cit., p. 240.
27) Ibid., p. 95.

총탄공급의 중단을 통해 조선군을 통제하려는 전략적인 의도에서였다.[28) 그리고 1902년 일본의 미쓰이 회사가 서울에 1897년 형 소총 공장을 신설하기로 조선정부와 계약을 체결하였다.[29)

1903년 조선정부는 육군력 증강이외에 해군력 증강에도 노력하였다. 고종은 미쓰이 회사로부터 군함(3천톤급) 1척을 도입키로 결정하였다.[30)

조선의 군사력 증강문제는 러, 일 양국에게 민감한 현안이었다. 러시아는 러시아 군사 교관의 철수 이후 의화단 사건이 발발하자 조선군의 증강목적이 러시아를 방어하는 데 있다고 주장하면서 부정인 입장을 표명하였다.

일본도 조선군의 급격한 증강을 우려하였다. 유사시 조선군대가 러시아의 통제 하에서 일본에 적대적일 수 있는 가능성을 경계하였다. 조선군은 민란에 대처할 수 있는 수준으로 정비되면 족하다고 보았다.

한편 조선정부의 강병육성은 뜻대로 진행되지 않았다. 개항이후 일본, 미국 러시아식의 군제가 도입되다 보니 구식 군대와 신식 군대간의 갈등이 있었고 지휘계통이 통일 되지 않았다. 그리고 한반도 주변 열강들은 영향력 확대를 위해 조선에 군사교관을 파견하였으며, 조선 사정에 맞는 군사제도가 정착되지 않았다. 또한 조선정부는 예산부족으로 군대를 양성할 재원이 부족하였으며, 근대식 군사전략 개발과 경험이 일천하였다.

라. 러시아의 재정고문관 파견

러시아 로바노프 외무장관은 1896년 5월 21일 니콜라이 2세의 황제 대관식에 참석한 민영환과의 회담에서 5개 조항에 대해 약속을 하였다. 그 중 한 조항이 러시아는 조선의 경제상태를 연구하고 원조하기 위해 고문관을 조선에 보낸다는 것이었다.

---

28) 현광호, op. cit., p. 246.
29) 박종효편, op. cit., p. 573.
30) Ibid, p. 100.

1896년 8월 우선 러시아 재무부는 재정고문관을 파견하기 이전에 러·청은행 상해 지점장인 포코틸로프(D. D. Pokotilov)를 한성에 파견하여 조선의 재정상태를 점검하도록 지시하였다. 포코틸로프는 1890년대 북경주재 러시아 공사관 소속 어학생으로서 1906－1907년간 청국주재 러시아 공사를 역임한 동양통이었다.[31]

1897년 2월부터 몇 달 동안 조선의 재정상태를 조사한 포코틸로프는 러시아가 조선정부에 대해 재정 원조를 할 필요가 있다고 건의하였다. 1897년 3월 러시아 무라비예프 외무장관도 조선의 재정문제를 통제하고 재정고문관을 조선에 파견하는 것이 정치적으로 의미심장하다고 강조하였다. 또한 청국 동부철도의 성원이었던 재무부의 로마노프(P. A. Romanov) 사무국장은 아래와 같이 위테에게 조선의 중요성을 강조하면서 재정고문관의 파견을 지지하였다.

> 요동반도 및 조선에 출입이 허용되는 한, 북만주는 중요한 곳이며. 청국은 요동반도에 우리가 철도를 부설할 경우 러시아의 지배력이 북경에까지 미칠 것을 염려하여 그것을 허용하지 않을 것이다. 반면에 청국은 일본의 조선 점령이 청국의 안전을 위협 할 것을 두려워하여 일본의 침략에 대항할 수 있도록 러시아가 조선의 한 항구까지 철도를 부설하는데 대해 반대하지 않을 것이다. 우선 러시아가 조선정부의 허락을 얻기 위해서는 조선의 재정문제에 있어서 영향력을 획득할 필요가 있다[32]

위테는 이 같은 로마노프 국장의 건의를 니콜라이 2세 황제에게 보고한 후 승인을 받았다 위테는 무라비예프(M. M. Muraviev) 외무장관에게 타국의 의심을 피하기 위해 러시아 세관에서 유능한 알렉세프(K. A. Alekseev)가 적격자라고 추천하였다. 1897년 5월 31일 위테는 무라비예프 외무장관에게 알렉세프를 재정고문으로 파견토록 요청하였다. 러시아 정부는 알렉세프에게 조선의 재무행정 및 경제실태를 파악하라는 훈령을 내렸다.

---

31) 이민원, op. cit., p. 197.
32) A. 말로제모프, 석정화 옮김, op. cit., p. 139.

한편 알렉세프가 1897년 9월 30일 한성에 도착하자 11월 2일 스페에르는 당시 청국의 지배를 받고 있는 조선세관을 독립시킬 것을 주장하면서 조선 정부에게 영국인 조선 세관장 브라운을 해임하고 알렉세프를 후임으로 임명할 것을 종용하였다. 스페에르는 1896년 조선의 민영환 특사가 러시아 정부에게 조선의 재정을 통제할 재무부 관리의 파견을 요청하였다고 상기시키면서 브라운의 해임을 촉구하였다.

스페에르는 조선정부로부터 반발을 샀다. 조선 외부대신 민종묵은 알렉세프에게 완전한 재정통치권을 주는 조약에 서명하지 않았다. 11월 3일 민종묵이 해임되고 법무대신이자 수상 서리인 조병식이 외부대신으로 임명되었다. 11월 5일 스페에르와 조병식은 알렉세프가 조선재정의 제1의 고문이자 해관의 감독으로 임명되는 조약에 서명하였다.[33] 마침내 알렉세프는 조선정부의 재정을 통제하게 되었다.

조선해관 문제는 청국, 영국, 일본과 이해관계가 상호 얽매여 있는 복잡한 문제였다. 1842년 아편전쟁이후 청국의 개항장에서 외국과의 교역 감독업무는 영국인이 장악하였다. 조선의 항구들이 1880년대 개항되면서 청국이 조선의 세관행정에 간섭하였다. 조선주재 청국대표 원세개는 청국세관 총책임자인 영국인 하트와의 합의에 따라 하트가 임명하는 외국 세관원들이 조선세관에서 청국의 급여를 받고 근무하였다.

영국인이 조선의 총세무사로 재임하게 된 것은 1894년 청일전쟁이 발발하기 전 조선의 종주국으로 자처한 청국 때문이었다. 청국은 조선 해관을 종속화 시키기 위해 조선에 총세무사를 추천해 왔다. 1898년 2월 청국 정부가 발표한 총세무사의 지위에 관한 선언에 따라 청국 총세무사는 영국인이 독점하였다. 그리고 영국인 브라운이 청국 정부의 자금 지원하에 1893년 이래 조선 해관장을 맡았으며, 1896년부터 일시 중단이 있었지만 조선정부의 재

---

33) 알렉세프는 계약에 따라 탁지부 수석고문과 세관 총무사로 임명되었으며 연봉은 3,000 멕시코 달러였다. 박종효편, op. cit., p. 371.

정고문을 맡았다.

일본은 조선 대외무역의 주요 교역국으로서 해관 행정에 관심이 많았다. 해관세 수입의 태반은 일본선박이 지불하고 있었다. 일본의 제일은행이 1884년 해관세 수입을 취급하고 있었다. 그간 영국은 조선해관 운영에 있어서 일본과 협력을 유지해 왔으며, 영국과 일본은 러시아인의 해관 장악 시도에 반대하였다. 일본정부는 조선주재 일본 가토(Kato) 공사에게 영국과 함께 러시아의 조선 재정고문 취임을 방지하는데 서로 협조 할 것을 지시하였다.

러시아인의 재정고문 임명시도에 대해 한성주재 외교단들은 상이한 반응을 보였다. 조선주재 독일 크리엔(F. Krien) 영사는 조선정부의 국내개혁 추진에 있어서 청국은 능력이 미달되며, 일본은 1895년 조선의 갑오개혁에 실패하였으며, 영국은 책임을 회피하고 있어 결국 조선의 독립을 책임질 국가로는 러시아가 적임이라고 평가하였다.

한편 영국은 비상사태에 대비하여 자국의 함대를 쓰시마에 정박시키는 등 민감하게 대처하였다. 그리고 조선을 관할하고 있던 청국주재 영국 조르단(J. N. Jordan)[34] 총영사 대리는 알렉세프를 고빙한 1897년 11월 5일 조러협정에 대해 조선정부에게 항의하였다. 그는 브라운이 1895년 10월부터 5년간 계약되어 있다고 지적하였다. 당시 영국 외무부는 조선의 독립을 지지하며 한반도가 러시아에 병합되지 않기를 희망한다고 주장하였다. 영국은 조선영토 및 항구가 특정국에게 해군력의 우위를 주는 근거지가 되어 동북아에서 세력 균형을 깨뜨리지 않기를 바라고 있었다.

러시아 주재 영국 고센(W. E. Goschen) 공사는 브라운 거취문제에 대해 러시아 외무부 카프니스트(D. A. Kapnist) 아시아국장과 면담했다. 카프니스트 국장은 스페에르에게 브라운을 해임시키라는 지시를 하지 않았다고 언급하였다. 러시아 무라비예프 외무장관은 스페에르에게 영국과 갈등을 야기시키는

---

34) 조르단은 청국주재 영국 서기관 및 총영사 대리(1895－1896), 총영사(1896－1900)을 역임하였다.

어떤한 행위도 하지 말 것을 지시하였다.

결국 1898년 1월 19일 조선정부와 브라운은 새로운 고용 계약을 체결함으로써 재정 고문을 둘러싼 갈등은 무마되었다.

이로써 그간 매달 2천 달러의 보조금을 청국 정부로부터 지원 받아 사실상 청국 세관에 예속되었던 조선 세관은 청국으로부터 탈피하였다. 그리고 조선의 재정과 세관은 러시아와 영국의 공동 관리 하에 있게 되었다.

그 이후 1901년 브라운의 해임문제가 다시 거론되었다. 1901년 3월 24일 조선 정부는 브라운의 해고를 영국 거빈스(J. H. Gubbins) 공사에게 통보했는데 브라운이 가옥을 비워주지 않는다는 이유에서였다.[35]

한편 브라운 문제는 분쟁 점이었던 가옥문제에 대해서 1901년 6월 24일 거빈스 공사와 박제순 외부대신 사이의 각서 교환에 의해 해결되었다.

마. 러시아의 차관공여시도와 조·러은행 개설

조선에 대한 최초의 차관은 일본정부가 1882년 개화파에게 제공한 17만엔이었다. 1894년 이후 일본은 조선의 보호화를 위해 내정개혁과 조선의 경제적인 대일 종속화를 적극 추진하였다.

조선정부는 제1차 광무개혁이 실패하고 재정상태가 악화되자 일본정부에게 차관을 요청하였다. 당시 조선의 재정상태는 위기에 빠져 있었다. 조선내 조세징수가 가능한 지역은 경기도 뿐이었다. 평안, 황해 2도는 청일전쟁으로 전라. 충청, 경상은 농민봉기 때문에 징수가 불가능 하였다. 함경도는 러시아 국경 방위에 충당되었기 때문에 재원에 제외되었다 강원도는 원래 조세액이 근소하였다. 이러한 재정 악화로 조선 관리들의 봉급이 수개월 미지불 된 상태였다.

일본은 조선에 대한 경제적인 지배를 위해 차관공여를 결정하였다. 마침내

---

35) 박종효편, op. cit., p. 219.

조일간에 3백만엔의 차관계약이 1895년 3월 30일 체결되었다. 그 이후 조선 정부는 차관 대부분을 일본정부로부터 충당하고 있어 경제적으로 일본에 종속되고 있었다. 이의 탈피를 위해 조선정부는 러시아에 지원을 요청하였다.

러시아 정부가 1896년 5월 민영환의 차관 제의를 거절한 이래 차관공여 문제는 러시아 정부에게 다시 거론되지 않았다. 1899년 러시아 대사대리 마티닌은 위테 재무장관에게 조선내 광산에 대한 이권 대가로 조선 정부에게 500만루불의 차관을 제공할 것을 주장하였다. 그러나 위테는 조선내 광산들을 개발할 가능성이 없으며, 거대한 투자를 할 필요가 없다고 생각하였다. 위테는 시베리아에 막대한 금과 광물들이 매장되어 있는데 구태여 먼 곳에 위치한 조선까지 천연자원을 채굴하러 갈 특별한 이유가 없다는 것이었다. 위테는 가능한 한 조선 문제에 대해 일본과 대립하는 것을 회피코자 하였으며, 만주 경략에 전념코자 하였다. 1900년 6월 무라비예프의 후임이 되었던 람스도르프 외무장관도 위테와 같이 만주에서의 러시아 세력 확장을 지향하였다.

1900년 의화단 사건의 발발로 러시아는 만주문제에 주력하게 되었고 조선에 대한 차관공여 문제는 러시아의 관심에서 더욱 멀어져 갔다.

마침내 1990년 9월 미국인 신디게이트가 조선정부에 거액의 차관공여를 시도한 것을 계기로 열강 간에 경쟁이 가열되었다.[36]

조선정부의 차관 도입정책을 추진한 세력은 미국인 궁내부 고문인 샌드와 친미파였다. 그들은 1,000만 멕시코 달러(1,000만엔)라는 거액의 차관으로 국립은행 설립과 군대신설, 행정기구 개편 등 근대적인 내정개혁을 계획하였다. 그들이 차관도입을 통한 내정개혁을 서두른 것은 당시 일어난 의화단 사건 때문이었다. 의화단 사건이 조선에 파급되기 전까지 국내의 체제를 강화

---

36) 차관경쟁이 격화된 하나의 계기는 1899년 이후 재정악화로 인한 조선정부의 열강에 대한 차관 요청이었다. 재정 악화의 첫째 이유는 정부 지출의 약 절반을 차지하는 황실비와 군사비의 급증이었다. 1899년 황실비가 65만엔, 군사비가 약140만엔 이었던 것이 1903년에는 170만엔, 407만엔으로 각각 3배로 증가 하였다.
모리야마 시게노리, 김세민 옮김, 근대한일관계사연구(서울 : 현음사, 1994), p. 111.

할 필요가 있었기 때문이었다. 1900년 9월 미국차관의 소문이 퍼졌다. 고종은 해관세 수입을 담보로 해서 국립은행 설립 등의 신규사업을 위한 차관을 공여하도록 요청하였던 것이다.

미국차관의 요청에 대해 열강의 반대가 심했다. 우선 러시아의 파블로프 공사는 1900년 9월 26일 고종 알현시 미국차관 요청을 비난하고, 일본주재 러시아 이즈볼스끼(A. P. Izvolsky)공사도 해관 수입을 담보로 하는 것은 조선의 독립을 해하는 것이라고 경고하였다.

영국도 조선의 현상유지 입장에서 조선과 특정국의 결합이 강한 차관에는 반대하고 미국차관에도 반대하였다. 브라운은 자신이 관리하는 해관세 수입을 거액의 차관도입에 담보로 설정하는데 반대하였다. 또한 일본도 미국의 차관 도입에 반대하였다. 조선주재 일본공사는 고종을 알현하고 미국차관의 불필요성을 강조하고 해관세 수입이 대일 갑오차관분의 미제분에 대한 담보가 되고 있는 이상 미국 차관의 담보가 되는 것이 부당하다고 주장하였다. 결국 미국의 대조선 차관교섭은 중단 되었다.

한편 알렉세프가 조선의 재정고문관으로 임명되었다는 사실을 알게된 후 위테는 500만루불의 자본금으로 조러은행을 세워 조선의 세입을 통제할 계획을 세웠다. 그리고 위테 재무장관은 바다의 출구로서 북한의 의주항을 획득하여 러시아 철도가 만주에서 의주까지 연결할 것을 구상하였다. 1897년 10월 위테는 조·러은행이 일본의 제일은행으로부터 조선의 관세를 기탁 받을 권리를 인계 받아야 한다고 생각하였다. 1898년 3월 1일 조·러은행이 실질적으로 영업을 개시하였을 때는 주변 국제정세가 급변하였다. 1898월 3월 3일 무라비예프 외무장관은 러시아가 여순항을 점령하였기 때문에 영국 및 일본과 우호관계를 유지하는 것이 절대적으로 필요하다고 스페에르에게 지시하였다.[37] 그리고 1900년 1월 무라비예프 외무장관은 조·러은행은 큰 재정적인

---

37) 1899년 4월 2일 러시아는 파블로브 공사에게 조선의 차관문제에 개입하지 말 것을 지시하였다. 박종효, op. cit., p. 17.

이익을 가져다 주지 못할 것이라고 하면서 조·러은행의 폐쇄를 지지하였다. 위테 재무장관도 조선의 내정이 안정되어야 러시아 상업활동이 확대될 수가 있다고 하면서 현 조선내정의 불안으로 조·러은행의 활동이 어렵다고 지적하였다. 이에 1900년대 조·러은행은 폐기되었다.[38]

바. 한-러 전신선 부설문제

19세기 전신선은 통신수단으로서 중요하였다. 따라서 한반도 진출을 노리고 있던 일본과 청국, 그리고 러시아는 한반도에서의 전신선 부설을 두고 서로 경쟁하였다. 일본이 한반도 전신선 가설에 적극적이었다. 일본은 한반도 침투를 강화하기 위해 1883년 1월 20일 부산-일본간 해저전신선 설치 협정을 조선정부와 체결하였다. 그리하여 1884년 4월 부산과 쓰시마 및 나가사키를 연결하는 해저 전신선을 가설하였다. 그 이후 1888년 7월 한성-부산간 육로 전신선이 설치되었다. 한반도에서 일본의 침투를 주시해 오던 청국은 1885년 6월 6일 조선정부와 전신선협정을 체결하여 조선북부에서 전신선을 확보코자 하였다. 1885년 8월 한성-인천간 전신선이 완공되었고 청국의 전화국이 전신업무를 개시하였다, 그리고 1885년 10월 13일 한성-의주간 전신선도 가설되었다. 이에 일본은 청국의 전신선 가설이 조일간의 전신선 협정에 위배된다고 항의하였다.

러시아는 1884년 7월 조러수교조약 이후 한반도에 본격적으로 등장하였다. 1886년 러시아는 한성-불라디보스톡간의 전신선 연결에 관한 의견을 조선주재 러시아 웨베르 공사에게 지시하였다. 이에 웨베르는 청국정부가 조선정부에게 30만 루블을 제공하면서 전신선을 운영하고 있어 조선정부와 외부 세계간의 연결을 통제하고 있다고 지적하였다. 그는 한성-블라디보스톡간 전신선이 개설되면 청국이 항의할 것이라고 하면서 러시아의 지원에 대한

---

38) 박노벽, op. cit., pp. 90-91.

조선정부의 확신이 있으면 이같은 항의문제는 해결 될 것이라고 보고하였다.

1886년 당시 동북아에서의 전신선은 아래와 같이 일본을 중심으로 운영되고 있었다.

> (1) 러시아-일본, 러시아-청국간의 교신은 러시아의 전신선이 블라디보스톡까지 연결되고 해저 케이블로 나가사키-상해-홍콩을 거쳐 일본이나 청국에 연결.
>
> (2) 러시아-조선간의 연결은 블라디보스톡-나가사키-부산 혹은 블라디보스톡-나가사키-상해 -조선북부지역으로 연결.
>
> (3) 구미지역과 청, 일간의 교신은 중계하는 러시아를 통해서 가능했으나 조-청 전신선이 지체되어 자주 이용되지 않았음.

한편 1886년 러시아 내무성 우편국은 한성-블라디보스톡간 육로 전신선 부설에 50만 루불이 소요되나 해저 케이블에 고장이 발생했을 때 대신 사용될 뿐이므로 경제적으로 이익이 없다고 주장하여 전신선 부설 추진이 무산되었다.

조선의 전신선은 1894년 청·일전쟁으로 많이 파괴되었다. 외국인이 부설한 전신선에 대한 조선인들의 반감과 파괴 등으로 조선과 상트 페테스부르그간 전보는 7일이 소요되기도 하였다. 러시아는 일본측이 고의적으로 외교행낭의 발송을 지연시키자 조선에서 외교행낭을 동청철도 소속 여객선을 통해 제물포에서 상해까지 운송하고 러시아로 발송하였다.[39]

한편 1896년 5월 민영환 특사가 니콜라이 2세의 대관식에 참석한 계기에 러시아측에 조러간 육로 전신선의 건설을 요청하였다. 러시아측은 한반도에서의 영향력 제고를 위해 육로전신선 개설을 지원키로 하였다. 러시아는 조러 전신선 개설사업에 2만 5천루블을 책정하였다. 1897년 6월 4일 위테 재무장관은 일본 나가사키를 통해 조선에서 러시아의 유럽지역간에 전신선 요금이 한자당 2. 62 달러이나 조·러간 육로 전신선을 개설 할 경우 한자당 요금은

----

39) 박종효, op. cit., p. 150.

1.86달러로 40% 저렴하다고 지적하였다. 러시아측은 조선국경-러시아 국경 (600키로)-블라디보스톡(200키로)간 전신선의 건축에 소요되는 경비가 총 123만 2천 루불에 달할 것으로 예상하였다.

러시아 군사교관으로 조선에 파견된 푸챠타 대령은 조·러간 육로 전신선 건설을 위해 1896년 4월 21일 한반도 북한지역을 답사하고 한성-원산-경흥-러시아 국경선을 연결하는 전신선 건설을 제의하였다. 그리고 그는 전신주 보호를 위한 경비초소 건립에 97, 575 멕시코 달러가 소요될 것이라고 예상하였다.[40]

조선정부는 전신을 타국에게 보내고자 할 경우 일본의 나가사키를 경유하게 되어 있어 일본의 통제를 받았다. 이에 조선정부는 청·일전쟁이후 일본의 간섭 없이 전신선을 부설코자 하였다. 마침내 1899년 한성과 목포, 부산-대구, 한성-안주, 마산포-대구 등 주요 지방간에 전신선이 연결되었다. 그리고 조선정부는 조·러간의 직통 전신선을 부설코자 하였다.[41]

조선정부도 한반도 북부 지방에 전신선을 가설하여 1900년말 조러 국경선으로부터 200km까지 건설하였다. 그러나 일본측은 조·일간 전신선 협정에 위반된다는 이유로 조선정부에 항의하였다. 조선정부는 1883년 체결된 조일 전신선 협정 종료 이후 조·러간 전신선 연결이 가능하다고 조선주재 러시아 파블로브 공사에게 설명하였다. 이에 대해 파블로브 공사는 조·청 전신선 협정으로 이미 의주를 통해 국제전신이 이루어지고 있어 조일 협정상의 타외국 전신선 연결 금지 규정은 사문화 되었으며, 1896년 러·일간의 로바노프-야마가다 의정서에 따라 일본은 조·러간 전신선 연결을 인정하였다고 주장하였다. 그러나 일본의 지속적인 방해공작으로 조·러간의 전신선은 연결되지 않았다. 일본은 조선인을 사주하여 함경도에 부설된 전신선을 절단하기도 하였다.

---

40) Ibid., p. 599.
41) Ibid., p. 257.

　러시아는 1896년 로바노프-야마가다 의정서에 따르면 전신선 부설 권리가 있음에도 불구하고 여순 조차 이후 일본과의 관계 악화를 우려하여 적극 추진하지 않았다. 결국 조·러간 육로전신선의 개설은 1904년 러·일전쟁 발발 전까지 완료되지 않았다.

제7장

러시아의 만주 진출과 러·일간 조선독립보장

1. 러시아의 부동항 확보 문제

러시아는 지구의 북반구에 위치한 거대한 대륙세력으로서 역사적으로 17세기부터 인접한 유럽과 아시아 변방으로 영토를 확장해 나아갔다. 17세기부터 18세기에 이르는 동안 북구 및 동구유럽과 지중해에로의 진출에 성공한 러시아는 19세기 해양의 시대를 맞이하여 서구열강들의 제국주의적인 세계팽창에 주목하여 인접한 발틱해와 지중해 진출을 추진하였다. 지정학적으로 러시아가 해양으로 진출할 수 있는 방안은 1) 북구 유럽의 발틱해로부터 대서양으로 나가는 방안 2) 남부 유럽의 흑해를 통해 지중해로 나가는 방안 3) 극동지역의 연해주를 장악하여 동해나 태평양으로 진출하는 방안 등 3가지였다. 그러나 19세기 초 영국, 프랑스, 독일, 이태리 등 유럽 열강들의 반대로 러시아의 대서양과 지중해 진출이 어려웠다. 이에 러시아는 태평양과 연해주 진출에 관심을 갖게 되었다.

19세기 말 영국, 프랑스 등 선진 제국주의 국가들이 식민지 확보를 위해 아시아 대륙으로 진출을 시도하자 러시아도 서구 열강들의 동북아 진출에 대항하기 위해 태평양으로의 진출을 본격적으로 추진하였다. 러시아는 20세기에는 태평양이 세계정치의 무대가 된다고 보고 태평양 연안에서 부동항을 확보코자 하였다.[1] 러시아는 극동에서 상업적 이익에 만족 할 경우 블라디보스톡의 확보로서 족하지만 동북아에서 정치적 전략적인 이익을 위해서는 부동항의 확보가 필수적이라고 보았다.[2]

러시아는 1860년 북경조약 체결을 통해 광대한 연해주를 확보하였다. 유럽과 아시아 대륙에 걸친 러시아에게는 육로 혹은 해로를 통해 자국의 유럽지역과 연해주를 연결하는 교통로를 확보하는 것이 중요하였다. 당시 시베리아 철도를 완공하지 못한 러시아로서는 해로를 통해 육로를 보완해야 했다. 당시 러시아 함대는 석탄으로 운항되는 증기선이었고 항속거리가 얼마 되지 않아 장거리 항해를 위해서 항해 도중에 기항하여 석탄, 물, 식량 등을 보급 받을 수 있는 중간항으로서 부동항 확보가 필수요건 이었다.

러시아는 1860년 연해주까지 진출하였으나 연중 결빙되지 않은 부동항을 확보하지 못했다. 일찍이 무라비예브(N. N. Muraviev — Amuskii) 백작이 선정한 캄차크 반도의 페트로파블로스크는 크리미아 전쟁 이후 포기되었고 그 다음으로 선정된 니콜라이에프스끼는 전혀 무용지물로 판명되었다. 마침내 1860년 비로소 블라디보스톡항을 건설하고 극동의 유일한 군항으로 사용하였다. 러시아는 1877 — 1879년간 블라디보스톡을 항구로 개발하는데 많은 자원을 투입하였다. 우수리 지방의 국경 행정관인 마틴닌은 블라디보스톡이 무역항으로 훌륭하다고 주장하였다.[3]

그러나 블리디보스톡은 선박을 수리할 수 있는 도크 시설이 구비되어 있지 않았으며, 1년중 4개월간 결빙되었다. 당시 러시아 극동함대는 결빙기에는

---

1) Золотарев В. А., op. cit., p. 24.
2) 이그나티에프(N. P. Ignatiev, 1858 — 1860 북경주재 러시아 공사)는 러시아 정부의 이익을 보호하기 위해서는 태평양상에 항구가 필요없으나, 영국에 대항하기 위해서는 필요하다고 지적하였다.
  Золотарев В. А., op. cit., pp. 26 — 31.
3) 블라디보스톡이 서양에 알려지게 된 것은 1852년 프랑스 포경업자가 지금의 포시에트(Posyet)만 근처에 활동한 이후였다. A. 말로제모프, 석정화 옮김, op. cit., p. 364.

오오사카, 상해 등에 기항하였다. 무엇보다도 블라디보스톡은 유사시 적국의
함대에 의해 쉽게 봉쇄 될 수 있는 불리한 위치에 처해 있었다. 1892년 시베리아
횡단철도를 탐사한 바 있는 일본인 이니가끼 만지로(I. Mandziro)는 블라디보스
톡이 '독안의 쥐'와 같은 형국이라고 지적하기도 하였다.4)

부동항 확보문제는 러시아의 군사 전략과도 연계되어 있었다. 1870－1880
간 러시아는 아무르강을 시베리아의 교통로로 개발하는데 실패하자 극동지역
의 방위와 동북아 지역에서의 영향력 제고를 위해서 자국의 해군력 증강이
시급한 과제가 되었다. 결국 러시아는 시베리아 철도 건설계획의 추진으로
팽창의 방향이 만주로 향하기 전까지 러시아의 동북아 정책은 부동항의 획득
과 밀접히 연계될 수밖에 없었다.

우선 러시아는 사할린과 대한해협에서 부동항의 확보를 모색하였다. 러시
아는 1875년 자국령으로 확정된 쿠릴열도를 일본영인 남부 사할린과 교환하
여 사할린에 항구를 건설하려고 하였다. 그러나 러시아는 나중에 사할린이
무용하다고 판단하여 포기하였다. 사할린에서 부동항 확보 노력이 무위로 끝
나자 러시아는 대한해협으로 진출을 기도하여 1861년 3월 13일 일본의 대마
도 일부를 점령하였다.

이에 일본은 러시아에게 항의하고 영국에게 중재를 요청하였다. 러시아의
남진을 주시하고 있던 영국은 군함을 대마도 앞바다에 파견하고 러시아측에
항의하였다. 러시아 함대는 1861년 9월 19일 철수함으로써 일본해역에서의
부동항 확보 기도는 일본과 영국의 반대로 무산되었다.

러시아는 인접한 만주연안에서도 부동항 확보를 탐색하였다. 당시 러시아
가 만주에서 부동항을 획득하는 것은 제반 여건상 어려웠다. 당시 청국은
러시아가 불법적으로 연해주등을 획득했다고 보고 러시아의 남진을 경계하고
있었다. 이에 러시아는 태평양 진출의 길목에 위치한 한반도에서도 부동항을
모색하였다. 러시아의 한반도내 부동항 확보시도는 1850년 초부터 시작되었

---

4) Золотарев В. А., op. cit., p. 27.

다. 러시아는 지중해 진출의 길목에 위치한 터어키처럼 동북아와 태평양 진출에 있어서 한반도가 중요하다고 평가하였다. 대한해협을 끼고 있는 부산을 터어키 연안에 있는 마르마라 해협의 콘스탄티노플에 비유하였다. 러시아는 크리미아 전쟁(1854－1856)에서 패배함으로써 러시아 흑해함대가 지중해로 진출할 수 없게 되었던 불행한 사례가 되풀이 되지 않기를 바라고 있었다.

19세기 중엽 러시아는 그 중요성이 점증하고 있는 동북아 해역을 탐사하기 위해 푸티아틴(E. V. Putiatin) 제독을 선장으로 한 3척의 함대를 동해에 파견하였다. 푸티아틴 제독은 한반도가 지중해의 터어키처럼 태평양 진출에 있어 전략적인 요충지라고 평가하였다. 그는 연해주와 인접한 한반도는 극동지역의 안전확보를 위한 배후지로서 중요하므로 한반도내에 부동항을 확보하는 것이 필요하며, 종국적으로 가능하면 한반도를 러시아가 장악하는 것이 유리하다고 지적하였다. 그는 대한해협의 자유로운 항해 확보가 러시아 함대에게 매우 중요하다고 강조하였다.

한편 이 같은 러시아의 동북아 진출을 예의 주시하고 있던 국가는 영국과 일본이었다. 영국은 러시아와 세계적으로 대립하고 있어 가능한 한 청국을 통해 러시아의 남진을 저지코자 하였다.[5]

일본은 명치유신이래 한반도에 진출코자 하였으나 군사적으로 러시아와 대결할 수가 없어 타국과 협력을 통해 러시아의 남진에 대비코자 하였다.

영국과 일본은 러시아가 한반도에 진출을 시도하자 러시아의 조선에 대한 주요 관심사가 부동항을 확보하는 데 있다고 주장하면서 공로의식을 조성하였다. 우선 러시아와 대립하고 있던 영국은 러시아가 부동항 확보를 위해 조선을 장악 할 것이라고 주장하였다. 청국, 일본 그리고 조선 주재 영국 외교관들은 조선에 대한 러시아의 영토적인 야심을 경고하면서 러시아의 조선진출을 방지

---

5) 영국주재 일본 가토 공사가 영국 솔즈베리(Salisbury) 외무장관에게 러시아가 동지나 해에서 부동항을 획득할려고 하고 있는데 대해 의견을 문의하자, 솔즈베리 장관은 러시아가 평화적으로 상업적인 출구를 획득하는데 이의가 없으나, 러시아가 타국의 영토를 점령하거나, 타국의 항구를 군항화 하는 것은 전혀 별개라고 언급하였다.

하기 위해 청국이 조선을 병합해야 한다고 주장하였다.

1876년 일본이 '러시아의 위험론'을 주장하면서 조선의 개항을 요구하였다. 일본은 러시아가 장악한 포시에트(Posyet)가 부동항이 아니므로 두만강을 통해 한반도로 남진할 것이며, 원산을 장악할 것이라고 경고하였다. 동북아 지역에 진출하기 시작한 미국의 해군 준장 슈펠트(R. W Shufeldt)도 러시아가 원산 등 한반도 동북부 일부 지역을 장악하려고 시도하고 있다고 경고하였다.6)

조선정부는 19세기 개화 초창기에는 청국 황준헌의 "조선책략"을 통해 러시아의 위험성을 알게 되었으며, 러시아의 한반도 진출을 경계하였다. 그러나 청국과 일본의 조선정부에 대한 간섭이 심해지자 고종은 일본과 청국을 견제하기 위한 이이제이 방안으로서 러시아의 한반도 진출을 지지하기도 하였다.

러시아의 한반도 부동항에 대한 관심은 1884년 체결된 조·러수호통상조약 제8조에 반영되었다. 조선과 러시아 양국은 자국의 군함 등이 체약국의 항구에 기항 할 수 있다고 규정되어있다. 당시 조선은 함대 1척도 보유하지 못하고 있었던 사정을 감안할 때 이 같은 조항은 러시아에게 일방적으로 유리한 규정이었다. 러시아 함대의 조선연안 기항권은 러시아와 세계적으로 대립하고 있던 영국과 청국에게는 주요 관심 사안이었다.

이에 청국은 러시아 함대가 조선 연안에 기항 할 수 있는 군함기항권을 1894년 조·청통상조약의 체결을 통해 획득하였다. 일본은 청·일전쟁 중에 강제로 체결된 조선정부와 노인정 조약을 통해 이같은 권리를 확보하였다.

러시아가 한반도에 진출하게 된 주요동기는 조선내 부동항을 확보하는 데 있었다는 것이 일반적인 견해였다. 그러나 러시아 학자들은 이의를 제기하고 있다.7)

---

6) 1882년 "은둔의 나라: 조선"을 저술한 그리피스(W. E. Griffs)는 1881년 러시아가 한반도 동북부 지역에 무역항구를 개설할 것을 조선정부에 압력을 행사하고 있다고 기술하였다. A. 말로제모프, 석정화 옮김, op. cit., p. 56.

7) Ibid., p. 55.

1880년 후반기 러시아는 극동에서의 취약한 군사력과 유럽의 불안한 정세 등으로 동북아에서 적극적인 활동을 할 수가 없었다는 것이었다. 1885년 이전에는 조선에서 부동항 획득이 필요할 만큼 러시아가 동아시아에서 해군력을 보유하지 못 했다는 것이었다.

결국 시베리아철도가 완공되는 등 동북아에서의 제반 여건이 유리하게 전개될 경우 부동항의 확보가 러시아의 주요사안으로 부상될 수 있다고 지적하였다.

러시아 학자들은 러시아의 한반도 부동항 확보 기도가 열강들이 한반도 일부를 점령할 경우 이에 대한 대항의 수단으로 구상되었다고 지적하였다. 일찍이 러시아는 러·청간에 전쟁위기가 고조되자 청국이 한반도를 점령할 경우 청국 군대의 철수를 위한 압력 혹은 흥정의 한 대상으로서 한반도내 항구 점령을 고려하였다.

그러나 러시아는 1894년 청·일 전쟁을 계기로 러시아 함대의 일본기항이 제한을 받자 부동항 확보를 동북아 정책의 현안으로서 적극 추진하였다. 일본은 1894년 외국군함의 입항을 제한하는 법규를 통과시켰다. 이로써 외국 군함들은 1년에 한번에 2척씩 입항하게 되었다. 이것은 태평양에서 러시아의 해군전략에 심각한 영향을 미쳤다. 러시아의 극동 함대는 동절기에 선박수리, 식량공급 등을 위해 일본항구에 기항해 왔다. 당시 블라디보스톡이 년간 4개월간 결빙되었기 때문이었다. 러시아 함대가 동절기에 일본에 기항할 수가 없을 경우 작전은 불가능하였다.

1894년 8월 청·일전쟁 전에 개최된 러시아 각료회의에서 기어스 외무장관은 만일 일본이 한반도를 점령한다면 대한해협이 제 2의 보스포러스가 될 것이라고 우려하였다. 이미 쓰시마 섬을 보유하고 있는 일본이 대한해협에 위치한 또 다른 도서를 점령한다면 러시아 함대가 대양으로 진출하는 데 어려움이 있다고 지적하였다. 그는 한반도의 중요성을 아래와 같이 언급하였다.

" 러시아의 흑해 함대가 지중해로 진출할 수 있는 유일한 통로인 보스포러스 해협의 통제권을 상실함으로써 러시아의 작전범위가 흑해연안의 방위업무에 국한되었다. 현재 러시아가 대양으로 나아갈 수 있는 유일한 출구인 대한해협이 봉쇄된다면 러시아의 태평양 함대 역시 흑해함대의 처치와 다를 바 없다".

그러나 니콜라이 2세 황제는 동북아에서 부동항 후보지로서 명확한 장소를 염두에 두고 있지 않았다. 1895년 니콜라이 2세 황제는 조선 북동부의 한 항구를 원했으며 1897년 11월 평양을 강력하게 지지하기도 하였다.

마침내 1898년 러시아는 청국의 여순을 조차함으로써 동북아에서 부동항을 확보하였다. 러시아는 만주경영에 주력하고 일본과 우호관계를 유지하기 위해 조선내 일본의 영향력 증대를 인정하였다. 이로써 한반도에 대한 러시아의 영향력은 퇴조하였다.

결국 러시아가 동북아에서 부동항 확보문제에 대해 언제부터 얼마나 많은 비중을 두었는지에 상관없이 열강들은 러시아가 한반도 및 동북아 지역으로 진출하게 된 주요 동기가 부동항을 확보하는 데 있다고 보고 러시아의 진출을 경계하였다. 일본, 영국, 미국 등 열강들은 러시아가 동북아에서 부동항을 찾아 태평양으로 진출하는 것을 방지하는 것이 공동의 관심사항인 만큼 러시아에 대항하는 연대체제를 구축하는 데 이해의 일치를 보았다. 러시아의 부동항 확보문제는 열강들의 주요 관심 사항이었으며, 동북아 정세의 주요 변수였다.

2. 러시아의 청국 여순 조차와 만주강화정책

    1897년부터 러시아의 동북아 정책에는 큰 변화가 있었다. 그간 러시아 로바노프 외무장관은 유럽에서는 독, 불과의 협조를 통해 영국을 견제하고 동북아에서 청국과의 동맹체결을 통해 일본을 견제코자 하였다. 그리고 그는 러시아 군사교관의 조선파견 등을 통해 한반도에서 러시아의 영향력을 유지 해나가다는 입장을 견지해 왔다.

    1896년 8월 로바노프 외무장관이 사망하였다. 7개월 후 1897년 4월 13일 무라비예프(M.. N. Muraviev)가 후임 외무장관으로 임명되었다. 그는 독일주재 러시아 참사관(1884 – 1893)과 덴마크 주재 러시아 대사(1893 – 1897)를 지냈다. 그는 유럽에 정통한 외교관으로서 동아시아에 근무한 적 없었다. 당시 러시아 외무부 차관은 람스도르프였다. 그는 동북아에 대해 전문가는 아니었으나 로바노프와 기어스 외무장관 재임시 차관으로 재임하여 경험이 풍부하였다.

    무라비예프 장관 재임기간 중 청국와 일본, 조선에 파견된 러시아 외교관들은 대체적으로 러시아의 영향력 제고를 위해 적극적으로 활동하였다.

카시니는 1891년부터 1899년간 북경주재 러시아공사로 근무하였다. 카시니가 미국주재 대사로 임명되자 후임으로 파블로프가 공사대리로 부임하였다. 조선주재 공사는 10년간 재임한 웨베르의 후임으로 스페에르가 임명되었다. 스페에르는 러시아의 위상제고를 위해 조선에서 공격적인 외교 활동을 전개하였다. 일본주재 히트로브 공사후임으로 1897년 6월 로젠이 부임하였다. 로젠은 1877년부터 1883년까지 일본에 근무한 적이 있어 일본통이었다. 그는 일본에 부임 하기전에 무라비예프 외무장관에게 한반도 문제로 러·일간에 전쟁이 발발하지 않도록 유의할 것을 건의하였다. 로젠의 조언은 이후에 무라비예프 장관이 한반도보다는 만주에 중점을 두는 동북아정책을 추진하는데 일조하였다.[1]

무라비예프 외무장관은 여순 조차후 만주경영에 중점을 두게 되었고 조선문제에 대해서는 기존의 영향력을 철회하고 일본에게 양보하는 조선퇴거정책을 선택하였다.

무라비예프 외무장관은 1897년 11월 14일 독일이 청국의 교주만을 점령하자 11월 23일 니콜라이 2세 황제에게 러시아도 부동항으로 여순을 점령할 것을 제의하였다. 부동항으로 조선의 부산이나 동해안을 얻는다면 이곳은 일본해군에게 쉽게 봉쇄 당할 우려가 있으니 대신 청국의 여순과 대련을 얻는 것이 바람직하다고 보고하였다.

사실 러시아는 1896년 6월 러·청동맹조약에 따라 전쟁시 청국의 어떤 항구라도 자유로이 사용할 수 있는 권리를 보유하고 있었지만 독일의 교주만 점령을 계기로 여순 점령을 서둘렀다.

마침내 1896년 11월 26일 러시아 각료회의가 개최되어 여순 점령을 둘러싸고 본격적인 논의가 전개되었다. 이 회의에서 무라비예프 외무장관은 시기적으로 성숙되었으니 여순을 즉시 점령을 할 것을 주장하였다. 반노프스키(P. S. Vannovskii) 전쟁장관도 대체적으로 동조하였으며 다만 부동항으로 최적

---

1) I. Nish, op. cit., p. 39.

지가 어디인지는 해군에게 맡기는 것이 좋을 것이라고 언급하였다.

위테 재무장관은 러시아의 여순 점령에 반대하였다. 이는 라청동맹 정신을 위배하는 것이며, 일본이 러시아와 독일의 뒤를 이어 청국 연안내 항구를 점령할 경우 전쟁발발의 기능성이 크다고 주장하였다.

러시아 티르토프(P. P. Tyrtov) 해군장관 대리도 위테의 편에 가담하여 여순 점령에 반대하였다. 그는 러시아 태평양함대의 근거지로서는 여순과 대련보다는 오히려 한반도가 낫다고 주장하였다. 그는 한반도에서 항만을 획득할 수 있다는 희망을 가지고 앞으로 2－3년 동안 블라디보스톡과 원활한 교통을 우선적으로 고려해야 한다는 것이었다.

이에 대해 무라비예프 외무장관은 반박하였다. 러·청간의 동맹조약은 청이나 조선이 일본의 공격을 받을 때에 한하여 러시아에게 의무를 지우는 것이지 교주만이 독일에 의해 점령되었을 때에도 같은 의무를 지우는 것이 아니라고 지적하였다. 결국 러시아는 여순을 점령하지 않는 것으로 회의 참석자들은 결론을 내렸다. 니콜라이 2세도 여순항을 점령하지 말 것을 지시하였다.

그러나 며칠 뒤 무라비예프 외무장관이 만약 러시아가 여순을 점령하지 않으면, 영국의 해군이 이를 선점할 것이라고 니콜라이 2세 황제에게 보고하였다. 이에 황제는 종전의 방침을 바꾸어 여순의 점령을 인가하였다. 1897년 12월 19일 러시아의 군함이 여순항에 입항하였다

1898년 2월 임시 전쟁장관인 쿠로파트킨(A. N. Kuropatkin, 1898－1904)도 여순을 부동항으로 획득하는 데 동의하였다. 러시아는 같은 해 2월 중순 특별각료회의를 개최하여 러시아의 남만주 진출을 결의하였다.

(1) 중립구역을 형성하기 위해 요동반도 남쪽지역의 조차를 요구한다
(2) 동청철도에서 요동반도의 한 항구까지 철도부설권을 요구한다

1898년 2월부터 러시아는 신속한 타협을 위해 북경에서 협상을 추진하였다. 마침내 1898년 3월 27일 러시아가 여순 및 대련의 항만과 그 부대영토를

25년간 조차한다는 라청간 조약이 체결되었다. 이어서 러시아는 1898년 7월 6일 동청철도와 남만지선 부설권과 아울러 조차지내에서의 관세 결정권을 얻어 만주에서 우월한 지위를 확보하였다.

당시 오지리－헝가리 재무차관 칼레이(B. Kallay)는 러시아의 여순 확보는 나폴레옹 전쟁과 독일통일 이래 가장 중요한 사건이라고 평가하였다.[2]

러시아가 여순을 점령하자 그 동안 러시아의 남진을 주시해 온 일본과 영국은 즉각 반응을 보였다. 영국함대 8척이 조선의 제물포에 입항하였으며, 그 중 2척은 부상하여 러시아 함대와 함께 여순항에서 월동하였다. 이어서 영국도 1898년 4월 19일 청국의 위해위를 조차함으로써 러시아의 여순조차에 대응하였다.[3] 1899년 미국은 러시아에 대하여 만주문호개방을 주창함으로써 열강의 지지를 얻었다.

---

2) Золотарев В. А., op. cit., p. 853.

3) 19세기 후반은 세계적으로 제국주의 국가들의 식민지 병합이 성행하였다. 미국의 하와이(1897) 병합, 미국의 쿠바 및 필린핀(1898) 병합, 중앙아프리카에서 영－불간 파쇼타 사건(1898－1899), 남아프리카에서 영국의 보어전쟁(1899－1902), 독일의 청국 교주만 및 산뚱(1897－1898) 조차, 영국의 웨하이 및 구룡반도(1898) 조차, 프랑스의 광조우(1898) 조차, 러시아의 여순 조차 등이 대표적이었다.

3. 러·일간 니쉬-로젠협정 체결과 러시아의 조선퇴거

　한편 일본은 러시아의 여순 조차에 대해 불만을 가지고 있었다. 일본은 1894년 청·일전쟁에서 승리하고 요동반도를 확보하였으나 러시아가 주도하는 삼국간섭에 굴복하고 요동반도를 청국에 반납하였다. 러시아 무라비예프 외무장관은 일본의 불만을 무마하기 위해 일본에게 상당한 양보를 할 필요가 있다고 판단하였다.

　러시아가 여순조차 이후 한반도를 두고 일본과 타협을 추진한 이유는 다음과 같다.

(1) 영·일동맹의 성립을 방지코자 하였다. 1896년 삼국간섭 이후 러시아에 대한 일본여론은 악화되고 있었으며, 러시아에 대항하기 위해 영·일동맹론이 제기되고 있었다. 당시 러시아와 대립하고 있던 영국도 1898년을 전후로 독일이 러·불동맹에 가담할 것을 우려하고 있었으며 이에 대한 대책으로 일본에 대해 접근코자 하였다.

(2) 러·일간 군사력 증강 경쟁을 완화시킬 필요가 있었다. 러시아의 삼국간섭과 여순 조차 이후 1897년-1898년간 러·일간 군함건조 경쟁이 심화되었

다. 러시아는 1897년 4척의 군함을 건조하기로 결정하였다. 일본은 1895
년 삼국간섭 이후 해군력을 증강하기 시작하였다. 1896년 일본은 최신예
1만 5천 톤급의 대형 건함을 건조하기로 결정하였다. 일본은 해군력 이외
육군도 강화하였다. 1895년 이후 일본의 육군력은 3배로 증강되었다.
결국 동북아에서 러시아 군사력과 일본 군사력은 대등하게 되었다. 당시
러시아와 동맹관계에 있던 프랑스의 동아시아 함대가 취약하여 유사시
러시아는 프랑스의 지원을 기대하기 어려웠다.
(3) 러시아는 일본이 주도적으로 청국 정부와 반러적인 연대를 구축하지
못하도록 사전에 조치할 필요가 있었다.

우선 무라비예프 외무장관은 일본과 협상분위기를 조성하기 위해 조선에서
공세적인 외교활동을 전개해 온 스페에르(A. de Speyer) 공사를 마티닌으로
1898년 5월 교체하였다. 스페에르는 청국으로 발령을 받았다.

러·일협상은 상트 페테르부르그에서 개시되었다. 무라비예프 외무장관은
1898년 1월 7일 러시아주재 일본 하야시(T. Hayashi, 1897－1899) 공사에게
일본과 협상할 용의가 있다고 전달하였다. 하야시 일본 공사는 러시아의 여순
조차계기에 조선에서 일본의 위치를 강화할 수 있는 기회를 갖게 되었다고
평가하였다. 그는 러시아가 여순을 점령하기 위하여 일본에게 조선에서의 활
동의 자유를 보장해 주려고 한다면 일본은 조선에서 단순한 영향력 뿐 만
아니라 확고한 보상을 받아야 하다고 본국정부에 타전하였다.

당시 이토내각은 한반도문제가 러·일간의 관계진전에 걸림돌이었다고 하
면서 러시아의 여순 점령을 계기로 한반도 문제를 해결하고자 하였다. 일본정
부는 1898년 2월 16일 아래의 협상안을 제의하였다.

－ 일본과 러시아는 조선의 독립을 보장한다.
－ 조선의 군사교관은 러시아가 임명하며, 재정고문은 일본이 임명한다.
－ 상업 및 산업에 있어서 일본과 러시아는 상호 오해를 막기 위해 새로운
　 조치를 취하기 전에 제휴하여야 한다.

이와 같은 일본 정부의 제의에 대해 위테는 반대하였다. "조선정부가 러시아의 재정고문을 임명한 것은 조선정부의 요청에 의한 것이며, 이미 재정고문 알렉세프는 직무수행에 착수하였다는 것이었다. 지금 그를 소환한다면 동북아에서 러시아의 위신이 추락될 뿐 아니라 조선의 재정을 감독할 수 없고 조선도 일본에 진 빚을 갚는데 어려움이 많을 것이며 조·러은행도 폐쇄될 것이다. 반면에 일본인이 조선의 세관의 재정고문이 된다면 다른 모든 경제적인 영향력이 일본에게 넘어갈 것"이라는 이유에서였다.

라·일간 협상은 별 성과 없이 다음해로 넘어갔다. 1898년 3월 19일 일본은 러시아에 대해 "조선의 주권과 독립을 확인하고 그 내정에 일절 간섭하지 않을 것을 상호 약정할 의사가 없지 않으나, 이를 부여하는 의무는 일본에게 일임하여야 한다고 생각한다. 만일 러시아 정부가 이 견해에 동의한다면, 일본 정부는 만주 및 연안을 전적으로 일본의 이익 및 관계의 범위 밖으로 생각할 것이다" 라고 주장하면서 이른바 한만교환론을 제기하였다

그러나 러시아의 군부는 조선에서 일본에게 그렇게 광범위한 정치적인 영향력을 부여하는 것은 러시아의 연해주를 위협하는 전략적인 기지를 일본에게 제공하는 것이며, 더군다나 여순은 연료공급지로서 적당치 않아 조선의 연안에 다른 해군기지가 필요하다고 주장하면서 한만교환론에 반대하였다.

러시아 정부는 1898년 3월 29일자로 "우리는 조선과 국경이 인접해 있기 때문에 모든 관심사를 포기할 수 없다. 따라서 원칙적으로 모든 러시아의 영향력을 배제하려는 것을 허용할 수 없다"는 회신을 일본정부에 보내 한만교환론에 반대하였다. 마침내 1898년 4월 25일 동경에서 일본주재 러시아 로젠(R. R. Rosen)공사와 일본 외무장관 니쉬간에 니쉬 - 로젠협정(Nishi - Rosen Covention)이 조인되었다.[1]

---

1) 박종효편, op. cit., pp. 17 - 18.

(1) 러시아와 일본 양국은 조선의 주권 및 완전한 독립을 확인하고, 내부문제에
　　직접적인 간섭을 하지 않는다.
(2) 장래 야기 될 가능성이 있는 오해를 피하기 위해 러시아와 일본 양국은
　　조선정부가 러시아나 일본에게 원조를 요구할 경우 상호 동의 없이 군사교
　　관이나, 재정고문을 파견하지 않는다.
(3) 조선에 상당수의 일본인이 거주한다는 점뿐만 아니라 그들이 하고 있는
　　상업 및 산업이 널리 퍼져 있다는 점을 감안하여 러시아 정부는 조선과
　　일본간의 상업상 및 공업상의 발달을 방해하지 않는다.

니쉬-로젠협정에서는 한반도 문제만 언급되어 있고 일본이 관심을 갖고
있는 만주문제에 대해서는 어떤 규정도 없다. 이점에서 금번 협정은 고무라-
웨베르 각서와 로바노프-야마가다 의정서의 범위를 벗어나지 않았다. 이
협정의 주목적은 러시아가 완전히 조선에서 철수하는 것이 아니며, 단지 한반
도 문제로 인한 러·일간의 대립 가능성을 방지하는 데 있었다.2)

니쉬-로젠 협정으로 러시아는 조선에서 일본에게 상공업상의 우위만을
인정하고 정치적인 우위를 인정하지 않았다. 그러나 일본은 이미 조선에서
경제적인 기반을 확고히 구축하고 있었으며, 러시아가 군사교관과 재정고문을
철수시킨 상황 하에서 한반도에서 정치적 우위를 확보하는 것은 시간 문제였
다.3)

결국 니쉬-로젠 협정의 체결로 한반도를 둘려 쌓고 러·일간에 잠정적인
공존이 구축되었다. 이같은 공존기간을 이용하여 일본은 조선에 대한 경제적
인 진출은 물론 이민도 적극 장려하였으며, 1898년 9월 서울-부산간의 철도
부설권을 확보하는 등 조선내 이권을 확보해 나가는데 주력하였다. 러시아는
러·청 동맹조약을 통해 청국에서 영향력을 확보하였으며, 러·일간의 로젠-
니쉬협정을 통해 한반도에서 일본과 균형을 유지하였다.

---

2) I. Nish, op. cit. , p. 47.
3) 이민원, op. cit., p. 242.

러시아는 동청철도 부설권을 확보하여 만주지역으로 침투하게 되었고 여순에서 부동항을 확보함으로써 동북아에서 주도권을 장악하였다. 러시아는 몽골과 투르키스탄을 방어벽(security zone)으로 하고 남만주까지를 세력범위로 하였다. 이에 한반도에 대한 러시아의 관심은 퇴조하였다. 1898년 5월 4일 니콜라이 2세 황제는 조선에서 러시아 군사교관과 재정고문의 철수를 윤허하였다.4)

러시아 베조브라조프(A. M. Bezobrazov)등 강경파는 니쉬 – 로젠 협정으로 일본이 사실상 러시아의 연해주와 만주 방어에 중요한 조선을 지배하게 되었다고 주장하면서 동 협정을 강력히 비판하였다.

한편 일본은 수상이 교체됨으로써 러·일 간의 관계가 경색되는 조짐을 보였다. 야마가다는 1898년 10월 이토의 후임으로 일본수상에 취임하였다. 그는 반러성향을 지닌 아오키(Aoki)를 외무장관으로 임명하였다. 그리고 1898년 러시아의 여순 조차 사건을 이용하여 일본 국회는 해군력 증강에 관한 법을 통과시켰다.5)

러시아는 청국에서 영국과 대립을 피하기 위해 영국과 1899년 4월 28일 스코트 – 무라비예프 철도협정을(Scott – Muraviev) 체결하여 청국에서 철도부설에 대해 서로 세력권을 인정하였다. 그러나 미국은 1899년 9월 러시아에 대항해서 청국의 문호개방을 주장하였다. 미국은 청국내 열강들의 세력범위는 인정하나 철도요금, 항만세 등에 대한 차별은 폐지할 것을 주장하였다. 미국은 만주문제에 관심이 있다고 선언하면서 자국의 이익을 옹호하였으며, 청국의 영토보전을 지지함으로써 열강들의 지지를 받았다.

---

4) 박종효편, op. cit., p. 245.
5) I. Nish, op. cit., p. 52.

4. 러·일간 마산포 토지매수 경쟁

러시아는 1898년 3월 여순 조차이후 일본정부와 1898년 4월 니쉬-로제 협정을 체결함으로써 한반도에서 개입을 자제하고 만주경영에 우선순위를 두었다. 한편 삼국간섭 이후 일본은 러시아와의 일전(一戰)을 위해 군사력 증대에 주력하였다. 일본은 니쉬-로젠협정을 활용하여 경부선과 경인선의 부설권을 확보하는 등 조선에서의 경제적인 침투를 강화하였다. 또한 영국과 미국의 일본에 대한 우호적인 태도 등으로 러시아는 한반도 문제에 있어서 국제적으로 고립되고 있었다. 이 같은 어려움에 처해 있던 러시아는 자국과 대립하고 있던 영국이 보어전쟁(1899-1902년)으로 동북아에 개입할 수 없게 되자 동북아 정책을 재검토하였다.

러시아는 만주와 한반도에 대한 일본의 진출을 방지하기 위한 방안으로 한반도 점령, 한반도 분할, 한반도내 부동항 확보 등을 검토하였다. 러시아는 안전한 만주운영과 연해주의 방호벽인 완충지역으로서 한반도를 활용하고자 하였다.

우선 한반도 점령안을 검토하였다. 1897년 12월 16일 러시아 두바소프

해군 제독은 일본주재 러시아 로젠 공사에게 러시아는 한반도를 점령하여
일본을 축출해야 한다고 주장하였다. 또한 그는 일본의 국력이 지속적으로
신장하고 있으며, 이때를 놓치면 두 번 다시 기회가 오지 않을 것이라고 지적
하고 대한해협이 자유 항해를 확보하는데 중요하므로 한반도를 시급히 점령해
야 한다고 강조했다.[1]

이에 대해 로젠 공사는 러시아의 동북아 정책은 조선을 점령하는 것이 아니
라 조선의 독립을 유지하는 것이라고 설명하였다.[2] 그리고 그는 러시아가
조선의 무력점령을 계획하고 있지 않다고 하면서 러시아의 중요한 과업은
만주확보이며, 러시아 정부는 만주와 한반도에서 동시에 양대 전선을 구축하
는 데 동의하지 않을 것이라고 지적하였다.

러시아는 일본과 함께 한반도를 분할 점령하는 방안도 검토하였다. 1899년
3월 17일 러시아는 한반도의 북부를, 일본은 남부를 차지하는 협정을 체결해
야 한다는 주장이 제기되었다. 1898년 한반도의 북부 산림상태를 조사한 러시
아 탐험대는 북한지역에서 러시아의 영향력 유지가 필요하다고 보고하였다.
그리고 탐험대는 제3국의 개입을 허용하지 않으면서 러시아와 일본양국이
조선의 질서를 유지해야 한다고 주장하였다.[3] 1899년 알렉산더 해군 제독은
한반도 북부는 러시아의 영향권하에 두되 남부는 일본에게 넘겨 주자고 제의
하기도 하였다.[4]

이에 대해 1899년 3월 28일 러시아 외무부가 니콜라이 2세 황제에게 상주
한 보고서는 부정적인 견해를 밝히고 있다.

(1) 일본이 조선에서 압도적인 영향력을 행사하고 있는데 과연 한반도 분할을
    희망할 것인가.

---

1) 박종효 편, op. cit., pp. 285－286. 1900년에도 두바소프 해군 제독은 조선을 점령할
   것을 니콜라이 2세 황제에게 건의하였다. Ibid., p. 727.
2) Ibid., p. 268.
3) Ibid., p. 284.
4) Ibid., p. 738.

(2) 만약 일본이 동의하더라도 이것이 러시아가 조선에서 러시아의 이해를
　　보장받는 것을 의미하는 것은 아니다.
(3) 러·일 양국간의 한반도 분할 협정안이 다른 열강에게 구속력이 없다.
(4) 한반도 분할 협정은 러시아가 극동에서 군사적인 잠재력을 보유하고
　　있을 때 체결이 가능하다.

1899년 9월 25일 티르토프(P. P. Tyrtov, 1896－1902) 해군장관 대리도
전략상 러시아에게 불리하다는 이유로 한반도 분할에 반대하였다.[5]

다음으로 러시아는 한반도 부동항 확보문제를 검토하였다. 러시아 해군은
한반도 남부에서 항구를 장악하여 대한해협에서 러시아 함대의 자유항해를
확보할 것을 주장하였다.

마침내 러시아는 한반도 점령안이나 분할안보다는 한반도 남부에서 부동항
을 확보하여 일본의 한반도 및 대륙진출에 대항하는 것이 현실적인 대안이라
고 평가하였다.

당시 시베리아 철도 건설이 초기 단계에 있었으며, 극동지역 주둔 러시아
육군이 열세인 만큼 동북아에서 해군중심의 방어 전략이 강조되었다. 러시아
해군은 일본을 견제하기 위해서는 태평양에서 일본의 함대보다 30％이상 더
많은 해군력을 유지해야 한다고 강조하고 동북아 해역에서의 작전을 위해
한반도 남부지역에서 부동항을 확보해야 한다고 주장하였다.[6] 티르토프 해군
장관 대리는 이같은 사실을 무랴비예프 외무장관앞 각서에서 명확히 지적하고
있다.

"동북아에서 러시아의 입장은 조선 남부에서의 기지를 확보하지 않는 한
안전하다고 간과될 수가 없다. 여순은 대일본용 기지로서는 쓸모가 없다. 만
일 일본이 먼저 조선에서 항만을 차지하게 된다면 여순과 블라디보스톡 사이

---

5) Ibid., p. 284.
6) 1899년 태평양 해군 사령부가 창설되어 여순항에 본부를 두고 태평양 함대를 관할하
　　였다. Ibid., p. 229.

에의 모든 통교는 단절될 수밖에 없다. 그러나 반대로 러시아가 마산포와 거제도를 통제하게 된다면 우리는 일본을 위협하게 될 수 있는 효과적인 무기를 장악하게 될 것임은 물론 일본은 동아시아에서 러시아에 도전하기에 앞서 먼저 조심스러운 재고를 강요받게 될 것이 분명하다"

1897년 4월 한성에서 조선군사를 훈련시킨 바 있는 러시아인 푸짜타 대령도 조선의 군사력을 증강하여 일본과 대항하기 위해서는 조선내에 군항을 확보하는 것이 필요하다고 지적하였다.[7]

그러나 러시아 위테 재무장관은 해군의 주장에 반대하였다. 위테의 동아시아 정책은 동청철도와 남만주지선의 건설을 통해 평화적으로 청국에 진출하는 것이었다. 러시아 정부는 1898년 여순과 대련조차 이후 가능한 한 조선에 대한 진출을 단념하고 한반도 현상유지를 바라고 있었다. 그리고 러시아 정부는 일본과의 군비경쟁에 반대하였다. 러시아 무라비예프(M. N. Muraviev) 외무장관도 시베리아 철도의 완성이 동북아 진출의 전제조건인 이상 조선남부에서의 해군기지 설립에 반대하였다. 그는 러시아가 보어전쟁의 호기를 이용하여 동아시아보다는 서아시아로 진출할 것을 건의하였다. 무라비예프 외무장관은 러시아가 영국이 보어전쟁에 개입하고 있는 유리한 기회를 활용하려 동북아보다는 아프칸니탄, 페르시아, 터어키 등에서 러시아의 이익을 확대해 나갈 것을 주장하였다.[8]

1899년 11월 10일 람즈도르프 외무장관도 러시아 해군의 거제도 점령에는 반대하였다. 러시아가 거제도를 점령할 경우 일본은 물론 열강들의 러시아에 대한 큰 불만을 초래할 것이라고 우려하였다. 대신 러시아는 조선정부와 협정 체결을 통해 어느 열강에게도 거제도를 대여해서는 안된다고 규정함으로써 일본의 의심을 진정시킬 수 있다고 제안하였다.

그러나 러시아 해군은 한반도내 부동항 확보를 추진하였다. 두바소프 제독

---

7) Ibid., p. 289.
8) I. Nish, op. cit., p. 63.

은 1898년 12월 마산포를 포함한 한반도의 점령을 러시아 동북아 정책의 제1의 과제로 정하였다.

그는 러시아는 한반도 장악을 위해서는 일본과의 일전(一戰)이 불가피하다고 보았으며, 일본과의 전쟁은 일본의 해군력 확장사업이 끝나는 향후 3, 4년 이후가 될 것이라고 전망하였다.9)

그는 부동함으로서 여순의 문제점을 아래와 같이 지적하였다

- 여순은 지나치게 남쪽에 위치해 러시아가 방어하기 곤란하다.
- 교통수단이 열악하여 러시아 본토에서 물자수송이 어렵다.
- 시베리아 횡단철도와 연결되는 동청철도와 남만주지선을 군사적으로 방
  어하기가 곤란하다.

티르토프 해군장관 대리도 1900년 2월 27일에 여순과 블라디보스톡의 연결을 위해 조선남부, 특히 마산포와 거제도를 확보할 필요가 있다고 언급하였다. 그는 대일전쟁시 여순이 비효율적인 기지가 될 것이라고 하면서 조선남부에 저탄기지 설치가 필요하다고 강조하였다.

1899년 이후 러시아 해군은 아래와 같은 이유로 한반도 남부지방에 항구를 확보하는 데 특별한 관심을 기울렸다.

(1) 여순 조차이후의 한반도의 전략적인 중요성이 제고되었다. 여순은 협소하고 일부는 동결되는 등 부동항으로 불완전하였다. 따라서 러시아에게는 블라디보스톡와 여순을 잇는 중간항을 조선의 남부 지역에 확보하는 것이 중요한 현안이었다. 러시아는 1898년 여순을 부동항으로 확보하였으나 해군은 만족하지 않았다. 블라디보스톡에서 여순까지 1, 100마일로서 당시의 구축함이나 수뢰정과 같은 소형선박이 중도에 연료보급을 받지 않고는 도달할 수가 없었다.

---

9) 국방부 군사편찬연구소, 러시아의 한반도 군사관계사 (서울 : 2002), p. 225.

(2) 러시아의 만주 경영의 부진이다. 러시아는 1899년 4월 28일 청국에서의
    철도 이권에 대한 세력범위를 결정하는 협정을 영국과 맺음으로써 동아시
    아에서 영국과 대립할 계기가 감소하였다. 그러나 만주에서의 경영이
    순조롭지 못하고 사고의 다발, 막대한 비용, 청국 주민들의 반발 등으로
    여순에 대한 철도 건설이 순조롭게 진행되지 않았다. 특히 1899년 미국이
    만주에 대한 문호개방과 기회균등을 선언하는 등 불만을 표명하였다.
    러시아는 만주에서의 사업이 부진하고 열강들의 불만을 사고 있다는 판단
    하에 조선에서 항만을 획득코자 하였다.
(3) 러시아는 니쉬-로젠협정 이후 활발해진 일본의 조선내 활동을 경계하였
    다. 조선주재 러시아 파블로프(A. I. Pavlov, 1899-1902) 대리공사는
    일본이 니쉬-로젠협정의 체결이후 자국 상공업의 발전 명목으로 일본군
    인을 한반도 여러 지역에 주둔시키면서 군사시설을 설치하고 있다고 경고
    하였다.
(4) 일본 해군력의 증강에 대처코자 하였다. 삼국간섭 이후 러시아와 전쟁을
    위해 일본은 해군력 증강에 주력하였다. 특히 1894년 청·일전쟁 이후
    러시아 함대가 일본의 항구에서 누려 오던 동절기 기항권을 상실하게
    될 것을 우려하였다. 그리고 러시아 해군은 대한해협의 자유항해를 확보코
    자 하였다. 러시아 해군은 크리미아 전쟁(1854-1856)에서 패한 후 흑해함
    대가 지중해 진출의 길목인 보스포러스 해협을 통과할 수 없게 된 것과
    같은 불리한 상황이 대한해협에서 재연되는 것을 방지코자 하였다. 1895년
    5천 5백만 루불의 예산을 배정 받은 러시아 해군은 7월 다시 매년 7백만
    루불씩 7년간 지원 받기로 하였다.10)
(5) 당시 고종이 실시한 개항정책으로 러시아가 조선에 부동항 확보를 위한
    토지를 매수할 수 있는 여건이 조성되었다.11) 외국인들은 개항장내에서만
    토지와 건물을 구입하고 무역할 수가 있었다. 1898년 러시아의 여순 조차

---

10) 국방부 군사편찬 연구소, op. cit., p. 189.
11) 조선정부는 19세기 개국과 함께 외국과의 협정을 통해 부산(1877), 원산(1880), 양화진
    (1883), 한성(1882), 인천(1883), 경흥(1888), 진남포(1897), 목포(1897), 마산포(1899), 군
    산(1899)등을 개항하였다. 외국인들은 개항장내에서만 토지와 건물을 구입하고 무역
    할 수가 있었다.

와 영국의 웨하이 조차 등으로 청국이 열강들의 조차지 경쟁으로 영토가 찬탈되자 조선정부는 특정한 일국(一國)이 한반도에서 광대한 조차지를 독점하는 것을 방지하는 방안으로 개항정책을 실시하였다.12)

(6) 1899년 이후 러시아가 조선에 침투하기 유리한 여건이 조성되었다. 당시 조선정부내 친러파의 대두이다. 1899년 3월 21일 조선정부내 정변이 일어나고 조병식이 주도하는 친러파 내각이 수립되었다.

러시아는 한반도 부동항 후보지로서 동해안의 원산을 지목하였다.13) 그러나 원산은 방어가 어려우며, 블라디보스톡처럼 적군에 의해 쉽게 해안 봉쇄가 될 수 있는 위험이 있었다. 이에 러시아는 한반도 남해안에 위치한 항구를 부동항으로 확보하는 방안을 검토하였다.

러시아는 부동항 후보지로서 거제도와 마산포를 놓고 검토하였다. 우선 러시아는 1894년 청·일전쟁의 발발 전후에 한반도 현상유지를 견지하기 위해 거제도를 확보하는 방안을 적극 검토하였다. 1894년 청·일전쟁이 발발하기 전에 개최된 각료회의에서 기어스 외무장관은 일본이 한반도를 점령하면 대한해협이 제2의 보스포르스14)가 될 것이라고 경고하였다. 1894년 12월 러시아 함대는 거제도 일대를 예비 측량하기도 하였다. 러시아 외무부는 청·일전쟁에서 일본이 승리할 경우 대한해협에서의 자유 항해권 확보를 위한 행동지침을 아래와 같이 제시하였다.

(1) 러시아는 자국이익을 수호하기 위해 한반도 남단의 한 항구를 반드시

---

12) 러시아와 대립하고 있던 영국은 개항장의 선정에 있어서 러시아의 한반도 진출을 사전에 방지하고 영국의 이익이 반영될 수 있도록 개항장을 선정하였다. 당시 조선주재 영국 조르단 총영사는 동학혁명 등 농민반란의 방지책에 대한 고종의 질문에 대해 개항정책을 진언하였다. 영국인 해관 총세무사 브라운 (M. Brown)은 개항사무를 감독하는 입장에서 고종의 의뢰를 받고 개항자의 선정에 중요한 역할을 하였다.
13) Золотарев В. А., Россия и Япония на заре XX столетия(М. АРБИЗО, 1994), p. 27.
14) 보스포르스 해협은 터어키의 서부, 마르마라해와 흑해를 연결하는 해협으로서 러시아 흑해 함대가 지중해등 대양으로 나아가기 위해서는 통과해야 하는 중요한 해협이다.

점령할 것.

(2) 한반도 항구를 확보하면 그곳에 영국의 홍콩과 같은 조차지를 확보해야
함.

(3) 러시아 태평양함대를 일본보다 증강시켜야 함.

한편 1895년 12월 개최된 동아시아 특별회의에서는 부동항으로서 마산포
를 확보하는 방안을 논의하였다. 태평양 함대 알렉세예프(E. I. Alekseev)[15]
사령관은 블라디보스톡의 단점을 보완하기 위해 마산포 확보를 주장하였다.
그는 1895년 11월과 12월 거제도 주변지역에 대한 실측결과를 토대로 거제도
보다 마산포가 해군기지로 적당하다고 주장하였다. 그는 마산포는 부산항에
비해 외항이 발달하였고 대피가 용이한 지형으로 되어 있다고 지적하였다.
그는 마산포에 해군기지로 건설하는 데 막대한 비용이 소요되므로 블라디
보스톡을 모항으로 제정비 할 때까지는 당분간 마산포를 러시아 해군의 동계
정박지로 사용할 것을 주장하였다. 그는 시베리아 횡단철도가 완공되고 러시
아의 태평양 함대가 증강이 되면 마산포를 해군기지로 본격 개발코자 하였다.
결국 마산포를 선정하였다. 러시아는 마산포가 대형선박도 입항이 가능한
거제도와 동대산 사이에 3개의 지류를 형성하고 있는 등 세계에서 가장 좋은
항구 중의 하나라고 평가하였다. 당시 마산포는 인구가 약 2천명이었으며,
1899년에 대외무역항으로 개항되었다. 물동량은 1901년에 349,000엔으로서
무역은 일본인이 장악하고 있었다.[16]
마침내 러시아측은 마산포 조차를 조선정부에 요구하였다. 1897년 8월 23
일 태평양 함대 사령관 알렉세예프의 후임으로 부임한 러시아 두바소프 제독
은 그는 1897년 12월 1일 한성을 방문하고 조선주재 러시아 스페에르 공사와
마산포 조차 문제에 대해 협의하였다.

---

15) 알렉세예프는 러시아 해군참모부 차장(1892−1895), 태평양 함대 사령관(1895−1897),
흑해함대 사령관(1897−1899), 청국 광동지역 및 러시아 태평양 함대 총사령관(1899
−1903)을 역임하였다.
16) 박종효편. op. cit., pp. 118−119.

1899년 4월 21일 러시아는 2척의 군함을 마산포에 파견하여 마산포 거류 예정지인 월영동, 자복포의 토지약 10만평을 측량하고 매수 준비를 하였다. 또한 조선주재 러시아 슈타인(E. F. Stein) 서기관과 무관 스트렐비트스끼(I. Strelbitsky)는 동청철도 기선회사용 용지 확보를 위해 마산포를 관할하는 창원 감리 안길수에게 토지가 매수될 수 있도록 협조를 요청하였다. 그러나 러시아의 마산포 토지 매수은 잘 진척되지 않았다.

1900년 2월 조선에 귀임한 파블로프 공사는 마산포내 저탄소 용지 확보를 위해 조선외부와 교섭을 개시하였다. 파블로프의 귀임과 때를 같이해서 러시아의 군함 7척이 마산포, 진해만, 거제도 주변을 왕래하였다.

마침내 러시아는 1900년 2월 3일 마산포 거류지 경매에서 풍부한 자금으로 일본과 경쟁해서 많은 토지를 매수하였다. 러시아는 35구 중에서 21구 28, 230을 획득하였다. 반면 일본은 11구 9, 385을 획득하였다. 그리고 러시아는 1900년 3월 염포(마산포에서 30리 남방의 진해만 연안 지점)의 매수를 조선 정부와 협의하였다. 1900년 3월 30일 조선 박제순 외부대신과 파블로브 공사 간에 거제도 불할양 및 마산포외 10리내 토지 조차에 관한 약정이 체결되었다. 1900년 4월 12일 조선 외부 통상국장 정대유와 마산포 주재 러시아 소코프 부영사는 마산포 조차지 의정서에 서명하였다. 조차지는 해안선을 따라 길이 2, 275m, 넓이는 지형에 따라 200m에서 400m까지로 하였다.[17] 1900년 6월 5일 소모프와 정대유가 마산포 조차지에 대해 최종합의 하였다. 총매입 가격은 39, 023엔 24전, 임대료는 매년 1, 959엔이었다.[18]

1900년 하반기부터 러시아는 태평양 함대의 육상 사령부, 장교 집회소, 병원등의 건물을 짓기 시작하였다. 그러나 러시아는 러시아함대가 대한해협에서 일본함대보다 월등한 우위를 보유하지 않는 한 마산포는 일본과 전쟁시

---

17) Ibid., p. 200.
18) 러·일전쟁에서 일본이 승리를 거두자 1906년 8월 21일 일본은 진해만과 영흥만 일대를 군항예정지로 결정하였으며, 러시아의 마산만 율구미의 조차는 폐지되었다. Ibid., p. 386.

일본함대의 공격에 취약할 것으로 판단하고 해군기지건설을 서두르지 않았다. 당시 무라비예프 외무장관은 마산포에 많은 비용이 소모되는 해군기지 건설에 반대하였다.

한편 일본은 마산포가 경부선의 시발점인 부산에서 얼마 떨어져 있지 않으며, 대한해협의 안전에 중요하다고 보았다. 일본 이토 수상은 러시아의 마산포 점령은 일본의 목에 비수를 겨누는 것이라고 비유하면서 마산포가 지중해의 지블레타이며, 일본의 마산포 손실은 한반도 전체를 잃게 될 것이라고 강조하였다.[19]

유사시 일본군의 조선 점령전략은 우선 마산포에 군대를 상륙시키고 삼량진까지 행군하여 경부선을 통해 한성까지 열차로 진군한다는 것이었다. 따라서 일본 해군은 러시아가 조선의 남부 항구를 장악하여 대한해협의 제해권을 위협할 가능성을 두려워하였다.

일본은 러시아의 마산포 토지매수에 대해 적극적으로 대응했다. 일본은 1898년 8월 경상도 마산포에 약 5만평의 토지를 구입하는 것이 긴요하다고 강조하였다. 그리고 일본은 거제도를 25년간 25만엔으로 조차할 것을 조선정부에 요청하였다. 그러나 조선정부는 일본의 요구를 수용할 경우 타국이 이것을 균점 할 것을 우려하여 거절하였다. 결국 거제도 조차문제는 1900년 3월 30일 조.러간 거제도 불할양 조약의 체결로 해결되었다. .

이와 함께 일본군함은 마산포를 자주 내방하여 러시아 군함의 동태를 감시하였다. 1901년 10월 24일 러시아 따르토프 해군장관 대리는 람즈도르프 외무장관에게 러시아가 마산포를 해군함 정박지로 선정했으므로 일본정부와 협의해서 마산만에 출몰하는 일본함정을 추방할 수 없는가를 문의하였다. 이에 대해 일본주재 러시아 이즈볼스끼 공사는 당시 만주문제 등으로 일본여론이 러시아에 대한 배신감을 갖고 있어 마산포에서의 일본함대 퇴거에 대해 일본 정부와 협상하는 것이 좋지 않다고 보고하였다. 또한 이즈볼스끼는 러시

---

19) Золотарев В. А., op. cit., p. 185.

아는 마산포에서 저탄소를 건축할 권리가 있으나 해군이 아닌 개인에게 하청을 주어 건축하는 것이 일본의 자극을 최소화 할 수 있다고 보고하기도 하였다.[20)

마산포 조차는 러시아 외무부의 소극적인 입장에도 불구하고 해군의 적극적인 추진 결과였다. 러시아 티르토프 해군장관대리는 한반도 남부에서 강력한 근거지를 확보하기 전까지는 태평양에서의 러시아 위치가 굳건하지 못하다고 주장하고 마산포 조차를 적극 추진하였다. 그러나 무라비예프 외무장관은 시베리아 횡단철도가 완공되기 전까지는 동북아에서 평화가 유지되어야 한다는 원칙 하에 마산포 조차에 반대하였다. 그는 러시아의 마산포 조차 시도가 러·일관계를 악화시킬 것으로 보고 가능한 한 여순항 개발에 치중하면서 만주경영에 주력코자 하였다. 이같이 한반도 연안에서 부동항 확보를 주장하는 러시아 해군과 러·일관계를 고려하는 외무부간의 이견으로 러·일전쟁 발발 전까지 마산포는 군항으로 개발되지 못하였다.[21) 또한 러시아는 1900년 청국의 의화단 사건 이후 부득불 만주에 전념하게 되어 마산포내 군항건설을 등한시 하였다. 1904년 러·일전쟁 발발 전까지 동북아에서 러시아의 군항은 여전히 여순과 블라디보스톡에 불과하였다.

한편 마산포가 군항으로서 역할을 하기 위해서는 러시아 군함이 정박하여 정기적인 훈련을 하는 것이 필요하였다. 그러나 이것은 성사되지 않았다. 러시아가 1900년 의화단 사건의 진압을 위해 러시아군 15만명을 만주에 1900년 10월 파견하였다. 러시아는 이를 핑계로 일본군이 한반도에 진주할 것을 우려하였다.

러시아는 일본의 한반도 진주를 방지하기 위해 1901년 1월과 2월에 걸쳐 4척의 함대를 동계훈련의 명목으로 마산포에 정박하였다. 러시아 신임해군참

---

20) 박종효편, op. cit., p. 220.
21) 러시아 무라비에프 외무장관은 마산포 토지매입문제로 야기된 일본의 불만을 무마하고 러·일간의 우호 유지를 위해 일본주재 러시아 로젠 공사 대신에 이즈볼스키를 1900년 6월 임명하기도 하였다.

모총장 로제스트벤스키(Z. P. Rozhestvensky) 제독[22]은 러시아 함대가 마산포에서 훈련을 할 수 있도록 러시아 관동군 사령관 알렉세예프에게 건의하였으나 거절당했다.

알렉세예프 사령관은 마산포와 블라디보스톡간의 연결된 전신선이 일본의 통제하에 있어 일본이 기습적으로 전쟁을 선포할 경우 러시아 함대는 극도로 위태로운 상황에 직면하다는 이유였다. 그 이후 러시아 함대는 일본과의 관계 유지를 위해 마산포 정박을 자제하였다.

러시아는 마산포의 중요성을 감안하여 영사관 개설을 추진하였다. 1900년 3월 조선주재 러시아 파블로프 공사는 앞으로 러시아 함대를 위한 토지 구입과 러시아 상인의 정착을 위하여 소코프를 마산포 상주 부영사로 발령하는 것이 필요하다고 보고하였다. 그리고 영사관의 건립비로 약 8,000루블이 소요될 것이라고 전망하였다. 이에 대해 무라비예프 외무장관은 3월 6일 마산포 주재 영사로 소코프의 파견에 동의하며, 영사관 건축비로 8,000루블을 사용하라고 지시하였다.[23]

1901년 말 마산포에는 3명의 여자를 포함한 11명의 러시아인이 거주하였다. 이들은 부영사관, 여관, 저탄기지의 사무소 직원들이었다.

러시아와 일본 양국은 외무부보다는 육. 해군등 군사기관을 통해 마산포 토지를 매수하였다. 이것은 한반도의 전략적인 중요성에 대한 러, 일양국의 첨예한 대립을 반영한 것으로 볼 수 있다. 러시아 해군은 마산포 토지매수와 거제도 불할양을 확보함으로써 대한해협에서 일본해군을 어느 정도 견제할 수 있게 되었다.

일본은 한반도 남부에서 일정한 기반을 확보하였으나 조선 전체에 대한 기반은 확고하지 못했다. 일본은 한반도 병참수송선인 경부철도 부설권을 장악했지만 착공하지 못하고 있었다. 그 이후 일본은 러시아의 시베리아 철도건

---

22) 로제스트벤스키 제독은 1905년 쓰시마 해전시 러시아 함대의 총사령관이었다.
23) Ibid., p. 392.

　러시아의 동북아 진출과 한반도 정책

설 등 한반도 남진에 대비하여 경부선의 완공 및 경의선(한성 – 의주) 부설권을 확보하여 북한지역에 대한 침투를 강화하였다.24)

그리고 일본은 러시아의 조선 토지매수에 적극 대항하기 위해 먼저 러시아가 진출을 기도할 수 있는 예정지를 선정하여 사전에 매수하는 방법을 선택하였다.25) 일본의 육, 해군은 매수예정지로서 부산, 인천, 진남포, 목포, 원산등을 확정하였다. 일본은 러시아가 매수코자 했던 목포의 고하도를 30년간 약 3만 3천엔에 조차하는데 성공하였다. 반면 러시아는 일부의 토지만 매수하였다. 일본은 원산에서도 조선인 지주의 땅을 30년간 6천엔에 조차하였다. 다만 러시아는 원산에서 매수의 움직임만 보였다.

한편 영국은 러, 일 양국 중 어느 쪽도 지지하지 않았다. 영국은 무엇보다도 동아시아에서 현상유지를 바라고 있었다.26) 당시 보어전쟁(1899 – 1902)에 개입하고 있던 영국은 동아시아에서 가능한 한 분규를 피하고 러·일 양국을 상호 견제시키는 것이 상책이라고 생각하였다. 영국정부는 마산포가 특정국의 배타적인 개항지가 되어 조선의 현상유지를 변경하는 데 반대하였다. 영국은 니쉬 – 로젠 협정 체결이후 동북아에서 러·일간의 접근을 두려워 하고 있었고 조선에 대해서 러시아의 양해 하에 일본이 청국 남부 , 특히 복건성을 발판으로 청국내지에 진출하여 영국의 권익을 위협하지 않을까 하는 의혹도 있었다.

결국 러시아 해군은 1898년 부동항으로 여순을 조차하고 1900년 한반도의

---

24) 1896년 이후부터 일본은 조선내정의 개혁보다는 조선의 해관 장악, 철도부설권 확보 등 조선 경제의 실질적 장악을 통해 한반도에서 영향력을 강화해 나간다는 고무라 노선을 선택, 추진하였다. 당시 일본 고무라 외무장관은 한반도 관통의 간선철도 확보야 말로 대한반도 정책의 골수라고 강조하였다. 모리야마 시게노리 지음, 김세민 옮김, 근대한일관계사 연구(서울: 현음사, 1994), p. 157, pp. 92 – 95. I. Nish, op. cit., p. 62.
25) 조선정부는 19세기 개국과 함께 외국과의 협정을 통해 부산(1877), 원산(1880), 양화진(1883), 한성(1882), 인천(1883), 경흥(1888), 진남포(1897), 목포(1897), 마산포(1899), 군산(1899)등을 개항하였다. 외국인들은 개항장내에서만 토지와 건물을 구입하고 무역할 수가 있었다.
26) Ibid., p. 109.

마산포에서 토지를 구입함으로써 여순- 마산포- 블라디보스톡을 연결하는 해상로를 확보하였다. 이 기간 중에 영국, 일본도 자국의 이익을 확고히 하였다. 일본은 한반도 문제 관련 1898년 니쉬- 로젠 협정을 체결하여 조선에서의 경제적인 침투를 보장받았다. 영국은 러시아와 청국내 철도부설 관련 세력권의 분할에 합의하였다. 영국은 러시아의 영향력이 만주이외 청국의 여타 지역으로 확대해 나가는 것을 방지코자 하였다. 이에 대해 미국은 1899년 청국의 문호개방을 선언함으로써 청국에서 러시아 등 열강들의 경제적 독점에 대항코자 하였다.27)

27) I. Nish, op. cit., p. 67.

제8장

러시아의 만주점령과 조선 중립화 문제

1. 조선 중립화 등장과 러시아 입장

19세기 한반도 중립화 방안은 조선정부가 제의한 것과 열강들이 제의한 것으로 대별해 볼 수 있다. 우선 서구 제국주의 열강들은 적대국들의 한반도 지배를 방지하기 위해 조선의 중립화 방안을 제의하였다. 따라서 한반도 정세가 급변할 경우 열강들의 조선 중립화 방안이 제기되곤 하였다.

1884년 일본은 청국이 청·불전쟁(1884－1885)에서 패한 기회를 이용하여 조선에 대한 청국의 종주권을 부인하기 위해 조선의 중립화안을 제의하였다. 1884년 당시 조선 외부 고문이었던 묄렌도르프(P. G von Mollendorf), 1885년 청국의 이홍장, 1885년 조선주재 독일 부영사 부들러(H. Budler), 1886년 영국 등이 조선의 중립화안을 제의하였다. 묄렌도르프는 조선이 독립을 유지하기 위해서는 벨기에와 같이 영세 중립국이 되어야 한다고 주장하였다. 이를 위해 러시아가 주도하고 청국, 일본이 보장하는 국제조약을 체결하는 것이 바람직하다고 보았다.

조선인으로서는 유길준이 1885년 12월 만국공법에 의거해 조선 항구중립화를 주장하였다. 그는 청국이 주도하고 열강이 공동 보장하는 벨기에형과 불가리아형의 절충안을 제시하였다. 일본에 망명한 김옥균도 1886년 7월에 조선의 중립화를 제의하였다. 그러나 1880년대 한반도 중립화 제의는 청국이 조선에 대해 종주권을 고수함으로써 무산되었다. 이것은 조선의 중립화는 조선에 이해가 깊은 국가의 동의 없이는 실현이 어렵다는 것을 의미한다.

조선정부도 조선의 중립화를 추진하였다. 영국의 거문도 점령사건을 계기로 한반도가 청, 일, 영, 러의 각축장이 되자 외부대신 김윤식은 조선주재 독일 총영사에게 조선을 벨기에와 같은 중립국으로 만들고자 한다는 입장을 표명하였다.

1897년 고종은 조선을 대한제국으로 선포하고 자주독립의 방안으로 한반도 중립화 방안을 추진하였다. 1898년 독일이 청국의 교주만을 조차하자 청국이 분할될 가능성이 점증하였다. 이에 열강들의 청국내 조차지 획득의 여파가 조선에도 미칠 것을 두려워하여 고종은 한반도 중립화안을 구상하였다. 고종은 1899년 봄 조선주재 미국공사 알렌(H. N. Allen)[1]을 통해 미국정부에게 한반도 중립화안을 제의하였다. 이에 대해 미국 존 헤이(J. Hay) 국무장관은 조선은 독립을 유지할 만한 능력이 없으며, 미 의회가 미국정부의 한반도 개입을 원하지 않고 있다는 이유로 고종의 중립화 제의에 반대하였다.

1899년 미국과 스페인 전쟁시 조선정부는 중립을 선언하기도 하였다.[2] 그 이후 고종은 1900년 의화단 사건으로 열강이 북경에 출병하고 청국이 분할 위기에 처하게 되자 1900년 8월 7일 조병식을 일본에 파견하여 조선을 스위스나 벨기에[3]와 같이 중립화하는데 동의해줄 것을 요청하였다. 그러나 일본은 조선이 중립을 유지할 만한 국력이 없다는 이유로 반대하였다.

러시아도 한반도 정책으로 조선의 중립화 문제를 검토하였다. 조선에 대한 러시아의 중립화 구상은 한반도에 진출하기 시작한 19세기 초부터 시작되었

---

1) 알렌은 조선주재 미국 대리공사(1893-1894), 공사(1897-1901)을 역임하였다.
2) 현광호, op. cit., p. 81.
3) 벨기에는 1839년 영국, 프랑스, 프로이센, 오지리, 러시아의 공동 보장하에 영세 중립국이 되었다.

다. 1854년 동해안에서 탐사활동을 한 푸티아틴 제독은 한반도를 터어키와 같이 전략적으로 중요한 국가로 판단하고 필요할 경우 한반도의 중립화가 필요하다고 평가하였다.

그러나 19세기 조선 개항기에 러시아는 조선의 중립화에 대해 부정적이었다. 1884년 8월 8일 북경주재 러시아 군사대표는 지부에서 묄렌도르프 조선 외부고문과 회담 결과를 보고하는 전문에서 묄렌도르프가 제의한 벨기에형의 조선 중립화가 어려운 이유를 아래와 같이 기술하고 있다.

> (1) 벨기에 주변국가들은 모두 문명국으로서 벨기에의 중립을 보장해 주지만 조선의 경우 한 국가(러시아)는 문명국이며, 다른 한 국가(일본)는 문명화 과정에 있으며, 또 다른 한 국가(청)는 아직 미개상태라 개화 능력이 없는 나라이므로 이 같이 문명수준이 서로 다른 나라들이 조선의 중립을 보장할 수가 없다.
> (2) 조선은 작은 나라로서 중립국으로서의 역할과 의무를 다할 수 있는지 의문이 간다.

결국 러시아 군사대표는 묄렌도르프가 조선에 대한 열강들의 관심을 끌어 들이기 위한 방안으로서 조선의 중립화안을 구상하고 있다고 지적하고 조선의 중립화에 대해 반대하였다.

그 후에도 러시아는 열강들이 러시아의 한반도 진출을 방지하기 위해 조선의 중립화안을 추진하고 있다고 보고 조선의 중립화 방안에 대해 부정적이었다. 한성 주재 러시아 파블로프 공사는 1899년 고종이 미국정부에게 조선의 중립화를 제의하자 이 같은 제의의 배후에 는 열강들이 개입한 것으로 의심하였다. 러·일간 니쉬－로젠협정이 체결(1898. 4. 25)되고 1898년 봄에 러시아의 군사교관 및 재정고문관이 한성으로부터 철수하자 이 기회를 이용하여 조선정부에 고용된 미국 및 영국출신 고문관들이 러, 일 양국의 간섭을 배제하기 위해 고종에게 조선의 중립화 방안을 건의하였다고 파블로프 공사는 분석하였다.

파블로프는 당시 조선정부에 초빙된 미, 영 고문관들이 니쉬-로젠 협정으로 조선이 러, 일양국의 공동보호국으로 전락되었다고 하면서 조선인들에게 외세배격의 감정을 부추겼다는 것이었다. 이러한 배경 하에서 고종이 미국정부에게 조선의 중립화 방안을 제의하였다고 결론짓고 있다.4) 당시 영국은 보어전쟁(1899-1902)에, 미국은 미·서전쟁(1899)에 개입하고 있어 한반도 문제에 관심을 가질 수 없었다. 이같은 상황하에서 러시아와 일본양국이 1898년 4월 니쉬-로젠협정을 체결하자 조선정부에 고용된 미국과 영국인 고문관들이 한반도 및 만주문제를 해결하는 데 있어서 자국들이 소외되었다고 보고 고종으로 하여금 미국정부에게 조선의 중립화안을 제의하도록 건의하였다고 파블로프는 판단하였다.

---

4) 송금영, 대한제국의 중립화 외교정책(1897-1904), 외교 제36호(외교통상부 : 1995), pp. 114-115.

2. 러시아의 만주점령과 대일 조선 중립화 제의

1900년 여름에 발생한 청국의 의화단 사건을 계기로 러시아 등 열강들로 구성된 국제군이 청국에 출병함으로써 동북아 정세는 새로운 사태를 맞이하였다. 그러나 러시아는 의화단 사건과 관련하여 청국 정부와의 교섭에 있어 열강들과 보조를 같이 하기보다는 독자노선을 견지하였다. 러시아는 의화단 사건의 처리에 있어서 유럽 열강들과 이해가 아래와 같은 이유로 다르다고 판단하였다.[1]

(1) 유럽열강들의 주된 관심은 자국 공관이 위치한 북경이지만 러시아의 주된 관심은 동청철도가 건설 중인 만주지역이다.

(2) 의화단들은 러시아 정교 선교사보다는 서구 기독교 선교사들에게 불만이 많아 주로 후자를 공격하고 있다.

(3) 러·청간의 무역규모는 청−열강간의 무역과 비교할 때 적다.

---

1) I. Nish, op. cit., p. 73.

러시아는 1896년 러·청간 동맹 조약체결 이래 청국과 우호관계 유지에 주력하였다. 1900년 6월 17일 무라비예프 외무장관은 아래와 같이 의화단 사건에 대한 러시아의 입장을 각서로 제출하였다

> (1) 러시아는 청국인에게 책임 있는 세력으로 비치면 안되므로 국제 연합군을 러시아가 주도해서는 안된다.
>
> (2) 러시아의 파견부대는 공사관을 구제하고 북중국에서 러시아인의 안전과 재산을 보호하는 정도로만 열강의 공동행동에 참여한다.

상기 각서는 니콜라이 2세 황제가 승인함으로써 의화단 사건에 대한 러시아의 기본정책이 되었다.[2]

한편 일본은 1900년 6월 15일 각료회의를 개최하여 청국에 군대를 파병키로 하였다. 보어전쟁(1899 – 1902)에 개입하고 있어 여유가 없는 영국은 6월 22일 유럽열강들에게 일본이 약 3만명의 군대를 청국에 파병하는데 지지해 줄 것을 요청하였다.[3]

1900년 6월 21일 의화단 사건이 한창일 때 무라비예프 외무장관이 급사하고, 1900년 8월 7일 람스도르프(V. N. Lamsdorff)가 외무장관 대리로 임명되었다. 그는 러시아 외무부 국장(1880 – 1897), 외무부 차관(1897 – 1900)을 역임한 경험 많은 정통 러시아 외교관이었다. 그리고 외무장관을 1900 – 1906간 역임하면서 러·일전쟁과 사후처리 등 한반도 문제에 개입하였다. 람스도르프 장관은 전임자의 정책을 추종하였다. 그는 청국과의 전통적인 우호 유지를 강조하고 의화단을 진압하기 위해 청국과 협조할 것을 주장하였다.

1900년 하반기 의화단들이 러시아가 건설 중인 남만주지선(하얼빈 – 여순간 650마일)을 공격하자 상황이 급변하였다. 1900년 7월 9일 러시아 쿠로파트킨 전쟁장관은 러시아 군대가 만주로 진격하여 의화단을 진압할 것을 지시

---

2) A. 말로제모프, 석정화 옮김, op. cit., p. 186.
3) I. Nish, op. cit., p. 74.

하였다. 마침내 러시아는 1900년 7월 9일 15만명의 병력을 만주에 출병시켰다. 그러나 1900년 10월 의화단이 진압됨으로써 러시아군이 계속 만주에 주둔할 이유가 없게 되었다.

열강들은 의화단의 진압 이후에도 러시아군 약 10만명이 북중국에 주둔하자 러시아는 만주를 사실상 지배하려는 의도가 있다고 보고 러시아의 동향을 주시하였다. 러시아는 의화단 사건의 사후처리를 위해 청국과 협상하는 데 있어 열강과 공동보조 보다는 단독협상 입장을 견지함으로써 열강들의 의구심을 더욱 증폭시켰다. 특히 러시아 만주 점령군이 만주지역의 지방관리들과 1900년 11월 봉천성내에 러시아군의 주둔을 허용하는 약정을 체결하자 만주를 사실상의 보호권하에 두는 조치라고 의심하였다.[4]

영국과 일본은 러시아 군대의 만주 철병을 위해 청국 정부에게 압력을 행사하였다. 청국정부도 러시아군의 만주 주둔을 달갑게 여기지 않고 있었다. 이에 만주를 둘러싼 동북아 정세는 미국, 영국, 일본의 해양세력과 러시아, 프랑스 등 대륙세력으로 양분되어 대립하였고 독일은 기회주의적인 이중정책으로 동북아에서 자국의 실익을 추구하는 형국이었다.

러시아는 열강들의 압력이 제기되자 만주철병 문제를 두고 내부적으로 강경파와 온건파간 대립하였다. 러시아의 동북아 정책에 있어서 위테 재무장관과 람스도르프 외무장관 등 온건파는 라·일과의 협상을 통해 만주에서 철수하고 만주에서 경제적인 침투에 주력코자 하였다. 반면 베조브라조프 추밀고문관 , 아바자 해군제독 등 강경파는 이번 만주출병의 유리한 기회를 적극 활용하여 러시아가 만주를 강화하고 조선에서 영향력을 확대하여 태평양까지 진출을 확고히 할 것을 주장하였다. 그러나 당시에는 강경파의 영향력이 크지 않았고 니콜라이 2세 황제도 위테를 신뢰하여 온건파가 득세하였다.

람스도르프 외무장관은 청국의 안전이 보장되는 대로 즉각 철병할 것이라고 선언하였다. 그리고 한반도에 대한 일본의 영향력 증대에 대항하기 위해

---

4) 김경창, op. cit., p. 507.

조선 중립화 방안을 고려하였다.

우선 위테 재무장관이 한반도 중립화 방안을 구상하였다. 러시아군이 의화단 진압을 위해 청국의 목단5)을 점령하자 이를 계기로 한반도 진출을 노리고 있던 일본이 조선을 점령할 것을 우려하여 위테는 조선의 중립화 방안을 구상하였다. 그는 러시아의 유일한 목적은 일본과의 전쟁을 피하는 것이라고 강조하고 만일 일본이 조선 점령을 시도하면 국제적인 차원에서 문제를 제기하고, 일본이 조선을 강점하더라도 러시아는 그것을 전쟁의 사유로 해서는 안 된다고 주장하였다.6)

마침내 람스도르프 외무장관은 1900년 11월 18일 훈령을 통해 동경 및 한성주재 러시아 공사에게 현지사정을 고려하여 한반도 중립화 추진문제를 검토하여 본국에 보고할 것을 지시하였다.

먼저 조선주재 러시아 파블로프 공사는 고종을 알현하고 러시아 정부가 한반도 중립화 방안에 대해 긍정적으로 검토하고 있다고 하면서 조선이 먼저 한반도 중립화 구상에 대해 러시아 정부와 협의한 후 여타국가들에게 제의한다면 중립화 추진에 별 어려움이 없을 것이라고 설명하였다.

그리고 파블로프는 한반도 중립화의 전제조건으로 조선정부의 재정 및 군사조직의 개편을 촉구하였다. 파블로프는 조선은 자주적으로 독립을 유지할 수 없으므로 러, 일양국이 임시적으로 조선정부의 재정 및 군사조직을 공동으로 통제해야 한다고 주장하였다. 또한 파블로프는 열강들이 한반도에서 향유하고 있는 기존 이익들이 한반도 중립화로 인하여 침해되지 않는다는 확신을 가질 때 한반도의 중립화에 대해 호의적일 것이라고 주장하였다.

일본주재 러시아 이즈볼스키(A. P. Izvolskii) 공사는 한반도의 중립화에 대해 일본 정부의 입장이 매우 소극적임을 보고하였다. 고종이 우선 공개적으로 한반도 중립화를 열강들에게 제의하고 이에 대한 열강들의 반대가 없다면

---

5) 목단(Mukden)은 현재 중국명으로 선양이다. J. J. Stephan, op, cit., p. 59.
6) A. 말로제모프, 석정화 옮김, op. cit., p. 238.

일본정부는 이를 고려해 볼 수 있으며, 한반도 중립화를 어느 열강보다 먼저 적극적으로 추진할 의도가 없는 것으로 보고하였다.

그러나 일본정부는 의화단이 연합군에 의해 진압되는 등 청국 정세가 안정되자 한반도 중립화의 추진을 위해서는 조선의 불안정한 국내정세가 안정되어야 하며, 이를 위해 러시아와 일본 양국이 공동으로 조선의 재정 및 군사조직을 개편해야 한다고 주장하였다. 이에 대해 이즈볼스키는 당분간 한반도 중립화 추진을 자제해야 하며, 우선 러. 일 양국이 예비적인 접촉을 통해 한반도 중립화 문제를 협의하는 것이 좋을 것으로 본국 정부에 건의하였다.

러시아 정부는 조선의 불안한 국내정세가 한반도의 중립화를 추진하는 데 장애물이 될 수 없다고 지적하면서 1900년 12월 초순 이즈볼스키 공사에게 한반도 중립화에 대해 일본정부와 상의 할 것을 지시하였다.

한편 1900년 하반기 일본에서는 수상의 교체로 한반도 중립화 논의를 위한 분위기가 형성되고 있었다. 1900년 10월 대러 강경파인 야마가다 수상이 물러가고 러시아에 호의적인 이토 수상이 취임하였다. 이토 수상은 한반도 중립화에 대해 토론코자 하였다.[7]

1901년 1월 7일 이즈볼스키(A. P. Isvolskii) 공사는 "러시아는 열강의 공동 보호 하에 조선을 중립시키려는 계획을 제의하는 것이 득책으로 생각한다. 본건에 대해 어떤 조치를 취하기 전에 일본의 이해관계 및 러.일 양국간에 현존하는 협정들에 비추어 조선의 중립화 방안에 대해 일본정부와 우호적으로 협의 할 것"을 일본정부에게 제의하였다.

이즈볼스키는 의화단 사건의 여파가 한반도에 미칠 것을 우려하여 조선 중립화 방안을 제의하였다. 의화단원들이 한반도 북부지역에 진입하여 소란을 피우거나 혹은 의화단의 영향으로 한반도에서 1894년 동학과 같은 소요가 발발할 경우 일본이 개입할 가능성이 있으며, 이로 인해 러.일관계가 복잡해지는 것을 러시아는 방지하고자 하였다.

---

7) I. Nish, op. cit., p. 98.

한편 러시아가 제의한 조선 중립화 방안에 대해 일본정부는 내부적으로 이견이 있었다. 러·일협상을 지지해 온 온건파는 일본이 국력상 러시아에 대항하기 어려우므로 러시아 정부와 타협하여 조선과 만주를 일본과 러시아의 세력권으로 각각 분할하자는 한만교환론을 주장하였다. 반면 영국과 동맹을 지지해온 강경파는 극동에서 이해관계가 깊은 영국과 동맹을 체결하여 러시아에 대항할 것을 주장하였다.

일본 일선 외교관들의 의견도 상충하였다. 러시아주재 일본 공사는 일본이 한반도를, 러시아는 만주를 각각 지배하는 한만교환론을 지지하였다.[8]

반면 청국주재 일본 고무라 공사는 러시아의 조선 중립화 제의에 반대하였다. 그는 조선이 중립화 될 경우 일본이 만주에서의 러시아 행동을 조선에서 견제하기 어렵게 될 것이며, 조선에서의 일본의 상업적, 정치적인 이익이 위협 받을 것"이라고 주장하였다.

고무라 공사는 러시아의 조선 중립화 제의 의도는 러시아가 만주에서 행동의 자유를 획득하는데 있으므로 러시아가 만주도 조선과 같이 동시에 중립화하는 데 동의하지 않는 한 어떤 경우에도 일본은 러시아의 제의를 용인하지 않는 것이 중요하다고 주장하였다. 그러나 일본이 조선의 중립화안을 수락해야 한다면 일본은 조선에서, 러시아는 만주에서 각각 세력범위를 분할하는 것 외에 다른 방법이 없다고 언급하였다. 또한 일본측은 한반도에 대해 러시아와 타협한다면 이것은 일본정부가 러시아의 만주점령을 기정 사실화 한 것으로 해석 될 수 있다고 하면서 조선 중립화안에 대해 반대하였다.[9]

당시 러·청간에는 만주문제에 대해 협상이 진행 중이었고 열강들이 러시아군의 만주철병을 강경히 요구해 오고 있었던 점을 고려할 때, 일본정부가 러시아의 만주점령을 묵인한다는 것은 그동안 열강들과 유지해 온 우호관계가 손상 될 수도 있다는 것이었다.

---

8) Ibid., p. 79.
9) 박종효편, op. cit., p. 19.

마침내 일본 가토 외무장관은 러시아 병력의 만주철병 후에 조선의 중립화 방안에 대해 협의 할 것을 이즈볼스키 러시아 공사에게 통보하였다. 이에 이즈볼스키 공사는 일본정부가 만주문제까지 언급하는 것에 대해 우려를 표명하고 만주문제와 조선문제는 별개가 아닌가 질문하였다. 이에 일본 외무장관은 러시아 정부가 수 차례에 걸쳐 만주철병을 선언하였고 일본정부도 그 실행을 믿기 때문에 조선 중립화 사안은 만주철병에 관한 선언이 실현 된 이후에 협의해도 늦지 않다고 대답하면서 만주문제와 조선문제는 분리될 수가 없으며, 러시아가 만주에서 철병하지 않을 경우 그 대책을 강구하지 않을 수 없다고 주장하였다. 그리고 가토 외무장관은 만약 러시아 정부가 중립의 범위를 만주에까지 확대한다면 러, 일양국이 각 세력권으로 분할하는 것도 한 방법으로 가능하다고 제안하였다. 그러나 이즈볼스키 공사는 이에 대해 답변을 회피하였다.

일본정부는 1901년 1월 17일 요동반도 일부에서의 러시아의 용익권이 일시적이고 제한적이며, 그 해당지역이 조선국경에 인접하지 않는 한 1898년 4월 25일 니쉬- 로젠협정에 저촉되지 않지만 러시아의 만주출병은 니쉬-로젠협정에 위배되며, 이 협정을 준수한다는 의미에서 러시아의 만주 철병이후 조선의 중립화에 대해 협의하자는 입장을 러시아측에 전달하였다.

일본정부의 입장을 전달받은 러시아 정부는 조선의 중립화 제의를 철회하며 일본과의 우호관계가 유지되기를 원한다는 답변을 1901년 1월 24일 일본정부에 전달하였다. 이로써 러시아가 제의한 조선의 중립화 방안은 무위로 끝났다. 1901년 1월 29일 이즈볼스키 공사는 조선의 중립화안에 대한 러·일간 협상이 실패하였다고 하면서 일본정부는 중립화 문제를 만주 문제와 연계시키고 있다고 지적하였다.[10]

한편 러시아의 조선 중립화 제의는 첫째 한만분리론에 입각해서 제의되었다. 러시아는 만주문제는 청국정부와 협상할 사안으로서 어떤 3국도 간섭할

---

10) 박종효편, op. cit., p. 271.

수 없다고 강조하였다. 다만 조선문제에 대해서는 일본정부와 협상할 수 있다는 것이었다. 이 같은 러시아의 입장은 고무라-웨베르 각서, 로바노프-야마가다 의정서, 니쉬-로젠 협정의 체결에 반영되었다.

둘째 러시아는 외교적인 열세를 탈피할 목적으로 조선의 중립화를 제의한 것으로 볼 수 있다. 당시 러시아의 만주출병에 위협을 느낀 열강들이 공동으로 만주철병을 요구하자 외교적인 압력을 받고 있던 러시아는 조선의 중립화를 제의하여 열강의 관심을 조선으로 전환시키고 조선에 중요한 이해 당사국인 일본과 먼저 조선문제를 협의함으로써 열강들의 압력을 무마시키려고 하였다.[11]

셋째 러시아는 만주철병과 조선 중립화 문제를 상호 연계할 경우 만주철병이 일본에게 양보한 것으로 해석되는 것을 우려하였다.

이에 대해 일본은 조선의 중립화 논의의 전제조건으로 러시아군의 만주철병을 주장하였다. 일본은 한·만연계론을 주장함으로써 한·만분리론에 입각한 러시아측과 대립되었다. 그렇다고 일본은 러시아에 대해 공세적인 입장을 취하지는 않았다. 일본 야마가다 수상은 의화단 위기를 이용하여 일본이 러시아와의 대립을 무릅쓰고 한반도에서 우위를 확보하는 것을 자제할 것을 촉구하였다. 영국은 보어전쟁(1899-1902)에 개입하고 있어 도움을 기대하기 어려우며, 일본이 한반도를 점령할 경우 러시아, 프랑스, 독일등 삼국간섭의 주역들이 재차 일본을 견제할 것으로 보았기 때문이었다. 그리고 당시 일본은 러시아에 대항할 정도로 군사력이 충분하지 않았다.[12]

이같이 한반도와 만주문제에 대한 러시아와 일본간의 상이한 입장은 결국 타협에 실패함으로써 1904년 러·일전쟁 발발의 주요한 요인이 되었다.

한편 조선정부는 1900년 의화단 사건이 발발하고 열강들의 군대가 만주에 진주하자 이같은 여파가 한반도에도 미칠 것을 경계하였다. 특히 러시아군대

---

11) I. Nish, op. cit., p. 96.
12) 이토수상이 1900년 10월 재집권하였다. I. Nish, op. cit., p. 79.

가 의화단 토벌을 명목으로 인접한 북한지역으로 진격해 올 것을 우려하였다. 이에 고종은 조선의 중립화를 추진하였다. 고종은 벨기에이나 스위스 같이 조선도 열강들로부터 중립을 보장받고자 하였다. 일본측은 이같은 조선의 중립화 계획을 통보받자 반대하였다. 조선주재 러시아 파블로브 공사도 중립화에 반대하였다. 그는 조선이 중립화 되기 위해서는 조선에 대한 외국의 불가침 보장이 있어야 하며, 외국인의 안전과 이익이 존중되어야 한다고 주장하였다. 당시 러시아는 조선의 중립화에 대해 논의할 경우 일본은 조선에서 배타적인 권리를 주장할 가능성이 많다고 보았다. 또한 러시아는 한반도 문제의 국제화를 원하지 않았으며, 일본과의 협상을 통해 해결코자 하였다. 러시아는 미국도 조선의 중립화에 대해 부정적이라고 판단하였다. 고종이 조선의 중립화에 대해 미국의 지원을 요청하자 조선주재 미국 알렌 공사는 조선내정이 불안하며, 미국의회가 조선의 중립화 보장에 미국의 참여를 지지하지 않을 것이라고 하면서 부정적인 입장을 표명하였다. 이로써 조선의 중립화 추진은 열강들의 반대로 무산되었다.

3. 영·일동맹 체결과 러시아의 대미 조선 중립화 구상

1902년 1월 30일 일본이 러시아의 만주지배에 대항해서 영·일동맹을 체결하자 동북아 균형이 새롭게 변모되었다. 영·일동맹은 한반도 및 청국의 독립과 영토보전을 규정함으로써 라·청간동맹조약과 대치되었다. 러시아 정부는 한반도 정책을 다시 검토하였다.

러시아는 1896년 고종의 아관파천, 러시아 군사교관의 조선 파견, 마산포 토지매수 등이 영·일동맹의 체결을 초래한 주요 요인이라고 평가하였다.[1]

위테 재무장관은 러시아의 만주 병합이 해결책은 아니라고 강조하고 러시아군의 만주철수를 주장하였으며, 1901년 7월 11일 러시아는 만주에서 군대를 철수키로 하였다. 1901년 9월 7일 북경의정서가 체결되고 열강들도 군대를 청국에서 철수하기 시작하였다. 마침내 1902년 4월 8일 러시아는 청국과 만주철병조약을 체결하였다. 그리고 병력을 3기에 나누어 철수키로 하였다

러시아는 만주에서 철수하는 기회에 한반도 문제의 해결을 위해 미국, 일본, 러시아 공동보증하의 조선중립화 방안을 미국에 제의하는 방안을 구상하

---

1) 박종효편, op. cit., pp. 275 – 274.

였다.2)

1902년 8월 2일 이즈볼스키 공사는 영·일동맹의 체결로 동북아에 새로운 정치적인 상황이 형성되고 있다고 하면서 조선 중립화에 대한 국제적인 보장을 실현 할 수 있는 적기라고 주장하였다.3)그리고 그는 조선에서 러시아의 이권을 확보하는 방안으로서 조선의 중립화를 지지하였다.4)

한편 1902년 9월 일본 외무부는 일본주재 미국 로이드 그리스콤(Lloyd C. Griscom) 공사로부터 '조선 주재 러시아 파블로프(A. Pavlov) 공사가 본국으로 귀국 도중 일본주재 러시아 이즈볼스키(A. P. Isvolskii) 공사와 만나 미, 러, 일 3국의 공동 보장하에 조선중립화를 실현시키는 문제를 협의하였으며, 파블로프는 파리에서 미국주재 러시아 카시니(A. P. Cassini) 공사와도 만나 이 문제에 대해 협의하여 이들 세 외교관이 본국정부에 먼저 미국정부에 접촉하는 것이 필요할 것이라는 권고와 공동진정을 할 것'이라는 정보를 입수하였다.

이에 일본 고무라(J. Komura) 외무장관은 미국주재 일본 공사관에 공문을 보내 미국정부와 접촉하여 미국이 러시아가 제의할 조선의 중립화 제의에 동의 못하도록 최선을 다하도록 지시하였다. 이에 일본 공사관은 미국 존 헤이 국무장관과 접촉하여 러시아의 한반도 중립화 제의가 있었는지 여부를 알아보면서 미국이 이안을 거절하도록 요청하였다. 일본 공사관은 러시아가 제의한 한반도 중립화 이면에는 청국의 여순과 한반도 마산포, 그리고 블라디보스톡을 연결하여 일본과 만주와의 교통을 차단하고 일본 육군을 무력화시키려는 의도가 있다고 분석하였다.

그리고 일본공사관은 당시 열강들로부터 만주철병의 압력을 받고 있는 러시아가 한반도 중립화를 통해 만주철병을 연기하려는 의도가 아니겠느냐고 반문하면서 러시아의 한반도 중립화안은 러시아의 만주 침략을 촉진시켜 미국

---

2) I. Nish, op. cit., p. 135.
3) 박종효편, op. cit., p. 22.
4) 박종효편, op. cit., p. 735.

이 주창한 만주문호개방정책에 위배되므로 한반도 중립화안에 반대할 것을 설득하였다. 이에 대해 헤이 국무장관은 헌법상 미국정부가 조선의 중립 보장국으로 참가하는 것이 곤란하다고 답변하였다.

마침내 미국주재 일본공사는 1903년 2월 초순 미국 존 헤이 국무장관과의 마지막 회담에서 러 정부가 미국에 대해 조선의 중립화를 제의 한 적이 없다는 것을 확인하였다. 결국 러시아의 조선 중립화안은 동북아 주재 러시아 외교관들의 단순한 구상이었음이 밝혀졌다.

일본정부는 영국정부로부터도 한반도 중립화 안에 대해 소극적이라는 입장을 확인하였다. 1901년 7월 영국주재 일본공사는 영국 란즈다운 외무장관과 만나서 영·일동맹 체결을 교섭할 때 조선정부는 자치능력 부족으로 한반도 중립화가 어렵다고 주장하였다. 이에 대해 영국 외무장관은 일본과 한반도와의 관계는 영국과 남아프리카의 트랜스바알과 같다고 하면서 영국은 한반도에 이해관계가 없으나, 러시아가 한반도를 병합하는 것은 좋아하지 않는다고 답변하였다.

일본은 조선을 병합하는 데 목적을 두고 있어 한반도의 현상유지를 의미하는 조선의 중립화에 대해 반대하였다. 조선주재 미국 알렌 공사도 조선의 중립화에 반대한다는 입장을 밝혔다[5]. 조선의 중립화에 대한 영국과 미국의 부정적 시각은 일본이 러시아의 한반도 중립화 구상에 반대하는데 일조하였다.

1902년 8월 4일 러시아주재 일본공사가 러시아 정부에게 러시아는 만주에서 권익을 갖고 일본은 한반도에서 권익을 갖는 방안을 제의했을 때 위테 재무장관은 조선의 중립화안을 제의하기도 하였다. 1902년 9월 25일 러시아 외무부는 조선주재 러시아 쉬테인 공사에게 웨베르가 고종 황제 즉위 40주년 기념식에 니콜라이 2세 황제의 친서를 휴대하고 참석할 예정이라고 하면서 시기적으로 부적절하니 웨베르에게 고종의 알현시 조선의 중립화 문제를 논의

---

5) 현광호, op. cit., p. 93.

하지 않도록 지시하였다.6)

한편 영·일동맹은 조선의 친러파에게 타격을 주었다. 일본은 영·일 동맹이 만주와 한반도를 점령하려는 러시아에 대항하기 위한 것이라고 주장하면서 조일간 비밀동맹을 체결할 것을 강요하였다. 이에 대해 조선내부에서 친러파와 친일파간에 대립이 있었다. 친러파는 조·러동맹 체결에 반대하였다. 이같은 여파로 친러파인 이용익은 신변의 위험을 느껴 1902년 11월 30일 고종의 비호하에 조선주재 러시아 공사관으로 피신하기도 하였다. 이용익은 여순으로 도피한 후 1903년 1월 15일 귀국하였다.7)

한편 러시아는 조선의 중립화안이 무산되고 영·일동맹이 체결되자 한반도 내 일본의 영향력 증대와 위험 요인을 아래와 같이 분석하였다.8)

> −조선에 약 27,000명의 일본이 거주하고 있다
> −조·일무역 규모가 크다
> −일본수비대가 조선의 요지에 배치되어 있다
> −조선의 개항장에 일본의 영사관, 우편소등이 설치되어 있다. 그리고
>   이들 개항장에서 일본은행이 금융거래를 독점하고 있다
> −조선학생들이 일본에서 유학하고 있으며, 조선에서 일본어 학교가 있다
> −일본은 한성−부산 철도 부설권을 확보하였으며, 유일한 전신선인 한성−
>   부산 전신선을 건설하여 통제하고 있다.
> −일본 여객선이 조선내 연안 항구를 장악하고 있다.
> −조선내 일본계 신문들이 일본에 유리하도록 여론을 조작한다.

1902년 영·일동맹 이후 로젠 공사는 극동주둔 러시아의 군사력이 열세로 인해 러시아의 한반도 점령이 어렵다고 지적하였다.9)

---

6) 박종효편, op. cit., p. 29.
7) 박종효편, op. cit., pp. 34−35.
8) Золотарев В. А., Россия и Япония на заре XX столетия(М. АРБИЗО, 1994), pp. 174−175.
9) 영·일동맹 체결 이후 일본 주재 공사를 역임한 로젠 공사는 조선정세를 아래와 같이

평가하였다.
- 다른 열강과 충돌이 없었더라면 조선은 벌써 러시아의 속국이 되었을 것이다
- 조선은 지리적으로 러시아와 멀리 떨어져 있어 조선을 보호국으로 만든 후 점진적
으로 소유하는 것이 무의미하다
- 조선은 무력으로만 점령이 가능하나 극동주둔 러시아의 군사력이 열세이고 러시
아와 조선과의 국경선이 전면적으로 접하고 있지 않아 무력 점령이 어렵다. 박종효편,
op. cit., p. 290.

제9장

러시아의 강경노선과 만주 및 북한강화정책

1. 러시아의 온건노선의 퇴조와 강경노선 등장
2. 강경노선의 만주 및 북한 강화정책
3. 러시아의 압록강 및 두만강 벌목권 사업
4. 러시아의 용암포 조차와 러·일 대립

1. 러시아 온건노선의 퇴조와 강경노선 등장[1]

러시아는 1903년 1월 24일 개최된 각료회의에서 1902년 4월 8일 라·청간에 체결된 만주철병협정을 이행하기로 하였다. 그러나 1903년 4월 26일 개최된 특별각료회의에서 러시아는 철병 의사를 철회하고 북만주를 계속 점령하기로 하였다.

러시아의 이같은 입장을 신노선이라고 부른다. 신노선은 지난 10년간 러시아가 추진해 오던 온건적인 외교노선과 정면 대립된다는 의미에서 신코스(new course)로 지칭된다. 신노선은 위테의 온건노선이 라·일간의 우호유지를 위해 일본에게 계속 양보함으로써 일본의 전쟁도발을 방지하는 것이 아니라 오히려 일본의 전쟁 도발 분위기를 조성하고 있다고 비판하였다. 신노선은 라·일간의 전쟁을 방지하기 위해서는 남만주와 북한을 강화해야 한다는 강경노선을 지향하였다.[2] 신노선은 일본과의 협상에서 더 이상 양보를 해서는

---

1) 제 9장은 강경파였던 러시아 해군 제독 아바자가 작성한 "조선에서의 러시아 사업 — 극동에서의 러시아 정책과 연계하여(1898 – 1904)" 보고서를 많이 참고하였다. 아바자의 보고서는 만주, 한반도, 러·일관계에 대한 강경노선의 입장을 이해하는데 도움이 되었다.

안되며 일본과의 전쟁을 전제로 러시아군의 만주철병을 반대하면서 연해주와 동청철도의 안전확보에 긴요한 북한을 강화하여 일본의 만주침략에 적극 대처해 나갈 것을 주장하였다. 신코스는 만주와 조선에 대한 러시아의 개입을 재차 강조함으로써 러·일관계를 악화시킨 요인이 되기도 하였다.

그간 러시아는 만주와 한반도 문제의 해결에 있어서 열강들과 무력적인 대결을 자제하고 가능한 한 평화적이고 경제적인 수단을 통해 동북아에서 영향력을 확대해 나가는 온건주의적인 외교노선을 추진해 왔다. 이같은 온건노선의 지지자들은 위테 재무장관을 비롯하여, 무라비예프 외무장관, 쿠로파트킨 전쟁장관 등 주로 행정각료들로 구성된 관료파들이었다.

반면 강경노선은 베조브라조프 궁정보좌관, 베조브라조프의 조카인 아바자 (A. Abaza) 해군소장 등 비관료파들이 주축을 이루웠다. 이같은 관료파와 비관료파들간의 대립은 동북아 정책을 둘러쌓고 정부와 황제간의 권한 대립으로까지 비화되는 등 복잡하게 전개되었다.

신코스의 등장은 우선 러시아 국내 상황과 밀접히 관련되었다. 러시아는 그간 시베리아 철도건설을 위한 과도한 재정적인 지출로 국민들의 가난과 불만이 비등하였다. 러시아는 국민들의 불만을 무마하기 위해서 대외적으로 강경 정책이 필요하였다.

신코스의 특징은 베조브라조프 일파의 등장과 몰락이며 황실과 귀족들로 임명된 해군제독들의 영향력 강화 등으로 동북아정책 결정 과정이 보다 탈중앙화 되었다는 데 있었다. 1903년 이전에는 니콜라이 2세가 위테 재무장관에게 의존적이었다면 1903년 이후에는 베조브라조프와 위테간의 균형속에서 동북아 정책을 결정하였다. 위테의 영향력이 퇴조하자 베조브라조프의 영향력이 증가하였다. 그러나 니콜라이 2세 황제는 정책결정에 있어서 어느 누구에게 과도하게 의존하기보다는 각료간의 균형을 취하였다. 위테가 재무장관에서

---

2) 대표적인 강경파인 베조브라조프는 "강력한 힘만이 자신의 권리를 가지며, 강제받는 양보정책에 반대한다"주장하였다.

  러시아의 동북아 진출과 한반도 정책

해임되자 니콜라이 2세는 베조브라조프도 멀리하였다.[3]

또 다른 특징은 1903년부터 알렉산더 (M. Alexander, Grand Duke) 대공
의 등장이었다. 그는 니콜라이 2세 황제의 삼촌으로서 마산포 조차를 주장하
는 등 러시아의 한반도 정책에 주요한 영향력을 행사하였다. 니콜라이 2세는
항해 및 항구관리국을 신설하여 알렉산더를 장으로 임명하였다. 항해 및 항구
관리국은 재무부가 관리하던 상업적인 업무를 이양받았다. 자연히 위테 재무
장관의 권한이 축소되었다.[4] 알렉산더 대공은 베조브라조프를 옹호하였으며
압록강 벌목 사업을 지지하였다.[5]

청국, 조선, 일본에 근무하고 있던 러시아 외교관이나 기업가, 군인들도
신코스를 추진하는 세력이었다는 점에서 동북아 정책과정이 보다 탈중앙화
되었다. 청국과 일본주재 러시아 외교관들이 주요한 역할을 하였다. 청국주재
러시아 레사르(P. M. Lessar) 공사는 1901년부터 북경에 근무하였다. 포코틸
로프(D. D. Pokotilov)는 1888년에 청국에서 중국어를 배워 중국어에 능통한
외교관이었다. 그는 1896 – 1903년간 러·청은행의 관리자를 역임하였으며, 이
홍장을 친러파로 만드는 데 결정적인 기여를 하였다. 그는 1905 – 1908년간
북경에서 러시아 공사로 재임하였다. 보각(K. de Vogak)은 청국과 일본주재
러시아 무관으로서 의화단 사건 이후 큰 역할을 하였다. 긴스베르그(G. G.
Ginsberg)도 러시아의 동북아 정책에 주요 역할을 하였다. 그는 러·청은행의
장을 역임하였으며, 1902년부터 압록강 벌목 양허권에 깊이 개입하였다. 그는
러시아 압록강 벌목회사의 한성 사무소 소장을 역임하였다. 마지막으로 해군
제독 알렉세예프(E. I. Alekseyev)이다. 그는 1895년 러시아 태평양 함대 첫
번째 사령관이었다. 3년후 그는 러시아 태평양 해군 총사령관에 임명되었다.

강경노선은 러시아가 1898년 청국의 여순을 조차하면서 한반도에서 그
영향력을 철수시킨 온건노선을 비판하면서 본격적으로 등장하기 시작하여

---

3) I. Nish, op. cit., p. 163.
4) I. Nish, op. cit., p. 164.
5) I. Nish, op. cit., p. 169.

1900년-1903년 사이의 여러 차례 각료회의에서 논의되면서 그 구체적인 내용이 확립되었다. 마침내 1903년 4월 각료회의 결정에 따라 일본에 대한 기존의 온건노선 대신 강경노선이 공식적으로 채택되었다.

강경파는 로바노프 전직 외무장관의 동북아 노선을 추종하였다. 1896년 아관파천을 계기로 조선에 개입하기 시작한 러시아의 영향력은 1898년 최고조에 달하였다. 이같은 러시아의 조선개입 정책을 주도한 인물은 당시 로바노프 외무장관이었다. 로바노프 외무장관은 라·청간 우호관계 유지의 어려움과 반러적인 동맹 형성의 위험성에 대해 지적하였다. 로바노프 외무장관은 러시아가 건설 중인 동청철도가 러시아에게 이익이 되는 반면 그만큼 청국에게 손해가 된다는 인식이 청국인들의 마음속에 팽배하고 있어 라·청국간의 우호관계 유지에 장애가 된다는 것이었다. 또한 로바노프 외무장관은 영국이 이같은 청국의 반러적인 감정을 이용하여 라청 대립을 야기 시키거나 아니면 미국 및 일본과 함께 반러적인 연합을 구축해 나갈 것이라고 경고하였다. 로바노프 외무장관은 청국이 러·청간의 동맹조약을 위반하지 않고 준수해 나갈 수 있는 방안을 확보하는 것이 무엇보다도 중요하다고 강조하였다.

강경노선의 대변자인 베조브라조프도 러·청관계는 상업적으로는 서로 보완적이고 우호적인 반면, 정치, 군사적으로는 적대적인 복잡한 관계라고 지적하였다. 그는 러·청관계의 악화에 대비하여 극동에서 군사력을 증강해야 한다고 주장하였다.

1896년 8월 로바노프 외무장관이 갑자기 사망하고 1897년 1월 후임으로 무라비예프(M. N. Muraviev)가 취임하였다. 그는 1898년 러시아의 숙원이었던 부동항인 여순을 확보하자 만주 경영에 비중을 두고 조선에 대한 관심을 철회하였다. 무라비예프는 1898년 여순을 조차하자 일본의 반발을 무마하는 차원에서 조선에 파견된 러시아 군사 교관과 재정고문을 철수시키고 이어서 1898년 4월 일본과 니쉬-로젠협정을 체결하여 조선내 일본의 상업적인 우위를 인정하였다. 그는 만주경영이 중요한 만큼 조선문제로 일본과의 관계가 복잡하게 되는 것을 회피코자 하였다.

위테 재무장관도 이미 러시아가 1902년 러·청조약에 의거 러시아군의 만주 철병을 약속한 이상 조약을 준수하는 것이 열강들의 신뢰확보는 물론 러시아의 국익에 유리하다고 주장하였다. 위테는 시베리아 철도 및 동청철도가 완공되기 전까지는 가능한 한 열강들과 우호관계를 유지해 나가고자 하였다.

쿠로파트킨 전쟁장관도 극동 주둔 러시아 병력이 일본과 전쟁을 수행하기에 아직 충분하지 못하므로 러시아는 일본과 군사적인 대립을 초래할 행동을 자제해야 한다고 주장하였다.

그리고 온건노선은 만주문제는 러·청국간에, 한반도 문제는 러·일간에 협의한다는 한·만분리론에 입각해서 러·일간의 협상을 추진하였다.

2. 강경노선의 만주 및 북한 강화정책

가. 동북아 정세평가와 전망

베조브라조프는 우선 동북아 정세 평가와 전망에 있어서 일본의 국력신장에 대해 관심을 촉구하였다. 우선 청국은 큰 나라이나 군사력이 미약하여 국력이 강하지 못하며, 조선은 정부가 허약하여 국력이 약한 나라라고 평가하였다. 반면 일본은 현대식 군사제도 도입과 청·일전쟁의 승리 등으로 국력이 급신장하고 있다고 지적하였다. 그는 앞으로 일본의 국내정치 변화와 국력신장 여부가 동북아의 주요변수가 될 것이라고 전망하였다.

베조브라조프는 위테가 그간 정치적이고 군사적인 고려를 등한시하고 주로 경제적인 관점에서 동북아 정책을 추진함으로써 정책 운영상 균형을 상실하고 있다고 지적하고 우선 만주에서의 러시아의 안전을 확보한 후 경제적인 경영을 추진하는 것이 보다 안전하다고 주장하였다. 그는 러시아가 동북아 정책을 추진하는데 있어서 직면할 수 있는 위험성을 지적하였다. 첫번째는 청국으로 부터의 위험이며, 점진적이지만 장기적인 것이 특징이며, 두 번째는 일본에서 오는 위험으로서 단기적이며, 만주 및 조선문제와 연계되어 위험하고 복잡하다고 평가하였다.

나 군사력 증강

베조브라조프는 앞으로 라·일간의 군사적인 충돌 가능성이 크다고 보고 일본과의 전쟁에 대비하여 동북아에서의 군사력을 증강하는 것이 필요하다고 주장하였다. 베조브라조프는 러시아의 극동 국경선이 수천 마일에 달하고 있으며, 청국 및 태평양 연안과 인접하고 있어 외적의 침입에 대해 군사적으로 방어하기가 어렵다고 지적하였다. 특히 블라디보스톡의 태평양 연안지역으로부터 공격을 당할 경우 방어하기가 곤란하다고 주장하였다.

그는 러시아의 아무르 방어선이 무너질 경우 러시아군은 바이칼 호수의 변방까지 후퇴해야 할 형편이므로 러시아의 국경선은 가능한 한 만주의 남쪽으로 이동시키는 것이 전쟁시 유리하다고 주장하였다. 그리고 그는 시베리아 철도와 동청철도가 서에서 동으로 향하고 있어 만주로부터 적의 공격에 취약하다고 지적하고 당시 러시아의 핀란드만과 블라디보스톡을 연결하는 해상로가 확보되지 않은 상황에서 여순- 러시아 본토간을 연결하는 동청철도 및 남만주 지선이 단절될 경우 여순과 남만주는 고립화 될 위험성이 크다고 경고하였다.

이에 베조브라조프는 우선 동북아에 있어서 러시아의 주요현안은 북만주에서 건설중인 동청철도의 안전을 강화함으로써 러시아 본토와 블라디보스톡간의 연결로를 확보하는 것이라고 지적하였다. 당시 러시아 극동 주둔 군사력이 일본과 영국의 극동 해군력과 비교해 볼 때 취약하므로 우선 외교적인 방안으로 만주의 안전을 확보해 나가야 한다고 주장하였다.

베조브라조프는 러시아는 독일과 프랑스 등 삼국간섭의 동맹국과 공조관계를 유지하면서 청국 및 조선정부와 우호관계를 견지해 나가는 것이 중요하다고 강조하였다. 그리고 열강들이 러시아에 대항하는 동맹을 결성하지 못하도록 노력해야 한다고 주장하였다.

다. 러시아의 여순 조차와 니쉬-로젠협정 비판(1898-1900)

베조브라조프는 우선 러시아가 여순을 조차한 대가로 1898년 니쉬-로젠협정의 체결을 통해 조선에서 영향력을 철수시킨 결정은 잘못 된 것이라고 비판하였다.

그는 금번협정으로 일본은 조선에서 상업적인 우위를 인정받았으며, 반면 러시아는 조선에서 영향력을 철수함으로써 조선내에 일본의 영향력 증강을 견제할 수 있는 구체적인 수단을 상실하였다고 주장하였다. 결국 한반도에서 러시아의 견제가 없는 상황에서 일본이 정치적 군사적인 우월성을 확보하는 것은 시간 문제라고 지적하였다. 아울러 조선문제에 대해 일본과 협상할 경우 러시아는 조선과 관련된 협상의 흥정물이 없어 결국은 만주가 흥정의 대상물이 될 것이며, 이 경우 조선과 만주문제는 자연적으로 상호 연계될 수 밖에 없다고 지적하였다.

특히 그는 일본이 조선을 지배할 경우 한반도를 교두보로 활용하여 군대를 신속하게 대륙으로 파견 할 수 있음을 감안해 볼 때 러시아 정부가 니쉬-로젠협정을 통해 러시아의 여순 점령과 일본의 한반도 장악을 상호 교환 한 것이 정당한 거래였는지 의심스럽다고 주장하였다. 베조브라조프는 일본에게 있어서 여순은 그 자체로서는 별 의미가 없으며, 한반도와 연계됨으로써 여순의 전략적인 중요성이 있다고 지적하면서 일본정부가 청·일전의 승리 댓가로 여순을 확보하려고 했던 근본적인 이유는 조선에서의 우위를 확고히 하는데 있었다고 강조하였다. 이같은 여순의 중요성으로 볼 때 러시아 정부는 여순 확보와 동시에 만주의 방어장벽인 한반도를 장악함으로써 동북아에서의 우위를 확고히 했어야 했다고 주장하였다. 결국 베조브라조프는 일본이 한반도 장악을 포기하지 않는 한 여순에 대해서도 쉽게 포기하지 않을 것이라고 분석하였다.

베조브라조프는 여순 방어상의 장, 단점에 대해 지적하였다.[1] 러시아가 여순을 장악할 경우 라·일간 전쟁시 일본군 십만명을 여순공격에 잡아둠으로써 그만큼 일본군의 만주진격을 지연시킬 수 있으며, 그동안에 러시아는 만주에 추가병력을 파병할 수가 있었다. 그러나 여순은 단점도 있었다. 남만주지선과 동청철도를 통해 러시아 본토와 연결된 여순은 전쟁시 철도의 파괴로 쉽게 고립 될 수 있는 취약점을 안고 있었다. 그리고 일본이 여순을 점령할 경우 일본은 한반도를 통해 군대를 만주에 쉽게 파병할 수가 있어 만주의 안전확보에 주안점을 두고 있는 러시아에게는 매우 위험하다고 지적하였다.

라. 의화단 사건과 러·청간의 우호동맹 유지 문제

베조브라조프는 위테가 청국 이홍장과의 개인적인 친분을 통해 러·청간의 우호관계를 유지하면서 동청철도와 남만주 철도를 건설코자 한다고 주장하였다. 이같은 철도 건설 추진은 만주에서의 안전이 확고하게 확보되지 않은 상황 하에서 위험한 일이라고 지적하였다.

러시아는 만주에서의 안전확보가 안된 상황 하에서 무리하게 만주경영을 확장하다고 보니 일본의 주장에 강력하게 대처하지 못하고 오히려 양보만 하게 되었다고 주장하였다. 그리고 이 기회를 이용하여 일본은 열강들의 협조 하에 군사력을 증강하면서 조선에서의 우위확보에 주력하였다고 지적하였다.

그는 위테가 접촉하고 있는 청국의 이홍장이 위험인물이라고 지적하였다. 베조브라조프는 이홍장이 청국의 분할을 방지하고자 이이제이 정책으로써 열강간의 상호대립을 조장시키고 있으며, 최대 위험국인 러시아를 열강과 분리

---

1) 러시아는 1898년 여순을 장악하여 태평양 연안에 부동항을 확보하였다. 그러나 여순은 야산으로 둘러 싸여 있어 적군이 산위에 있는 포대를 점령 할 경우 여순에 정박해 있는 러시아 함정은 속수무책이었다. 그리고 여순항은 수심이 낮아 만조시에만 배가 출, 입항할 수가 있었다. 러·일 전쟁시 여순의 방어문제가 러시아 군사 전략의 최대 현안이었다.

시켜 외교적으로 고립시킨 후 여타 열강과 연대하여 러시아에 공동대응 하는 정책을 추진하고 있다고 지적하였다. 따라서 청국이 추진하고 있는 열강들의 반러적인 연합구축 방지에 노력해야 한다고 주장하였다.

러시아는 1900년 청국에서 의화단 사건이 발발하자 열강과 함께 만주에 15만명의 군대를 파병하였다. 러시아는 의화단 사건의 처리를 위한 청국간의 협상에 있어서 열강들과 공동보조를 취하지 않고 독자적으로 행동키로 결정하였다. 1900년 6월 11일 러시아 각료회의는 '만주주둔 러시아 군대는 청국 정부에 대해 어떤 적대행위를 하지 않는다'고 결정함으로써 여타 열강들과의 공동보조에 참가하지 않기로 하였다. 러시아가 열강들과 함께 청국정부와 협상에 참가하는 것은 러·청동맹조약을 저해하는 행위라는 이유에서였다.

그러나 러시아는 독자적인 행동을 선택함으로써 만주주둔 러시아군이 평화 유지군인지 아니면 점령군인지 그 국제법상의 성격이 애매하여 열강은 물론 청국으로부터도 철수 압력을 받았다. 마침내 러시아는 1902년 반러적인 영·일동맹의 체결 등 열강들의 외교적 압력과 청국의 요청으로 러·청 만주철병 조약을 체결하여, 만주에서 철수하기로 하였다.

이에 대해 베조브라조프는 러시아군의 만주점령을 계기로 러·청간의 우호 관계가 소원해짐으로써 러·청간의 동맹관계가 위협 받았으며, 러시아 군대의 만주철병 결정은 러시아의 위신 추락은 물론 러시아의 허약성을 폭로한 것이라고 비판하였다. 러시아는 니쉬-로젠협정으로 한반도에서 철수한 것과 같은 방법으로 러·청간 만주철병조약을 체결하여 만주에서 철병을 추진하고 있다고 지적하고 이것은 온건정책의 실책이라고 비판하였다.

그는 러·청간의 우호관계가 사실상 허구적인 관계이며 실제로는 적대관계라고 강조하였다. 그는 러시아가 만주철병 조약을 체결하면서도 만주문제를 명확히 하지 않음으로써 러·청간에 불화의 씨앗이 되었다고 지적하였다.

그는 단기적으로 러시아에 위협적인 국가는 일본이며, 장기적이고 잠재적인 위협국가는 청국이라고 주장하면서 1900년 의화단 사건을 계기로 러시아군이 만주를 점령한 것은 청국인의 대러 감정을 악화시켰으며, 이에 편승하여 일본이 러시아에 대항하는 열강과의 동맹결성이나 유럽 백인들에 대한 아시아 황색인종의 단합을 주장하는 등 일·청간의 관계를 강화하게 되는 계기가 되었다고 주장하였다.

베조브라조프는 당시 러시아의 최대 적인 영국이 보어전쟁(1899 – 1902)에 전념하고 있어 만주에 개입할 여유가 없었으며, 일본은 전쟁을 치룰 준비가 안된 상황하에서 러시아가 만주를 장악할 수 있는 절호의 기회를 놓쳤다고 지적하였다. 비록 1904 – 5년에 시베리아 및 동청철도가 완공되더라도 이미 그때는 영국이 보어전쟁을 끝내고 동북아에 다시 복귀할 것이며, 일본도 군비증강을 완료함으로써 러시아는 만주에서의 우위를 누리기 힘들 것이라고 주장하였다. 따라서 1900년에 러시아가 유리한 국제적인 여건을 이용하여 만주를 병합하고 여순을 강화하며 북한을 장악할 경우 일본은 러시아에 대해 전쟁을 하지 못할 것이라고 주장하였다.

또한 베조브라조프는 온건파가 러·청국간의 우호동맹관계의 유지가 러·독, 러·불과의 협조유지 보다 중요하다고 보고 의화단 사건 처리에 있어 독일과 프랑스와의 공조보다는 단독적인 행동을 취함으로써 그간 유지되어 온 러시아, 프랑스, 독일 삼국간섭의 공조체제가 이완되기 시작하였다고 지적하였다. 그리고 이로 인해 영·일동맹이 체결되었다고 언급하였다.

또한 그는 1902년 1월 체결된 영·일동맹이 러·일전쟁의 전조인데도 불구하고 온건노선은 이를 오히려 평화의 징후로 파악하고 만주와 조선문제에 관한 협상에 있어서 일본에게 계속 양보함으로써 동북아에서 전쟁발발을 방지하는 것이 아니라 오히려 전쟁 분위기를 조성하였다고 지적하였다.

마. 한·만연계와 만주안전확보 문제

온건파와 강경파는 만주와 조선간의 연계 여부에 대해서도 대립하였다.

온건파와 강경파 모두는 러시아가 건설하고 있는 동청철도가 완공되기 전까지 만주에서 러시아의 안전을 확보하는 것이 중요하다는 점에 대해서는 이견이 없었으나 그 방법에 있어서는 대립되었다.

온건파는 한반도 개입을 자제하고 만주에서 러시아 군을 철수하면서 일본 과의 협상을 통해 동북아에서 평화를 확보해 나갈 것을 주장하였다. 온건파는 러시아는 만주에서, 일본은 조선에서 우위를 상호 유지해 나간다는 소위 한만 분리론을 전제로 하였다. 그리고 온건파는 만주문제는 러·청국간에, 조선문 제는 러·일간의 협상 의제라고 주장하였다.

그러나 강경파는 만주를 군사적으로 강화하고 북한지역에서 우위를 확보함 으로써 만주의 안전을 확보해 나가야 한다고 주장하였다. 조선과 만주는 전략 적으로 밀접하게 연관되어 있어 상호 분리하기 어려우며, 일본은 조선과 만주 문제를 연계하여 동시에 러시아와 협상할 것이라고 지적하였다.

베조브라조프는 만주의 안전확보을 위해서 육군중심의 전략적 대안을 제시 하였다. 그는 러시아의 태평양 함대가 취약하므로 전쟁시 육군에 주로 의지해 야 한다고 지적하였다. 그는 러시아 본토 병력이 동북아 지역의 전장으로 파견되는 데 수개월이 소요되는 점을 감안하여 사전에 전략적인 요충지에 군사력을 주둔시켜 지역 방어력을 증강시키는 것이 전쟁시 희생을 최소화 할 수 있다고 주장하였다. 전쟁시에는 여순과 러시아 본토간을 연결하는 철도 가 적의 침입으로 단절 될 위험성이 있으므로 보급로 확보를 위해서는 사전에 만주지역의 군사력을 강화해야 한다는 것이었다. 특히 여순-압록강-블라 디보스톡을 연결하는 반월형 지역이 최단의 방어선이므로 이를 확보하는 것이 만주는 물론 연해주 방어에 긴요하다고 강조하였다. 그는 러시아가 한반도를 장악할 경우 만주는 사실상 3면으로 포위가 되어 러시아의 손아귀에 들어 올 수 있다고 주장하였다.

바. 위테의 동아시아 이권사업 비판

베조브라조프와 함께 압록당 삼림이권사업에 적극 개입해 온 본리알리알스키(V. M. Vonliarliarskii)는 위테가 국제자본에 의존하여 동아시아의 이권개발 사업을 추진해 왔다고 비판하였다. 그는 유태계의 자본에 의존하는 위테의 정책이 외국 및 유태계의 이익을 옹호하고 있어 진정한 러시아의 이해를 대변하지 못하고 있으며, 러시아의 국가질서를 위협하고 있다고 비판하였다. 그는 위테가 재무부 산하에 러·청 은행과 동청철도회사를 설립하여 동아시아 정책을 주도해 왔으나 정책자금의 대부분은 간접세를 올리는 방식으로 조달하여 왔기 때문에 막대한 빈민층과 정부에 대한 불평분자를 양산해 왔다고 주장하였다. 위테는 국민의 혈세를 기반으로 은행과 철도를 통한 동아시아 침투정책을 추진했으나 성과가 부진하여 러시아 경제에 큰 부담을 주고 있으며, 전시에는 국가를 파산으로 이끌어 갈 위험이 있다고 비판하였다.

한편 1898년-1903년간 수차례의 각료회의 개최에도 불구하고 강경파와 온건파간 이견이 계속되었다. 마침내 니콜라이 2세 황제는 양보는 계속 양보를 낳는다고 주장함으로써 강경노선을 지지하였다. 그리고 온건노선을 주장해 온 위테의 과도한 권한 행사를 달갑게 여기지 않고 있던 니콜라이 2세 황제는 1903년 8월 위테 재무장관을 해고함으로써 강경노선이 득세하였다. 지난 10년간 위테가 주도해 온 만주경영이 계획대로 시행되지 않고 1902년부터 정부예산의 적자를 초래한 점과 러·일, 러·청간의 협상에 별 진전이 없었던 것이 위테의 영향력 퇴조에 일조하였다.

3. 러시아의 압록강 및 두만강 벌목권 사업

가. 러시아의 압록강 벌목권 획득과 위테의 이권개발정책

우선 강경노선의 지지자들은 압록강 유역에 군사적인 방어선을 구축하여 일본의 만주 침투에 대비코자 하였다. 압록강 유역의 목재를 도벌하여 4 – 5마일의 폭으로 개활지를 확보함으로써 일본군의 침투에 효과적으로 대비한다는 것이었다. 이와 함께 압록강 및 두만강에서 자유항해권을 독점하여 여순 – 블라디보스톡을 이어주는 연결로를 확보한다는 것이었다.

압록강의 벌목사업은 전략적인 성격을 띠고 있어 조선의 지배를 노리고 있던 일본에게는 초미의 관심사항이었다.

러시아의 압록강 벌목권 획득은 아관파천 때까지 거슬러 올라간다. 고종이 러시아 공관에 거주하고 있을 때(1896. 2. 11 – 1897. 2. 2) 블라디보스톡의 상인 브린너(J. I. Briner)는 1896년 9월 9일 조선정부와 조약을 체결하여 압록강 및 두만강 연안의 삼림 채벌에 관한 이권을 획득하였다.[1]

---

1) 벌목에 관한 조약은 전문 17조로 되어 있으며, 주요 내용은 아래와 같다. 박종효편, op. cit., p. 258. p. 686.
　 – 벌목지역은 두만강과 압록강 연안, 그리고 울릉도임.
　 – 벌목권의 시한은 20년으로 할 것

이같은 조약 체결을 통해 브린너는 두만강의 삼림면적 1,900만 평방리, 압록강 3,100만 평방리의 광활한 삼림구역을 획득하였다. 조선정부와 최초의 삼림조약을 체결하여 막대한 벌목이권을 확보한 브린너는 블라디보스톡에서 회사를 설립하고 1897년 1월 3일 조약 14조 규정에 따라 담보금 15, 000루불을 조선정부에 납부하였다. 그리고 벌목개시를 위한 준비에 착수 하였다.

브린너는 벌목 이권으로서 수익을 올리기 위해서 벌목에 필요한 엄청난 자금과 목재의 수요지를 확보해야만 했다. 브린너는 동절기를 제외하고 벌목한 목재를 두만강 수로를 통해 러시아로 운반해 갔다. 브린너는 1897년 1년간의 이익금 중 1/4를 조선정부에 납부하였다. 그가 이익금으로 송부한 금액은 총377원이었다. 브린너는 판로문제의 해결방안으로 청, 일본, 유럽으로 목재를 수출코자 하였다.

그는 블라디보스톡에 입항한 선박들의 대부분이 빈배로 돌아가는 데 착안하여 목재들을 이같은 선박을 이용하여 타국에 수출코자 하였다.

브린너는 압록강 벌목사업의 효율적인 운영을 위해서는 러시아 정부의 지원이 필요하다고 보았다. 1897년 9월말 브린너는 재무장관 위테의 비서실장 로마노프를 만나 러시아의 적극적인 대한반도 정책을 촉구하였다. 1897년 10월 5일 로마노프는 브린너의 건의를 토대로 한－러간의 통상 증진을 위해 진남포와 목포에서의 대규모 토지매입을 재무장관 위테에게 건의하였다.[2]

－조선산림회사를 설립하되, 회사경영 이익금의 1/4를 조선정부에 납입할 것,
－목재의 수출입 관세의 면제.
－회사의 사무실은 블라디보스톡에 두되 한성이나, 인천에 지사를 둘 것.
－회사측에서 담보금으로 15, 000루불을 조선정부에 납부 할 것.
－1901년 9월 이전에 삼림채벌을 착수하지 않을 경우 그 계약이 무효가 됨.
－계약서는 러시아어와 한문으로 하며, 분쟁이 있을 경우 러시아어를 기본으로 함.
2) 1897년 조선정부가 진남포와 목포를 개항하자 러시아는 이들 항구에서 토지를 매입키로 하였다. 진남포는 대동강 하구에 평안도와 황해도 곡창지대를 끼고 있어 쌀, 콩 등 수출과 상품반입에 유리한 항구였다. 그리고 수심도 깊고 석탄을 공급할 수 있는 광산이 인접해 있어 군사적으로 좋은 항구였다. 1897년 러시아는 진남포 조계지에서 15만 평방미터를 약 4천달러에 매입하였다. 이로써 러시아는 한반도 북부지역에 진출할 수 있는 기반을 확보하였다.

로마노프는 조·러간의 무역 대부분이 미곡과 육류로 구성되어 있어 이 지역이 매우 중요하며, 당시로는 지가가 매우 저렴하여 나중에 되팔아도 높은 매매차익을 남길 수 있다고 설명하였다. 이에 위테는 만주에 인접한 북한지역인 황해도와 진남포 지역의 토지를 매입하도록 하였다. 당시 위테는 조·러은행의 설립을 서두르고 있었는데 동 사업을 조·러은행의 주요 이권사업으로 정하였다.

1898년 11월 11일 위테는 조·러은행의 설립 필요성을 담은 건의안을 니콜라이 2세 황제에게 제출하였다. 그는 브린너가 압록강, 두만강, 울릉도의 산림자원을 개발할 이권을 확보함으로써 조·러은행이 성공적으로 영업할 수 있는 여건이 조성되었다는 것이었다. 이와 함께 위테는 브린너의 이권사업이 본격적으로 개발 될 경우에 원산항이 조·러간의 주요 무역항으로 부상할 것으로 보고 대비책을 강구하였다. 1897년 12월 5일 위테는 동청철도와 압록강의 하구를 잇는 노선과 블라디보스톡 - 포시에트 - 원산 - 한성을 잇는 새로운 철도 부설을 위한 탐사작업의 필요성을 건의하였다.

한편 1897년 말 브린너는 자신의 이권사업에 대한 자본 유치를 위해 러시아의 최대 민간 상업은행이었던 국제상업은행의 로트슈테인(A. Iu. Rothstein)을 만났다. 로트슈테인은 위테의 동아시아 정책의 협력자로서 1895년 설립된 러·청은행장이자 조·러 은행장이었다. 그는 러시아 정부의 여순조차 결정이후 러시아의 동아시아 정책이 한반도가 아닌 만주지역에 집중될 것으로 보고 한반도에 대한 러시아 기업들의 사업전망이 불투명할 것이라고 보았다.

따라서 그는 국제상업은행이 직접투자하기 보다는 외국자본이 참여하는 주식회사 설립을 위한 신디케이트 구성을 브린너에게 제의하였다. 이들은 합의에 따라 조선목재개발회사를 설립하기로 하였다. 브린너와 로트슈테인의 합의에 따르면 조선목재개발회사는 단지 1년간 존속하며 이 기간동안 조·러은행과 러·청은행이 주식회사를 설립하기 위해 신디게이트를 구성하여

이 회사를 매입하기로 하였다. 그러나 1898년 3월 조선 재정고문이었던 알레세예프(K. A. Alekseev)가 소환되고 니쉬-로젠협정 체결(1898. 4. 25)에 따라 조선에서 러시아의 영향력이 퇴조하자 조선목재개발회사 설립 계획은 무위로 끝났다.

나. 니콜라이 2세의 동아시아 개입과 강경파의 압록강 벌목권 장악

브린너는 자금부족으로 압록강 벌목사업의 경영이 어렵게 되자 압록강 벌목이권을 팔기 위해 상트 페트르부르그를 방문하여 로트슈테인(A. Iu. Rothstein)을 만나 벌목 양허권의 이전방법에 대해 얘기하였다. 로트슈테인은 자신은 관심이 없다고 하면서 마티닌(N. G. Matiunin)을 소개하여 주었다.[3] 마티닌은 압록강 벌목 양허권이 정치적으로 중요하다고 하면서 양허권이 일본의 손에 넘어갈 경우 러시아에게 위험하다고 판단하여 당시 국가위원회 위원이며, 상트 페테르부르그 공장경영주 대표회의 의장이었던 본리알리알스키(V. M. Vonliarliarskii)를 만나 상의하였다.[4]

본리알리알스키는 압록강 벌목사업에 관심을 갖고 미국과 프랑스의 자본을 유치하여 압록강의 벌목권을 돈벌이 산업으로 만들 것을 구상하였다. 우선 영국의 동인도 회사와 같은 러시아식 회사를 설립코자 하였다. 그는 회사 설립의 필요성을 아래와 같이 거론하였다.

(1) 러시아식 산업회사 설립에 미국 및 프랑스의 자본을 유치함으로써 극동에서 불가피한 분쟁이 발발할 경우 러시아는 미국과 프랑스와 공동 보조를 취할 수 있다

---

3) 마티닌은 25년간 남우수리지역 국경행정관을 역임하였으며 북한지역 영사업무를 대행하였다.
4) 본리알리알스키는 우랄산맥의 금광, 볼로그다-상트 페테르부르그간 철도 이권 등을 갖고 있었다.

(2) 한반도 이권사업에 미국을 관여시켜 점차 시베리아 지역으로 확대시켜 나감으로써 미국의 대일 접근을 방지할 수 있다

(3) 미국의 자본을 끌어들임으로써 삼국간섭 이후 러시아와 일전을 위해 군사력 증강에 주력하고 있는 일본으로 미국의 자본이 유입되는 것을 방지할 수 있다.

본리알리알스키는 1897년 러시아 국가위원회 위원이며, 동시에 국무 장관의 보좌관이라는 지위를 가지고 있어 러시아 고위인사들과 안면이 많았다. 그는 러시아 무라비예프 외무장관을 만나 양허권의 중요성에 대해 관심을 가질 것을 촉구하였다. 그러나 무라비예프 외무장관은 관심을 표명하지 않았다. 무라비예프는 일본과의 우호관계 유지가 중요하다고 보고 압록강 벌목권 문제로 러·일관계가 복잡해 지는 것을 바라지 않았기 때문이었다.

한편 본리알리알스키는 우선 양허권이 다른 나라의 손에 넘어가지 않도록 하는 것이 중요하다고 판단하고 러시아 근위장교 베조브라조프(A. M. Bezobrazov)와 만나 동 문제에 대해 상의하였다.

베조브라조프는 러시아 궁정의 관료 출신이었다. 그는 1881년 3월 1일 알렉산더 2세 황제의 암살사건 이후 반혁명과 황제체제의 유지를 위해 설립된 황실 친위대 소속 장교로 근무하였다. 그리고 그는 1897년-1898년간 서부 시베리아 이그나티에프(A. P. Ignatiev) 총독밑에서 특별 보좌관으로 근무도 하였다. 그는 압록강 벌목 양허권의 정치적인 중요성을 강조하면서 압록강의 삼림 채벌권에 대해 깊은 관심을 표명하였다.

그는 러시아가 두만강과 압록강의 국경선을 확보함으로써 여순-블라디보스톡간 방어선을 구축할 수가 있어 만주확보는 물론 일본의 대륙진출을 방어할 수 있으며, 또한 이를 계기로 러시아와 조선정부간 무역과 상공업의 진흥을 꾀할 수 있다고 강조하였다.

베조브라조프는 전직법무장관 보른쪼프(J. I. Vorontsov), 그리고 황족인 알렉산더(M. Alexander) 대공에게 접근하였다. 베조브라조프는 1898년 3월

니콜라이 2세 황제에게 조선에 러시아 영향력 증대의 필요성과 반관적(半官
的)인 기업에 의한 경제적 진출에 대해 역설하였다. 니콜라이 2세 황제는
베조브라조프의 안을 수용하고 아래와 같이 지시하였다.

(1) 북한에 삼림 탐사반을 파견할 것. 비용은 황실 자금에서 지출할 것.
(2) 북한지역을 평화적으로 확보할 것.
(3) 압록강 벌목 양허권의 확보문제에 대해서는 자발함대 사령관 알렉산더
    미할로비치와 협의할 것.

그리고 니콜라이 2세 황제는 1898년 4월 니쉬-로젠협정이 체결된 직후
다음과 같은 구체적인 방침을 하달하였다.

(1) 궁내부 소속 네포르즈네프(N. I. Neporozhnev) 의 명의로 브린너의 이권
    매입을 위해 가계약을 체결할 것.
(2) 북한에 탐사대를 파견하여 압록강 벌목이권의 존재여부를 확인할 것.
(3) 사업의 소요자금은 황실금고에서 지출할 것.
(4) 알렉산더 대공과 보른쪼프가 벌목 사업과 관련해서 황제에게 보고하고
    베조브라조프와 본리알리알스키는 실무를 담당 할 것.
(5) 벌목 사업은 국가적으로 중요하므로 비밀리에 추진할 것.
    니콜라이 2세 황제가 비밀리에 압록강 벌목사업을 황실에서 관장케 한
    것은 그간 동아시아에서 이권사업을 관장해 온 재무부의 반발 가능성과
    한반도에서 일본의 상공업상의 우위를 인정한 니쉬-로젠협정을 고려한
    결과였다.

결국 동아시아 진출을 주장해 온 알렉산더 대공이 압록강 삼림개발 사업의
책임자로 임명되었다. 그는 자발함대 함장이라는 한직을 맡고 있었으며, 동아
시아에서 러시아의 권익을 증진하는 데 관심을 갖고 있었다.[5]

---

5) A. 말로제모프, 석정화 옮김, op. cit., p. 254.

니콜라이 2세 황제의 결정에 따라 마침내 1898년 5월 11일 네포르즈네프 (N. I. Neporozhnev)는 20,000루불을 지불하고 브린너의 대리인과 이권매입을 위한 가계약을 체결하였다. 이 가계약의 유효기간은 1899년 2월 1일까지로 하였다. 러시아 원정대의 북한 탐사 결과를 보아가면서 이권매입을 최종 결정하기로 하였다. 1898년 7월 7명으로 구성된 1차 원정대가 7만루불의 황실 자금을 교부받아 블라디보스톡으로 출발 하였다. 이어서 제 2차 원정대 6명이 북한으로 출발하였다. 1. 2차 원정대 총 13명의 구성은 니콜라이 2세 황실 측근인사 3, 장교 1, 삼림 조사관 1, 광산기사 1, 철도기사 3, 의사 1, 여타 2명, 기자 1명 등으로 구성되었다. 러시아 원정대는 북한지역에서의 철도 부설, 삼림 및 광산개발 그리고 군사적인 유용성 등을 종합적으로 파악코자 하였다.

특히 철도기사는 블라디보스톡과 여순을 잇는 철도노선과 길림－갑산－쇼스타코프항을 연결하는 철도의 예비탐사를 실시하였다. 또한 1898년말 네포르즈네프를 단장으로 하는 러시아의 탐험대가 북한지역에 파견되어, 북한의 지형과 삼림 현황, 그리고 통신, 도로 등을 답사하였다. 러시아 정부는 금번 탐험대에 70,000루불을 지원하였으며, 일본 등 열강의 이목을 피하기 위해 러시아 정부관리들이 개인 자격으로 참가할 것을 지시하는 등 조심스럽게 추진하였다.

1898년 7월 1차 원정대에 참가한 네포르즈네프가 보내온 전문에 따르면 삼림개발사업의 전망은 밝은 것으로 나타났다. 브린너의 이권사업은 확실하며, 러시아 외무부가 지원할 경우 압록강 좌안의 만주지역의 삼림 채벌권도 역시 확보할 수 있다는 것이었다.

네포르즈네프는 1898년 10월 19일자 전문을 통해 조선 황실 소유의 모든 금광 채굴권을 양도 받기로 결정을 하였기 때문에 러시아는 이를 기회로 여순 점령 후 중단되어온 한반도에 대한 경제적인 침투를 다시 재개할 수 있다고 주장하였다. 당시 조선주재 러시아 마티닌 공사는 1898년 10월 네포르즈네프가 조선왕실의 광산 채굴권을 획득할 수 있도록 노력하였다. 그러나 조선정부의 반대로 네포르즈네프는 뜻을 이루지 못하고 지형학자들이 조사한 자료만 가지고 러시아로 돌아갔다.

한편 삼림과 광산 그리고 철도 개발의 이권사업을 통해 북한에서 러시아의 영향력을 확대시켜 나간다는 베조브라조프의 계획은 어려움에 직면하였다. 러시아 정부내에서 공식적인 직위를 가지고 있지 못했던 황실 측근들은 러시아 정부의 지원 없이는 북한지역에서 이권사업을 효율적으로 수행할 수가 없었기 때문이었다.

반면 위테는 1892년 재상으로 부임한 이래 러시아 정부 내에 확고한 발판을 구축하고 있었으며, 외무부 등 관련 부처의 지지 하에 동아시아 정책결정에 큰 영향력을 행사하고 있었다. 그리고 위테의 동아시아 정책은 계획대로 잘 진행되고 있어 위테를 비판할 여지가 없었다.

결국 베조브라조프의 계획이 실현되기 위해서는 위테가 물러나고 대신 비관료파가 공직에 등용되어 정부조직을 장악하든지 아니면 강경파가 니콜라이 2세 황제의 지지를 확보해야만 했다.

1898년 12월 31일 조선주재 러시아 마티닌 공사는 호주로 전출 가고 그 후임으로 1899년 1월 18일 파블로프가 조선에 부임함으로써 광산 채굴권의 획득 노력은 무위로 끝나고 말았다. 러시아 정부가 마티닌을 전출시킨 것은 무라비예프 외무장관이 한반도에 대한 러시아의 개입을 반대하였기 때문이었다. 그리고 무라비예프 외무장관의 요청에 따라 궁내부 장관은 네포르즈네프가 추진코자 하는 삼림이권사업에 소요될 20만루불의 지원을 거절하였다.

압록강 벌목권은 당시 주요현안이었던 동청철도의 남만주 진출노선과도 연계되었다. 1898년 7월 알베르트(N. O. Albert)[6]는 위테가 주장한 동청철도와 여순간의 철로 연결에(남만주지선) 반대하고 대신 압록강 유역을 통과하는 여순- 블라디보스톡간에 철도를 건설할 것을 주장하였다. 그리하여 알베르

---

6) 알베르트는 넵스끼 조선소 소장이었다. 박종효편, op. cit., p. 232.

트는 여순-압록강- 블라디보스톡간의 철도건설을 위해 현장 탐사반을 파견코자 하였다. 그러나 위테의 반대로 무산되었다. 위테는 동북아에서 러시아의 영향력이 확고해 질 때 까지 일본을 자극하지 않기 위해 한반도의 국경선을 통과하는 철로부설을 자제하였다. 재무부는 1899년 2월 5일 청국 정부로부터 남만주지선 부설권을 획득하고 하얼빈을 거쳐 여순을 연결하는 철도부설 작업에 착수하였다.

그러나 강경파는 압록강 벌목사업을 계속 추진하기 위해서는 압록강 벌목권을 매입키로 하였다. 니콜라이 2세 황제는 호주 멜베르 공사로 임명된 마티닌을 면직시킨 뒤 그를 벌목 이권을 관리하는 책임자로 임명하였다. 마침내 마티닌과 알베르트가 1899년 10월 압록강 벌목 양허권을 네포르즈네프부터 30,000루불에 매입하였다.

일단 압록강 벌목 양허권을 매수한 강경파는 벌목사업을 새로이 정비코자 하였다. 그는 잠시 방치된 두만강, 압록강 연안에서 불법적인 벌목이 이루어지고 있다고 조선정부에게 항의하는 문서를 보내고 벌목권의 법적인 보장책을 강구해 줄 것을 요청하기도 하였다.

강경파는 양허권의 연장을 위해 조선정부와 협상을 개시하였다. 1896년 체결된 러-조간 조약에 의하면 양허권자는 1901년까지 압록강 벌목사업을 하지 않을 경우 양허권을 상실하는 것으로 규정되어 있었기 때문이었다. 이에 1900년 11월 말 조선주재 파블로프 공사는 고종을 알현하고 현재 청나라에서 발생한 의화단 사건으로 압록강의 벌목권을 행사하지 못하고 있다고 하면서 삼림벌채 사업의 착수기간을 연장해 줄 것을 요청하였다. 그리하여 1901년 3월 21일 러시아와 조선정부는 양허 계약서를 체결하고 양허권의 압록강 벌목기간을 1901년 8월 28일에서 1904년 1월 1일까지 다시 3년간 연장하기로 합의하였다.

한편 러시아의 강경파는 북한만주간의 국경선을 완전히 확보하기 위해서는 청국영토에 속하는 압록강 좌안에서의 삼림 벌목권을 확보해야만 했다.

이에 1902년 초 마티닌은 청국정부와 벌목 양허권에 대한 협상을 개시하였다. 마침내 1902년말 러시아는 청국과 협정을 체결하여 1년간 양허권을 획득하였으며, 매년 양허권의 연장에 대해 협의 해 나가기로 하였다.

다. 러시아군의 만주철병 결정과 벌목회사 설립 실패

니콜라이 2세 황제는 의화단 사건을 계기로 압록강 삼림이권에 본격적으로 개입하였다. 1900년 6월 외세배격의 기치 하에 만주로 파급된 청국의 의화단 사건은 이곳에서 러시아가 부설중인 남만주지선 철도의 대규모 파괴 사태로 이어졌다. 따라서 그간 막대한 국가예산과 외국차관을 끌여들여 만주에서 이권사업을 주도해 오던 위테의 정책은 큰 난관에 봉착하였다. 의화단 사건은 그간 반위테의 정책을 견지해 온 베조브라조프 등 비관료들이 재결집할 수 있는 기회를 제공하였다.

1899년 8월 16일 니콜라이 2세 황제는 브린너의 벌목 개발사업에 자신을 제외시켜 달라는 본리알리알스키의 청원을 수락하고 대신 베조브라조프가 조선과 청국에서 획득한 이권사업을 관장하는 실무를 맡게 하였다. 베조브라조프는 남만주지선 철도가 건설 될 경우 침목용으로 목재 수요가 급증할 것으로 전망하고 러시아 관료들의 반대에도 불구하고 압록강 벌목사업을 적극 추진하였다.

베조브라조프는 재무부의 후원이 전제되지 않는 한 민간자본의 유치가 어렵다고 판단하고 압록강 벌목사업을 위해 황실자금과 민간자본이 결합된 동아시아개발회사의 설립을 추진하였다. 그리고 이어서 1900년 3월 황제에게 '동아시아개발회사' 설립안을 제출하였다. 동아시아개발회사는 영국의 동인도회사를 모방하였다. 회사 설립에 필요한 자금 마련을 위해 400매의 주식이 발행되었으며, 주식 출자자는 분할 지불을 통해 주식을 구입할 수 있었다.[7]

----

7) A. 말로제모프, 석정화 옮김, op. cit., p. 258.

1주의 가격은 5,000루블로 고가였으며, 따라서 주식의 매입 예정자들은 대부분 황실 및 귀족들이었다. 니콜라이 2세 황제도 벌목 사업이 수익성이 있다고 보고 주식매입에 참가하였다. 1900년 6월 18일 니콜라이 2세 황제는 러시아 행정부에게 동아시아개발회사의 주식 200주를 구입 할 것을 지시하였다.

1900년 7월 26일 베조브라조프는 동아시아개발회사의 설립안을 다음과 같이 구상하였다.

(1) 활동범위는 극동, 만주, 한반도로 한다.
(2) 외국자본의 참여를 인정하되 러시아가 지배적인 위치를 가지며, 러시아 깃발 하에 활동한다.
(3) 독자적인 활동을 하되 사적이익을 추구해서는 안되며, 러시아 정부는 단지 감독하는 기능만을 가져야 한다.

마침내 베조브라조프가 동아시아개발회사의 설립계획을 니콜라이 2세 황제에게 상정하자 황제는 이 문제를 재무부 장관, 외무부 장관, 궁내부 대신들과 협의하도록 지시하였다. 압록강 벌목사업이 정부간 회의의 공식적인 의제로 상정되었다. 그러나 1901년 제1차 협의가 아무런 성과 없이 끝났다.

1896년 브린너와 조선정부간에 체결된 협약에 따르면 협약 체결일로부터 5년 이내에 이권개발사업에 착수하지 않을 경우 이권은 효력을 상실하기 때문에 1901년 8월 28일 이전에 벌목사업을 전담할 회사 설립이 필수적이었다.

1901년 4월 17일 제2차 회의가 개최되었다. 금번 회의의 주요의제는 베조브라조프가 제안한 동아시아개발회사의 정관 제1조였다. 정관 제1조에 의하면 조선, 북중국, 연해주 지역에 서 획득한 러시아의 모든 이권사업을 전담할 이 회사는 200만 루불의 자본금으로 설립되며, 그 주주의 자격은 러시아 신민이면서 동시에 정교신자로 한정한다는 것이었다. 이는 유태계 금융가 로트슈테인과 공조체제를 통하여 동아시아에서의 이권사업을 독점해 온 위테에 심각한 위협이었다.

러시아 재무부의 지원으로 동아시아개발회사가 설립될 경우 위테가 로트슈테인과 합작하여 세운 러·청은행은 와해될 수도 있었다. 이에 위테는 국가전략적인 목적으로 동아시아산업회사를 육성하기보다는 경제적 수익성을 중시하는 회사로 전환시켜 재무부의 통제 하에 두고자 하였다.

1901년 6월 19일 러시아 각료회의에서 동아시아개발회사 설립문제가 다시 토론되었다. 1901년 7월 12일 동아시아개발회사가 반관민(半官民) 단체로 합법적으로 설립되었다. 그리고 극동지역의 삼림, 광물 등을 개발키로 하였다. 그러나 이익중심으로 운영키로 합의함으로써 위테의 의견이 반영되고 베조브라조프의 구상은 완전히 실현되지 못하였다. 1901년에는 68명이 동아시아개발회사 주식구입에 서명하였다. 그러나 위테는 의화단 사건의 진압을 위해 만주에 파병된 러시아군의 유지비에 자금이 배정되고 있어 주식 구입이 곤란하다고 하였다. 그리고 위테는 동북아 위기가 종식될 때까지 설립 예정인 동아시아개발회사의 정관을 각료회의에서 협의할 것을 주장하면서 동아시아개발회사의 운영에 대해 부정적인 반응을 보였다.

당시 러시아는 대내외적으로 경제적인 어려움에 처해 있었다. 러시아는 1897년 금본위제를 도입하고 시베리아 철도 건설을 위해 중공업 중심의 경제정책을 실시하였다. 이에 선철 생산량이 1896년-1900년간 약 배로 증강하였으며, 정부가 선철 생산량의 1/3을 구매하였다. 그러나 1900년 유럽과 미국에서 발생한 금융공황으로 러시아의 대외공채와 주식 가격이 급격히 하락하는 등 불황의 여파가 밀어 닥쳤다. 러시아 정부의 철강 구매력도 크게 감소하여 국내 철강산업은 큰 타격을 받았다. 특히 당시 러시아는 흉작으로 국내 곡물가격이 앙등하고, 의화단 사건으로 재정지출이 급증하는 등 2중 고통을 겪었다. 그리고 만주에서 활동하던 러시아 기업들은 미국 등 외국 상품과 경쟁할 수가 없었다.8)

---

8) Ibid., p. 264.

러시아는 외교적으로도 어려움에 직면하였다. 1900년 러시아군이 의화단 사건으로 위협받고 있는 동청철도를 방어하기 위해 만주에 출병하였다. 그러나 의화단이 1900년 말 진압됨으로써 러시아군의 만주 주둔 필요성이 없게 되었다. 청국은 열강의 후원 하에 러시아군의 만주 철병을 주장하기 시작하였다. 이에 대해 러시아 정부는 청국 정부가 동청철도와 남만주지선의 안전을 보장하기 어렵다는 이유로 만주 철병을 거절하였다. 일본은 러시아가 만주를 병합할 의도를 갖고 있다고 보고 러시아군의 만주 철병을 거듭 요구하였다.

러시아 내부에서는 만주철병을 지지하는 측과 반대하는 편으로 대립되었다. 강경파인 베조브라조프는 당시 만주문제로 러시아가 어려움에 봉착하자 북한의 전략적인 중요성을 강조하였다. 우선 베조브라조프는 1900년 7월 15일자 알렉산더 해군장관 대리에게 보낸 서한에서 러시아가 만주에서 어려움에 직면한 이유로서 라·청국간의 우호관계를 유지코자 하는데 기인하다고 지적하였다. 그는 러시아가 만주에서 정치적, 군사적인 영향력을 강화하지 않을 경우 유럽열강의 간계에 놀아날 것이라고 경고하였다. 그는 러시아가 한반도에 개입할 것을 주장하였다. 일본은 만주진출의 교두보인 한반도의 장악을 위해 조선내 영향력 증대에 주력하고 있으며, 러시아가 한반도에서 어느 정도의 영향력을 견지할 경우 장래 러시아에게 불리한 상황의 발전을 방지할 수 있다고 강조하였다. 그는 당시 러시아의 최대 적국인 영국이 보어전쟁(1899 – 1902)에 주력하고 있어 동북아에 개입할 수 없는 유리한 기회를 적극 활용할 것을 주장하였다. 영국은 보어전쟁(1899 – 1902)이 끝나면 조만간 다시 동북아에 개입할 것이며, 일본도 적극적으로 군비증강에 주력하고 있어 동북아에서의 러시아의 지위가 확고해지기 어려울 것이라고 전망하였다. 따라서 그는 러시아에 유리한 국제상황을 감안하여 러시아군의 만주철병에 반대하였다. 그는 러시아군이 만주에서 철병할 경우 여순은 방어가 어려워 결국 청에 반납하게 될 것이며, 만약 만주에서 철군할 경우 만주에서의 러시아의 안전확보를 위해 북한을 강화해야 한다고 주장하였다. 그리고 만주를 지배하기 위해서는 여순-압록강-블라디보스톡을 잇는 연결지역을 방어권으로 설정하고 북한을 배후지로서 확보하는 것이 중요하다고 강조하였다.

한편 러시아 정부는 자국군을 만주에 계속 주둔시키는 것이 국익을 저해한다고 보고 일단 러시아군의 만주 철병을 결정하였다. 그리고 열강과의 우호유지를 위해 압록강 벌목개발을 중지하기로 결정하였다. 이와 같은 분위기에 편승하여 1902년 2월 2일 동아시아개발회사는 결국 해산되었다. 이로써 베조브라조프의 압록강 진출 노력이 타격을 받았다. 그러나 니콜라이 2세 황제는 여전히 압록강 삼림 이권을 갖고 있었다.[9] 마침내 1902년 4월 8일 라·청간 러시아군의 만주철병에 관한 조약이 체결되었다.

한편 동아시아 이권사업에 대해 재무부가 독점적인 권한을 계속 유지하기를 희망한 위테는 니콜라이 2세 황제와 황실측근들의 개입을 차단하고자 러·청은행의 독점권을 한층 강화하였다. 위테는 만주철병협정이 체결된 이후에도 라·청은행을 대신하여 만주에서의 이권사업을 계속 유지하기 위해 만주광산회사를 설립하였다. 광산회사는 자본금 전액을 재무부에서 조달한 정부출자 형식의 회사였으며 위테 단독으로 설립되었다. 만주광산회사 설립은 1903년까지 알려지지 않았다.

라. 영·일동맹과 러시아 강경파의 득세

1902년 1월 영·일동맹의 체결로 러시아의 국제적인 고립이 심화되자 위테의 영향력이 퇴조하고 강경파가 득세하면서 니콜라이 2세 황제의 친정이 확립되었다. 영국은 보어전쟁(1899-1902)이 끝나자 1902년부터 동북아지역으로 다시 복귀하여 러시아군의 만주철병을 거듭 주장하였다. 그리고 1902년 영·일동맹의 체결 등 동북아 주변정세가 러시아에게 불리하게 전개되자 청국은 러시아군의 만주철병을 주장하면서 만주에서의 모든 이권을 러·청은행이

---

9) Ibid., p. 279.

우선적으로 확보한다는 러·청은행 협정안의 파기를 통보했다.

러시아 국내 상황의 변화도 위테의 영향력 쇠퇴에 일조하였다. 1902년 4월 2일 위테에 동조적이었던 내무부 시빠긴 장관이 사회혁명당 당원에게 암살을 당하자 후임으로 보수 성향의 플레브(V. C. Pleve)가 임명되었다. 플레브는 위테의 경제정책을 강력히 비판하였으며, 총리가 없는 러시아 정부 하에서 위테에 대항할 수 있는 유력한 인물로 부상하였다.10)

한편 러시아 내부에서는 만주철병의 이행을 두고 찬, 반 양론이 계속되었다. 위테 재무장관, 무라비예프 외무장관 등 관료파들은 1902년 라·청간 조약체결로 만주상황이 안정화되고 있으며, 앞으로 일본이 만주문제를 두고 라·청간의 교섭에 더 이상 간섭할 수 없게 되었다고 하면서 만주철병조약의 이행을 촉구하였다.

위테는 2달 동안 만주를 방문하고 돌아온 후 동아시아 정책에 대한 보고서를 니콜라이 2세 황제에게 제출하였다. 그는 러시아가 만주를 식민지화하는 것이 비현실적이라고 지적하고 러시아 군대의 만주철병을 거듭 주장하였다. 그는 일본과의 관계정립이 가장 절박하며 일본과 전쟁을 할 경우 승리할 수 있겠지만 조선을 두고 일본과 타협하는 것이 낫다고 강조하였다.

반면 강경파는 라·청간 체결된 만주철병 조약이 러시아의 허약성을 폭로한 것이며, 러시아 군대가 만주에서 철병할 경우 만주 등 동북아 상황이 위험하게 될 것이라고 경고하였다.

강경파는 일본이 한반도에서 경부선, 경인선등 주요간선 철도 부설권을 획득하는 등 한반도에서의 군사적인 우위를 확고히 하고 있어 만주지역을 위협하고 있다고 평가하였다.

온건파와 강경파는 전쟁의 방지라는 외교목표에는 일치되었으나 그 방법에 있어서는 판이하였다. 온건파는 시베리아철도와 동청철도가 완공되기 전까지는 러시아는 강대국과의 협력을 통해 동북아 평화유지에 주력해야 하며, 조선

---

10) Ibid., p. 276.

문제에 대해서는 일본에 양보한다는 입장이었다.

반면 강경파는 러·일간의 협상으로 전쟁 방지가 어렵다고 비판하면서 압록강 유역에 방어벽을 설치하고 러시아 육군의 주력부대를 만주에 주둔시키는 등 군사력을 증강해야 한다고 주장하였다.

특히 강경파는 압록강의 방어 장벽이 없을 경우 여순은 전쟁시 병참선이 단절된 제2의 세바스토폴(Sevastopol)[11]이 될 것이라고 경고하였다. 또한 강경파는 만주에 파견된 러 정부 부처간의 권한이 불명확하여 서로간에 협조가 되지 않고 있다고 지적하면서 여러 부처를 통폐합하여 통일된 부서를 만들어 만주를 효율적으로 경영할 것을 제의하기도 하였다.

여기서 주목할 것은 베조브라조프가 처음으로 만주에서 일선기관을 통폐합하여 하나의 통일된 기관을 설치할 것을 제의한 사실이다. 이같은 제의는 결국 1903년 극동 총독부의 설치로 결실을 맺게 되었다. 이에 대해 온건파는 통합기관 창설에 반대하였으며, 러시아가 한반도 북한지역을 장악코자 할 경우 일본이 군사적인 행동도 불사할 것이라고 반박하였다.

그러나 강경파는 위테의 유화적인 양보정책은 계속적으로 양보를 낳는다고 비판하면서 만주와 한반도 문제에 대해 러시아가 강경하게 나아갈 것을 주장하였다. 당시 러시아 내부에 확산되고 있었던 사회주의 혁명의 긴장을 방지하기 위해 강경한 대외 정책을 사용할 필요가 있었던 것도 강경파의 득세에 일익을 담당하였다. 강경파의 동북아 정책은 그간 만주에서의 투자수익을 중시하던 위테의 평화적인 침투정책이 군사력에 기반한 이권보호정책으로 변모할 수 있음을 보여주는 것이었다.

한편 러시아는 자국에 적대적인 영·일동맹에 대응하기 위해 태평양 지역에서의 전쟁시 러시아 발틱함대를 극동지역으로 이동시킬 필요가 있을 것으로

---

11) 세바스토폴은 흑해의 러시아 지역에 위치한 주요한 군사요새이며 항구였다. 크리미아 전쟁(1854－1856)시 영국과 터어키, 프랑스 연합군은 세바스토폴을 점령하기 위해 이 도시를 공격하였다. 쌍방의 치열한 공방전으로 세바스토폴은 함락되었고 러시아 군측이 약 10만명, 연합군측이 약 7만명의 사상자를 냈다.

보고 독일과 공조를 모색하였다. 마침내 1902년 7월 말 러시아 니콜라이 2세와 독일 빌헤름 황제와의 회담은 성공적으로 끝났다. 빌헤름 2세는 비상시 러시아의 발틱함대가 극동으로 이동할 경우 독일이 발틱해의 배면 엄호를 약속하였다. 러·독간의 합의로 러시아는 영·일동맹의 위협으로부터 어느 정도 벗어나게 되었다.

베조브라조프는 솔직함과 정직함으로 니콜라이 2세 황제와 가까워질 수 있게 되었으며, 위테를 반대하는 관료들과의 관계를 확대해 나갈 수 있게 되었다. 베조브라조프는 이때부터 공개적으로 위테의 경제정책과 만주 경영을 비난하면서 니콜라이 2세 황제의 권한을 강화할 것을 주장하였다.

1902년 2월 동아시아개발회사는 해산되었지만 니콜라이 2세 황제는 압록강 양허사업의 주식을 보유하고 있는 등 개인적으로 계속 관심을 갖고 있었다. 니콜라이 2세 황제는 베조브라조프에게 만주, 압록강 유역을 답사하도록 지시하는 한편. 위테에게 사업자금으로 200만 루불을 지원해 줄 것을 지시하였다.

베조브라조프는 1902년 11월－1903년 2월간 극동지역의 출장 결과 보고서를 1903년 2월 18일 니콜라이 2세 황제에게 아래와 같이 제출하였다.

(1) 러시아 군대의 만주철병 반대
　－러시아 철도수비대의 주둔 없이 만주내에서 동청철도를 부설하는 것은 어려울 것임.
　－ 내우외환에 시달리고 있는 청국 정부에게 동청철도의 안전을 맡길 수가 없으며 결국 러시아군이 만주에 주둔하여 철도의 안전을 책임져야 함.
　－ 청국과의 관계에서 열강들은 해군력에 의지하여 실익을 채우고 있으나 러시아는 육군으로 만주를 방어해야 하는 실정임.
　－러시아는 동청철도를 건설함으로써 청국으로부터 조직적으로 속박을 받게 되었으며 러시아가 러·청관계를 주도하지 못하고 무기력하게 될 경우 상황은 심각하게 될 것임.
　－외국인들은 철도부설이나 경영을 피하고 가능한 재정적인 양허를 획득하여 이윤을 남기고 있으나, 러시아는 동청철도와 남만주지선을 건설함으로

써 군사적인 성격을 띠게 되었음.

(2) 러·청관계의 위험성
  - 러시아는 러·청간의 동맹 및 열강과의 우호관계에 기초하여 동청철도
    건설에 매진하고 있으나 이것은 위험한 것임.
  - 러시아는 그간 청국과의 협상에 있어서 계속 양보해 왔으며, 마치 의사가
    환자를 취급하듯이 병자에게 약을 처방하면 환자가 낫는 것으로 간주해
    왔음.
  - 그러나 청국은 이이제이 정책으로 러시아를 끌어들여 러시아의 입장을
    어렵게 만들고 있으며, 조직적으로 러시아를 속이고 있음.

(3) 러·일협상의 문제점
  - 러시아는 무력에 근거하여 일본과 협상하여야 함. 우선 만주에서의 군사력
    증강이 필요하며, 일본의 북한침투를 방지하는 데 역점을 두어야 함.

(4) 만주지역에 러시아 이익권을 확인할 것
  - 우선 무력으로 만주를 방어할 정도로 만주가 경제적으로 러시아에게
    중요한지 확인해 야 함. 현재 만주와 극동에서 러시아 자체 산업이 부재한
    상황하에서 어떻게 상업적, 산업적인 이익을 만들어 나갈 것인가를 검토해
    야함.

(5) 압록강-두만강 유역에 군사적인 방어장벽을 구축할 것.
  - 태평양 좌안의 블라디보스톡은 전쟁시 위험하지 않으나, 큰 역할을 할
    수가 없음.
  - 태평양 우안에 위치한 여순은 러시아가 열강들에게 위협을 주기 위해
    장악하였으며 자체 수비대로서 여순을 방어할 수가 없음.
  - 따라서 만주지역이 취약하므로 여순-압록강-블라디보스톡간 연결선
    을 방어벽으로 확보해야함.
  - 러시아는 여순-압록강-블라디보스톡간의 방어선에 위치한 압록강 유
    역을 벌목하여 개활지를 창설함으로써 일본의 대륙진출을 방지해야 함.
  - 압록강 유역에 노동자로 가장한 러시아군을 상주시켜야 함.

(6) 압록강 벌목산업에 외국자본을 도입 할 것
  - 프랑스 및 미국과 합작으로 벌목사업을 시행하여 여러 국가가 같이 공조하

고 있다는 인상을 주고 일본의 압력에 대해 프랑스 및 미국과 함께 공동으
로 대응할 것.
  (7) 기타
    –여순–압록강간 정기 운항권을 확보할 것.
    –한성–신의주 철로 부설권을 확보할 것.

마침내 베조브라조프의 제안에 따라 몇가지 조치가 취해졌다. 우선 러시아
는 몽골정부와의 관계를 강화하여 러·일전쟁시 몽골에서 러시아군이 가축
등 육류를 보급받을 수 있게 되었다. 그리고 저탄소[12]가 설치된 부산의 절영
도에 러시아 태평양함대가 전시에 정박토록 하였으며, 태평양함대의 석탄공급
지로서 여순과 인근의 선양지역이 지정되었다. 그리고 여순이 고립되어 석탄
공급이 어려울 경우를 대비하여 푸싱지역에 석탄보급소를 설치하였다. 그리고
만주주둔 러시아 군대에게 식량을 원활히 공급하기 위해 그간 청국 훈춘인이
장악하고 있던 라호허강의 운항권을 확보하였다. 또한 선양지역에 러시아의
학교와 병원을 지어 긴급시에 대비하고 러시아에 대한 청국인의 이미지를
개선하는 데도 노력하였다.
그러나 베조브라조프의 보고서는 러시아 군대의 만주철병을 정면으로 반대
하고 있어 많은 비판을 불러 일으켰다. 만주철병을 지지한 온건파는 우선
베조브라조프의 보고서가 일본이 러시아를 공격할 것을 전제로 하고 있다고
비판하였다. 온건파는 러·청간 만주철병 조약으로 러·일간에 우호분위기가

---

12) 1897년 7월 5일 태평양함대 사령관 알렉세예프는 조선주재 웨베르 공사에게 보낸
전문에서 러시아 해군은 부산에 저탄소를 소유하는 것이 매우 필요하며, 일본이 이미
소유하고 있는 절영도에 250평방 싸젠의 토지를 임차하도록 지시하였다. 1897년 8월
16일 웨베르는 러시아 태평양함대가 조선을 자주 방문하기 때문에 저탄소가 필요하
다고 하면서 이같은 사실을 러시아 외무부에 보고하였다. 1897년 11월 29일 태평양
함대 사령관 두바소프 제독이 한성에 도착해 고종 황제을 알현 하면서 부산의 저탄소
부지 선정을 말하고 협조를 요청하였다. 마침내 러시아는 1898년 2월 25일 절영도를
조차하였다. 1898년 4월 저탄소 부지 대금으로 17, 200멕시코달러가 책정되었다. 박종
효편, op. cit., pp. 419－420.

조성되고 있는 만큼 일본의 러시아에 대한 공격 주장은 설득력이 없으며, 러시아는 국제적인 신뢰 제고를 위해 만주철병 조약을 준수하는 것이 중요하다고 주장하였다. 또한 온건파는 압록강 유역에 수비병을 파견하는 것은 열강들의 불신을 자아내는 행동이라고 하면서 자제할 것을 촉구하였다.

마. 1903년 3월 24일 각료회의와 압록강 벌목권 문제

압록강의 벌목권과 만주문제로 강경파와 온건파간의 대립이 계속되자 니콜라이 2세 황제는 1903년 3월 24일 동북아 정책 방향에 대한 각료회의를 개최하였다. 금번 회의에는 외무장관, 내무장관, 전쟁장관, 재무장관 등 주요 각료들과 강경파인 아바자 해군소장 등이 참석하였다. 금번 회의에서는 러시아 군대의 만주철병 문제, 압록강의 벌목문제 등이 논의되었다.

(1) 위테 재무장관
　－압록강 벌목사업은 정부가 개입할 경우 군사적 성격을 띠고 있어 열강들로부터 오해를 사기 쉬우므로 민간 기업에게 맡기는 것이 좋음.
　－압록강 벌목회사와 만주지역의 여타 개발회사들과 상호 연계하지 말 것.
(2) 아바자 해군소장
　－압록강 벌목 사업은 러시아가 1898년 조선으로부터 철수한 이후 다시 개입할 수 있는 좋은 계기임.
　－러시아는 여순과 남만주 철도 방어는 물론 일본의 침략에 대비하기 위해서도 배후지로서 압록강을 강화해야 함.
　－미국과 프랑스 자본을 유입하여 압록강 벌목 사업을 추진해야 함.
(3) 람스도르프 외무장관
　－압록강 벌목권을 확고히 확보 못함. 압록강의 좌안 벌목권을 확보하기 위해서는 청국과 매년 협상해야 함.
　－청국이 벌목권의 양허권을 러시아측에 주지 않을 경우 러시아군이 강제로

점령해야하는 사태가 올 수도 있음. 러시아군이 만주에서 철수하지 못하는
상황이 초래되면 좋지 않음.
- 청국 및 일본 양국은 러시아의 압록강 벌목권에 대해 반대가 심함.
- 압록강 벌목업은 민간기업이 해야 함.
(4) 쿠로파트킨 전쟁장관
- 압록강 사업은 순수 경제적인 성격보다는 정치적 군사적인 성격이 강하므
  로 러시아가 추진할 압록강 벌목사업이 일본 및 조선정부와 각각 체결한
  제반 조약상의 의무와 병행 가능 한지, 그리고 러시아의 기존 정책노선과
  부합하는지 확인해야 함.
- 압록강 벌목사업으로 러·일관계가 악화되지 않아야 하며, 벌목 사업은
  민간기업이 추진하여야 함.
- 현재 러시아 극동주둔군은 일본과 전쟁할 정도로 강하지 못하므로 당분간
  은 일본과의 전쟁을 회피해야 함.
- 러·일전쟁의 발발을 가상해볼 때 전쟁기간은 약1년 반이 소요될 것이며,
  700-800만루불의 전비가 소요 될 것임. 3만-5만명의 러시아군인이
  사망할 것이며, 약 30만명이 부상을 당할 것임.
- 러·일전쟁시 러시아는 승리할 수 있으나, 엄청난 희생을 지불해야 하므로
  현재로서는 전쟁을 피해야 하며, 충분한 전쟁준비를 위해서는 시간이
  필요함.
- 압록강 지역 방어선은 러·일전쟁시 일본군에 의해 쉽게 돌파될 위험성이
  큼.

한편 강경파인 아바자 해군소장은 온건파의 입장을 아래와 같이 비판하고
있다.

- 위테는 러·청간의 동맹관계가 평화적으로 유지되고 있다고 보고 있으나
  사실상 러시아의 힘에 의해 유지되고 있음.
- 위테는 일본의 의도와 동향 파악에 실패하였으며, 현 동북아 상황의 심각
  성을 정확히 감지하지 못하고 있음.

- 결국 러시아 극동주둔 군사력의 취약이 일본의 공격을 초래할 것이며, 극동지역에 군사력을 증강하는 것이 전쟁방지 대안임.
- 강대국들이 러시아의 여순점령과 같은 행동을 평화적인 의도로서 인식할 것인지에 대해 의문이 감.
- 러시아가 경제적으로 만주경영을 하고 있다고 할 지라도 강대국들은 이를 군사적이고 정치적인 사안으로 볼 가능성이 큼.
- 러시아의 여순점령과 남만주 지선 부설은 공격적이 아니고 압록강 진출은 공격적이라는 주장은 설득력이 없음.
- 위테는 압록강의 벌목사업이 공격적인 것이라고 반대하고 있으나 이미 열강들은 조선내 에서 이권확보에 적극 참여하고 있으며, 유독 러시아의 압록강 사업참가가 공격적이라는 주장은 설득력이 없음.
- 민간회사가 압록강 벌목회사를 설립하여 운영하더라도 일본 등 열강들이 금번 사업배경에는 러시아 정부의 개입이 없었다고 생각하지 않을 것임.
- 국방장관은 한만분리론에 입각하여 조선을 일본에게 양보함으로써 일본이 만주문제에 간섭하지 않을 것이라고 상정하고 있음.
- 라·일협상을 통해 한반도를 일본에게 양보함으로써 전쟁방지가 가능하다는 것은 일본의 의도를 무시한 자가 당착적인 사고이며, 러·일전쟁의 개전여부가 러시아측에 달려 있다는 것을 전제로 하는 것임. 일본은 조선보다는 만주에 더 관심이 있어 러시아와 전쟁을 할 수도 있다는 점을 간과하고 있음. 문제는 일본의 의도가 무엇인지 정확히 파악하는 것임.

금번회의에서 아바자 혼자만 베조브라조프의 의견을 지지하고 여타 참석 장관들은 반대를 표명하였다. 외무장관, 재무장관, 전쟁장관 등 아바자 반대파들은 압록강 벌목사업을 추진하는 것은 러시아 재정의 어려움과 군사적인 성격으로 파국적인 결과를 초래 할 것이라고 경고하고 정치, 군사적인 성격을 배제하고 상업적인 관점에서 벌목사업을 추진할 것을 건의하였다.

결국 회의참석자들은 다음과 같은 결론을 내렸다. 강경파와 온건파의 타협 안이었다.

(1) 외무장관은 압록강 벌목권의 합법적인 권리 여부를 확인할 것.
(2) 청국 정부로부터 압록강 좌안의 벌목권을 확보할 것.
(3) 미국, 프랑스, 벨기에 등 국제자본이 참여하는 국제벌목회사를 설립할 것.
(4) 러시아 정부의 예산 지원을 적게 할 것.
(5) 벌목사업의 지리적인 범위를 압록강 유역으로 한정할 것.
(6) 벌목회사에 대한 감독은 관동주둔 사령관에게 위임할 것.

상기의 결론에 대해 아바자는 다음과 같이 비판하였다.

- 러·일간의 긴장이 고조되고 있는 현시점에서 러시아 정부의 참여가 없는 한 어느 민간기업이 위험을 무릅쓰고 압록강 벌목사업에 참가할 것인가가 의문스럽다.
- 온건파는 일본의 한반도 점령에 대해 대안을 제시하지 못하고 있다.
- 온건파는 일본과 전쟁을 피하기 위해 1898년 니쉬-로젠협정을 통해 한반도를 일본에게 양보하였으며, 러·일간 대립의 심각성을 무시하고 있다.

한편 베조브라조프도 1903년 4월 극동지역 순찰 후 보고서를 통해 1903년 3월 24일 개최된 각료회의 결과를 비판하였다. 베조브라조프는 러·일간의 전쟁이 불가피하며, 이에 대한 대비책으로 극동주둔 러시아 군사력을 증강하여야 하며, 압록강 군사 방어선을 확보하기 위해 압록강 벌목사업을 추진해야 한다고 거듭 주장하였다. 그리고 만주주둔 러시아 군대가 열세이므로 일본군이 침략할 것이라고 경고하면서 남만주와 여순을 군사적으로 강화할 것을 주장하였다. 마침내 한반도 북한지역을 일본에게 양보해서는 안된다고 강조하였다. 그리고 1903년 5월 15일 니콜라이 2세 황제는 공식 직함이 없던 베조브라조프를 국무비서(state secretary)에 임명하였다.[13]

바. 1903년 5월 20일 각료회의 결과

압록강의 벌목 사업에 대해 강경파와 온건파간 대립이 계속되자 니콜라이 2세 황제는 1903년 5월 20일 각료회의를 다시 개최하였다.

금번 각료회의는 강경파의 입장이 최종 확정된 주요한 회의였다. 우선 관료파로서 재무, 외무장관, 내무장관, 전쟁장관 대리가 참가하였다. 당시 전쟁장관은 일본의 출장관계로 전쟁장관 대리가 출석하였다. 강경파로서는 베조브라조프, 아바자가 참석하였으며, 청국 및 일본 주재 무관 보각(K. I. Vogak)이 투표권이 없이 참가하였다.

우선 베조브라조프는 그간 압록강 벌목권 획득 과정등 그간의 경위를 소상히 설명하고 일본의 침입에 대항하기 위해 압록강 벌목사업을 추진할 것을 주장하였다.

(1) 베조브라조프 국무비서
- 일본에 대한 양보정책에 반대함. 러시아는 그간 재정의 어려움, 유럽지역에서의 군사개입등으로 일본에게 강하게 대응하지 못하고 양보해 왔음. 러시아는 일본과 전쟁시 승리할 수 있음.
- 러시아는 현 상황 하에서 전쟁을 선포하든지 아니면 전쟁을 받아들여야 함.
- 전쟁을 피하기 위한 양보정책은 오히려 전쟁을 초래할 것임.
- 러시아가 경제적인 관점에서 동북아 정책을 추진하다 보니 계속 양보만 하게 되었음. 이젠 군사적, 전략적인 사고가 필요함.
- 만주철도의 안전확보를 위해서는 압록강 장악이 필수적이며, 압록강 벌목사업을 하는 것이 포기하는 것보다 이익이 많음. 압록강을 포기했다가 다시 압록강을 장악할 경우 위험이 5배임.

---

13) I. Nish, op. cit., p. 170.

이어서 베조브라조프는 러시아의 극동정책 관련부설들을 하나로 통합할
것, 만주철병을 중지할 것, 러시아 군을 만주지역에 즉시 증원 배치할 것,
평시에도 7만명의 러시아군을 만주에 상주시킬 것, 만주에 지역 군관구를
설치 할 것 등을 건의하였다.

  (2) 아바자 해군소장
    -러시아가 동북아로 진출한 이유는 공해로 향한 출구의 확보였는데 만주철
     병은 그간의 노력을 허사로 할 것임.
    -압록강에 군사적인 장벽을 설치해야 함.
    -일본이 한반도 전체를 확보할 경우 일본의 청국 합병이 용이하며, 만주가
     타국의 손에 들어가며, 여순 및 산둥반도가 고립된 섬이 될 것임. 또한
     경제적으로 러시아의 만주에서 활동이 제약을 받을 것임. 이 경우 남만주
     지선과 동청철도는 러시아보다 외국에 이익이 될 것이며, 러시아의 명예가
     실추될 것임.
    -양보는 러시아가 기존에 장악해온 것을 위험하게 할 것임. 러시아가 만주
     에서 어떤 사업을 할 때마다 일본은 간섭코자 할 것임. 위험은 양보에
     있는 바, 전쟁을 방지하기 위해 전쟁을 준비해야 함.
  (3) 사하로프 전쟁장관 대리
    -러시아 극동 주둔군이 취약하므로 전쟁을 회피해야 함.
    -러·일전쟁시 만주는 너무 광활하여 방어가 곤란하므로 방어가 쉬운 북한
     에 군사력을 집중하는 것이 유리함.
    -압록강의 전략적 중요성을 인정해야 함.
    -일본은 전쟁시 일단 조선을 점령하여 기반을 구축한 후 만주를 공격할
     것이므로 압록강 유역의 거주민들을 러시아편으로 끌어 들이는 것이
     일본군의 진격을 지연시킬 수 있으며, 러시아는 증원 기회를 확보할 수가
     있음.
    -러·일전쟁시 여순이 점령될 경우 평화를 제의하는 것이 좋다고 봄.
    -압록강 벌목사업에 외국인을 참여시켜 일본의 침략에 대응해야 함.

(4) 보각(K. I. Vogak) 청국 및 일본 주재 러시아 무관14)

−1900년 러시아군의 만주진군은 열강들에게 만주점령으로 이해되었음.

−러시아군의 만주철병에 반대함. 동청철도와 남만주지선이 청국의 영토를 통과하고 있어 안전보장이 어려우며, 철도단절은 제시간에 증원군의 증파를 어렵게 할 것임.

−일본군은 조선과 만주에 동시에 상륙하여 러시아군을 공격할 것이며, 일본군의 여순점령은 러시아에게 엄청난 타격을 줄 것임.

−러·일전쟁의 승리에 엄청난 댓가가 소요될 것인 바, 전쟁방지가 최선임.

−방지방안으로 우선 양보정책을 중지하고, 전쟁준비를 강화해 나가야 함. 공격보다는 방어적인 측면에서 준비해야 함.

(5) 위테 재무장관

−극동정세는 전쟁의 위험이 없으며, 일본은 현재 자금부족으로 전쟁을 할 여유가 못됨.

−압록강 벌목사업은 위험을 내포하고 있음.

(6) 플레브 내무장관

−일본에 출장중인 국방장관의 귀국 보고후 검토예정임.

−만주가 러시아의 정치적인 영향력 하에 있어야 함.

(7) 람스도르프 외무장관

−그간 러시아 정부는 조선문제에 대한 일본과의 협상에서 양보 한 적이 없음.

−1898년 니쉬−로젠협정에도 한반도에서 일본의 사업적인 이익을 방해하지 않는다고 한 것은 양보가 아니며, 일본이 20년간 조선에서 누리고 있던 사실을 확인한 것임. 대신 일본은 러시아의 여순 점령을 인정하였음.

−일본이 한반도에서 확보한 경제적인 제반이익은 스스로 조선정부로부터 획득한 것임.

−러시아의 플라톤적인(platonic)15) 약속이 일본으로 하여금 조선을 보호국

---

14) 보각 무관은 1902년 3월 러·청간의 만주철병조약에 대해 일기형식으로 기재한 사실를 보고하였다.

15) 이상적이고 비현실적인 접근방법을 의미한다.

화 할 것으로 보지는 않음.

－외무장관으로서 압록강사업에 대한 전략적인 판단은 곤란함.

－벌목사업은 위험이 내포하고 있으며, 민간기업이 해야 함.

금번회의 결과로 인해 1903년 3월 24일 개최된 회의 결말에 다음의 내용이 추가되었다.

－러 외무부는 압록강 벌목권의 조약상 효력을 확인할 것.

－타국이 선점하지 못하도록 청국 중앙정부로부터 압록상 좌안의 벌목권 확보할 것.

－압록강 벌목권을 법적으로 확보할 때까지 주식회사 설립을 연기 할 것.

－외국자본의 도입을 연기할 것.

－정부자금의 지원에 대한 제한을 삭제할 것.

－러시아 알렉세예프(E. I. Alekseyev) 관동군 사령관이 벌목사업을 책임질 것.

한편 니콜라이 2세 황제는 양보는 계속 양보를 낳는다고 언급함으로써 강경파를 지지하였다. 이에 러시아는 신코스로 나아가게 되었다. 러시아 정부는 일본과의 전쟁 가능성이 크다고 보고 1903년 8월 극동총독부를 설치하였다. 알렉세예프(E. I. Alekseyev)가 극동총독으로 임명되었다.[16) 극동총독은 러시아 바이칼 동부지역의 러시아 속령들에 대해 군사, 외교, 경제문제들을 통합, 관리하였다.[17)

그리고 상트 페테르부르그에 1903년 9월 30일 황제 칙령에 따라 극동문제 특별위원회(Special Committee on Far Eastern Affairs)가 설립되었다. 금번

---

16) 알렉세예프는 당시 60살이며 니콜라이 2세의 삼촌으로서 황실의 신뢰를 받고 있었다. 그는 러시아 해군 참모부 차장(1892－1895), 태평양함대 사령관(1895－1899), 흑해함대 사령관(1897－1899)을 역임한 해군 전문가였다.

17) 러·일전쟁중 1905년 1월 여순이 일본에 의해 함락되자 극동총독부의 존립이유가 없게 되었고 1905년 7월 1일 극동총독부는 폐지되었다. I. Nish, op. cit., p. 174.

위원회 설치 목적은 극동운영에 관한 주요사항을 협의하고 극동총독부의 활동을 감시하는데 있었다. 극동문제특별위원회의 의결사항은 극동총독과 관련부처가 집행하였다. 의장은 니콜라이 2세 황제이며 내무장관이 부의장이었다. 사무관장은 아바자(A. M. Abaza) 해군소장, 마티닌은 사무관장보로 임명되었다.18) 금번 위원회는 내무, 재무, 외무, 국방장관의 관료파와 베조브라조프, 아바자등 비관료파로 구성되어 강경파와 온건파가 동등하게 참석하게 되었다.

한편 압록강 삼림개발을 전담할 러시아 목재회사의 설립계획은 별 진전을 볼 수 가 없었다. 일본과 열강들의 오해를 사지 않기 위해 외형상 민간 기업의 형식을 취하고 있으나, 사실상 국가의 전략적인 목적을 추구하고 있어 투자수익에 목적을 둔 민간 투자자들을 모집하기가 쉽지 않았다. 그리고 특히 1903년 11월부터 러·일간의 무력충돌 가능성이 고조됨에 따라 민간인들이 출자를 꺼렸다.

일본은 1896년 삼국간섭이후 러시아와 일전을 위해 군비확장을 추진하였다. 청·일전쟁의 배상금의 대부분이 일본의 군사력 증강에 배정되었다. 일본은 1만5천톤급 전함 6척을 영국에 주문하였고 9천 9백톤급 중순양함 6척은 영국, 프랑스에 건조를 주문하였다. 1903년경 일본의 군사력은 현저히 증강되어 10년 전보다 2. 5배 이상 되었다. 1904년 2월 4일 일본은 러시아와 결전을 결의하고 조선의 진해를 불법 점령하였다.

1904년 2월 일본의 여순 공격으로 러·일전쟁이 발발하였다. 이로 인해 압록강 벌목사업은 무산되었다. 러·일 전쟁의 종결이후 러시아 황실 소유의 압록강 벌목권이 개전의 원인이었다는 소문이 유포되었다. 러시아 황실은 압록강 벌목권 사업에 경비를 지불하는 등 깊이 관여하였다. 1898년 러시아 황실 관방청은 조선 북부 정탐대의 경비와 브린너(Briner)에게서 조선목재회사 매입비로 250,000루불을 지출하였다. 그리고 1902년 황실 관방청이 130,000루불을 압록강 넘어 청국쪽에 있는 벌목권 취득권 경비로 지출하였다.

---

18) A. 말로제모프, 석정화 옮김, op. cit., p. 315.

1903년 1월 산림회사 계약 조건에 따라 현지작업 착수와 목재회사 부대 사업 체인 훈춘의 석탄광산 개발, 여객선 구입, 봉천에 교회 및 병원 건축 자금 등에 2,200,000루불을 지불하는 등 총 258만 루불을 지불하였다.[19)

이후 러·일전쟁에 승리하자 일본은 조선을 반식민지로 만들고 방대한 삼림 이권을 장악하고 벌목사업을 전개하였다. 일본은 1904년 5월 18일 조선정부로 하여금 칙령을 반포케 하여 조·러간 삼림협동조약을 폐기시켰다. 이로써 러시아의 압록강 벌목 특허권은 폐기되었다. 그리고 일본은 1906년 10월 19일 조선정부와 압록강, 두만강지역을 공동 경영한다는 내용의 삼림경영약관을 불법적으로 이토와 박제순, 민영기, 권중현이 서명케 하였다.[20) 이어서 일본은 1907년 4월 27일 영림청을 신설하고 본격적인 삼림 약탈을 자행하였다.

한편 니콜라이 2세 황제는 1906년 9월 러시아 목재회사에 관여했던 발라쇼 프에게 동 이권을 미국에게 매각하도록 지시하였다. 1907년 3월 26일 미국인 스미드가 러시아 극동 산림회사의 모든 권한을 소유한다고 러시아 외무부에 통보하였다. 스미드는 러·일전쟁 이후 상트 페테르브르그에서 벌목권을 매입 하였으나 이미 1904년 5월 고종은 러·일전쟁 중에 일본의 강요로 러시아와 조선간 체결된 모든 조약이 무효라고 발표하였다. 스미드는 이같은 사실을 모르고 매입하였다.[21)

말로제모프(A. Malozemoff) 역사학자는 베조브라조프의 역할에 대해 비 판적이었다. 그는 니콜라이 2세 황제가 위테를 견제하기 위해 베조브라조프를 이용하였다고 지적하였다. 니콜라이 2세 황제는1903년 8월 위테 재무장관을 해임하였으며, 같은 해 10월 이후 베조브라조프를 1년 넘게 해외에서 체류하 도록 하였다고 지적하였다.[22)

---

19) 박종효편, op. cit., p. 685.
20) Ibid., p. 686.
21) Ibid., p. 233.
22) 베조브라조프는 1904년 귀국하였으며, 1905년 혁명이후 몇 번 기소되었고 제 2차 두마(구소련 하원)에 진출을 시도하였으나 실패하였다. 1917년 11월 혁명이후 외국으 로 망명하였고 망명중 1931년 파리에서 사망하였다. A. 말로제모프, 석정화 옮김,

말로제모프는 베조브라조프 그룹이 극동총독부 설치에는 기여하였으나, 우발적이고 사사로운 일시적인 모임으로서 러시아 정부에 혼란을 초래하였다고 평가하였다. 결국 베조브라조프의 일파는 상트 페테르부르그에서는 승리하였지만 압록강에서는 승리한 것이 아니라고 지적하였다.[23]

그러나 베조브라조프는 만주에서의 군사력 증강이 중요하다고 강조하였다. 그가 주장한 것처럼 사전에 만주에 군사력을 증가하였더라면 러시아는 러·일전쟁에서 쉽게 패하지 않았을 것이다. 결국 일본의 침입에 대해 한반도를 방벽 혹은 완충지대로 해야 한다는 그의 입장은 한반도 문제에 대해서는 일본에게 양보한다는 니콜라이 2세의 입장과 대치되었다. 이에 베조브라조프의 계획은 실현되기 어려웠다. 1903년 2월부터 8월간 개최된 러시아의 각료회의에서는 조선에 관한 침략을 배제하였다.[24]

op. cit., p. 313. p. 318.
23) Ibid., p. 315, p. 319.
24) Ibid., p. 322.

4. 러시아의 용암포 조차와 러·일 대립

당시 러시아는 1903년 4월 8일 예정된 만주철병을 거절하고 대신 만주지역
에 군사력을 강화하는 강경정책을 지향하였다. 압록강 벌목사업에 관여해 온
베조브라조프는 1903년에 접어들면서 압록강, 두만강유역의 벌목 사업을 적
극 추진해 나가기로 하였다.

베조브라조프는 1903년 2월 벌목사업의 착수를 조선정부에게 통보하고
당시 한성에 거주하고 있던 긴즈브르그(G. G. Ginsburg)를 한성주재 사무소
장으로 임명하였다고 조선측에 통보하였다. 러시아는 1903년 초에 긴즈부르
그에게 한성-의주간의 철도 부설권을 부여할 것을 조선정부에게 요청하기도
하였다. 또한 베조브라조프는 압록강 유역의 벌목과 군사적 방어선 구축을
위해 압록강의 용암포로 진출하였다.[1]

러시아는 압록강 벌목 제재공장을 용암포에 건설키로 결정하면서 용암포
주위에 토지를 구입코자 하였다. 용암포는 압록강의 황해 출구에서 15마일
위치한 조그만 한 항구였으나, 압록강에 인접해 있어 목재공장의 후보지로서

---

1) A. 말로제모프, 석정화 옮김, op. cit., p. 330.

는 좋은 대상이었다. 베조브라조프는 이같은 이점을 활용하여 압록강에서 벌목한 목재를 수로로 운반하고 용암포에서 가공하여, 인근 만주지역에서 건설중인 철도건설에 침목으로 판매코자 하였다.

용암포는 지리적으로 청국의 여순으로 가는 요로에 위치하고 있어 러시아에게 전략적으로 중요하였다. 러시아는 용암포를 장악함으로써 일본이 만주로 진출하는 길목을 차단할 수 있었다. 또한 용암포는 여순— 압록강—블라디보스톡의 연결로 상에 위치하고 있어 러시아가 압록강의 항해를 확보하는데도 긴요한 요충지였다.

러시아는 1903년 4월 중순부터 6월말까지 용암포에 병참기지를 건설하면서 용천, 의주지역의 토지매입을 추진해 나아갔다.

한편 조선정부는 이러한 러시아의 불법적인 용암포의 진출에 대해 비난하고 철수를 요구하였다. 이에 대해 러시아측은 자신들의 행위는 압록강 벌목을 위한 권리이므로 합법적이라고 주장하고 이를 기회로 조선정부와 용암포 조차를 협상코자 하였다.

1903년 6월 말경부터 외부대신 이도재와 조선주재 러시아 파블로프 공사간에 용암포의 지역협정 체결을 위한 협상이 추진되었다. 이에 조선정부는 외부 참사관 조성협을 서북경계 울릉도 삼림감리에 임명하여 러시아의 삼림회사 대표와 용암포 지구 획정문제를 처리케 하였다. 마침내 1903년 7월 20일 삼림감리 조성협과 용암포 건축주임인 모지스코(Mogisko)는 용암포를 삼림회사에 조차하다는 협약에 조인하였다. 금번 협약의 2조에 따르면 지역획정은 삼림회사가 조선정부와 조선주재 러시아공사에게 제출한 도면에 따라 조선정부와 러시아 공사간에 결정하여 완전한 조차계약을 체결한다고 규정하고 있어 가계약의 성격을 띠고 있었다.

그런데 1903년 8월 초순 조성협 감리가 임무를 마치고 한성에 귀경하자 이 조약 체결사건이 한성주재 외교단들에 알려졌다. 이에 일본, 영국등 열강이 항의하였다. 그 중에서도 일본은 조성협과 러시아 삼림회사간에 체결된 가조약의 파기를 주장하였다. 1899년 만주 문호개방을 주창해온 미국도 러시아가 만주철병을 거절하자 일본 입장을 지지하였다. 1902년 영·일동맹을 체결한 영국도 러시아의 용암포 조차에 반대하였다.

이와 같은 열강들의 항의하에 조선정부는 금번 조약은 조성협 감리가 임시로 잠정한 것으로 완전한 효력이 없으며, 그 파기의 뜻을 표명하였다. 조선정부의 태도변화에 따라 계약체결에 별진전이 없자 조선주재 러시아 파블로프 공사는 조약개정안을 조선정부에 제시하면서 서명을 요청하였다. 이에 대해 조선정부는 거절하였다.

러시아는 용암포 조차조약이 정식으로 조인되지 않자 7월 20일 조인한 가계약을 자의적으로 해석하여 1903년 9월초부터 용암포에 포대와 등대 구축작업을 착수하였다.

러시아의 용암포 점령이 강화되자 이를 저지하기 위해 일본은 1903년 10월 이후 용암포와 의주를 개방 할 것을 외교단에 제의하였다. 이에 대해 영국, 미국이 지지하였다. 청국도 용암포 개항을 요청하였다.[2] 이같은 열강들의 지지에 힘입어 일본은 조선정부에게 용암포를 개항토록 압력을 가하였다.

한편 러시아 정부는 일단 1903년 5월 29일 용암포가 개항되지 않도록 조선주재 러시아 파블로프 공사에게 지시하였다.[3]

러시아 관동군 및 태평양 함대 사령관인 알렉세예프 제독은 용암포를 대외무역항으로 개항 할 경우 러시아 삼림회사가 결정적인 타격을 입을 것이며 일본 등 열강들의 간첩들이 침투하게 될 것이라고 우려하였다. 용암포 개항문제가 중요하게 되자 러시아 정부는 1903년 7월 7일 여순에서 극동회의를 개최하여 용암포 문제에 대해 아래와 같은 입장을 정립하였다.

　　－조선정부가 외국인에 대한 용암포를 개항할 경우 이로 인해 전쟁이 발발할
　　　위험이 없도록 조선정부에게 촉구할 것.

------

2) 박종효편, op. cit., p. 31.
3) Ibid., p. 39.

−러시아의 이익에 반하지 않도록 용암포를 개항할 것.

−조선정부가 러시아의 경고에 유의하지 않을 경우 러시아는 행동의 자유를 가질 것.

베조브라조프는 당시 용암포의 개항이 시의 부적절 하다고 하면서 만주문제가 조용해질 때 압록강을 외국인에게 개방할 것을 촉구하였다. 또한 청국주재 러시아 레사르(P. M. Lessar) 공사는 용암포를 외국에게 개항하는 것은 일본에게 양보하는 것이라고 주장하고 현재 용암포를 개항할 경우 만주문제에 대한 라·청간 협정이 어렵게 될 것이라고 우려를 표명하였다.

러시아 외무부는 여순회의 방침에 따라 1903년 8월 19일(노력) 만주의 사정이 안정되고 러시아의 입장이 확정될 때까지 용암포에 일본이 들어오는데에는 반대한다는 입장을 결정하고 파블로프 러시아 공사에게 용암포가 제3국에 개항되는데 반대할 것을 지시하였다.

파블로프는 1903년 9월 26일(노력) 고종에게 공한을 전달하면서 용암포를 외국인에게 개항하는 것은 러시아에게 비우호적인 인상을 줄 것이므로 조선에게 불리하다고 주장하였다. 또한 그는 러시아가 구입한 용암포 토지는 압록강 벌목의 목적으로만 사용될 것이라고 언급하였다. 파블로프는 일본이 용암포를 러시아에게 개항할 경우 일본군을 조선에 상륙시킬 것이라고 위협하고 있으나 일본은 군대를 상륙시킬 준비가 되어 있지 않다고 설명하였다.

한편 일본은 러시아가 조선에서의 개항원칙을 준수하지 않고 있다고 비난하고, 외국선박들이 압록강에서 자유롭게 항해 할 수 있도록 해 줄 것을 조선정부에 거듭 요구하였다. 그리고 일본은 1903년 11월 조선주재 영국, 미국 공사관의 지지지하에 러시아의 용암포 인근 토지 구매에 거듭 반대한다는 입장을 표명하였다.

용암포 사건은 당시 러시아와 긴장관계에 있던 일본국내에 상당한 파장을 가져왔다. 용암포 사건은 러시아가 북한에 개입하고 있다는 일본내 의혹을 한층 증폭시킴으로써 일본내 주전파와 주화파간의 대립을 야기시켰다. 당시 일본주재 러시아 로젠 공사는 주요한 만주문제가 미해결된 상황에서 용암포 사건이 러일간 대립을 초래함으로써 일본내 주전파들의 입장을 강화시키는데 이용될 것을 우려하였다.

일본의 군부는 러시아의 용암포 진출 목적이 벌목의 이익 확보는 물론 일본과의 전쟁에 대비하여 북한을 점령하는데 있다고 1903년 5월 22일 천황에게 보고하였다. 마침내 1903년 6월 8일 개최된 일본 총참모부 회의에 배포된 자료에서 주전파들은 러시아는 만주와 조선으로 팽창을 시도하고 있다고 경고하고 동북아에 일본의 군사력이 러시아보다 우세하므로 러시아에 대한 전쟁을 일찍 개시하는 것이 유리하다고 주장하였다. 금번 참모부회의에서는 시베리아 횡단 철도가 완공되지 않았으며, 영·일동맹의 체결과 청국인들의 반러적인 감정들을 고려할 때 지금이 무력으로서 일본의 안전을 확보할 수 있는 최적기라고 결의하였다.

결국 러·일간의 협상은 실패하자 1904년 2월 9일 일본의 러시아에 대한 공격으로 러일전쟁이 발발하였다. 전쟁이 개시 되자 일본은 1904년 2월 23일 조선과 강제로 조일 의정서를 체결하고 의주, 용암포를 개항할 것을 강요하였다. 조선정부는 1904년 5월 27일 의주와 용암포를 개항하고 일본의 강청으로 조러간 체결된 조약과 러시아인에게 허가한 이권은 5월 18일 고종의 칙령으로 파기되었다고 조선주재 러시아 공사관에 통보하였다.4)

---

4) Ibid., p. 208.

제10장

러·일전쟁과 한반도 문제

1. 한반도와 만주에 대한 러·일협상
2. 조선정부의 중립 선언과 제물포 해전
3. 러시아주재 조선 이범진 공사의 항일국권 수호노력

1. 한반도와 만주에 대한 러·일협상

조선은 대륙과 해양을 연결하는 지정학적으로 중요한 반도국가로서 주변 국가들의 영향을 직접 받았다. 러시아는 한반도를 연해주 방어벽으로서 그리고 부동항 획득과 태평양 진출의 길목으로서 중요하다고 평가하였다. 반면 일본은 대륙으로 진출하기 위해 교두보로 주요시하였다.

러·일간의 협상 대상으로 한반도 문제가 제기된 것은 러시아가 동북아로 진출을 본격적으로 추진하던 19세기 말부터였다. 이미 1874년 일본은 러시아와 사할린 문제를 두고 협상을 할 때 일본정부에 고용된 외국 고문들은 일본정부에게 사할린 남부를 러시아에게 양보하는 댓가로 한반도를 장악하는 것이 결국은 러시아의 위험을 방지할 수 있는 한 방안이라고 건의하였다.

1876년 일본은 조선과의 수호조약 체결을 통해 한반도에 진출하였다. 그리고 러시아는 1884년 조선정부와 수호조약의 체결을 통해 조선에 등장하였다.

한반도를 두고 발발한 1894년 청·일전쟁에서 일본은 승리하였으나 러시아가 주도하는 삼국간섭으로 조선과 만주에서 철수하였다. 1895년 삼국간섭이래 러시아와 일본은 동북아에서 주요당사국으로서 한반도 지배를 두고 대립하였다.

일본은 1895년 10월 을미사변을 사주하여 조선에서의 영향력을 만회코자 하였다 그러나 고종의 아관파천으로 일본은 열세에 처하고 오히려 러시아의 영향력이 제고되었다.

일본은 러시아에 대항할 정도의 군사력을 갖지 못한 상태였고 러시아와 타협을 추진하였다. 러시아로서도 만주주둔 러시아 군사력의 약세로 동북아에서 적극적인 정책을 펼칠 수가 없었으며, 가능한 일본 등 열강과의 우호관계 유지하에 시베리아 철도건설에 전념코자 하였다. 이에 러시아와 일본간은 고무라－웨베르 각서, 로마노프－야마가다 의정서, 니쉬－로젠협정 등을 체결하였다. 이로써 러, 일양국은 조선의 독립보전의 원칙을 지지하고 한반도에서 균등적인 이해를 갖게 되었다. 한반도를 두고 러·일 양국간에 일시적인 균형이 유지되었다.

한편 일본은 한반도 세력권 분할에도 관심이 있었다. 1896년 6월 일본 야마가다 특사는 니콜라이 2세의 대관식 참석기회에 로바노프 외무장관과 회담을 갖고 한반도의 38선 분할을 제의하였다. 그는 38선 이북은 러시아의 세력권으로 하고, 그 이남은 일본의 세력권으로 하자고 제의하였다. 그러나 러시아는 38도 이남에 한성이 포함되어 있으며, 조선의 남부를 일본에게 양허한다면 전략적인 해군기지로서 중요한 지역을 상실하게 되어 러시아로서는 장래에 있어서 자기행동을 스스로 속박하는 것이 된다는 이유로 거절하였다.

1900년 의화단 사건을 계기로 러시아가 만주에 군대를 출병하자 일본은 만주에서의 러시아 권익을 인정하는 대신 한반도에서 일본의 제반권익을 인정받고자 하였다. 즉 한·만교환론을 구상하였다. 그러나 1901년 러시아가 일본에게 한반도 중립화를 제의했을 때 일본은 만주문제가 해결된 이후 한반도문제를 협의코자하다고 답변함으로써 한·만문제의 연계성을 강조하였다.

1901년 11월－12월간 일본 이토 수상은 신병치료를 위해 미국을 방문하는 기회를 빌어 러시아를 방문하였다. 1901년 12월 2일 이토는 러시아 위테 재무장관과 람스도르프 외무장관을 만났다. 이토는 "조선에서 일본의 정치적, 산업적, 상업적 이익과 조선정부에게 조언과 군사적인 원조를 제공하는데 있어서 일본이 배타적인 권리를 갖는다"는 안을 제의하였다. 그리고 이토는 일본의 주요 관심사안인 만주문제에 대해서는 언급하지 않았다. 이에 대해 러시아는 즉각적인 답은 회피하였다. 1901년 12월 14일 러시아는 일본에게 한반도를 완전히 포기하는 것은 지불해야 하는 대가가 너무 크다고 하면서 이토의 제의를 거절하였다.[1]

당시 일본 가쓰라 외무장관은 영·일동맹의 협상을 추진하고 있었으며, 러시아와 협상에 소극적이었다. 그는 만주에서의 러시아 위치는 니쉬─로젠협상에서 이미 인정을 받았으며, 만주에서 러시아의 위치와 한반도에서 일본의 위치가 동등하게 되었다고 주장하였다. 그는 1901년 러시아군의 만주 주둔 등 변화된 만주사정으로 한만교환론은 일본에게 수용될 수 없다는 것이었다. 일본 내각의 대다수는 한만교환론을 지지하지 않았으며 일본이 만주에서 완전히 손을 떼는 것에 동의하지 않았다.[2] 일본은 1901년 영·일동맹을 교섭할 때 이미 한반도는 물론 만주에서도 권익을 확보할 권리가 있다는 입장을 견지함으로써 한·만교환론을 포기하였다.

한편 1902년 1월 영·일동맹 결성 등 국제정세가 러시아에게 불리하게 전개되자 러시아는 만주철병을 결정하였다. 그러나 1903년 4월 26일 개최된 러시아 각료회의의 결과에 따라 러시아는 만주철병을 중단하고 북만주를 계속 점령한다는 신코스를 채택하였다. 그리고 1903년 8월 러시아 황제의 칙령으로 여순에 극동총독부가 신설되었다.

러, 일 양국은 우선 협상을 통해 한반도와 만주문제를 해결코자 하였다. 러일간의 협상에 있어서 우선 협상의 장소와 협상의 의제가 주요문제로 대두되었다. 러시아는 협의 주요의제가 조선문제이므로 조선과 극동총독부가 가까

---

1) I. Nish, op. cit., p. 119.
2) I. Nish, op. cit., p. 161.

운 동경에서 협상을 개최코자 하였다.

그러나 일본은 협상은 지역적인 문제가 아니고 정치적인 문제이며, 정치적인 문제는 극동총독부의 권한 밖의 일이라고 하면서 상트 페테르부르그에서 개최코자 하였다. 이에 대해 러시아 람스도르프 외무장관은 금년 가을에 니콜라이 2세와 함께 흑해로 휴가를 떠나야 하며, 외교 정치적인 문제에 있어서 극동총독이 의견을 개진할 수가 있다고 설명하면서 협상을 빨리 진척시키기 위해서는 동경이 좋다고 주장하였다. 1903년 9월 9일 결국 일본은 러시아안을 수용하고 협상을 동경에서 하는데 합의하였다.3)

다음은 협상의 의제인 한·만문제를 두고 러시아와 일본 양국간에 팽팽히 대립하였다. 1903년 7월 15일 일본은 협상의제에 대해서 조선문제에 대해서는 언급이 없고 동북아 평화문제에 대해 협의 할 것을 러시아에 제의하였다. 일본은 러·일간의 대립 이유가 조선문제에 있는 것이 아니고 만주문제에 있다고 판단하였다. 일본은 1898년 러시아의 조선 퇴거 이후 조선을 둘러싼 러·일간의 영향력 확보싸움은 이미 끝났으며, 조선문제로 러·일간의 대립이 종식되어 더 이상 거론 할 필요가 없다고 생각하였다. 다만 조선문제가 러·일간의 오해의 씨앗이 되고 있어 정리하고 넘어가야 하는 부차적인 의제로 인식하였다. 일본은 만주문제를 거론하는 것이 미, 영국 등 서구 열강들의 지지를 확보하는데도 유리하다고 보았다. 강대국인 러시아를 단독으로 협상해야 하는 일본으로서는 삼국간섭의 재발을 방지하기 위해서라도 국제적인 지지 확보가 중요하였다.

일본의 제의에 대해 러시아 정부에서는 강경파와 온건파간에 서로 의견이 상충되었다. 우선 1903년 8월 14일 니콜라이 2세 황제는 강경파인 베조브라조프에게 일본의 제의에 대한 대안을 마련할 것을 지시하였다. 이에 베조브라조프는 1903년 8월 16일 니콜라이 2세 황제에게 다음과 대안을 제시하였다.

---

3) A. 말로제모프, 석정화 옮김, op. cit., p. 334.

(1) 그간 러시아가 일본과의 협상에 견지해온 한만 분리론은 러·청간의
    관계가 우호적임을 전제로 하고 있으나 현 상황에서 러·청관계는 오히려
    적대적임. 러시아의 철도가 만주내 부설되고 난 이후부터 청국인들의
    대러 감정이 악화되고 있음.
(2) 청국은 이이제이 정책에 따라 러시아를 만주에서 철수시키고 영국과
    일본을 만주에 개입시켜려고 하고 있음.
(3) 일본의 한만 연계론에 대한 대안으로서 러시아는 일본이 조선에서 갖고
    있는 유사한 이익을 만주에서 갖고 있다고 대응할 것. 이 경우 러시아의
    만주점령이 조선에서의 일본의 이익을 위협한다면 일본의 조선점령이
    만주에서의 러시아의 이익을 위협하게 될 것으로 이해하게 될 것임. 이같은
    대응은 일본의 요구에 쇄기를 박게 될 것임. 즉 일본이 만주에서 어떤
    요구를 하게 되며, 러시아도 조선에서 요구를 제시할 수 있게 되며, 만주문
    제에 대한 러·청협상에서 일본의 개입을 방지할 수도 있을 것임.

그러나 베조브라조프 입장보다는 온건파의 입장이 러시아 정부안에 반영이
되어 일본측에 전달되었다. 온건파는 한만 분리론에 입각하여 러시아는 조선
문제에 대해서만 일본과 협상코자 하였다.

마침내 러시아는 1903년 10월 3일 한반도 39도 이남에서 일본의 이익을
승인하나 39도 이북에 대해서는 중립지대로 하는 안을 제의하였다.

(1) 전략적인 목적으로 조선영토의 일부를 사용하거나 대한해협에서 자유로
    운 항해를 위협할 수 있는 군사행동을 조선연안에서 하지 않기로 상호
    약속한다.
(2) 북위 39도 이북에 위치한 조선영토 일부를 중립지역으로 간주하고 이
    지역에 양국이 출병하지 않기로 약속한다.

이에 대해 일본은 조선에서의 자유재량권과 만주에서의 러시아의 권익을
철도와 관련된 것으로 국한코자 하였다. 반면 러시아는 일본에게 몇 가지

유보조건을 부과하여 일본에게 조선에서의 자유재량권을 주고자 하였다.[4)]
일본은 1903년 10월 30일 러시아측안에 대해 대안을 제시하였다.

> (1) 한, 만 경계의 양측 지역에 50키로의 중립지대를 설정하고 이 지대내에는
> 누구나 상대방의 승낙없이 군대를 투입하지 않을 것을 약속한다.
> (2) 일본은 만주가 특수이익 범위밖에 있음을 인정하고 러시아는 조선이
> 자국의 특수이익 범위밖에 있음을 인정한다.

이에 대해 람스도르프 외무장관은 만주문제는 러·청간 문제이므로 만주에
관한 일본측의 조건들을 수락하기 어렵다고 말했다.[5)]

일본주재 러시아 로젠 공사는 북한지역에 중립지대를 설정하려는 이유는
러시아가 조선을 침입할 의도가 없다는 것을 표명하는 것이며 이를 조선에만
설정하는 것이 좋다고 주장하였다. 이에 대해 일본측은 아래와 같이 답변하였
다.[6)]

> (1) 조선과 만주문제에 있어서 러시아와 일본 양국간에 큰 차이가 있다.
> 즉 일본은 만주를 침입하기 어려우나 러시아는 쉽게 조선을 침입할 수
> 있는 위치에 있어 중립지대는 만주에만 설정하는 것이 마땅하나 일본측이
> 양보하여 한·만 국경선에 걸치기로 했다.
> (2) 북위 39도 이북에는 일본의 이익에 극히 긴요한 평양과 원산이 포함되어
> 있어 러시아안에 동의 할 수 없다.

1903년 12월 16일 러시아는 일본측에 다시 제의하였을 때 청국내 동청철
도와 한반도 경부철도를 연결시키자는 일본측의 안을 수락하고, 북위 39도

---

4) Ibid., p. 337.
5) Ibid., p. 339.
6) 일본측안에 대해 러시아 로젠 공사는 일본이 조선을 보호국화 할려는 시도라고 지적
하였다.

이북을 중립지대로 할 것을 거듭 주장하였다. 이에 대해 일본측은 1903년 12월 23일 조선에 관한 영토사용 제한의 삭제를 거듭 주장하고 중립지대가 한만에 걸치게 되지 않을 경우 중립지대에 관한 조항을 삭제할 것을 제의하였다. 그리고 일본은 만주문제를 협상에 주요의제로 포함시킬 것을 거듭 주장하였다.

러시아는 만주문제를 러·일협상의 의제에 포함시킬 것인지를 놓고 1903년 12월 28일 특별회의를 개최하였다. 람스도르프 외무장관은 러시아가 만주에서 무엇을 원하는지 결정해야 한다고 지적하였다. 쿠로파트킨 전쟁장관은 한반도 39도선 이북 및 대한해협의 중립화를 주장하고 남만주 때문에 일본과 개전하는 데 반대의사를 밝혔다.

1904년 1월 6일 러시아는 "일본은 만주와 그 연해지역이 일본의 세력범위 밖에 있음을 인정한다. 반면 러시아는 조계지 설립을 제외하고는 만주에서 일본이나 열강이 청국과 맺은 기존의 조약에 따라 획득한 권리와 특권들을 방해하지 않는다"는 3차안을 일본에게 제의하였다.[7]

이에 대해 일본 고무라 외무장관은 1904년 1월 11일 청국 및 만주의 영토 보전에 대한 승인을 러시아가 고려하지 않기 때문에 더 이상 교섭할 필요가 없다고 주장하였다. 이같은 입장이 반영된 일본의 3차 수정안이 1904년 1월 13일 러시아정부에게 전달되었다. 러시아는 1904년 1월 28일 각료회의를 개최하여 일본이 제의한 "만주에서의 청국 영토 보전조항"에 대해 협상 않기로 결정하였다. 1904년 2월 3일 일본은 전쟁을 감행키로 결정하고 2월 6일 일본은 러시아와 외교관계의 단절을 통보하였다.[8]

마침내 1904년 2월 9일 일본함대가 제물포와 여순에 정박한 러시아 함대를 기습 공격함으로써 러·일 전쟁이 발발하였다.[9]

---

7) Ibid., p. 345.
8) 박종효, op. cit., p. 300.
9) 러·일전쟁시 러시아 국내 혁명신문들은 압록강 벌목 사업이 러시아 상층부의 이익사업이라고 보도하였다. 러시아 남우수리 국경 행정관을 역임한 마티닌과 람스도르프

라·일간의 협상이 좌절되고 위기가 초래된 이유에 대해 당시 러시아측은 아래와 같이 분석하였다. 러시아 알렉세예프 극동총독은 러·일간의 상호 오해가 협상의 진전을 가로막고 있는 최대의 걸림돌이라고 보고 오해를 풀기 위해서는 동북아 전체에 대해 협상하는 것이 바람직하다고 주장하였다. 그는 조선문제에 대해 일본에 양보한다고 해서 오해가 해결되는 것이 아니며, 양국 간의 이해관계가 대립되는 동북아 정세에 대해 협의하는 것이 필요하다는 것이었다. 알렉세예프 극동총독도 전쟁의 가능성이 고조되고 있다고 보고 러 시아는 전쟁을 초래할 수 있는 행동을 자제할 것을 촉구하였다. 그는 러· 일전쟁을 가능한 한반도에 국지화하여 일본에 대항코자 하였다. 그는 일본이 남한을 점령하는 것은 인정하더라도 한반도 전체를 점령하는 것은 용인할 수 없다고 지적하였다.

러시아 쿠로파트킨 전쟁장관은 1903년 10월 15일 보고서에서 지난 3년간 지속되어온 불확실한 상황과 열강들의 불명확한 의도가 서로간의 적대감을 부추기면서 현재의 러·일간 위기가 고조되었다고 주장하였다. 그리고 조선문 제를 두고 러·일간에 긴장이 고조되고 있다고 지적하고 러시아는 극동전략에 대한 명확한 강령이 없어 청국과 여타 열강들은 러시아가 만주에서 진실로 무엇을 원하는지 알 수가 없다고 지적하였다. 그는 러·일 위기의 해결을 위해 러시아는 남만주에서 철수하여 러·일간의 우호관계를 유지하고, 북만주에서 영향력을 유지함으로써 러·청간의 우호관계를 유지해 나갈 것을 주장하였다. 그는 남만주는 엄청난 인구와 면적으로 러시아가 병합해서는 안되나, 북만주 는 러시아의 국경선에 인접해 있으며 극동지역의 식량공급지로서 병합해야한 다고 주장하였다.[10]

외무장관은 조선문제로 러·일전쟁이 발발하였다고 보고 있었다.

10) 쿠로파트킨은 1903년 가을 러시아군의 만주철병이 어렵게 되자 러·청관계의 해결방안 으로 여순, 대련, 광동지역, 남만주지선을 청국에게 반납하고 대신 여순과 남만주지선 건설에 투입된 비용 250만 루불과 북만주에 대한 권리를 청국으로부터 확보할 것을 제의하였다. R . A Romanov, Russia in Manchuria, 1892－1906, (trans. Susan Jones, New York, 1974), p. 27.

베조브라조프는 1903년 4월 30일 극동지역에 출장을 다녀온 후 아래와 같이 러시아가 어려운 상황에 처한 이유로 (1) 러시아 정부의 과도한 중앙집권으로 인한 만주경영의 효율성 저하 (2) 만주에 대한 정확한 정보의 부족과 부정확한 판단으로 무계획적인 사업확장 (3) 부처간 대립으로 인한 무책임성과 부처 이기주의 등이라고 지적하였다.

결국 라·일간에 교섭이 격렬 된 근본적인 이유는 러시아는 한·만분리론에 입각하여 만주문제는 청국정부와, 조선문제는 일본정부와 각각 협상한다는 것이었다. 따라서 러시아는 일본이 만주문제에 간섭할 권한이 없으며, 만주와 조선문제를 상호연계 시키지 말 것을 주장하였다.

러시아는 만주방어에 긴요한 북한지역에 중립지대를 설정하여 가능한 일본의 영향력을 남한지역에 한정하고자 하였다. 이같은 한반도 중립지대 구상은 베조브라조프의 압록강 벌목권 획득을 통한 북한의 강화 정책을 어느 정도 반영한 것으로 보인다.

반면 일본은 한만문제가 밀접히 연계되어 있으며, 만주와 조선문제를 동시에 해결하고자 하였다. 일본은 한반도가 일본의 이익권이라고 강조하고 만주지역에서 영향력을 확보하지 않고는 한반도의 안정을 확보할 수가 없다고 판단하였다. 일본은 한반도만의 장악을 위해 러시아와 전쟁을 하기에는 희생의 대가가 너무 크다고 생각하였다. 그리고 일본은 청국의 영토 보전을 계속 주장하여 러·일전쟁시 청국의 지지를 확보코자 하였다.

2. 조선정부의 중립 선언과 제물포 해전

조선정부는 한반도가 러·일전쟁의 주된 전쟁터가 될 것을 우려하여 중립화를 추진하였다. 1903년 8월 용암포 사건으로 러·일간의 전쟁위기가 고조되자 조선정부는 용암포가 러·일간의 전쟁 구실이 되는 것을 방지코자 하였다. 고종은 러, 일양국에게 중립보장을 요구하면서 전투가 한반도에서 발생하지 않도록 협조를 요청하였다. 이에 대해 일본 고무라 외무장관은 현재 전쟁과 중립을 논의하는 것은 부적절하다고 하면서 토론을 회피하였다.[1]

1903년 7월 4일 일본주재 조선 고영희 공사(1894–1903)는 일본이 러시아와 전쟁을 하기로 결정했다고 보고하였다. 이에 조선정부는 일본주재 조선공사와 러시아주재 조선공사에게 조선의 중립을 파괴하지 않고 한반도의 영토를 유린하지 않겠다는 보증을 조속히 러, 일 정부로부터 받아낼 것을 지시하였다.

1903년 9월 3일 고영희 공사는 일본 고무라 외무장관에게 조선의 중립을 요청하는 외부대신 이도재 명의의 조회서를 수교하였다. 그러나 고무라 장관

---

1) I. Nish, op. cit., p. 214.

은 중립을 유지하기 위해서는 조선이 자위력을 보유할 필요가 있다고 지적하면서 부정적인 입장을 밝혔다.

한편 조선의 이근택은 웨베르의 권고로 러시아 극동총독에게 차병을 요청하려 했다. 그러나 조선 육군참장이었던 이용익은 러·일간의 대립이 청국 문제로 야기된 만큼 조선은 중립을 지켜야한다고 하면서 러시아군의 차병에 반대하였다.[2]

한편 1903년 12월 러시아 함대 사령관 스타르크 중장이 한성에 도착하여 고종에게 알렉세예프 극동총독의 의견을 전달하였다. 그는 러시아는 한·만교환론에 동의하지 않을 것이며, 무력으로도 한반도를 지킬 것이며 일본이 한반도내에서 자유로이 행동하는 것을 용납하지 않을 것이라고 설명하였다. 그리고 그는 조선의 중립은 현실적으로 수용하기 곤란하므로 러시아를 신뢰할 것을 권고하였다.[3]

1903년 12월 러·일간의 교섭이 진전이 없자 조선정부는 러·일전쟁이 발발할 경우 국외중립을 준수할 것이라는 성명을 발표하였다. 러시아와의 전쟁을 위해 군사활동을 개시한 일본은 조선황실의 보전을 조건으로 조·일간의 공수동맹체결을 제의하였다.[4]

그러나 이용익 등 중립 추진세력은 조일 제휴가 러시아의 반발을 초래하여 조선의 독립을 위태롭게 할 것이라고 하면서 일본의 제의를 거절하였다.

한편 조선정부의 시종무관인 현상건은 고종의 친서를 가지고 상트 페테르브르그에 1903년 11월 도착하였다. 현상건은 러일전쟁이 발발할 경우 조선은 엄정 중립을 고수한다는 입장을 지지해줄 것을 요청하는 고종의 친서를 러시아에게 전달하였다. 러시아 정부는 조선의 중립선언에 대해 동의하였다.[5] 이

---

2) 현광호, op. cit., p. 120.
3) Ibid., p. 242.
4) 조선정부는 강요에 의해 1904년 1월 24일 일본과 동맹협정을 체결하였다. 조선정부는 조선의 중립보장에 대해 호의적일 경우 협정의 비준서가 교환될 수 있다고 주장하였다. 일본은 조선정부의 영토 불가침을 무시하고 2,500명을 제물포에 상륙시켰다.
5) 박종효편, op. cit., p. 101.

로써 조선정부는 조선의 독립이 보장된 것으로 생각하였다.[6]

조선정부는 한반도 중립선언에 대해 타국의 지지도 확보하고자 하였다. 조선정부는 청국에서 국외중립을 선언키로 하였다. 당시 일본이 전신선을 통제하고 있어 중립 선언문을 한성에서 각국으로 타전할 수가 없었다. 조선주재 프랑스 퐁트네(Vicomte de Fontenay) 공사가 프랑스어로 된 선언문을 작성하였다. 프랑스와 러시아측이 중립선언문을 지부로 발송하는데 도움을 주었다.

조선의 중립 선언문은 비밀리에 독일 군함 "한사(Hansa)"편으로 여순항의 극동총독 외교담당 플라손(G. A. Planson)에게 전달되었다. 플라손은 이를 청국지부에 있는 프랑스 부영사이자 1901년부터 조선영사를 겸임하고 있는 게렌(A. Guerlin)에게 전달하였다. 게렌은 1904년 1월 21일 조선 외부대신 명의로 중립선언문을 세계에 타전하였다.[7] 1904년 1월 30일 플란손은 조선 주재 러시아 파블로브 공사에게 조선의 중립선언을 지지한다고 통보하였다.[8]

조선의 중립화 추진세력은 중립선언이 성공적으로 발표되자 조선정부는 러·일간 전쟁위험으로부터 벗어난 것으로 판단하였다. 당시 세계에 파견된 11명의 조선 외교관들은 주재국에게 조선의 중립선언을 지지해줄 것을 요청하였다.

일본정부는 1904년 1월 31일 러시아가 제의한 한반도 북한지역의 중립화안을 거절하고 최후 통첩안을 러시아에게 발송하였다. 그리고 일본정부는 러·일전쟁이 한창인 1904년 2월 23일 강압적으로 조선정부와 조일 의정서를 체결하였다. 이로써 조선의 중립화 추진은 무산되었다.

마침내 1904년 2월 9일 일본군함이 제물포항에서 러시아 군함을 기습함에 따라 러·일전쟁이 발발하였다.[9] 2월 8일 러시아 포함 까레스키호(조선인이

---

6) Ibid., p. 429.
7) Ibid., p. 103.
8) Ibid., p. 430.
9) 제물포 해전에 대해서는 박종효, 한국과 노일전쟁 (모스크바, 바스토치나야 리테라투

라는 의미이며, 마산포 개항을 기념해서 러시아 해군이 명명하였다)는 오후 4시에 인천에서 우편물을 싣고 여순으로 향하고 있던 중이었다. 제물포 근처 팔미도를 지날 때 제물포로 입항하는 일본함대를 목격하였다. 일본함대는 순양함 3척, 어뢰정 8척, 대형 수송선 3척으로 구성되어 있었다. 까레스키호가 일본함대를 지나가자 일본함정들은 까레스키호를 포위하였다. 이에 까레스키호는 선수를 돌려 제물포 항구로 귀항하였다. 카레스키호가 인천항에 거의 다 왔을 때 일본 함정들은 어뢰 3발을 발사하였다. 이에 까레스키호도 응사하였다. 이때 시간이 오후 4시 40분이었다. 순양함 까레스키호 함장은 이같은 일본의 기습사실을 제물포에 정박해 있던 러시아 바라그호 함장에게 보고하였다. 일본은 제물포에서 러시아 함대를 공격함으로써 조선의 중립을 무시했음음 물론이었다.

일본함대 사령관은 2월 9일 07:30분 러일관계는 적대관계에 돌입하였다고 하면서 동일 12시전까지 외국 함정 및 러시아 함정들이 인천항을 떠나도록 요구하였다. 이에 러시아 바라그호는 일본의 포위망을 돌파할 가능성이 없다고 판단하고 제물포 외항에서 일본함대와 일전(一戰)을 결심하였다.

한편 인천 팔미도 앞 바다에서 기다리고 있던 일본함대는 동일 12시 러시아 함대가 나타나자 발포하였다. 일본 6척의 순양함과 8척의 어뢰정이 바라그호와 까레스키호를 공격하였다. 한시간 동안 해전이 계속되었으며, 열세에 처한 러시아 함대는 큰 피해를 입고 인천항으로 귀항하였다. 바라그호는 큰 손실을 입었으며, 까레스키호는 손상이 경미하였다.[10] 바라그호 루드네프(V. F. Rydnev)함장은 러시아 군함이 일본에게 전리품으로 인수되는 것을 방지하기 위하여 폭파시키기로 결정하였다. 마침내 2월 9일 바라그호와 까레스키호는 자폭하였다. 그리고 영국, 프랑스, 이탈리아 군함들이 러시아 수병들을 승선시

라, 1997), pp. 163－176.

10) 바라그호의 경우 러시아 수병 33명 전사, 196명이 부상했으며, 까레스키호에는 사상자가 없었다. 반면 일본 해군측은 사망자 30명, 부상자 200명이었다. 박종효 , 한국과 노일전쟁, pp. 171－172.

킬 수 있다고 제의하자 바라그 함장은 이를 수락하였다.11)

그 이후 제물포 해전에 참전했던 러시아 수병들은 국가적 자존심을 지켰다고 칭송을 받았다. 러시아 니콜라이2세 황제는 생존한 수병들을 알현하고 훈장을 수여했다.

1904년 2월 10일 미국공사와 영국공사가 조선주재 러시아 공사관을 찾아와 일본공사가 조선으로부터 러시아 공사관의 철수를 요청하였으며, 그렇지 않을 경우 무력을 행사할 것이라고 경고하였다고 전달하였다. 조선주재 러시아 공사는 조선주재 프랑스 공사 대리에게 조선의 외부에 공사관의 철수를 통보해 달라고 요청하고 일본을 제외한 한성주재 재외공관들에게 러시아 공사관이 철수하면 프랑스 공관이 러시아인과 덴마크인의 보호를 대행할 것이라고 통보하였다.12) 2월 12일 조선주재 러시아 공관원들은 아침 8시 30분 공관을 떠나 제물포로 향했다. 그리고 제물포에서 파스칼호를 타고 사이공으로 떠났다.

한편 미국, 독일, 프랑스 등 열강들은 러·일전쟁에 발발하자 중립을 선언하였다. 영국도 중립을 선언하였다. 그러나 영국은 일본에 우호적인 중립을 견지하였다. 영·일동맹의 당사국인 영국의 중립선언에 대해 일본은 당황하였다. 러시아는 독일의 우호적인 중립을 유지하기 위해 러독간 신 무역협정을 체결하는데 많은 양보를 하였다. 당시 독일은 라일전쟁시 러시아의 유럽 국경선을 위협할 수 있었기 때문이었다. 프랑스는 러시아와 동맹국임에도 불구하고 중립을 선언하였다. 그리고 프랑스는 1903년 봄부터 식민지 문제에 대해 영국과 타협을 모색하고 있었다. 미국도 중립을 선언하고 청국의 중립에 열강들이

---

11) 영국 해군 요원이 일본 함대가 제물포 해전 전략을 짜는데 도와 주었다. 일본함대의 여순 공격시에도 영국 대위 뭐라브리쥐(Mraebridge)가 일본함대에 탑승하여 일본의 작전 수립을 도왔다. Золотарев В. А., Россия и Япония на заре XX столетия(М. АРБИ ЗО, 1994), p. 525.

12) 1904년 2월 23일 한-일 의정서가 체결 된 후 일본은 5월 18일 조·러간에 체결된 협정을 폐기한다는 칙령을 발표할 것을 고종에게 강청하였다. 조선정부는 이같은 칙령을 조선주재 러시아 공사관에 5월 27일 전달하였다. 조·러간 체결된 민간차원의 합의서는 유효하나 압록강 벌목권에 관한 합의는 러시아 정부와 체결된 것으로 간주하여 정부협정과 함께 효력을 상실하였다. 박종효, op. cit., p. 44.

공동으로 동의할 것을 제의하였다. 이에 대해 독일은 호의적이었으나 일본, 러시아는 부정적이었다. 러시아는 미국이 청국의 중립만 언급하고 조선의 중립에 대해서는 거론하지 않고 있다고 지적하였다. 러시아는 미국의 제의가 자국을 겨냥 한 것이고 보았다. 미국은 사실상 일본에 유리한 중립을 견지하였다. 미국 루즈벨트(T. Roosevelt) 대통령은 프랑스와 독일이 러시아를 지원할 경우 미국은 일본을 지원할 것이라고 경고하기도 하였다.[13] 러시아와의 동맹국이었던 청국의 중립 여부가 최대 관심사였다. 청국은 러·일전쟁이 발발하기 3주전에 청국주재 프랑스와 일본 공사에게 중립을 지킬 것이라고 통보하였다. 청국은 러·일전쟁의 발발을 계기로 발생할 수 있는 국내 소요에 대비하는 것이 중요하다고 강조하였다. 청국의 위안스카이는 러·일전쟁중에 러시아가 몽골 지역의 영토를 장악하지 않는다면 중립을 지킬 것이라고 약속하였다. 러시아도 1900년 러시아군의 만주점령 이후 러·청관계가 악화되고 있어 러·일전쟁에 청국이 러시아와 함께 참전하는 것이 어렵다고 판단하고 청국에게 중립을 권유하였다.[14]

러·일전쟁이 장기화되자 미국 루즈벨트 대통령은 1905년 6월 러시아와 일본 양국에게 협상을 요청하였다. 일본은 개전초기에 연승하였지만 재정적으로 취약하여 장기전을 치를 수가 없었다. 1905년 8월 9일부터 9월 5일까지 미국 포오츠머드 강화회의가 개최되어 러·일간에 강화조약이 체결되었다. 1905년 11월 26일 비준서가 러·일간에 교환되었다.[15]

    (1) 러시아는 한반도에 대한 일본의 우월권 및 보호권을 승인한다.

---

13) R. A. Romanov, Russia in Manchuria, 1892−1906, (trans. Susan Jones, New York, 1974), P. 468.
14) 중립을 선언한 나라(일자)는 다음과 같다. 중국(2. 10), 미국(1904. 2. 13), 루마니아(2. 24), 알젠틴 (2. 14), 오지리−헝가리(2. 17), 스페인(2. 11), 영국(2. 11), 독일(2. 13), 덴마크(2. 11), 프랑스(2. 15), 스위스와 노르웨이(2. 9), 네델란드(2. 11), Золотарев В. А., Россия и Япония на заре ХХ столетия(М. АРБИЗО, 1994), pp. 525−532, p. 559.
15) 박종효편, op. cit., p. 328.

(2) 러시아는 만주에서 철병하고 청국의 영토보전과 문호개방을 승인한다.

(3) 러시아는 관동지방 조차권과 장춘-여순간 철도의 소유 및 운영권을
    청국의 동의를 얻어 일본에게 양도한다.

(4) 러시아는 북위 50도 이남의 사할린을 일본에게 양도한다.

일본은 포오츠머드 강화조약의 체결을 통해 그간 러시아와 걸려 있던 사할린, 한반도, 만주문제를 일거에 해결하였다. 일본은 1905년 7월 미국과 카스라-테프트 밀약을 체결하여 미국으로부터도 한반도에 대한 보호권을 인정받았다.16) 이어서 일본은 1905년 8월 2차 영·일동맹을 개정하면서 한반도에 대한 일본의 전권을 영국으로부터 인정받았다. 한편 미국 제26대 루즈벨트 (T. Roosevelt) 대통령은 러·일전쟁의 강화 공적으로 1906년 노벨 평화상을 받았다.

당시 러시아 총참모부는 러시아가 러·일전쟁의 패전으로 남만주에서 철수한 것은 1689년 러·청전쟁에서의 패배로 아무르강 유역에서 철수한 것처럼 큰 실수라고 지적하였다.17)

---

16) 소련은 1945년 8월 9일 일본에 대해 선전를 포고하였다. 소련은 대일전에 참전하는
    군사들에게 러·일전쟁에서 탈취당한 영토와 권익을 다시 찾자고 대일참전을 호소하
    였다. 소련군은 만주를 진격하여 일본군을 격퇴하였으며, 8월 10일 한반도 북부의
    웅기로 진격하여 8월 24일 평양에 입성하였다. 소련은 2차대전 참전의 대가로 러·일전
    쟁에서 상실했던 한반도와 사할린에서의 영향력을 회복하였다.

17) J. J. Stephan, op. cit. , p. 61. Золотарев В. А., op. cit., p. 533.

3. 러시아주재 이범진 공사의 항일국권 수호 노력[1]

　　1885년 거문도 사건 등으로 한반도가 청, 일, 러, 영의 각축장으로 변모하자 고종은 유럽열강과의 관계강화를 통해 조선의 독립을 보전코자 하였다. 고종은 유럽 각국에 특명전권공사를 파견하기 시작하였다. 고종이 특명전권공사를 파견키로 한 것은 조선에 파견된 외국 외교관들의 지위를 변리공사(辨理公使) 및 대리공사급에서 전권공사로 승격시키도록 유도하기 위한 목적도 있었다.[2] 승격된 유럽의 전권공사들이 러시아 및 일본의 한반도 지배 야욕을 견제해 줄 것을 기대하였다.[3]

　　우선 조선정부는 유럽 및 러시아 공사로 협판 내무부사 조신희를 1887년 9월 16일 임명하였다. 그러나 조신희는 유럽의 임지로 부임하여 가는 도중에

---

1) 이범진 공사에 대해서는 박환, 대륙으로 간 혁명가들, pp. 196–222. 이범진의 생애와 항일독립운동 – 한국 최초의 주러시아 상주공사 (서울 : 외교통상부, 2003)을 참조하였다.
2) 조선정부는 1895년 3월 25일 정부조직법을 개편할 때 외무아문을 외부로 개칭하였다. 그리고 외교관으로서 특명전권공사, 변리(辨理)공사, 대리공사, 1, 2, 3등 참서관(參書館)을 두고 영사관에 총영사, 영사, 부영사를 두었다.
3) 현광호, op. cit., p. 88.

청국의 반대 공작으로 귀국하였다.

한성에 주재하고 있던 청국의 위안스카이는 고종이 독립유지의 일환으로 유럽에 상주공사를 파견키로 결정하자 이에 반대하면서 청국의 동의를 받을 것을 요구하였다. 그러나 조선정부는 과거에 일본에 변리공사를 파견할 때 청국은 아무런 간섭이 없었으며 서구국가들과 체결한 조약상 각국에 공사를 파견할 수 있다고 항변하였다.

이에 위안스카이는 변리 공사급은 조선정부가 독자적으로 파견할 수 있으나 전권 공사급은 사전에 청국의 동의가 필요하다고 주장하였다. 어째든 우연 곡절 끝에 박정양은 1887년 1월 17일 미국에 초대공사로 파견되었으나 러시아 및 유럽국가에 상주공사로 임명된 조윤식은 청국의 방해 공작으로 귀지에 부임하지 못하고 홍콩에서 귀국하였다.

당시 박정양 주미공사는 러시아에 근무할 우리 공관원 10명이 1887년 12월 13일 홍콩에서 출발하여, 영국, 프랑스, 독일을 거쳐 러시아에 입국할 예정이었으나, 행방이 묘연해졌다고 보고 하기도 하였다. 러시아 외무부는 조선정부의 공관원이 상트 페테르부르그에 도착하지 못하고 귀국한 것으로 확인하였다.[4]

조선 정부는 조신희의 후임으로 박제순을 신임공사로 임명하였으나, 역시 청국의 방해로 부임하지 못했다.[5] 청국은 조선이 청국의 종속국이므로 청국의 동의 없이는 조선정부가 외교관을 외국에 파견할 수가 없다는 억지를 주장하였다.[6]

한편 고종은 아관파천 이후 러시아와 협력 강화를 위해 1896년 민영환을 니콜라이 2세의 대관식에 특명전권공사로 파견하였다.

---

4) 박종효편, op. cit., p. 164.
5) Ibid., p. 118.
6) 청국 정부는 청국 정부와의 합의 없이는 조선정부가 제3국에 공사를 파견할 수 없다고 하면서 미국공사로 임명된 박정양 공사를 귀국토록 하였다. 당시 조선에 주재하고 있던 청국대표 원세개는 조선정부가 외국에 외교관을 파견 못 하도록 적극적인 방해 공작을 폈다.

그 이후 1897년 3월 22일 민영환은 러시아 공사와 독일, 오지리 – 헝가리, 영국, 프랑스, 이태리 5개국 겸임공사로 임명되었으며, 고종이 아닌 외부대신 이완용 명의의 신임장을 휴대하였다. 그는 1897년 4월 3일 출발하였으며, 같은 해 5월 16일 여객선 사라토브호를 타고 오데사를 거쳐 상트 페트르부르그에 도착하였다. 당시 조선주재 러시아 공사 웨베르의 부인이 민영환 특사를 동행하였다.[7]

민영환 특사는 상트 페테르부르그 소재 그랜드 호텔에 체류하였다. 1897년 5월 13일 (노력) 민영환은 니콜라이 2세 황제에게 신임장을 제출하였다.[8] 비로소 민영환은[9] 러시아의 초대 공사가 되었다. 1884년 7월 조·러간 수호통상조약이 체결된 지 14년만이었다.

그러나 민영환 공사는 러시아에 근무하지 않고 수일 후에 1897년 5월 19일 런던으로 떠났다. 그는 영국에 들러 영국 여왕 60주년 대관식에 참석한 후

---

7) Ibid., p. 161.
8) 1897년 5월 5일 러시아 외무부에 신고된 조선 공사관원의 명단은 아래와 같다
    – 공사 : 민영환,
    –1등 참서관: 민상호. 민영찬, 라우텐펠드
    –2등 참서관: 이기, 노승빈
    –불어통역:김조현
    – 러시아통역;김병옥
    –서기생: 손병균
9) 민영환은 1861년 민겸호의 아들로 태어났다. 그는 고종황제와 내외 종간이었으며, 명성황후의 조카뻘이었다. 그는 막강한 배경을 토대로 17세부터 관직 생활을 시작해 22세에 벌써 당상관이 되었다. 1887년 27세에 예조판서가 되었으며 1888년 병조판서가 되어 병권을 장악하였다. 그는 1885년부터 인아거청(러시아를 끌어들이고 청국을 거부하는 정책)에 관심을 가지고 1888년 이후부터 조선주재 러시아 웨베르 공사와 교분을 나누었다. 그리고 갑오개혁이후부터는 사실상 친러정책의 주도자가 되었다. 그는 1896년 이범진, 이완용과 함께 고종의 아관파천을 성사시켰다. 민영환은 수차례 유럽을 순방한 경험이 있어 대내정세에 밝은 편이었다. 그는 조선을 유린할 수 있는 국가로서 러시아와 일본을 지목하였다. 러시아의 시베리아 철도가 완공되는 날 조선 등 동양국가는 러시아 침략에 희생양이 될 것이라고 지적하였다. 그는 일본도 청국이 위기에 처할 경우 조선을 병합할 것이라고 주장하였다. 그는 러시아 및 일본의 위협으로부터 국권을 방어하기 위해서는 미국, 독일등 유럽국가와의 친교를 강화해야 한다고 강조했다. 현광호, op. cit., p. 99.

상트 페테르부르그로 귀임하지 않고 바로 미국으로 갔다. 그는 후임으로 민영익을10) 추천하였으나 임명되지 않았다.

이범진 공사가 러시아 공사로 부임하기 전까지 러시아 공사직은 공석으로 남아 있었다.

어쨌든 민영환 공사가 러시아를 떠난 이후 통역관 김병옥 혼자 아무런 직책도 없이 상트 페테르부르그에 거주하였다. 민영환은 상트 페테르부르그를 떠날 때 러시아 주재 미국 공사 대리에게 조선 공관업무를 위임하였다. 그러나 니콜라이 2세 황제는 미국공사의 조선공관 업무 대행을 거부하였다.11)

한편 한반도의 지배권을 두고 발발한 1894년 청·일전쟁에서 일본은 승리하였으나 러시아가 주도한 삼국간섭으로 한반도를 장악할 수가 없었다. 러시아의 영향력이 증대하자 조선정부에서는 친러파가 득세하고 명성황후도 배일적인 친러 접근을 추진하였다. 이에 일본은 명성황후를 살해하는 을미사변을 사주하였다.

고종은 일본으로부터 황실의 신변안전을 위해 둘째 왕자 이강(의화군)을 유럽주재 공사로 임명하였다. 1895년 10월 19일 외부대신 김윤식은 이강 왕자가 특명전권공사로 임명을 받고 영국, 독일, 러시아, 이태리, 프랑스, 오지리 등 유럽국가들을 순방할 것이라고 조선주재 러시아공사관에 통보하였다.

그러나 11월 23일 김윤식 대신은 유럽공사로 임명된 이강 왕자가 병으로 인해 부임할 수 없게 되었다고 알렸다. 당시 조선에서 발간되었던 일본신문들은 이강 왕자를 감시하기 위해 일본군사학교에 입학시키기로 하였다고 보도하였다.

1900년 의화단 사건으로 열강들의 군대가 청국을 점령하고 청국이 열강들

---

10) 민영익은 시해당한 명성황후의 조카이며, 이미 20년전에 일본인의 박해를 피해 고국을 떠나 상해로 망명하였다. 그는 러시아 국적의 취득을 청원하기도 하였다. 민영익이 국적취득을 청원한 사유는 일본정부가 청국측에 자신의 신변인도를 요청하고 외국은행에 예치해 둔 거금을 압류하지 않을 까 두려워하고 있었기 때문이었다. 박종효편, op. cit., p. 178.

11) Ibid., p. 180.

의 분할위기에 처하게 되자 위기감을 느낀 고종은 조선의 독립보전을 위해 유럽열강과의 관계강화를 적극 추진코자하였다. 고종은 민영찬을 프랑스 공사로 임명하였다. 영국, 독일, 이탈리아 특명전권공사를 겸직하고 있던 민철훈을 독일과 오지리 공사로 임명하였으며. 그리고 민영돈을 영국과 이탈리아 특명전권공사로 임명하였다. 이로써 조선은 러시아, 프랑스, 독일, 영국 등에 상주공관을 두고 유럽에 대한 외교를 강화하였다.

고종은 아관파천에 주도적인 역할을 한 이범진을 1900년 러시아 공사와 독일, 프랑스, 오지리 3국 겸임공사로 임명하였다. 이범진은 1884년 일본의 후원으로 개화당이 일으킨 갑신정변으로 위험에 처한 명성황후를 구해주었으며, 이를 인연으로 명성황후와 가까워졌다. 1895년 러시아가 주도한 삼국간섭의 성공으로 러시아의 한반도에 대한 영향력이 증대하였으며, 고종은 러시아와의 연대강화를 도모하였다. 이같은 연러배일 정책에 중심적인 역할을 한 인물이 이범진 공사였다.

1895년 10월 명성황후가 일본인에게 시해를 당하는 을미사변이 발생하자 11월 이범진은 고종을 한성주재 미국이나 러시아 공사관으로 피신시키기 위해 춘생문 사건을 주도하였다. 그러나 실패하자 이범진은 상해로 임시 망명하기도 하였다. 을미사변 이후 일본인의 독살 등 신변의 불안을 느낀 고종의 지시에 따라 이범진은 한성주재 러시아 공사관과 접촉하여 1896년 1월 고종의 아관파천을 성사시켰다. 이범진은 아관파천 이후 법부대신에 임명되었으며, 을미사변 관련 혐의자를 체포하고 김홍집 친일내각을 숙청하였다. 이범진은 삼국간섭이후 조선조정에서 친러내각이 수립되자 농상부 대신, 궁내부 협판등 주요 관직에 발탁되었다. 그 이후 친일파의 득세로 이범진은 조정에서 물러나 1897년부터 3년간 자원하여 주미공사로 부임하였다.

마침내 이범진 공사는 1900년 7월 21일 니콜라이 2세에게 신임장을 제정하였으며, 러시아 황후 알렉산드라 표도로브나를 알현하였다. 그는 상트 페트르부르그 소재 호텔에 조선 공관을 개설하고 업무를 개시하였다. 그가 상트 페테르부르그에서 임시숙소와 사무실로 사용했던 장소는 세베른야 호텔(현재 악짜발스카야 호텔)이었다. 그는 프랑스주재 겸임공사로서 상트 페테르부르그에서 오가면서 주로 파리에서 외교활동을 전개했다.

당시 1900년 7월 3일 러시아 외무부에 통보된 상트 페테부르그 주재 조선 공관원은 공사 이범진, 2등 참서관(서기관) 남필우, 3등 참서관(제1 외교관보) 김도일, 서기생(제 2외교관보) 김병옥 등이었다. 김병옥은 상트 페테르브르그 제국대학에서 최초로 한국어를 가르치기도 하였다.[12]

이범진은 1901년 3월 12일 3국 겸임 공사직에서 해직되고 러시아 공사로서 상트 페테르부르그에서 상주하였다. 그리고 1901년 4월 1일 곽광희가 러시아주재 조선 공사관 3등 참서관으로 임명되었다. 그는 러시아어 학교 교사로 근무하기도 하였다. 이범진은 프랑스주재 조선공사로 임명된 김만수가 파리에 도착하자, 1901년 7월 10일 프랑스 정부에게 소환장을 제출하고 파리를 떠났다. 이범진은 외교활동의 무대를 파리에서 상트 페테르부르그로 옮기게 되자 1901년 말부터 빤젤레이몬스까야 거리 5번지에서 본격적인 공관생활을 시작하였다. 이 거리는 당시에 브라질 공사관, 청국 공사관, 오지리 공사관들이 위치한 외교단지였다.

이범진 공사가 부임한 시기인 1900년대는 한반도를 둘러싼 러·일간의 위기 고조로 동북아 정세가 불안하였다. 1894년 청·일전쟁에서 승리한 일본이 요동반도의 장악과 한반도에서의 영향력 증대를 시도하자 러시아는 삼국간섭을 통해 일본의 대륙진출을 차단하였다. 그리고 러시아는 삼국간섭의 성공과 1896년 고종의 아관파천을 계기로 한반도에 대한 군사교관과 재정고문의 파견, 조러은행 설립 등 조선정부에 대한 적극적인 개입정책을 추진하였다. 그러나 러시아 정부는 1898년 여순항 조차 이후 일본의 불만을 무마하기 위해 한반도 개입을 자제하고 만주에 중점을 두는 정책으로 전환하였다. 이로써 한반도에서 러시아의 영향력은 퇴조하였다. 그러나 러시아는 여순과 블라디보

---

12) Ibid., p. 159.

스톡을 연결하는 중간 기항지로서 한반도 남부에 항구를 확보코자 하였다. 마침내 러시아는 마산포를 조차하여 일본의 한반도 진출을 견제하면서 한반도에 대한 관심을 버리지 않았다.

러시아는 일본의 군사력 증대와 영·일동맹, 미국의 친일노선 등 불리한 대외여건과 러시아 극동 군사력의 열세, 시베리아 횡단 철도의 미완성이라는 내적 요인으로 한반도에 적극적으로 개입하기가 어려웠다. 그러나 만주의 점령과 한반도의 전략적인 중요성을 강조하는 베조브라조프의 궁정파가 러시아 내에서 득세하고 러시아 정부가 러시아군의 만주철병을 거절하자 한반도를 둘려 싸고 라·일간 위기가 고조되었다.

이범진 공사는 우선 조·러관계의 발전을 통해 한반도에서 일본의 영향력을 견제하고 조선의 독립을 유지코자 노력하였다.

1901년 말부터 이범진 공사는 먼저 한성 주재 러시아 대표 직급을 상향조정하는 데 노력하였다. 그 결과 1902년 1월 조선주재 러시아 대리공사가 전권공사로 승격되었다. 이에 조선에 상주하는 러시아 외교관의 등급이 일본대표의 등급과 같게 되었다.

또한 이범진은 조선의 독립유지에 노력하였다. 그는 고종이 친일파의 음모로 극히 위험한 처지에 있다고 하면서 고종이 러시아 공관으로 피신하려고 하니 도움을 요청하기도 하였다. 이에 대해 러시아는 일본의 조선에 대한 내정간섭을 정당화 시켜줄 수 있다는 이유로 거절하였다. 러·일간의 전쟁이 고조되자 고종은 러·일전쟁시 한반도가 주요 전쟁터가 될 것으로 보고 전시중립을 유지키로 하였다. 고종은 1903년 8월 21일 궁내관으로 불어에 능한 현상건을 러시아에 파견하여 한국의 전시중립을 호소하였다. 현상건은 1903년 11월 14일 상트 페테르브르그에 도착하였으며, 니콜라이 2세에게 고종의 친서를 전달하였다. 그리고 그는 러시아 외무장관과의 면담자리에서 라·일전쟁이 발발할 경우 한국의 전시중립을 지지해줄 것을 요청하였다.

한편 조선정부는 1904년 1월 21일 외부대신 명의로 전시중립 선언문을 각국에 타전했다. 이에 1월 29일 러시아는 한국의 전시중립선언을 지지한다는 전문을 조선주재 러시아 공사관에 타전하였다. 그 이전에 이범진 공사는 러시아 정부에게 러·일전쟁시 조선정부는 러시아를 지지할 것이라는 고종의 입장을 전달하였다. 이범진의 이 같은 사전 외교활동으로 러시아로부터 긍정적인 답변을 얻을 수 있었다.

1904년 3월 이범진은 람즈도르프 외무장관과의 면담에서 일본이 조선의 외부를 장악하고 있다고 지적하면서 조선 외부로부터 전달받은 공관철수의 훈령을 이행하지 않을 것이라고 밝혔다. 당시 고종도 내심으로는 이범진 공사가 계속해서 주러 공관을 유지해 나가기를 원했다. 이범진 공사는 조선 외부의 철수명령에도 불구하고 계속 상트 페테르부르그에 체류하면서 국권수호를 위해 활동을 계속했다. 그는 주로 러시아 외무부와 조선주재 러시아 공사관을 통해 고종과 교신하였다.

1905년 러·일전쟁으로 러시아와 조선정부간의 외교관계가 일본의 강청에 의해 단절되었으며, 이어서 일본은 을사조약을 강제로 체결하여 외교권을 박탈한 후 각국 주재 조선공사들을 소환하였다. 당시 고종은 일본의 강요에 의해 이범진 공사의 소환을 지시하였다고 조선주재 러시아 끌레이메노프 영사가 보고하였다.[13]

이와 함께 러시아주재 일본공사는 1905년 12월말 러시아 정부에게 러시아 주재 조선공관의 폐쇄를 요청하고 외국공관의 명부에서 조선공관원 명부를 삭제 해줄 것을 요청하였다. 이에 러시아는 일본과의 관계 유지를 우선시하여 러시아 외무부 연감에서 조선공관 주소 등을 삭제하였다.

한편 이범진 공사는 소환에 불응하고 상트 페테르부르그에서 체재하면서 어렵게 생활하였다. 외교권을 박탈당한 조선정부는 일본의 강요로 러시아주재 조선 공관에 운영경비를 지원하지 않았다. 이에 이범진 공사는 러시아 정부에게 도움을 요청하였으며, 러시아 정부는 이범진 공사에게 공사관 운영비 7,

---

13) Ibid., p. 208.

325 루불과 연금을 지불하였다. 1904년 2월부터 1905년간 이범진 공사는 러시아 외무부로부터 3개월마다 7, 325 루블을 차용하였으나 변제했다는 기록은 없다.[14] 1905년 말 이용익이 고종황제 명의 니콜라이 2세 황제앞 친서를 휴대하고 왔을 때 이범진이 차용한 운영비를 러시아 정부에 반환한 것으로 추정된다. 당시 이용익은 많은 돈을 가지고 러시아에 도착하였으며, 그 이후 공사관의 운영비 차용에 대한 문제는 제기도 되지 않았다.[15]

또한 러시아 정부는 이범진 공사에게 매달 약 100루블의 생활 보조금을 지원하기도 하였다. 러시아 정부가 생활 보조금을 지원하는 등 이범진 공사에게 친절을 베푼 것은 정치적 의미가 있는 것은 아니었으며, 순전히 개인적인 성격이 강했다. 1906년 1월 러시아 정부는 이범진 공사에게 스따니슬라브 1급 훈장을, 그이 아들 이위종 서기에게 스따니슬라브 3급 훈장을 각각 수여하였다.[16]

이범진 공사는 1911년 자결하기 전까지 러시아에 체류하면서 항일독립운동을 전개하였다. 이범진 공사는 1906년 연해주에 항일의병이 조직되자 1,000루블의 군자금(당시 1루블은 약 300냥)을 지원하였다. 또한 그는 1908년 블라디보스톡에 한민학교가 건립되었을 때 1000루블의 교육 자금도 지원하였다.

이범진 공사는 러시아 외무부와 한성주재 러시아 총영사관을 통해 고종과 대한제국의 대신들과 서신을 교환하였다. 고종은 암호문을 갖고 있었으며, 일본이 이를 발견함으로써 한성주재 러시아 총영사 소모프 입장이 곤란하게 되기도 하였다. 러시아는 러·일간 우호적인 관계유지를 위해 이범진 공사와 고종간 어떤 정치적인 교신이 러시아 외무부를 통해서 안된다는 입장을 가지고 있었다. 이범진 공사는 1910년 한일합병에 울분을 못 참고 1911년 1월 26일 유서를 남기고 권총으로 순국, 자결하였다.[17]

---

14) Ibid., p. 168.
15) Ibid., p. 168.
16) Ibid., p. 336.

17) 이에 대해 당시 조선주재 러시아 소모프 총영사는 "이범진의 자살은 이상하게도 일본인에 대해 그가 할 수 있는 가장 불쾌한 사건이었다. 만약 그가 수십 명의 일본인을 살해했다면 일본인의 수치심은 그다지 크지 않을 것이다. 그러나 일본은 매수되지 않은 한사람의 적이 사라진 것을 기뻐할 것이다". 라고 평가하였다. Ibid., p. 103.

제11장

20세기초 러시아의 동북아 팽창실패와
21세기 새로운 진출 모색

　19세기말 20세기초 러시아의 동북아 진출은 러·일전쟁에서 1905년 패배함으로써 실패로 끝났다. 당시 러시아 전쟁장관이었던 쿠로파트킨 장군은 러시아가 동북아 진출에 실패한 이유를 군사 전략적인 관점에서 분석하였다[1]. 그는 지난 18~19세기 간 200년 동안에 수십차례 전쟁으로 국력이 피폐해진 러시아가 외교적으로 고립된 불리한 여건 속에서 일본과 전쟁함으로써 패배하였다고 지적하였다.

　쿠로파트킨 장군은 1900년에 러시아가 스웨덴, 터어키, 청국 등 9개 나라와 17,000 베르스트(1 verst: 1.067 km)의 국경선(조선과는 16 베르스트의 국경선)을 접하고 있으며, 특히 1896년 러·청동맹조약 체결과 시베리아 횡단철도의 북만주 통과 등으로 사실상 러시아의 동북아 지역 국경선은 비약적으로 확장되어 청국문제가 러시아에게 군사적으로 중요한 고려사안이었다고 평가하였다[2].

　쿠로파트킨 장군은 러시아는 지난 2세기간 영토확장을 위해 128년간 33번의 대외 전쟁과 2회의 국내전쟁으로 러시아 인구의 3분의 1인 1천만명의 인구가 128년간의 전쟁에 동원되었으며, 백만명의 인구가 사망하거나 부상을 당했다고 설명하였다[3]. 특히 그는 러시아가 염원해온 대양으로의 출구 확보를 위한 전쟁에서 러시아의 희생이 크다고 지적하였다. 러시아는 흑해 진출을 두고 터어키와 3차례 치룬 전쟁에서 3백 5십만명의 병력을 동원하였으며, 7십 5만명이 사망하였고, 발틱해 진출을 위해 스웨덴과의 전쟁에서 1백 8십만명의 병력이 동원되었으며, 7십만명의 병사가 사망하였다고 지적하였다.

　그는 러시아 군대의 주요 목적은 17,000 베르스트의 긴 국경선을 방어하고 발틱해, 흑해 등 대양의 출구를 계속 유지해 나가는 것이라고 지적하고 러시아 국력의 쇠잔과 주변국가들의 군사력 증강으로 러시아의 광대한 영토와 긴

---

1) Куропаткин А. Н., Русско-японская война(1904-1905)(Санкт-Петербург : Политон, 2002), pp. 17-47, 493-525.
2) Ibid., p. 42, pp. 496-497.
3) Ibid., pp. 44-45.

국경선을 방어하기가 어려운 여건임을 감안하여 20세기에는 아래와 같이 현상 유지적인 군사전략을 추구할 것을 주장하였다.

- 러시아는 세계 평화를 위협하는 국가가 되어서는 안되며, 당분간은 대외적인 팽창은 물론외국과 전쟁을 가능한 자제해야 한다.
- 전쟁을 하더라도 방어적인 차원에서 수행되어야 한다. 러시아는 2000년 인구가 4억이 될 경우 인구가 희박한 시베리아 지역으로 인구를 이동시킬 수 있으며4), 현 국경선을 방어할 수가 있다.
- 독일과 오지리-헝가리 제국의 군사력이 철도 건설 등으로 급성장하여 러시아에 주요한 위협이 되고 있어 서부 국경선에 대한 러시아의 군사력 강화가 급선무이다. 특히, 프러시아가 1871년 보-불전쟁에서 승리를 계기로 유럽에서 막강한 육군 보유국으로 등장함에 따라 러시아는 프러시아에 인접한 서부국경선에 대해 안보에 주안점을 두어야 했다.
- 청국은 4억의 세계 최대 인구 보유국이며, 러시아와 9,000 베르스트의 국경선을 접하고 있어 동북아에서 중요한 국가이다. 따라서 청국의 급격한 군사력의 증강을 허용해서는 안되며, 러-청간 무역거래를 확대하되 청국 내에서 세력권을 분할하여 가능한 청국내에서 유럽국가들과 충돌을 피해야 한다5).
- 러시아는 한반도에서 적극적인 역할을 할 준비가 되어 있지 않으므로 한반도 문제로 인해 일본과 충돌하는 것을 피해야 한다. 러시아는 한반도의 병합이 필요하지 않으나 일본이나 여타 국가들이 한반도에 기반을 구축하는 것을 허용해서는 안되며, 허약하고 독립된 조선이 러시아의 보호국으로서 잔존하는 것이 러시아에게 더 낫다6).

그리고 쿠로파트킨 장군은 러시아가 외국과의 전쟁을 피해야 하는 상황하에서 러-일전쟁을 치룸으로써 패배하였다고 보았다. 그는 러시아가 러-일

---

4) Ibid., p. 72.
5) Ibid., p. 76.
6) Ibid., p. 73.

전쟁에서 패한 이유를 3가지로 대별하여 설명하고 있다7).

첫째 비군사적인 요인으로서 러시아는 러-일전쟁시 모든 외교적 역량을 일본에 대항하는데 사용할 준비가 부족하였다. 프러시아가 1870-1871간 프랑스와 전쟁시 모든 외교적 역량을 프랑스에 대항하는데 집중하여 승리한 사실을 지적하였다.

둘째 군사적인 요인으로서 러시아의 병력이 유럽지역에서 극동지역의 전장 터로 신속하게 운송되지 못했다. 이것은 당시 시베리아철도가 단선이었으며, 통신망의 부족 등에 기인하였다.

셋째 러-일전쟁에 참전한 러시아 병사들의 사기 저하였다. 러-일전쟁에 참전한 러시아 군인들은 당시 러시아 차르에 대항하는 국내 혁명분위기로 인해 일본에 대한 군사적인 적개심이 부족하였다. 이것은 러시아 군인들 사기를 저하시켰다.

또한 쿠로파트킨 장군은 러시아가 새로운 군사 전술과 기술개발을 등한시한 것도 러-일전쟁의 패배에 일조하였다고 지적하였다. 그는 크리미아 전쟁(1853-1856)에서 러시아가 패한 이래 50년간 군사 현대화를 소홀히 함으로써 크리미아 전쟁의 패배가 러-일전쟁에서 되풀이 되었다고 주장하였다.

결국 쿠로파트킨 장군은 러시아가 국력에 비해 과도한 영토 팽창을 시도함으로써 러-일전쟁에 실패하였다고 보았다. 이외에도 러시아가 러-일전쟁에 패한 직접적인 요인은 러시아의 동맹국이었던 청국의 참전을 확보하지 못한데 기인한 것으로 보인다. 일본이 러시아, 청국과 한반도에 침입할 경우 러시아와 청국은 서로 원조한다는 1896년 체결된 러-청동맹조약은 러-일전쟁 발발시 한장의 휴지에 불과하였다.8)

한편 수백년간 존속해 온 러시아 제국은 1917년 공산주의 혁명으로 망하고 레닌 주도하에 구소련이 탄생하였다. 20세기 중반 구소련은 연합군과 함께

---

7) lbid., pp. 504-506.
8) Золотарев В. А., op. cit., pp. 530-532.

2차 세계대전에 참전하여 일본에 승리하고 이어서 1948년 북한 공산정권의 창출에 성공함으로써 한반도 등 동북아에서 영향력을 어느 정도 회복하였다. 그러나 20세기 약 70년간 존속해 오던 구소련도 멸망하고 1991년 러시아 연방이 탄생하였다.

새로 탄생한 러시아 연방은 국내 경제회복을 통한 강력한 러시아 건설을 위해 실용주의적인 대외정책을 추구하고 있다. 러시아는 1856년 러시아 고르챠코프(A. Gorchakov, 1798－1883) 외무장관이 시행한 실용주의적인 외교 정책의 성공적인 사례를 많이 참고하고 있다. 고르챠코프 외무장관은 1856년 크리미아전쟁에서 패한 후 실용주의적인 외교노선을 주창하였다. 그는 우선 러시아의 국력 회복을 위한 유리한 대외여건 조성이 급선무라고 보고 당시 이념보다는 국익에 따른 외교정책을 추진할 것을 강조하였다. 마침내 러시아 는 1878년 러－터전쟁에서 승리함으로써 염원해 온 흑해의 중립화 조항을 폐기하였고 국제적인 위상을 회복하였다.

21세기는 에너지 안보 용어가 등장하는 등 에너지의 원할 공급 확보가 에너지 수입국에게는 안보의 주요한 사안이 되고 있다. 최근 이라크, 사우디 등 중동정세가 불안해짐에 따라 미국, 일본, 중국 등 주요 에너지 수요국들은 새로운 대안으로 러시아를 주목하고 있다.

러시아는 최근 세계 주요 에너지 생산국으로 부상하고 있다. 러시아는 2003 년 6월 하루 평균 생산량 846만 배럴을 생산함으로써 세계최대의 석유 생산국 이 되기도 하였다. 2003년 원유 수출이 러시아 전체 수출의 28.9%를 차지할 정도로 러시아 경제에도 주요한 비중을 차지하고 있다.

2004년 재 출범한 푸틴 대통령은 실용주의적인 외교 노선하에 러시아의 경제성장과 국제적 영향력 제고를 위해 에너지 개발과 수출에 사활을 걸고 있다. 러시아는 "국가 에너지 전략 2020"을 채택하여 21세기 국제사회에서 영향력을 행사할 수 있는 주요 수단이 에너지라고 보고 에너지 개발과 수출에 전력을 경주하고 있다.

러시아는 21세기 그 중요성이 점증하고 있는 에너지 자원을 주요 수단으로 동북아 및 태평양 지역으로 진출을 추구하고 있다.

첫째 동시베리아에 매장된 에너지 자원의 개발이 시급하다. 현재 러시아는 자국내 생산하는 석유의 78%, 가스의 87%를 서시베리아에서 산출하고 있다.9) 그러나 장기적으로 볼 때 서베리아에 매장된 석유와 가스는 소진될 것으로 보며, 동시베리아와 사할린에 매장된 석유와 가스를 개발해야 할 형편이다.

둘째 낙후된 러시아의 연해주와 시베리아 지역을 개발하기 위해서는 동시베리아와 사할린의 자원 개발이 필요하다. 동시베리아와 사할린에 매장된 석유와 가스전 개발 및 가스관 및 송유관 건설은 시베리아 및 연해주등 극동지역에 대한 막대한 투자를 촉진시킬 것이며, 나아가 지역개발에 기여할 것이다.

셋째 러시아는 동북아 지역에 대한 영향력 제고의 수단으로 에너지를 이용할 수가 있다. 러시아가 중국, 일본, 한국에 에너지를 공급할 경우 동북아 지역에 대한 러시아의 영향력이 증가하게 된다. 중국, 일본, 한국 등 에너지 수입국들은 에너지 공급원의 다변화 차원에서 러시아로부터 에너지 수입이 필요한 실정이다10).

넷째 러시아는 가스 수출을 위해서 기존의 유럽지역 이외 아시아 지역에서 새로운 수요 확보가 필요하다. 최근 러시아는 유럽에서 여타 가스 공급국들과 경쟁력에서 밀리게 되어 유럽서 확보하고 있는 가스공급 점유율이 위협을 받고 있다. 따라서 러시아는 유럽지역에서의 러시아 가스 수요가 줄어들 경우에 대비하여 아시아 지역에서 새로운 가스 수요자를 확보하는 것이 필요하다.

한편 러시아가 현재 동북아 지역 및 태평양 지역으로 석유와 가스수출을 위해 송유관과 가스관 건설을 두 가지 노선으로 추진하고 있다. 첫 번째는

---

9) 이재승, 주요국제문제분석, "동북아 에너지 협력을 위한 분석틀의 모색"(서울, 외교안보연구원, 2004,3), p. 5.
10) 한국, 중국, 일본 3국의 대중동 에너지 수입 의존도는 2003년 기준으로 75%이다(한국: 77%, 중국: 53%, 일본: 86%). 앞으로도 중국의 경제성장 가속화 등으로 동북아 3국의 에너지 수요는 계속 증가될 것으로 예상된다.

동시베리아 소재 앙가르스크(Angarsk) - 중국 북부에 위치한 다칭(Daquing) 송유관 건설 프로젝트이며, 두 번째는 앙가르스크 - 연해주 나홋트카 송유관 건설 프로젝트 안이다.

앙가르스크 - 다칭 송유관 계획은 중국이 선호하는 노선이며, 2005년부터 매년 2000만톤의 원유를 중국측에 공급하는 것으로 계획된 것으로 알려지고 있다. 2,400키로미터의 앙가르스크 - 다칭 송유관 건설에 약 20억 불이 소요될 것으로 보인다. 앙가르스크 - 나홋트카 노선은 일본측이 선호하는 노선이며, 2008년부터 매년 5천만 배럴의 원유를 수송하도록 되어 있다. 총 3,765키로미터의 송유관 건설에 약 35억불이 소요되는 것으로 추산된다. 현재 중국과 일본은 송유관 건설 노선을 두고 러시아와 협상하고 있다.[11]

송유관 건설과 못지 않게 중요한 것이 가스전 개발과 가스관 건설 문제이다. 이르쿠츠크 소재 코비타(kovykta) 가스전 개발은 한국, 중국, 러시아 3국의 주요 관심 프로젝트이다. 이들 3국은 코비타 가스전을 개발하여 가스를 공급하는데 소요되는 비용은 약 110억불로 추산하고 있다. 그리고 가스는 2008 - 2010년에 공급될 전망이다.

앞으로 러시아는 가스와 석유 개발을 위해 많은 난제가 산재하고 있다. 우선 러시아는 노선 결정은 물론 송유관과 가스관 건설에 소요될 엄청난 재원을 확보해야한다. 그리고 가스에 대한 안정적인 수요확보가 필수적이다. 그리고 석유와 가스는 중요한 에너지 자원으로서 공급국, 통과국, 소비국간의 안보와도 직결되는 전략적인 요소가 내재되어 있어 국제적인 마찰의 소지가 있다.

러시아는 송유관과 가스관 노선의 진로 결정에 있어서 경제적인 관점이외

---

11) 러시아철도주식회사(Joint Stock Company) 부사장 Galina Kraft는 러시아 - 중국간 새로운 가스관 및 송유관 건설보다는 철도를 통해 중국에 석유를 공급하기 위해 앞으로 120억 루블(약 4억달러)을 러시아 - 중국간에 부설되어 있는 2개 철도노선들의 현대화에 투자할 계획이라고 설명하면서 러시아가 2003년 2개 철도노선을 통해 중국에 공급하는 원유는 약 3백 2십만톤이며, 이같은 2개의 철도노선의 현대화가 완료될 경우 2006년에는 약 1천 5백만톤의 원유를 중국에 공급할 수 있을 것이라고 밝혔다. 2004. 6.23자 러시아 Ria Novosti 통신

에도 낙후된 시베리아 및 극동지역의 개발전략, 그리고 중국, 일본, 한반도 등 대 동북아 정책 등을 고려하고 있다. 20세기초 러시아가 건설한 시베리아 횡단철도의 노선이 러시아의 동북아 팽창의 진로를 결정한 것처럼 가스관 및 송유관 건설 노선의 향방이 21세기 러시아의 동북아 정책에 중요한 변수로 부상하고 있다.

　어느 때보다도 에너지 안보가 중요시 되고 있는 21세기에서 러시아는 국내 경제성장의 원동력으로 그리고 자국의 국제적인 위상 제고와 동북아 진출을 위한 주요 수단으로 에너지를 적극 활용해 나갈 것으로 전망된다.

참고문헌

1. 공간자료(公刊資料)

『舊韓國外交文書』, 第17港, 俄案 1, 第18港, 俄案 2.
박종효편, 『러시아 국립문서 보관소 소장 한국관련 문서 요약집』(서울, 한국국제교류재단, 2002)
북방연구소, 1920년대 소련의 조선족(워싱턴, 1992)
외교통상부, 이범진의 생애와 항일독립운동– 한국최초의 주러시아 상주공사(서울, 외교통상부, 2003)

2. 저서

1) 국문

김경창, 『동양외교사』(서울 : 집문당, 1982)
랴자노프스키, N. , 이길주 옮김. 『러시아의 역사 Ⅰ. 고대–1800』(서울 : 까치, 1991)

모리야마 시게노리, 김세민 역,『近代韓日關係史硏究 - 조선식민지화와
　　국제관계-』(서울 : 현암사, 1994)
박노벽,『한 러경제관계 20년, 1884 - 1903』(서울, 한울아카데미, 1994)
박명림,『한국전쟁의 발발과 기원』(서울 : 나남, 1996)
박종수,『러시아와 한국』(서울 : 백의, 2001)
박　환,『在蘇韓人民族運動史 - 연구현황과 자료해설』(국학자료원,
　　1998)
───,『러시아 한인 민족운동사』(서울 : 탐구당 1995)
───,『대륙으로간 혁명가들』(서울, 국학자료원, 2003)
이광린,『한국사강좌- 근대편-』(서울 : 일조각, 1983).
이민원,『명성황후 시해와 아관파천』(서울 : 국학자료원, 2002).
이상근,『한인 노령이주사 연구』(서울 : 탐구당, 1996).
이　철,『시베리아개발사』(서울 : 민음사, 1990).
최문형,『제국주의 시대의 열강과 한국』(서울 : 민음사, 1993).
───,『한국을 둘러싼 제국주의 열강의 각축』(서울 : 지식산업사, 2001)
───, 한국사연구협의회,『한로관계 100년사』, 1984.
까르네프 외 4인 지음, 이르계바예브·김정화 옮김,『내가 본 조선, 조선인』
　　(서울 : 가야넷, 2003)

2) 영문

Ian Nish, The Origins of the Russo - Japanese War(Longman, 1985)
Ian Nish, Japanese Foreign Policy, 1869 - 1942(London, 1967)
Langer, W. S. The Diplomacy of Imperialism 1890 - 1902 (New York
　　　: Alfred A. Knopf, 1951)
Lensen, George Aleksander, Balance of Intrigue : International Rivalry
　　　In Korea & Manchuria, 1884 - 1899, Vol. Ⅰ, Ⅱ (Florida

: University Press of Florida Tallahassee, 1982)

Marks, Steven G. Road to Power : The trans—Siberian Railroad and the Colonialization of Asian Russia, 1850—1917(Itaca, New York : Cornell University Press, 1991).

Malozemoff, A. Russian Far Eastern Policy, 1881—1904(University of California Press, 1958), 석화정 역, 『러시아의 동아시아 정책』(서울 : 지식산업사, 2002).

Stephan, J. J. The Russian Far East(Stanford : Stanford University, 1994).

Synn, Seung Kwo, the Russo—Japanese Rivalry Over Korea, 1876—1904 (Seoul : Yuk Phub Sa, 1981).

3) 노문

Алексеев М., Военная разведка России от Рюрика до Николая I(М., Издательский дом, 1998)

Дискант Ю.В. Порт ?Артур, 1904(М., ФСТ, 2004)

Золотарев В.А. Россия и Япония на заре XX столетия(М., Арбизо, 1994)

Золотарев В.А., Козлов И.А. Русско-японская война 1904-1905 гг. борьба на море(М, Наука, 1990)

Игнатьев А.В., Рыбаченок И.С, Санин Т.А. Российская дипломатия в портретах(М., Международные отношения, 1992)

Иванов И.С. Внешняя Политика России и Мира(М., РОССПЭН, 2001)

Извольский А.П. Воспоминания(Минск, Харвест, 2003)

Кудрявцев В.В. Война в Корее 1950-1953(Санкт-Петербург,

Полигон, 2003)

Куропаткин А.Н. Русско-японская война
(1904-1905)(Санкт-Петербург, Полигон, 2002)

Ламздорф В.Н. Дневник 1881-1912, воспоминания(Минск,
Харвест, 2003)

Михайлович А. Воспоминания(Минск, Харвест, 2004)

Пак Б.Б. Российская дипломатия и Корея(1860-1888)(М., 1998)

Пак Б.Д. Россия и Корея(М., 1979)

Пак Чен-Хё Россия и Корея(М., 1993)

Пак Чен-Хё Русско-японская война 1904-1905 гг. и Корея(М.,
Восточная литература, 1997)

Попов И.М. Россия и Китай-300 лет на грани войны(М., ФСТ,
2004)

Романов Б.А. Очерки дипломатической истории Русско-японской
войны 1895-1907(М., Ленинград, 1947)

Романов Б.А Россия в Манчжурии 1892-1906(Л., 1928)

Солоьев Ю.К. Воспоминания дипломата(1893-1922)(Минск,
Харвест, 2003)

Широкорад А.Б. Русско-японские войны 1904-1945(Минск,
Харвест, 2003)

Широкорад А.Б. Россия-Англия-Неизвестная война 1859-1907(М.,
ФСТ, 2003)

러시아의 동북아 진출과 한반도 정책

인쇄일 초판 1쇄 2004년 08월 15일
　　　　 2쇄 2018년 06월 20일
발행일 초판 1쇄 2004년 08월 30일
　　　　 2쇄 2018년 06월 23일

지은이 송 금 영
발행인 정 찬 용
발행처 **국학자료원**
등록일 1987. 12. 21, 제17-270호

서울시 강동구 성내동 447-11 현영빌딩 2층
Tel : 02-442-4623~4 Fax : 02-6499-3082
www. kookhak. co. kr
E- mail : kookhak2001@hanmail. net
ISBN 978-89-541-0241-4 *93300
가 격 20,000원